닥터
로제타 홀
Rosetta

조선에 하나님의 빛을 들고 나타난 여성

닥터
로제타 홀

Rosetta

박정희 지음

다산초당

이 글은 로제타 셔우드 홀의 영문 일기와 각종 참고 자료를 바탕으로 최대한 사실에 가깝게 재구성한 평전이다. 이 책에 등장하는 모든 대화와 표현은 실제 일기와 편지의 내용을 그대로 인용한 것이며, 문단 직접 인용을 제외한 부분은 독서의 편의를 위해 따로 표기하지 않았음을 밝힌다. 또한 책에 인용된 성경 구절은 1977년 부활절에 가톨릭과 개신교가 공동으로 번역 · 간행한 한글판 성경 「공동 번역 성서」를 기반으로 했다.

한국 여성사의
금광을 발견하다

한국 여성들과 개화기 서양 여성 선교사들의 만남은 우리 여성사에서 매우 중요한 의미를 가진다. 로제타 셔우드 홀의 일대기를 통해 지금껏 알려지지 않았던 우리나라 근대 여성 1세대의 이야기를 발견한 것은 한국 여성사의 금광을 발견한 것과 마찬가지다.

조선 왕조는 양반 중심의 신분 사회를 유지하고자 농민들과 여성들의 희생을 강요하는 유교적 이데올로기를 절대화시켰다. 엄격한 가부장제와 신분제 사회에서 신음하던 민중은 새로운 가치관을 갈망하고 있었다. 특히 여성들은 인간으로서의 존재 의의를 혈통 계승과 가족의 존속에 두기를 강요당하면서 지신, 수문신, 성주신, 삼신, 조상신, 조왕신 등 온갖 신을 섬기며 가족의 안녕을 비는 가무(家務)의 역할을 수행했다.

양란 이후 조선 왕조는 흐트러진 민심을 다잡고자 더욱 여성 억압적인 정책을 실시했고, 조선 여성들 내부에서는 지배 이데올로기에 대한 저항이 자라났다. 그런 기반이 있었기에 하나님의 형상대로 지음 받은 남녀가 그리스도 안에서 평등한 자녀이며, 신분의 차별 없이 자유를 누릴 수 있다는 공동체에 대한 비전은 열렬하게 환영받을 수 있었다. 그렇게 개신교보다 먼저 들어온 천주교의 사랑, 평화, 정의, 평등 등의 보편적 가치를 내재한 신을 즉각 수용하고 목숨을 버린 민중 가운데에는 특히 여성들이 수없이 많았다.

19세기 말, 개신교 여선교사들은 근대화를 향한 민중의 열망이 끓어오를 때 조선에 들어왔다. 그들은 새로운 가치를 목말라 갈구하던 조선 여성들에게 시원한 단물을 제공했다. 우리나라를 찾은 개화기 여성 선교사들 또한 가부장제 아래에서 억압받고 고통당하던 여성들의 딸들이었다. 그들이 교육으로 의식화되면서 여전히 억압받고 고통 받는 자매들을 구하자는 열정을 갖게 된 것이다.

그리스도의 사랑을 실천하며 우리나라 여성들에게 새로운 길을 보여준 그들의 삶은 고귀하다. 그들의 삶을 돌아보며 그동안 우리가 잊고 있었던 과거를 떠올리고, 오늘의 우리를 바라보며, 또 미래를 설계하는 데 지침으로 삼아야 할 것이다. 하지만 자칫 한국 여성 근대화를 너무 외세 의존적으로 평가 해석하는 우(愚)는 범하지 않기 바란다. 이미 구한말부터 민중·민족 운동 차원에서의 주체적인 에너지는 끓어오르고 있었다. 특히 동학 농민 운동은 근대화에 대한 우리 민족 운동의 주체적 대응이었다. 그런데 망국적인 조선 정권이 외세를 불러들여 농민 운동을 말살했던 것이다.

1960년대, 내가 이화여대에서 사회학을 가르치며 기독교 여성 운동에 관심을 가지고 로제타가 행한 김점동(박에스더)의 교육에 대해 연구해보려 했으나, 자료 부족으로 구체적인 연구가 불가능했다. 그런데 지금, 오래전 내가 하고자 했던 연구의 결과물이 바로 눈앞에 있다. 로제타와 우리나라 근대 여성들의 구체적인 삶을 발견하고 엮은 박정희가 기특하고 고맙다.

이제 우리는 구한말 개화기에 새로운 희망을 갈구하는 우리 여성들에게 달려왔던, 인류애의 열정에 가득 찬 서양 여성 선교사들의 삶을 돌아보고, 우리가 하나였던 시절의 기억을 되살려 남북통일과 아시아의 평화를 위해 무엇을 할 것인가를 고민해야 한다.

사회학자, 전 한국정신대문제대책협의회 대표 이이효재

로제타 셔우드 홀 여사는 우리나라의 근·현대사를 이해하는 데 있어 반드시 연구되어야 할 인물이다. 기독교 교회사와 여성사, 교육사, 그리고 의학사에 이르기까지 그녀의 입김이 미치지 않은 곳이 없기 때문이다. 내가 살아온 인생 역시 그녀의 영향으로부터 벗어나지 못한다. 감리교 여성 선교사들의 정신이 곧 나의 정신적 뿌리였다. 나는 양가의 조부모들부터 감리교 신자인 집안에서 태어나 이화에 뿌려진 그녀들의 사랑과 헌신, 기독교 정신 속에서 자랐다. 여성 운동, 반독재 민주화 운동에서 흔들릴 때마다 그녀들로부터 물려받은 신앙심이 나를 붙들어 주었다. 로제타 셔우드 홀의 충만한 믿음과 사랑이 없었더라면 우리가 살아가는 대한민국은 지금과 다른 모습이었을지도 모른다. 가난과 부패한 정권에 의해 짓밟히고 아팠던 우리나라의 여성들과 어린이들의 육신과 영혼을 구하는 일에 평생을 바친 그녀가 태어난 지 150년이 흘렀다. 그녀의 모습을 생생하게 그려준 박정희의 책이 고맙다. 오늘 다시 로제타 셔우드 홀 여사의 이름을 불러본다. 마음이 따스해지는 하루다.

김대중평화센터 이사장 이희호 여사

어린 시절 북간도에서 자란 나는 서양 선교사들을 만날 기회가 자주 있었다. 그럼에도 불구하고 나는 이 책을 읽기 전까지 여성 선교사들을 통해 전파된 기독교가 한국 여성들의 삶을 어떻게 변화시켰는지 여성의 시각에서 깊이 생각해본 적이 없었다. 로제타는 유교 가부장주의 아래 신음하고 있던 조선의 여성들에게 연민을 느꼈고, 자매애로 하나가 되었다. 로제타가 여성들 가운데서도 밑바닥에 있었던 종, 과부, 소박데기, 장애인 여성들과 한 식탁에 둘러 앉아 참 공동체를 이룬 모습은 가슴 떨리도록 아름답다. 혼란스러운 시대에 삶의 방향을 찾고 있는 젊은 여성뿐 아니라 남성들에게도 추천하고 싶은 책이다.

한신대 명예교수 문동환 목사

한국인들에게 홀 일가는 우리가 사랑하는 의원 '누가'의 가족이며, 길에서 신음하던 우리를 들쳐 업고 주막으로 간 선한 사마리아 가족이었습니다. 그중에서도 로제타 셔우드 홀 여사는 여성 의료 선교사 1세대로, 그녀의 헌신 덕분에 우리는 처음 서구식 병원과 의약품 그리고 의사의 출현이라는 은혜를 입었습니다. 그녀는 문자 그대로 어둠 속에 살던 이 땅의 시각 장애인들에게 빛의 어머니가 되기도 했습니다. 그녀는 여권(女權)이 땅에 추락했던 이 땅에서 한 많은 여인들의 삶을 깨우는 자명종이요, 들에 핀 백합이었습니다. 역사의 화랑에서 '로제타 셔우드 홀'이라는 명화를 발견하여 전시

해주신 박정희 선생님께 한국 교회는 큰 사랑의 빚을 지게 되었습니다.

지구촌교회 원로, 건양대 치유 선교학과 석좌교수 이동원 목사

여성 의료 선교사들의 생명을 다한 헌신은 한국의 선교 역사에서 반드시 기억되어야 합니다. 이토록 오랫동안 이들의 헌신과 업적을 기억하지 못하고, 감사하지 못하는 것은 한국 교회의 수치라고 생각합니다. 철저한 고증과 실제적인 내용을 중심으로 기록된 이 책은 다시 한 번 귀한 선교사들의 수고를 기억하게 할 것입니다. 특히 여성 선교 사역자들의 중요성을 일깨우는 문헌이 될 것으로 믿습니다. 이 귀한 책을 한국 교회의 모든 성도가 읽고, 감사하고, 도전받기를 원하여 추천합니다.

온누리교회 이재훈 담임목사

조선 여성을 사랑한, 마더 로제타 홀

내가 미국인 여성 선교사들에 대해 관심을 갖기 시작한 것은 우리 나라의 대표적인 근대 여성 인물들을 탐구하면서부터였다. '우리 나라 최초'라는 수식어가 붙는 여성 전문가 박에스더, 최은희, 이태 영. 이들의 삶에는 공통점이 있었다. 어린 시절 미국인 감리교 여성 선교사들과의 만남이었다.

박에스더는 보구여관의 의사 로제타 셔우드 홀의 도움으로 미국에 있는 의대를 졸업하고 남녀를 통틀어 우리나라 최초의 양의가 되었다. 최초의 여기자 최은희 역시 거투르드 스네블리 Gertrude E. Snavely 선교사의 눈에 띄어 해주 의정여교에 진학했다. 룰 루 밀러 Lulu A. Miller 와 에설 에스티 Ethel. M. Estey 선교사를 가까이에서 지켜보며 그들의 삶을 동경하던 소녀 이태영은 우리나라 여성 변 호사 1호가 되었다.

조선 말기부터 일제 강점기까지 우리나라를 찾은 수많은 여성 선교사 중에서도 나에게 가장 매력적으로 다가온 이는 바로 로제타 셔우드 홀이었다. 2012년 가을, 나는 미국 펜실베이니아 주 필라델피아 근처의 퀘이커 영성학교 펜들 힐Pendle Hill에서 머물 기회를 얻었고, 그동안 그녀의 삶을 추적해보기로 마음먹었다.

인천 공항을 출발해 샌프란시스코에서 비행기를 갈아탄 뒤 필라델피아 공항에 내렸다. 로제타가 의과대학을 다닌 도시였다. 인천에서 필라델피아까지는 채 스무 시간도 걸리지 않았다.

1890년, 로제타는 뉴욕에서 한양으로 오는 데 무려 한 달이 넘게 걸렸다. 스물다섯 처녀의 몸으로 한 달이 넘게 여행해 서양에 거의 알려지지 않았던 머나먼 동쪽 땅, 조선을 밟았던 것이다. 그녀를 고요한 아침의 나라로 이끈 힘은 무엇이었을까? 어떻게 그 오랜 세월 동안 낯선 땅에서 많은 업적을 남길 수 있었을까?

로제타가 세상을 떠나고 61년이 흐른 뒤 그녀의 삶을 따라가는 내 여정이 시작되었다. 다행히도 내가 머물렀던 펜들 힐은 로제타가 다녔던 펜실베이니아 여자의과대학의 문서보관소와 지척 거리에 있었다. 로제타의 조선 선교 활동을 지원했던 미국 북감리교 여성해외선교회의 문서보관소가 있는 뉴저지의 드류대학교Drew University도 자동차로 두 시간 거리였다. 그리고 수소문해서 알게 된 그녀의 손녀 필리스 홀 킹Phyllis Hall King 여사 역시 자동차로 두 시간 거리인 버지니아 맥클린에 살고 있었다. 1934년 황해도 해주에서 태어나 여섯 살 때 조선을 떠났던 필리스는 고맙게도 할머니의 어린 시절 일기장과 조선 선교 초기의 일기장 네 권, 두 아이를 키우며 썼던 육아일기 두 권, 이 밖에 편지와 사진들을 고스란히 간직하고 있었다.

펜으로 잉크를 찍으며 한 자 한 자 정성스럽게 써 내려간 로제타의 글을 보는 순간 가슴이 벅차올랐다. 1890년 조선에 도착한 뒤, 그 여정과 조선에서의 첫 두 달을 꼼꼼히 기록해 고향집으로 보낸 편지는 눈물을 자아냈다. 폭 15.2센티미터, 길이 31미터에 이르는 기다란 두루마리 편지는 오는 도중 찍거나 얻은 사진, 그림 등을 꼼꼼히 붙이면서 기록한 한 권의 기행문이자, 로제타의 성품을 고스란히 보여주는 살아 있는 증거물이었다.

19세기 필기체로 쓰인 일기는 해독이 힘들었고, 노안이 오기 시작한 나의 눈은 집중력을 발휘할수록 고통을 호소했다. 하지만 힘든 만큼 한 줄 한 줄 읽어가면서 그녀를 생생하게 만나는 행복감은 더욱 커졌다.

1890년 8월 21일, 조선으로의 여정을 시작하기 위해 고향집을 떠나던 날의 일기는 "여러분은 그리스도 예수께서 지니셨던 마음을 여러분의 마음으로 간직하십시오.(「필립비서」 2장 5절)"라는 바울이 필립비인들에게 보낸 서신의 구절로 시작되었다. 그녀는 선교사의 삶을 시작하면서 예수의 마음으로 살겠다고 다짐했다. 그리고 예수의 마음으로 살기 위해 생활의 중심에 항상 하나님의 말씀을 놓았다. 일기가 그날의 삶과 관련된 성서 구절로 시작하는 건 그녀가 일상 속에서 진리를 찾고 그것을 실천하려 끝없이 노력하는 진지한 구도자였기 때문이다.

로제타는 조선에 온 뒤, 정동에 있던 미국 북감리교 여성해외선교회 한양 지구에 살았다. 그곳에는 메리 스크랜턴을 비롯한 여성 선교사들의 주거지와 우리나라 최초의 여성 교육 기관인 이화 학당, 우리나라 최초의 여성 전용 병원인 보구여관이 함께 자리하고 있었다.

그녀는 보구여관에서 일하며 우리나라 여성 근대 교육의 요람인 이화 학당에서 자라나던 1세대 근대 여성들을 이끌었다. 영어 수준이 높은 다섯 명을 뽑아 기초적인 의학 교육을 시작했으며, 그중에서도 영어를 가장 잘하고 총명한 열네 살 소녀 김점동을 조수 겸 통역으로 썼다. 교회에서는 주일학교 고급반의 교사를 맡아 이들 다섯 명과 이화 학당의 졸업생이었던 여메례를 지도했다. 로제타는 이 여섯 명을 친근하게 "내 아이들(my girls)"이라 불렀고, 이들은 모두 한국 근대 여성계를 대표하는 1세대 인물이 되었다.

로제타는 김점동을 한국 최초의 양의사인 박에스더로 키웠다. 여메례는 보구여관의 보조 간호사와 전도부인을 거쳐 한양 진명여고 개교의 주역이자 총교사로 활동했으며, 훗날 평양 진명여고 교장이 되었다. 청상과부였던 수잔은 보구여관, 광혜여원에서 로제타의 신실한 동료이자 선교 사역의 동반자가 되었다.

1897년 두 번째로 내한하여 만났던 복업이와의 인연도 빼놓을 수 없다. 복업은 여종 출신으로 다리에 생긴 괴사병 때문에 걷지 못하게 되자 주인에게 버림받고 보구여관에 왔다. 로제타의 수술 덕분에 다시 걸을 수 있게 된 그녀는 그 뒤 이화 학당의 학생이 되어 오전에는 수업을 듣고 오후에는 보구여관에서 간호 보조원으로 일했다. 복업은 훗날 우리나라 최초의 정식 간호원인 이그레이스가 되었다. 또 평양 광혜여원에서 수간호사로 일하며 로제타로부터 훈련을 받아 실질적 의사 자격인 의생Practical Doctor 면허를 취득, 국내 면허 1호 여성 개업의가 되었다.

　　로제타의 일기에 등장하는 이화 학당 학생들의 기록은 그곳이 바로 우리나라 여성 근대화의 부화실이었음을 다시금 확인시켜준다. 여메례의 결혼 이야기는 이화 학당이 우리나라 여성들의 삶을 어떻게 변화시켰는지 보여주는 가장 극적인 예다. 일기에서 로제타가 표현했던 말 그대로 "현실은 소설보다 더 극적"이라는 말을 실감하게 한다.

　　로제타의 일기장 안에는 김점동을 비롯하여 소녀들이 보낸 여러 장의 편지, 우리나라 최초의 여교사 이경숙이 보낸 친필 편지 등이 아주 소중하게 보관되어 있다. 이 친필 편지들을 통해 그녀들도 간접적으로 만나볼 수 있었다.

"여성을 위한 여성의 일(Woman's Work for Woman)"은 당시 미국 북감리교 여성해외선교회의 모토였다. 로제타는 1890년 조선에 첫발을 디딘 이래로 1933년 은퇴할 때까지 조선인 못지않게 조선 여성들을 사랑했다. 그녀의 사명은 조선 여성들을 신체적 아픔에서 구하고, 교육을 통해 하나님 안에서 주체성을 회복해 세상에 유용하게 쓰이는 존재를 만드는 것이었다. 이 꿈은 로제타가 조선에 첫발을 디뎠을 당시에는 그저 꿈에 지나지 않았다. 하지만 그녀가 떠날 즈음에는 눈부신 변화를 이루었다. 그만큼 여성들에게 처음 교육을 시작했던 여성 선교사들의 역할은 매우 컸다.

여성 선교사들은 서구 우월주의에 빠져 우리나라의 전통과 문화를 무시하고 서구의 것으로 대체해야 한다고 여겼던 그 당시의 남성 선교사들과는 다른 생각을 가지고 있었다. 그녀들 또한 고국에서는 정치적·사회적으로 억압받는 피해자였기 때문이다. 19세기 말의 미국 여성들은 사회적 불평등에 대해 자각하면서 여성 평등권 운동을 매우 활발히 펼쳤다. 이런 사회적 분위기 덕분에 미국인 여성 선교사들은 극단적인 억압 상황에 놓인 조선의 자매들과 강한 연대 의식을 형성할 수 있었다.

로제타의 일기와 편지를 읽고 그녀의 선교 사업을 구체적으로 알아가면서 나는 더욱 깊이 그녀를 사랑하고 존경하게 되었다. 그리고 주저 없이 '내 할머니'라고 부르기 시작했다. 내 육신에 스민 할머니들 못지않게 내 정신 속에 스며 있는 로제타 할머니를 느낄 수 있었기 때문이다.

로제타는 '의술'이라는 근대적 기술을 가지고 치유와 교육, 그리고 전도를 통합한 선교 방식을 펼쳤다. 그녀는 우리나라 최초로 점자를 개발하고 맹인들을 교육할 정도로 개혁적이었다. 시각장애인들을 일반 학생들과 통합하여 수업받게 할 만큼 시대적으로 앞선 교육자였다. 실제로 그녀는 딸처럼 기른 시각 장애인 김성실을 교육시킨 뒤 비서 겸 통역사로 고용했다.

그녀는 사업적으로도 활발하게 활동했다. 동대문 볼드윈 진료소를 세웠고, 기홀병원을 발기했으며, 평양 광혜여원과 인천 부인병원을 설립했다. 또 평양 맹학교, 평양 외국인학교, 경성여자의학강습소 등의 학교를 설립했다. 병원과 학교를 설립하는 추진력은 그녀의 사업가적 면모가 없었다면 불가능했다.

그녀는 참다운 신앙인이자 실천하는 지성이었다. 자유, 평등, 박애의 근대적 가치를 가슴속 깊이 체화한 진보적 지식인이자 여성주의자였으며, 우리 문화를 존중하고 이해하려 노력했다. 조선으로 오는 배 안에서 조선인들의 종교를 이해하기 위해 불교 서적을 읽었으며, 온돌방으로 된 병실이 침대에 비해 위생적이고 경제적이며 무엇보다도 조선인의 생활 방식에 적합하므로 바람직하다고 생각했다. 나아가 흰옷을 즐겨 입으며 삶아 빠는 조선식 의생활을 서양이 배워야 한다고 주장했다.

로제타는 감리교도였지만 사범 학교에 다니던 열여섯 살 부활절에는 감리교와 장로교, 가톨릭의 미사까지 참례할 정도로 어린 시절부터 에큐메니컬(ecumenical)한 신앙관을 지니고 있었다. 복음을 전해 받지 않았어도 양심에 따라 진실하게 산 사람들은 구원받는다는 열린 믿음의 소유자이기도 했다.

평양에서 오랜 세월 여성과 어린이를 대상으로 사랑을 실천한 그녀는 "평양의 오마니"라고 불리었다. 조선 여성을 해방시켰다 하여 노예를 해방시킨 링컨과 비유되기도 했다. 인도 캘커타의 마더 테레사보다 더 일찍이 마더 로제타가 평양에 있었다. 그녀는 오늘 다시 오신다 하여도 시대에 뒤지기는커녕 저 앞에서 걸어갈 만큼 앞서 산 어른이었다.

로제타는 평양 선교 중에 남편과 딸을 잃고도 그 고통에 좌절하지 않았다. 더 큰 뜻을 찾으려 애쓰며 그 자리에서 다시 일어나 꿋꿋하게 자신의 사명을 실천했다.

그녀의 일생은 거룩했다. 그렇다고 그녀가 완벽했다는 것은 아니다. 그녀 또한 개인적인 불행에 절망했으며, 함께 일하는 사람들과 갈등을 겪는 독선적인 면모도 가지고 있었다. 말년에는 가장 가까이 지내던 형제와 불화를 겪기도 했다. 하지만 쉬지 않고 진리를 찾아 고뇌하고 자신을 연단했다. 하나님을 중심에 두고 사회 속에서 이웃 사랑을 실천하며 끊임없이 자신을 반추했다. 참다운 신앙인의 모범이었다.

이 책이 나오기까지 많은 이의 도움이 있었다. 먼저 로제타의 손녀, 필리스 홀 킹 여사와 그녀의 남편 에드워드 킹 Edward King 박사님께 한없는 감사를 표한다. 오랫동안 할머니의 기록물과 사진, 성서 등을 소중하게 보관해주었으며 기꺼이 그 모든 기록을 나에게 빌려주었다. 그분들 덕분에 로제타의 기록물들을 내가 원하는 시간만큼 곁에 두고 읽을 수 있었다.

경성여자의학강습소를 설립할 당시 로제타의 가장 가까운 동지였던 김탁원, 길정희 선생님의 따님이신 김상덕 박사님께도 감사하다. 연로하신 선생님은 갖고 계신 자료들을 시카고에서 펜실베이니아까지 직접 보내주셨다.

19세기 필기체 일기를 해독하는 데 많은 도움을 준 펜들 힐의 친구들에게도 감사한다. 시간이 걸리는 작업에 지칠 때마다 펜들 힐을 방문해 내 작업을 크게 격려해주셨던 김경재 교수님의 말씀을 떠올리며 위로를 받았다.

내가 펜들 힐로 갈 수 있게 재정적 지원을 해준 친구 김석한에게도 감사한다. 펜들 힐에 가지 못했다면 이 책은 세상에 나올 수 없었을 것이다.

남편과 세 아이들은 내가 시도 때도 없이 읊어대는 로제타 할머니의 이야기를 언제나 진지하게 들어주고 감탄해주었다. 특히 영문학을 전공하는 두 딸들은 내가 영어 표현의 깊은 뜻을 이해하지 못할 때마다 도움을 주었다.

이 책의 초고를 마치고서야 올해가 로제타 할머니가 한양에 오신 지 125주년, 태어나신 지 150주년이 되는 해인 것을 깨닫고 기쁨에 떨었다. 모든 이에게 감사하며 부족한 이 책을 로제타 할머니의 영전에 바친다.

남양주에서

박정희

DR. ROSETTA SHERWOOD HALL

차

례

well thinned out and I was one of the three ladies who were down; the others preferring their "rolls" in their berths.

After dinner when I went to my room the odor seemed so peculiarly sickening that I was glad to make my escape to the Social Hall which is airy and nice. I spent the evening comfortably.

About 10 p.m. I returned to my room again — the port holes were both closed, and that peculiar odor grew worse and worse and I began to feel so sick, just then my room mate, Mrs. Vogles, forfeited her dinner and this proved a signal for me to follow suite. I felt relieved afterward and rang for our Chinese boy "Hi" to empty my basin, but I had to use mine once more before succeeding to get settled for the night. So this is "seasickness" well it is very uncomfortable to say the least, but then I do not feel "desperately sick" as some describe — my head keeps all right, what I mind most is that odor. I can't find a word disagreeable enough to describe it. It seems to be one of the symptoms of sea-sickness, and for me it was the worst symptom — turn my head, smell of cologne or do what I would I could not get away from it, until after I paid my tribute to the old Ocean, when it would "let up" a little until the next time.

I

닥터 로제타 홀,
평양의 문을 열다

1

평양에 나타난
기이한 손님들

1894년 5월 8일, 화창한 봄날이었다. 부드러운 봄바람을 맞으며 나룻배 하나가 대동강 굽이를 따라 돌고 있었다. 배가 돌자 갑자기 눈앞에 도시가 나타났다. 강을 따라 펼쳐지는 바위벽들과 웅장한 성문, 그리고 길게 이어지는 회색 성벽은 더해 가는 초록과 대비되어 장관을 이루었다.

드디어 배가 대동문 밖 덕바위 아래 나루터에 이르렀다. 배 안에서 여섯 명의 별난 여행객이 내렸다. 모두의 얼굴에는 긴 여행을 마치고 안전하게 목적지에 다다랐다는 기쁨이 가득했다. 그 기쁨은 그들의 도착을 학수고대하고 있던 친구들과 마주하면서 더욱 커졌다.

여행객들은 미국 북감리교 선교부 소속의 선교사, 윌리엄 제임스 홀William James Hall과 로제타 셔우드 홀Rosetta Sherwood Hall 부부, 그리고 그 일행이었다. 이들 곁에는 훗날 우리나라 최초의 양의가 된 김점동(박에스더)과 그녀의 남편 박유산, 홀 부부의 아기 셔우드와 보모 실비아가 있었다. 나루터에 나와서 일행을 열렬하게 환영한 이들은 몇 달 전 먼저 평양으로 이주한 윌리엄 홀의 조선인 조력자, 김창식의 가족과 이전에 윌리엄 홀이 평양에 머물며 선교 활동을 할 때 기독교를 받아들인 사람들이었다.

나룻배에서 내린 여자들은 가마로 갈아타고 윌리엄 홀이 마련해둔 집으로 향했다. 그러는 동안 이상하게 생긴 서양 여자와 아기가 평양에 왔다는 소식이 꼬리에 꼬리를 물고 전해졌다. 그렇지 않아도 봄바람을 따라 들썩이고 싶던 봄날이었으니 그 소문은 더욱 빨랐으리라. 사람들은 신기한 서양인 가족을 구경하려고 몰려들었다.

구경꾼들은 남자와 여자가 섞여 있었다. 한양에서는 대낮에 길거리를 돌아다니는 여자를 보기가 어려웠다. 가끔씩 보이는 신분이 낮은 여자들도 눈만 빼놓고 장옷으로 얼굴을 가린 상태였다. 그런데 평양은 한양에 비해 훨씬 개방적으로 보였다. 중앙에 비해 유교 문화와 신분 제도의 기반이 약했기 때문이다. 평양 여성들은 장옷 대신 커다란 바구니를 쓰고 다녔다.

이미 일 년 전부터 몇 차례 평양에 머물며 환자들을 치료해온 윌리엄 홀은 그다지 큰 관심을 끌지 못했다. 하지만 난생 처음 보

윌리엄 홀과 로제타
생전의 윌리엄 홀과 1894년 남편이 세상을 떠난 후 귀국했다가
조선으로 돌아오기 직전 1896년에 찍은 로제타의 모습이다.

는 서양 여자와 아기는 평양 사람들에게 신기한 구경거리였다.

로제타가 집에 도착하여 가마에서 내린 시각은 오후 2시경이
었다. 마당에 꽃이 만발한 과일 나무와 노란 장미가 그녀의 눈을
사로잡았다. 하지만 그녀는 수많은 구경꾼 때문에 밖에 나가서
꽃을 감상할 여유를 가질 수 없었다. 문틈으로 본 평양 여성들은
한양 여성들에 비해 전반적으로 거친 옷감으로 만들어진 옷을 입
고 있었으나 더 깔끔하고 단정한 느낌이었다.[1]

결국 윌리엄 홀이 나가서 그들에게 제안을 했다.

"오늘은 돌아가십시오. 내일 오후에 열 명씩 짝을 지어 오시

면 방으로 들어와 아기와 제 아내를 가까이서 볼 수 있게 해드리
겠습니다."

그러자 군중들은 집으로 돌아가기 시작했다. 로제타는 한 조
에 5분씩 한 시간이면 120명 정도에게 보여줄 수 있을 테니 그다
음날, 한 시간이면 족하리라 생각했다. 사람들이 돌아가자 홀 부
부와 김창식의 가족은 부지런히 집 안을 청소하고 이삿짐을 정리
하기 시작했다. 윌리엄 홀의 조력자 김창식과 그의 가족은 지난
2월 28일 육로를 택하여 한양을 출발한 뒤, 3월 8일 평양에 도착
해 안정적으로 정착한 상태였다.

1901년에 한국인 최초로 목사가 된 김창식(1857~1929)은 황해
도에서 태어나 서당에서 한문을 배우고 농사일을 거들며 성장했
다. 그는 스물한 살 되던 해 고향을 떠나 여러 가지 직업을 전전
하며 떠돌이로 살다가 1886년, 스물아홉 살의 나이에 뒤늦게 혼
인하고 한양에 터를 잡았다.

그런데 그 무렵 김창식은 서양 선교사들에 대한 흉흉한 소문
을 들었다. 조선 아이들을 잡아다 간을 빼내 약을 만든다거나 눈
을 빼내어 카메라를 만든다는 것이었다. 김창식은 그 소문이 진
짜인지 확인하고 싶었다. 마침 감리교 선교사인 프랭클린 올링거
Franklin Ohlinger가 하인을 구한다는 소식을 들은 그는 올링거 목사의
하인이 되기를 자청했다.

올링거 목사는 17년 동안 중국에서 선교사로 일하다 배재 학

당의 설립자인 헨리 아펜젤러 Henry G. Appenzeller 목사의 요청으로 우리나라에 왔다. 그는 배재 학당에서 학생들을 가르치는 동시에 학교 안에 삼문출판사를 설립하여 근로 장학생들과 함께 기독교 관련 책을 출판했다. 삼문출판사는 1890년에 설립된 우리나라 최초의 근대식 출판사 겸 인쇄소이며 한국어, 영어, 중국어로 인쇄가 가능하다는 뜻에서 삼문출판사라 불렀다. 독립 협회의 서재필과 윤치호가 창간한 독립신문도 이곳에서 인쇄되었다.

김창식은 소문의 진실을 파악하기 위해 선교사들의 행적을 유심히 관찰했다. 그런데 선교사들은 하인 신분인 자신에게 매우 친절하게 인격적으로 대우할 뿐만 아니라 조선인들에게 조건 없이 봉사했다. 이에 감화를 받은 김창식은 기독교로 개종하였고, 1892년 감리교의 정식 전도인이 되었다. 1893년 올링거 목사가 미국으로 돌아가자마자 그는 윌리엄 홀의 조력자가 되었고, 다음 해 평양으로 이주하여 선교에 주력했다.

로제타는 방 하나에 자신과 아기의 침대, 트렁크, 상자, 의자와 옷장 대신으로 쓸 선반 몇 개를 들여놓았다. 다른 방에는 식탁과 자신이 조신으로 오는 동안 배 안에서 사용했던 휴대용 접이식 선상 의자, 윌리엄 홀이 전에 한양에서 평양으로 옮겨놓은 의자 두 개를 놓았다. 사방의 벽은 모두 닦아내고 바닥에는 매트(아마도 돗자리)를 사다 깔았다. 벽에도 몇 개의 그림을 붙였다. 윌리엄 홀은 저녁에 폈다가 아침에 접는 접이식 침대를 사용하기로 했다. 박유산은 커다란 조선식 부엌을 청소했다. 그곳에 작은 서양식 조리용 화덕과 냄비, 조선인 식솔들을 위한 가마솥 두 개를 걸었다. 아직 이사하지 못한 집의 전 주인, 김 씨 가족이 살고 있는 방이 비면 식당으로 쓸 만한 공간이 생길 것이었다.

대충이나마 집을 정리하고 물건을 자리에 놓으니 로제타는 자기 집처럼 편안한 느낌이 들었다. 저녁이 되자 그녀는 뿌듯한 마음으로 한양에 있는 자신의 상사, 미국 북감리교 여성해외선교회 한양지부의 책임자이자 이화 학당의 설립자인 메리 스크랜턴 Mary F. Scranton 여사에게 편지를 썼다.

"제가 지금 편지의 서두에 '평양'이라는 말을 쓰고서 얼마나 기쁘고 만족스러운지 상상할 수 있으신지요."

로제타는 편지의 첫 문장을 이렇게 시작했다. 그리고 편지를 마치고 기도를 한 뒤, 행복한 마음으로 잠자리에 들었다.

다음 날 점심 식사 후, 약속한 대로 사람들이 몰려오기 시작했다. 발 없는 말이 천 리를 간다더니 하룻밤 사이에 백 리는 족히 간 듯 끝없이 사람들이 몰려왔다. 열 명씩으로 이루어진 3조까지는 매우 질서 있게 방으로 들어와 구경하고 나갔다. 마당까지 꽉 찬 사람들은 분명 차례를 지켜 구경할 생각이었다. 그런데 나중에 도착한 사람들이 뒤에서 밀기 시작했다. 순식간에 방 두 개에 사람이 꽉 차서 아무도 움직일 수 없는 지경이 되었다. 사람들을 밖으로 다시 나가게 하려면 로제타 자신이 먼저 나갈 수밖에 없었다.

결국 로제타는 아기를 안고 마당으로 나갔다. 어찌나 많은 사람이 몰려오는지 담장이 무너질까 걱정될 지경이었다.

"세상에! 눈이 파란색이네."

"우아, 저 여자 코 좀 봐."

"머리는 개털같이 생긴데다 머리 모양도 정말 요상하이."

"옷은 왜 온통 새까만 것을 입었을까? 모양도 정말 괴이하네 그려."

마당을 빼곡히 채운 사람들은 저마다 한마디씩 낯선 이방인들의 용모에 대해 평을 했다. 이날 대략 1,500여 명의 사람들이 로제타와 그녀의 아이를 구경했다. 하지만 그러고도 남아 있는 사람들이 있어서 결국 다음 날 다시 구경시켜주기로 약속할 수밖에 없었다.

윌리엄 홀은 가늠하기 어려울 정도로 많은 사람이 몰려드는 모습을 보며 가족의 안전이 걱정되기 시작했다. 담장이나 대문이 성하게 남아나지 않겠다는 생각도 들었다. 마침내 그는 공권력의 도움이 필요하다 판단했고, 오후 4시경 관청에 도움을 요청하기 위해 집을 나섰다. 그때 누군가 윌리엄 홀의 길을 막고 시비조로 말을 걸었다.

"당신의 여행증명서 좀 봅시다."

길에서 관찰사가 보낸 전령과 마주친 것이다. 함께 관청으로 가는 도중 전령은 이것저것을 캐물었다. 윌리엄 홀은 직접 관찰사를 만나고 싶어 했으나 관찰사는 면담을 거부했다. 그 대신 윌리엄 홀을 상대한 부하 관리가 말했다.

"관찰사 영감은 바빠서 내가 대신 당신을 만나러 왔소. 당신의 여권은 여행용일 뿐이오. 이곳에서 살 수는 없다는 뜻이오. 외국인이 집을 사는 것은 금지되어 있는 사실을 알고 있지요?"

당시에는 부산, 인천, 원산의 개항장을 제외하고는 외국인이 부동산을 취득하는 것이 법적으로 금지되어 있었다.

"당신이 이사 온 집은 누구 소유요?"

"조선인 유 씨가 집을 샀고 우리가 이곳에 머무는 동안 그의 집을 빌려 쓰고 있습니다. 여관은 너무 좁아서 환자들을 치료할 수 없기 때문입니다."

"당신은 그렇다 치고 당신 아내는 왜 이곳에 온 겁니까?"

"내 아내도 의사입니다. 한양으로 돌아가기 전까지 이곳에 머물면서 병든 여인들과 아이들을 치료할 것입니다."

그때 윌리엄 홀과 구면인 젊은 관리 김 씨가 끼어들었다. 윌리엄 홀은 내심 무척 반가웠다. 윌리엄 홀은 언젠가 그의 고장 난 시계를 한양으로 가져가 수리하여 돌려준 적이 있었다. 그리고 그와 친구가 되고 싶어 수리 비용을 받지 않는 친절을 베풀었다. 그러나 그는 윌리엄 홀의 희망을 완전히 배반했다.

"저 의사의 아내까지 이곳에 머물게 된다면 점점 외국인들이 늘어나서 평양이 외국인 천지가 될 것이오."

그러자 관리의 어투가 더 퉁명스러워졌다.

"내일 다시 와보시오. 내일은 아마도 관찰사 영감을 면담할 수 있을지 모르겠소."

그 당시 평양 관찰사 민병석은 서양 세력을 배척하는 수구파였다. 그는 갑신정변 후 도승지로서 일본에 망명해 있던 김옥균을 암살하려 했으나 실패했고, 청일 전쟁 중에는 대원군의 밀명으로 청장(淸將)과 내통하여 일본군을 축출하려 하였으나 실패해 전후에 유배되기도 했다.[2] 그러니 그가 선교사들에게 친절할 이유가 없었다.

윌리엄 홀이 가족까지 대동하고 이사를 온 것이 관찰사에게는 위협적인 일로 받아들여졌음에 분명했다. 이런 사실을 알 리 없었던 홀 부부는 저녁을 먹고 기도를 한 다음 편안하게 잠자리에 들었다.

"선생님, 일어나십시오. 큰일 났습니다."

5월 10일 새벽 2시경, 바깥에서 오석형과 이 씨가 다급한 목소리로 윌리엄 홀을 불렀다. 오석형과 이 씨는 윌리엄 홀이 이전에 평양에 머물며 기독교인으로 개종시킨 인물이었으며, 오석형은 훗날 목사가 되었다.

"김창식 조사가 포졸들에게 잡혀 갔습니다."

홀 부부 일행이 머물고 있던 집의 전 주인인 김 씨와 장로교 평양 지역 선교 책임자인 사무엘 모펫Samuel Moffet 목사를 돕던 한석진, 모펫 목사에게 집을 판 사람도 함께 체포되었다는 소식이었다. 한석진은 1907년, 조선인으로서는 최초로 장로교 목사가 된 사람이었다. 오석형과 이 씨는 김창식이 매를 맞은 뒤 큰칼을 쓴 채 수감되어 있다고 했다. 잠시 후 김창식의 아내가 울면서 들어왔다.

"관원들이 말하기를 오늘 아침에 또다시 곤장을 친답니다. 선생님을 잡아다 때릴 수는 없으니 대신 그이를 때린다고 하더이다."

홀 부부는 뜬눈으로 아침을 기다렸다. 오전 6시 30분이 되자 윌리엄 홀은 관찰사를 만나기 위해 집을 나섰다. 하지만 한 시간 동안 관찰사가 아직 일어나지 않아서 만날 수 없다는 대답만 들었다.

윌리엄 홀이 관청에 가 있는 동안, 집을 지키던 로제타에게 관졸들이 찾아와 말했다.

"십만 냥을 주시오. 그러면 오늘 김창식을 매질하지 않겠소."

로제타는 어찌해야 할지 알 수가 없었다. 십만 냥이라는 돈도 없었지만, 만약 가지고 있더라도 정말 주어야 하는지 판단할 수 없었다.

"나는 모르니 내 남편에게 물어보시오."

그녀는 이렇게 말할 수밖에 없었다. 아침 8시쯤 윌리엄 홀이 지치고 초조한 모습으로 돌아왔다. 오석형도 함께였다. 윌리엄 홀이 방으로 들어와서 말했다.

"창식이 목에 칼을 너무 조여놓아서 심하게 고통 받고 있었소……."

울음을 삼키며 겨우 말을 잇는 윌리엄 홀의 눈동자는 눈물로 그렁그렁했다. 그때 밖에서 소란스런 소리가 들렸다. 두 사람이 급히 문을 열고 보니 관졸들이 집으로 들어와 오석형을 붙잡아 가고 있었다.

두 사람은 어찌할 바를 몰랐다. 결국 한양에 전보를 쳐서 도움을 요청하기로 했다. 윌리엄 홀이 부랴부랴 밖으로 나가 중국인이 운영하는 전신소로 달려갔다. 그곳에 있는 영어 통역관에게 부탁해 한양에 있는 감리교 선교부 감독 스크랜턴 박사에게 전보를 보낼 생각이었다.[3]

"창식은 칼을 쓰고 있고, 오 씨와 모펫 목사의 조사 한 씨는 매질을 당했음. 우리에게 집을 판 사람들도 모두 감옥에 있음. 이들의 보호를 요청함."

윌리엄 홀은 오전 열한 시에 한 번, 오후 두 시에 또 한 번 수감된 사람들을 풀어달라며 관찰사 면담을 요청했다. 그런데 이렇게 긴박한 상황 속에서도 로제타와 아기를 보려는 구경꾼들은 하루 종일 몰려왔다.

여자와 아이들로 이루어진 구경꾼들은 하루 종일 열 명씩, 열두 명씩 짝을 지어 들어왔다. 이들은 질서를 매우 잘 지켰으며, 대부분 옷을 깨끗하게 차려 입었고 혈색도 좋았다. 나는 평양의 여성들을 매우 좋아하게 될 것으로 확신했다.

이들은 다른 것(살림이나 장식 등)에는 전혀 관심을 기울이지 않았고, 그저 나와 아기를 보는 데만 열중했다. 모두가 셔우드에게 사랑스럽다 말했고, 대부분 내게도 호감을 갖고 있는 게 분명했다.

나는 이 사람들에게 우리 친구들 중 여럿이 감옥으로 잡혀갔는데 이 집에 오는 게 겁나지 않느냐고 물었다. 하지만 그들은 별로 신경 쓰는 것 같아 보이지 않았다. 나는 그들과 우호적인 대화를 나누었고, 내가 그들에게 내 의도를 제법 잘 이해시키고 있다는 사실을 깨달았다.

우리의 조선인 조력자들은 모두 겁에 질려 있었고 이 모든 사태로 신경이 곤두서 있었다. 이런 상태에서 계속 활기찬 모습으로 웃는 이들을 상대하기란 무척 힘든 일이었다. 하지만 나는 해내고야 말았다.

— 로제타, 1894년 5월 10일의 일기

사람들은 자기들끼리 아기를 보며 수군거렸다.

"아기 코가 어쩜 이리 높을까요?"

"아기 눈이 꼭 개 눈 같이 생겼구려."

북쪽 지방에는 눈이 파란 개가 더러 있었다. 셔우드의 보모인 실비아가 야단을 치는데도 어떤 이는 결국 아이를 꼬집어 울리고 말았다. 아기가 큰 소리로 울기 시작했다.

"어라? 우는 소리는 조선 아기들이랑 똑같구만."

이 상황을 웃는 얼굴로 견디기란 정말로 힘든 일이었다.

그 당시 한양에서 평양까지는 육로로 일주일이 넘게 걸렸다. 평양으로 이사를 결정한 후 윌리엄 홀은 다른 이동 방법이 없을까 연구했다. 그 결과 배를 타면 시간을 반으로 줄일 수 있다는 계산이 나왔다.

문제는 정기적으로 운항하는 여객선이 없다는 점이었다. 한양을 출발해 제물포(인천)에 도착한 뒤, 배편을 구하는 데 2주나 걸렸다. 겨우 얻어 탄 배가 고기잡이배였던 까닭에 배 안에 머무는 동안 생선 썩는 역한 냄새를 견디느라 애를 먹었다. 도중에는 태풍을 만나는 바람에 인근 섬으로 피신까지 했다. 그곳에서 서른세 시간을 머무는 바람에 5월 4일 출발했던 배는 5월 8일 정오까지 소금물 위에 떠 있어야만 했다.

평양에 도착한 뒤에는 긴 여정으로 쌓인 피로를 풀기도 전에 구경꾼들이 몰려들었다. 또 친구들이 붙잡혀 갔다. 남편은 감금된 이들을 석방시키려 동분서주하고 있었고, 자신은 동물원 원숭이처럼 구경거리가 되어 있었다. 속이 시커멓게 타들어가 엉엉 목 놓아 울고 싶은 심정이었다. 하지만 로제타는 앞으로 이들을 상대로 일을 하려면 집으로 몰려드는 사람들 앞에서 친절하게 웃

는 모습을 보여야 한다고 거듭 마음을 다잡았다. 그리고 그녀는
마침내 그날의 일기에 사람들 앞에서 끝까지 웃는 모습을 잃지
않는 데 성공했다고 자랑스럽게 적었다.

2

첫 번째 시련과
조선의 바울

로제타와 셔우드를 보려는 구경꾼들이 집을 가득 메우고 북적이는 와중에 김창식을 앞세운 포졸들이 나타났다. 포승줄에 묶인 김창식은 몰골이 말이 아니었다. 곧 오석형도 끌려왔다. 또다시 포졸들은 십만 냥을 내놓으면 이들을 때리지 않겠다고 으름장을 놓았다. 아마 관찰사나 고위층 관리가 하급 관리들에게 이런 명령을 내리지는 않았을 것이다. 갇혀 있는 죄수를 끌고 다니며 돈을 요구하는 이런 어처구니없는 상황을 보며 로제타는 조선의 관리들이 얼마나 부패했는지 깨달을 수 있었다.

"사모님, 우리는 괜찮습니다. 이들에게 돈을 주지 마십시오. 이들은 곧 한양으로부터 우리를 석방하라는 명령을 받게 될 것입니다."

아직 기운이 팔팔해 보이는 오 씨가 말했다. 하지만 김창식은 이미 몹시 지친 상태였다. 김창식은 오 씨보다 오래 갇혀 있었던 데다 칼과 족쇄 때문에 극심한 고통을 호소했다. 그러나 김창식도 오 씨와 같은 생각일 거라고 로제타는 짐작했다.

오후 1시경, 포졸이 로제타에게 한문으로 된 문서를 가지고 왔다.

"오전에 관원들이 말하기를 우리 모두 이 집에서 나가야 한다고 했어요."

점동이 말했다. 로제타 역시 아마 문서의 내용이 이 집에서 나가라는 명령일 거라고 짐작했다.

"나는 이 문서를 읽을 수 없소. 그러니 받을 수 없소."

로제타가 포졸에게 말했다. 그는 망설이더니 문서를 대문에 붙여놓고 떠났다. 잠시 후에 조선인 친구가 와서 그 문서의 내용을 번역해주었다. 문서는 관찰사 아래 관리가 그 지역의 치안 담당자에게 내린 명령이었다.

"오래 전에 명령을 내렸듯이 집은 전 주인에게 돌려주어야 한다. 닥터 윌리엄 홀이 아내와 함께 이곳으로 온 것은 여기서 오래 살겠다는 뜻이 분명하니, 전 주인은 즉시 이 집을 돌려받아야 할 것이다. 많은 구경꾼은 혼란을 초래할 수 있으니 환자들을 제외하고는 그곳에 가지 못하도록 해야 할 것이다. 천주교와 기독교는 매우 악한 것이니 어느 누구도 그들의 가르침에 귀 기울이게 해서는 안 된다."

문서에는 도장이 세 개나 찍혀 있었다. 로제타는 이 문서가 자기에게 오게 된 까닭이 궁금했다. 실수로 자신에게 배달되었는지, 아니면 담당 관리가 읽고 난 뒤에 겁을 주려고 가져왔는지 알 수 없는 일이었다.

오후 2시경, 윌리엄 홀이 한양에서 스크랜턴 박사가 보낸 전보를 가지고 집으로 돌아왔다. 영사관을 통해 외무 관련 관청을 움직이겠다는 답신이었다. 윌리엄 홀은 다시 전보를 쳤다.

하지만 관찰사는 여전히 윌리엄 홀의 거듭된 면담 요청을 거부했고, 중국 전신소의 직원으로부터 윌리엄 홀이 한양에 여러 차례 전신을 보냈다는 사실을 전해 들었음에도 끄떡하지 않았다.

오후 4시경, 다시 나갔던 윌리엄 홀이 한양에서 조선 주재 영국 총영사 가드너Gardner가 보낸 전보를 가지고 돌아왔다. 윌리엄 홀은 미국 북감리교에서 파견한 선교사였지만 국적은 캐나다인이었다. 그리고 캐나다는 1926년까지 영국령이었으므로 당시 윌리엄 홀은 공식적으로 영국 시민이었다. 로제타도 결혼하면서 미국 시민권을 상실하여 법적으로는 영국인이었다. 가드너는 조선 외무부 쪽에 수감자들을 석방시켜 줄 것과 홀 가족의 보호를 요청하는 전보를 보냈다.

그런데도 간수들은 또다시 찾아와 돈을 주지 않으면 갇혀 있는 친구들을 매질하겠다고 협박했다. 조선 사정에 밝지 않은 외국인들에게 겁을 주어 돈을 뜯어내려는 속셈이 분명했다.

윌리엄 홀이 뒤늦은 점심 식사를 하려는데 치안 담당 관리인 김 씨의 하인이 찾아와 포졸이 대문에 붙여놓고 간 문서를 돌려달라고 했다. 하루 종일 제대로 식사를 하지 못했던 윌리엄 홀은 문서를 살펴볼 기력도 없었고, 그 문서가 잘못 배달된 것이었음을 몰랐기 때문에 보관하고 있는 편이 나을 거라 생각했다. 나중에 알고 보니 그 문서는 김 씨에게 전달되었어야 하는데 포졸이 실수로 이들에게 가져다준 것이었다. 김 씨의 하인은 문서를 가져가지 못하면 상관으로부터 매를 맞을 거라며 계속해서 사정했다. 그러나 홀 부부는 문서를 내주지 않았고, 그는 결국 빈손으로 돌아갔다.

잠시 후 밖에서 "황소가 울부짖으며 땅을 차는 듯한 소리"가 들려왔다. 식구들이 놀라서 모두 뛰쳐나갔다. 밖에서는 김 씨가 화가 머리끝까지 올라 마구 소리를 지르며 난동을 부리고 있었다. 윌리엄 홀이 그를 진정시키려 했으나 그는 도무지 아무 말도 들으려 하지 않았다. 로제타는 그때까지 그렇게 심하게 화를 내는 사람을 본 적이 없었다. 잠들었던 셔우드가 놀라서 깨어나 울었다.

그때 박유산이 밖으로 나왔다. 로제타는 박유산의 모습을 보며 걱정이 앞섰다. 그녀는 하루 종일 집 안에 숨어 있던 박유산이 나오지 않기를 간절히 바랐기 때문이다. 아니나 다를까. 김 씨는 박유산을 보자마자 그에게 달려들었다. 그는 박유산의 상투를 붙잡고 흔들며 발로 차고 때리고 행패를 부렸다. 윌리엄 홀은 더 이상 그 문서를 보관할 수 없다는 사실을 깨달았다. 박유산도 두들겨 맞으며 문서를 주어버리라고 사정했다. 마침내 윌리엄 홀이 문서를 건네자 김 씨가 씩씩거리며 돌아갔다.

저녁 8시경, 한양에서 조선 주재 미국 총영사 실Sill이 보낸 전보가 도착했다. 자신도 갇혀 있는 이들을 석방할 수 있도록 조선 정부에 요청하고 있다는 소식이었다. 한양에 머물고 있던 장로교 평양 지역 선교 책임자인 모펫도 친절한 전보를 보내왔다. 그 전보에는 「여호수아서」 1장 9절의 내용이 적혀 있었다.

"너는 내 명령을 듣지 않았느냐? 힘을 내고 용기를 가져라. 무서워 떨지 말라. 네가 어디로 가든지 네 하나님 야훼가 너를 떠나지 아니하리라."

홀 부부는 두 사람이 보낸 전보를 보며 큰 위안을 얻었다. 밤 10시쯤 감옥에 갇혀 있는 친구들을 위해 간절한 기도를 올리고 난 뒤, 로제타가 잠옷으로 갈아입으려 할 때였다.

와장창!

로제타 옆에 놓여 있던 항아리가 박살이 났다. 어찌나 큰 소리가 났던지 집 안에 있던 모든 이가 달려왔다. 밖에서 누군가 돌을 던진 것이었다. 평양 사람들은 적대감을 표시하기 위해 돌팔매질을 하는 경우가 매우 흔했다.

로제타는 문 위에 설치한 커튼 때문에 그때까지도 방문이 열려 있었다는 사실을 미처 몰랐다. 계속해서 돌이 날아올까 걱정된 윌리엄 홀은 방문 앞에 두꺼운 이불을 쳤다. 이제 돌멩이가 날아와도 더 이상 위험하지 않을 것이었다.

5월 11일 아침이 밝았다. 아침 7시쯤 관찰사가 보낸 전령이 와서 말했다.

"한양에서 관찰사 영감에게 전보가 왔소. 영국과 미국의 영사들이 상감마마를 알현했는데 평양은 기독교를 전파할 곳이 아니라는 점에 동의했다 하오. 또 전하께서 관찰사에게 닥터 홀은 나쁜 사람이니 갇혀 있는 모든 기독교 신자를 오늘 다 처형하라고 명령 내리셨소."

로제타와 윌리엄 홀은 당연히 그 말을 믿지 않았다. 하지만 관찰사가 한양에서 오는 명령을 곧이곧대로 이행하지 않을 것임은 알 수 있었다. 로제타는 이때의 상황을 이렇게 기록했다.

물론 우리는 분명 그 말이 틀림없는 거짓이라고 생각했지만, 전날 그들은 창식을 도둑들의 방에서 사형수 감방으로 옮기고 차꼬도 다시 채웠다. 나는 이 상황을 이해할 수 없다.

닥터 윌리엄 홀이 김창식을 면회하러 갔는데, 그는 용기를 잃고 모든 것을 포기한 사람처럼 보였다고 한다. 관리들은 창식을 너무 심하게 매질하고 계속 죽이겠다며 위협을 가했다고 한다. 내 생각에 그는 수백 번 죽을 고비를 넘겼다. 관찰사가 이렇게 한양에서 오는 명령을 무시하듯 느리게 이행한다면 창식이 석방되기 전에 옥사하지 않을까 매우 걱정이다.

닥터는 그를 면회하고 올 때마다 운다. 정말 끔찍한 일이다. 창식이 오 씨나 한 씨보다 훨씬 심하게 당한 이유는 배교하라는 명령에 끝까지 강하게 저항했기 때문이다. 창식은 석방시켜주면 더 이상 전도를 하지 않겠느냐는 질문에 당연히 계속 전도하겠다고 대답했다 한다. 조선의 바울을 보내주신 하나님께 찬양을!

― 로제타, 1894년 5월 11일의 일기

윌리엄 홀은 다시 전신소로 가서 그때까지의 상황을 간략하게 한양에 알렸다. 상황은 점점 더 나빠지는 듯 보였고 모두들 두려움에 떨었다.

오전 9시쯤 로제타는 관아로부터 또 다른 위협을 들었다. 선교사들에게 물을 길어다 주는 사람에게 태형을 내리겠다는 얘기가 있었다는 것이다. 홀 가족이 머무는 집에는 우물이 없어서 약 1킬로미터 떨어진 대동강에서 물을 길어 와야만 했다. 그런데 전날 셔우드를 목욕시키며 물을 많이 써서 집 안에 남아 있는 물은 아기 혼자 마실 양으로도 부족할 지경이었다.

사람들은 모두 오늘 김창식과 한석진이 참수될 것이라고 계속해서 말했다. 로제타 곁의 조선인들은 비탄에 젖어 평양에 온 것을 후회하고 있었다. 로제타는 애써 용기를 내어 모두를 격려

했다.

"나는 그들에게 기운을 북돋아주고 믿음을 주려 계속 노력하고 있다. 하지만 닥터 윌리엄 홀조차도 오늘 아침에는 용기를 잃은 듯 보였다. 그들도 곧 이 사실을 눈치채지 않을까."

윌리엄 홀이 나중에 가족에게 보낸 편지를 보면 그때의 심정이 얼마나 절박했는지 짐작할 수 있다.

"십만의 이방인들 사이에 외국인은 우리 세 사람뿐이었습니다. 아무런 보호도 없이 아내와 아기를 집에 남겨둔 채 전신소에 가고 감옥으로 면회를 가야 할 때마다 내가 어떤 기분이었을지 상상할 수 있겠지요.

이곳의 관찰사는 왕비의 친척으로 세도가 출신이어서 한양의 외무부에서 편지가 와도 전혀 개의치 않았습니다. 우리가 보기에는 조선에 종교의 자유가 올 날이 멀지 않아 보이지만, 하나님은 자녀들에게 그 자유를 주기 위해서 몇 명 정도의 목숨을 요구하시는 것 같아 보입니다.

우리는 주님을 위해 죽을 각오가 되어 있었습니다. 이런 모든 시련에는 은총이 따를 것이고, 필요하다면 얼마든지 희생할 수도 있습니다. 몇 명의 신부들과 수천의 가톨릭 신자들이 믿음을 위해 목숨을 바친 이후 28년 만에 주님을 믿는 형제들이 극심한 고문에 시달리는 것을 보면서 정말 가슴이 아팠습니다." [4]

윌리엄 홀은 1866년 발생한 병인박해에 대해 잘 알고 있었다.

병인박해는 러시아로부터 통상(通商) 요청을 받은 대원군이 프랑스의 힘을 빌려 막고자 하였으나, 뜻대로 안 되자 가톨릭 탄압령을 내리고 아홉 명의 프랑스 선교사와 남종삼을 비롯한 8,000여 명의 가톨릭교도를 학살한 사건이다. 유사한 상황이 되풀이될지도 모른다는 두려움이 윌리엄 홀을 에워쌌다.

정오 무렵, 한양의 가드너 영사로부터 전보가 왔다. 전날 밤 11시에 조선 정부의 외무부에서 구속된 모든 기독교인을 석방하라는 전보를 보냈다는 내용이었다. 윌리엄 홀은 또다시 감옥으로 달려갔다. 여전히 포졸들은 구속되어 있는 사람들을 죽이겠다고 위협하며 매질을 했다. 윌리엄 홀은 항의했다.

"이미 상감마마께서 여기 붙잡혀 있는 모든 이를 풀어주라는 명령을 내렸소."

"관찰사 영감은 한양에서 왜 그런 전보를 보냈는지 도무지 이해할 수 없다고 했소. 게다가 우리가 듣기에 당신들은 동학과 한패이고, 조선의 방방곡곡에 집을 지어 동학당을 돕는다는 소문을 들었소. 그래서 우리도 그런 소식을 한양에 전보로 알렸소."

참으로 난감했다. 이 도시에서 자신을 도와줄 사람이 하나도 없다는 사실에 두려움이 몰려왔다.

"명령을 이행하지 않으면 나중에 벌을 받게 될 것이오."

"우리 관찰사 영감은 중전마마의 친척이오. 그러니 아무런 벌도 받지 않을 것이오."

윌리엄 홀은 벽과 마주하고 있는 느낌이었다. 기도밖에 할 수 없다는 답답함이 무서웠다. 한양의 선교사 동료들이 영사관을 통해 조선 정부에 청원하는 게 유일한 희망이었는데, 관찰사가 상부의 지시를 무시하고 있으니 앞이 깜깜할 따름이었다.

하지만 그는 포기하지 않았다. 여전히 구금자들은 석방되지 않았고, 오히려 자신들이 동학당과 내통하고 있다는 억지를 부리고 있으며, 물 공급조차 금지당했음을 전보로 보냈다. 덧붙여 김창식과 한석진이 금방이라도 처형될 것 같은 분위기라고 썼다.

윌리엄 홀의 마음이 통했는지 오후 4시쯤 한양의 스크랜턴 박사로부터 전보가 도착했다. 이미 두 번이나 수감자들을 석방하라는 상부의 명령이 평양 관찰사에게 전달되었다는 내용이었다. 평양 관찰사가 미국과 영국을 무시하지 않는 한 쉽게 수감자들을 처형할 수는 없을 거라는 얘기도 있었다. 또 관찰사에게 하루에 세 번 이상 전보를 치겠다고 했다. 조금 후에 또 다른 전보가 날아들었다. 거기에는 조선 정부에서 관찰사에게 보낸 전보의 사본이 첨부되어 있었다.

"모든 수감자들을 즉시 석방하라. 석방한 뒤 보고 바람. 명령을 이행하지 않을 시에는 책임을 추궁당할 것이다."

스크랜턴 박사는 장로교의 목사들, 즉 모펫과 프레드 매켄지 Fred A. McKenzie가 금요일(11일)에 한양에서 출발해 사흘 뒤 평양에 도착할 거라는 소식도 전했다. 자신이 의지할 수 있는 동료들이 온다는 말에 윌리엄 홀은 큰 위안을 얻었다.

저녁 6시경, 윌리엄 홀이 전신소에 간 사이 로제타와 식구들은 관아에서 감금된 모든 이를 끌어내 대기시켰다는 소식을 들었다.

"이제 정말 목을 자르려나 봐요."

겁에 질린 실비아와 에스더가 몸을 떨었다.

"아니야. 그 반대일 거야."

로제타는 단정적으로 말했다. 그녀는 이 소식이 분명 좋은 징조라고 생각했다. 제아무리 철벽같은 관찰사라지만 조정에서 지속적으로 내려오는 강력한 명령을 어길 만큼 무모하지는 않을 거라는 판단이었다. 로제타의 판단은 정확했다.

그로부터 한 시간 뒤, 말로 표현할 수 없을 만큼 처참한 모습의 김창식이 집 안으로 비틀거리며 들어와 마루에 픽 쓰러졌다. 그는 감옥에서 석방되어 오는 길 내내 돌팔매를 맞았다고 한마디씩 겨우 말했다. 로제타는 그를 따뜻한 담요로 감싸 방으로 옮기고 진정제를 투여했다. 곧 윌리엄 홀이 돌아와서 창식을 살펴보고는 모든 기독교인이 석방되었다는 소식을 전하기 위해 다시 부랴부랴 전신소로 달려갔다.

저녁 9시쯤 한숨 자고 난 김창식은 어느 정도 안정을 찾고 약간의 음식도 먹었다. 잠시 뒤 그가 감옥에서 겪은 일을 이야기했다. 관리들은 앞으로 절대 기독교 복음을 전도하지 않겠다고 약속만 하면 당장 석방해주겠다고 사람들을 유혹했다. 한양에서 이미 여러 번 석방 명령이 내려왔음을 모르는 사람들은 흔들릴 수밖에 없었다. 당장 언제 죽을지 모르는 상황이었기 때문이다. 게다가 그들은 그동안의 고문으로 심신이 더할 수 없이 약해진 상태였다. 그들은 모두 가장인 자신이 죽는다면 남은 가족들은 어떻게 살아갈지 걱정하지 않을 수 없었다. 결국 김창식만을 제외하고는 모두 "베드로와 같이" 유혹에 넘어가고 말았다.

"어떤 이들은 복음이 나쁘다고 생각하지만 나는 진리라고 생각하오. 나는 말씀에 따라 살 것이고, 계속하여 복음을 전할 것이오."

김창식이 이렇게 말하자 관리는 그에게 더 심한 요구를 했다. 예수를 부인하고 하나님을 모독하라는 것이었다. 김창식은 그 요구도 거부했다. 관리는 어쩔 수 없이 그를 석방시키면서도 저주를 퍼부었다. 그리고 아랫사람들에게 은밀히 돌팔매질을 하라고 명령했다. 그래서 김창식은 집까지 오는 내내 돌을 맞았던 것이다.

곧 오석형도 왔다. 그는 병이 난 아내를 살펴보려 먼저 집에 다녀오는 길이었다. 윌리엄 홀의 전도로 크리스천이 되었으며, 이번 사태 내내 그의 곁을 떠나지 않았던 이 씨와 김 씨, 몇몇 소년들도 왔다. 홀 부부는 이들과 함께 작은 방에 모여 간단한 찬양 예배를 드렸다. 김창식이 「사도행전」 16장을 읽으면서 예배를 인도했다.

"존경스러운 김창식! 그렇게 충직하게 예수를 위해 순교하겠다는 이를 보는 것은 아무나 누릴 수 있는 특권이 아니오. 나는 그의 발 아

우리나라 최초의
목사인 김창식(오른쪽)과
그의 아들(가운데), 그리고 손자

김창식의 아들 김영진은 세브
란스의학전문학교를 졸업하고
로제타의 아들 셔우드와 함께
해주 구세병원에서 의사로 일
했다.

래 꿇어 엎드리고 싶은 심정이오.”

　윌리엄 홀이 감격에 차서 말했다. 로제타는 안도의 한숨을 내
쉬었다. 숨 가빴던 지난 나흘이 아득하게 느껴졌다. 평양에 도착
하자마자 조금도 쉬지 못하고 환난을 당했으나 그만큼 은혜도 충
만하게 느낄 수 있었다. 굳게 닫혀 있던 평양의 문을 여는 데 자

신의 몸을 내어놓은 김창식. 로제타는 조선의 바울을 내려주신 하나님께 진심으로 감사했다. 이들의 수난으로 평양 선교의 문이 열렸으며, 이제 새로운 시작이 자신을 기다리고 있다고 생각했다.

로제타는 오랜 시간 준비해온 새로운 모험을 상상했다. 가슴이 부풀어 오르는 게 느껴졌다. 하지만 자신이 훗날 세상 무엇보다도 고통스러운 제물을 바치게 될 줄은 짐작조차 하지 못했다. 다만 그녀는 처음 읽었던 순간부터 마음속 깊이 간직해온 좌우명을 다시 한 번 되새길 뿐이었다.

"네가 진정 인류를 위해 봉사하려거든 아무도 가려 하지 않은 곳으로 가서 아무도 하려 하지 않는 일을 하라."

※ 로제타는 1894년 5월 8일부터 11일까지 일어난 일을 아주 세세하게 일기에 기록했다.

II

닥터 로제타 홀, 하나님의 품에서 자라다

1

믿음의 참다운 본보기,
아버지 로즈벨트

로제타는 태어나는 순간부터 하나님과 함께했다. 그녀의 가족은 모두 독실하게 하나님을 믿었으며, 그 믿음을 바탕으로 근면하고 성실하게 생활했다. 그리고 이 경건한 가정의 중심에는 언제나 로제타의 아버지, 로즈벨트 렌슬러 셔우드Rosevelt Rensler Sherwood가 있었다.

로즈벨트는 1804년 펜튼 셔우드Fanton Sherwood와 유니스 라이언 셔우드Eunice Lyon Sherwood 사이의 열 자녀 중 일곱 번째로 태어났다. 1634년 여름, 영국에서 종교의 자유를 찾아 가족과 함께 아메리카 대륙에 이주한 청교도 토마스 셔우드가 로즈벨트의 7대조였다. 셔우드 가문이 처음 정착한 매사추세츠Massachusetts 콜로니는 1620년 영국에서 메이플라워Mayflower호를 타고 온 청교도들에 의해 시작된 곳이었다. 그로부터 불과 14년 뒤 셔우드 가문이 이곳에 정착한 것이다.

셔우드 가문의 하나님에 대한 신앙은 시간이 흘러도 변하지 않았다. 로제타의 아버지 로즈벨트는 매우 신실한 감리교도로서 음주 절제 운동과 노예제 반대 운동에 적극적으로 참여했다. 또한 로즈벨트는 누구보다도 열심히 일하는 농부였다. 스물한 살이 되던 해 부모로부터 20만 제곱미터의 땅을 물려받은 그는 사십 대에 280만 제곱미터의 땅을 소유한 거대 농장주가 될 만큼 성실하게 일했다. 로제타는 이러한 집안의 역사를 매우 자랑스럽게 여겼으며, 스물한 살에 그 뿌리에 대해 기록하기도 했다.[5]

로제타의 어린 시절 일기에 등장하는 로즈벨트는 누구보다도 온화한 성품의 소유자였다. 로제타의 오빠 월터Walter가 농번기에 다른 일손을 고용하지 않아서 힘들다고 투덜거리자 그는 평정심을 잃지 않고 아들을 그렇게 키운 "자신이 부끄럽다"고 말할 뿐이었다. 그 당시의 미국 남성들이 권위주의로 똘똘 뭉쳐 아이들을 자주 학대했음을 생각해보면 제법 색다른 반응이 아닐 수 없다.

한번은 조용한 시골 마을에 쇼가 들어와 아이들을 흥분시킨 일이 있었다. 그런데 로즈벨트는 이런 쇼가 교육적으로 옳지 않다고 생각했다. 그래서 쇼에 가지 않고 집에 있는 사람에게는 입장료의 두 배인 50센트를 주겠다고 약속했다. 지금은 이런 식의 교육법이 이상하게 들리지 않지만 당시에는 파격적인 제안이었다.

그는 자식 교육에도 열성적이었다. 아들들은 의사와 변호사, 목사로 딸들은 의사와 교사로 키웠는데, 당연히 그들의 교육비 또한 만만치 않았다. 이러한 자식들의 눈부신 교육적 성과는 겨우 초등 수준의 교육만 받고 평생을 손발이 닳도록 농사일에 매진한 아버지의 피땀 흘린 노력 덕분이었다.

로즈벨트는 누구보다도 말과 행동이 일치하는 사람이었다. 1890년 11월 23일, 한양 정동교회의 주일 예배에 참석한 로제타는 올링거 목사의 언행일치에 대한 설교를 들으며 아버지를 떠올

1873년에 로제타가 아버지에게 선물받은 성경
로제타는 아버지의 사랑이 담긴 성경을 평생 곁에 두고 보관했다.

렸다.

"자신의 말보다 (행동이) 나은 인간은 없다. 대부분은 그보다 못하다. 하지만 나는 말보다 (행동이) 나은 사람을 적어도 한 사람은 알고 있다. 바로 내 아버지가 참다운 본보기다."

1895년 6월 27일, 로즈벨트가 아흔 살을 일기로 세상을 떴을 때 설리반 카운티 지역 신문에 실린 추모사는 그의 성품이 얼마나 올발랐는지 증명해준다.

"그는 많은 면에서 놀라운 성품을 지닌 인물이었다. 일상사에서 뛰어난 판단력을 갖고 있었으며, 보기 드물게 선량하고 양식 있는 사람이었다. 그를 아는 모든 사람은 그가 보여준 언행일치에 공감했으며, 법 없이도 살 수 있는 정직한 사람이라고 생각했다. 그는 주일의 계율과 주중의 실천이 전혀 모순되지 않는 열성적이고 헌신적인 크리스천이었다." 6

아버지가 세상을 떠나기 몇 달 전, "전에는 언제 죽어도 상관없다고 생각했는데 이제 딸이 돌아올 때까지는 살아 있고 싶다" 7 말했다고 동생 애니가 편지에 전해왔다. 그가 세상을 떠나던 날, 소원대로 로제타는 리버티liberty의 고향집에 있었다. 로제타는 조선에서 남편을 병으로 잃은 뒤 둘째 아이를 출산하기 위해 친정에 돌아와 있는 상태였다. 로제타는 점점 쇠약해지다 못해 세상을 떠나가는 아버지를 보며 큰 슬픔을 느꼈다. 셔우드의 육아일기에 쓴 글이 그녀의 심정을 대변한다.

사랑하는 할아버지가 점점 쇠약해지고 있다. 우리는 그를 오랫동안 가까이 두지 못할 것 같은 두려움을 느낀다. 어느 날 아빠처럼 할아버지도 우리 곁을 떠나겠지. …(중략)… 할아버지는 평생 앓은 적이 없었고, 자신을 보살피느라 다른 사람이 고생하는 일이 없도록 빨리 고통 없이 죽기를 원했다. 하나님은 그의 기도를 완벽하게 들어주셔서 그의 죽음은 그가 원하던 그대로였다.

— 로제타, 1895년 6월 27일 셔우드의 육아일기

아버지는 세상을 떠나던 날 아침, 사랑하는 딸에게 지난밤의 꿈 이야기를 했다. 풀 베는 기계를 가지고 하루 종일 일하는 꿈을 꾸고 나니 몸이 몹시 피곤하게 느껴진다는 것이었다. 평생 동안 땅에서 벗어나본 적 없는 농부의 삶을 벗고 영혼이 해방되던 날, 그가 꾼 꿈이었다.

그는 평소와 다름없이 저녁 식사 후 평화롭게 잠들었다가 저녁 10시 반에 일어나 야참을 들고 다시 잠들었다. 옆방에 있던 아내는 그가 코를 고는 듯하다가 순간적으로 멎는 소리를 들었다. 의아하게 여긴 아내가 방문을 열었을 때 그의 영혼은 이미 이승을 떠난 상태였다. 그의 육신은 잠든 듯 매우 평온해 보였다.

2

믿음의 든든한 후원자,
어머니 피비

로제타의 일기에는 어머니, 피비 길더슬리브 셔우드Phoebe Gildersleeve Sherwood에 대한 찬사와 사랑의 표현이 수없이 등장한다. 1890년 10월 13일, 조선에 도착한 이후 로제타가 가장 기다리는 날은 한 달에 두 번씩 오는 우편 수령일이었다. 선교사들이 받는 편지 뭉치 중에는 어김없이 어머니가 보낸 장문의 편지가 들어 있었다. 어떤 편지는 열두 장에 이를 정도로 긴 것도 있었다. 다음은 로제타가 조선에 도착해 처음으로 맞은 우편 배달일의 기록이다.

아침 식사 후, 내가 가장 먼저 한 일은 우편이 도착했다는 깃발이 걸렸나 확인한 것이었다. 하지만 진료소로 출근할 때까지도 깃발은 아직 올라오지 않았다. 진료소에서는 너무 바빠 편지에 대해 깜박 잊고 있었는데, 일을 마칠 무렵 조선인 심부름꾼이 편지 가방을 들고 나타났다. 다섯 통의 편지들 중에 어머니의 편지는 전혀 없었다. (로제타는 너무 실망한 나머지 '전혀'라는 말에 밑줄까지 그었다.) 그런데 얼마 뒤 다시 편지가 배달되었다. 그 편지는 무거워서 특별히 돈을 더 내야 한다는 얘기였다. 그 편지는 바로 어머니가 보낸 것이었다. 나는 매우 기쁜 마음으로 10센트를 지불했다.

— 로제타, 1890년 10월 28일의 일기

외국인들의 집단 거주지였던 정동에서는 우편 배달일에 편지가 도착하면 정해진 깃발이 올라갔다. 어머니의 편지에는 언제나 가족들의 소소한 일상사와 동네 소식이 꼼꼼하고 자세하게 적혀 있었다. 이역만리 떨어져 있는 딸에게 가족들과 고향을 조금이나마 가까이 느끼게 하려는 어머니의 눈물겨운 배려였다.

"하나님, 우리를 도우셔서 안전하게 지켜주시고 우리들이 살아서 다시 만날 수 있는 날을 허락하소서."

어머니가 하루에도 수없이 반복하며 읊조린다는 기도문이었다. 어머니가 보기에 딸이 있는 곳은 세상의 끝이었고, 살아서 다시 만난다고 확신할 수 없는 거리였다. 그만큼 딸을 보낸 어머니의 마음은 절박했다. 하지만 그럼에도 불구하고 로제타가 선교사가 되는 데 처음부터 가장 큰 지지를 보낸 사람은 바로 어머니, 피비였다.

피비는 1829년, 리버티에서 가죽 가공 공장을 운영하는 제임스 길더슬리브James Gildersleeve와 피비 맥기니스Phoebe McGinnis 사이에서 태어났다. 피비에게 큰 영향을 미친 사건은 그녀가 열 살 되던 해인 1839년에 일어났다. 미국 최초로 해외 파견 독신 여성 선교사가 된 엘리자 에그뉴Eliza Agnew가 실론(스리랑카의 옛 지명)으로 떠나기 직전에 그녀의 집을 방문했던 것이다. 장로교 선교사로서 실론에 파견되었던 엘리자는 열 살짜리 소녀에게 매우 깊은 인상을 남겼다. 그녀는 서른두 살 처녀의 몸으로 멀리 떨어진 이국으로 가는 여행길에 올랐으며, 피비는 그녀의 용기와 결단력에 큰 감명을 받았다.

그 뒤로도 엘리자는 간간이 피비 가족에게 실론의 선교 사업에 대한 소식을 전해왔다. 실론에서 여학교를 세운 그녀는 43년 동안 단 한 번도 고향을 방문하지 않고 여성 교육에 평생을 바쳤다. 그런 그녀를 가리켜 사람들은 '천 명의 딸을 둔 어머니'라고 불렀다. 피비는 엘리자를 동경했으며, 딸에게 그녀의 이야기를 자주 들려주곤 했다. 로제타는 가장 오래된 기억 중의 하나로 어머니가 들려주던 엘리자 이야기를 꼽았다.

"실론에서 때때로 보내오는 편지, 인쇄물과 이국적인 물건들이 해외 선교에 대한 어머니의 관심을 계속 유지시켰으며 아마도 길이 열렸다면 어머니 자신이 선교사가 되었으리라고 나는 믿는다. 어머니

가 들려준 엘리자 이야기가 선교사가 되고자 하는 내 꿈을 자극했음에는 의심의 여지가 없다." [8]

가족의 결정이었는지 그녀만의 선택이었는지는 알 수 없으나, 피비는 열네 살 때인 1843년, 로즈벨트와 같은 날에 감리교로 개종했다. 그리고 그녀는 1858년에 또다시 로즈벨트와 나란히 제대 앞에 섰다. 스물아홉 살 처녀의 몸으로 두 번의 상처를 경험한 쉰

여섯 살의 로제타와 두 살 아래 여동생 애니
1871년에 찍은 사진으로 앳된 표정이 매우 귀엽다.

네 살 홀아비 로즈벨트의 신부가 된 것이었다. 이 결혼은 하나님의 축복을 받았고 이후 37년 동안 두 사람의 지도 아래 셔우드 가족은 평화롭고 풍족한 삶을 누릴 수 있었다. 피비의 끝없는 이해와 인내, 인격적인 성숙함이 없었더라면 불가능한 일이었다.

피비는 자신이 직접 낳은 세 명의 자식뿐만 아니라 전 부인들이 낳은 의붓자식들과 손자들에게도 매우 자애로운 어머니이자 할머니였다. 그녀의 따스한 마음씨는 피비의 의붓아들이자 로제타의 이복 오빠인 프랭크의 설교에서 고스란히 드러난다. 그의 설교는 1912년 4월 12일, '어머니의 날'에 했던 것으로 청중의 열화와 같은 성원에 힘입어 지역 신문에 실렸다. 피비가 세상을 떠나고 11년 후의 일이었다.

"나를 낳아준 어머니는 제가 네 살 무렵에 돌아가셨습니다. 그래서 생모에 대한 기억이 거의 없습니다. 일 년 후, 우리 집에 새어머니가 오셨습니다. 오늘 밤, 저는 오해받고 비난받는 계모들에게 헌사를 바치고 싶습니다. 저는 이 어머니가 친어머니와 다를 거라는 생각을 한 번도 해보지 못했습니다. 어머니는 자신의 친자식들과 나를 전혀 구별하지 않았으며, 어떤 때는 그 아이들보다 저를 더 사랑해주셨습니다. 강철 같은 진실함으로 자식들을 대했으며 나를 위해 자신을 기꺼이 희생하고 헌신하셨습니다. 저 또한 여느 소년들과 다름없이 반항적이고 어머니의 뜻에 어긋나는 행동을 자주 했습니다. 하지만 어머니는 한 번도 저에 대한 믿음을 저버리지 않았으며 변함없는 사랑

을 보여주었습니다." [9]

1933년, 로제타는 프랭크가 상처하여 혼자가 된 데다 병까지 얻었다는 소식을 들었다. 다음 해 은퇴할 계획을 갖고 있던 로제타는 오빠를 보살피기 위해 일 년 먼저 귀국했을 만큼 프랭크에 대한 애정이 컸다. 로제타는 남편과 사별한 뒤 만일의 경우를 대비하여 자신의 유언장을 작성할 때도 친형제보다 이복형제인 프랭크를 아이들의 후견인으로 지정했다. 이는 의붓아들과 친아들을 차별하지 않은 어머니가 있었기에 가능한 일이었다.

피비는 자애로우면서도 대쪽같이 곧은 면을 지니고 있었다. 로제타는 처음 선교사로 부임할 때 독신 상태에서 5년 동안 일하기로 미국 북감리교 여성해외선교회와 계약했다. 그런데 도중에 로제타가 결혼을 결정하자 어머니는 딸의 결혼을 강력하게 반대했다.

내가 써본 편지 중 가장 힘든 편지가 닥터 홀에게 쓴 답장일 것이다. …(중략)… 하나님은 내가 너를 얼마나 사랑하는지, 그리고 이 일(로제타의 결혼)이 내가 전혀 예상치 못했던 일이었음을 아시리라. …(중략)… 나는 닥터 홀과 결혼하겠다는 네 결정에 동의하기로 했다. 어제까지만 해도 생각하지 못했던 일이다. 저녁 내내 한숨도 자지 못하고 고민하며 내린 결론이다. 아마도 이 결정이 너와 닥터 홀의 기분을 좋게 하고 행복하게 할 것이니 나 또한 그러하다. 너희 두 사람이 기쁨으로 가득하고 행복하기를, 그리고 오랫동안 도움이 되는 생애를 함께하기를 바라고 하나님께서 너희 둘의 결합을 축복하셔서 주님이 가꾸는 포도밭의 위대한 일꾼들이 되기를 기대한다.

— 로제타, 1892년 4월 26일의 일기

　로제타의 결혼에 대한 피비의 태도는 냉철하고 객관적이었다. 고민 끝에 어머니는 딸의 행복을 위해 결혼을 허락하면서도 끝까지 본연의 임무에 충실하라는 당부를 잊지 않았다.

3

지하철도를 타고 온 친구,
블랙 조

셔우드 가족의 농장에는 조 Joe 라고 부르는 특별한 식구가 한 명 더 있었다. 조시아 윌슨 Josiah Wilson 이란 본명을 가진 노예 출신의 흑인으로 스물다섯 살이 되던 1850년, 언더그라운드 레일로드 The Underground Railroad 의 도움으로 노예 농장에서 탈출해 캐나다로 가던 중 셔우드의 농장에 눌러앉게 된 인물이다.

언더그라운드 레일로드는 노예제를 반대하는 개신교의 한 분파인 퀘이커 Quaker 교도들을 중심으로 운영된 비밀 조직이다. 18세기 말부터 활동하기 시작한 이 조직은 노예 제도가 공식적으로 사라진 1865년까지 존재했으며, 북부의 감리교도와 장로교도들이 합세하면서 전국적인 규모로 발전했다.

미국 노예 제도의 시작은 1619년 버지니아의 제임스타운에 아프리카 노예가 수입되면서부터였다. 처음에는 일정 기간 신체적 구속을 받으며 일한 다음 자유로운 신분으로 풀려나는 게 일반적이었으나, 1705년에 노예가 재산으로 인정되기 시작하면서 사람들도 점점 비인간적으로 변해갔다.

하지만 이렇게 비인간적인 상황 속에서도 끝까지 양심을 잃지 않고 노예 제도를 반대하는 사람들이 있었다. 특히 노예 제도를 당연하게 여겼던 남부에서는 몇몇 양심적인 백인들이 북부의 백인들과 손잡고 비밀리에 노예들을 탈출시키는 용감한 행동을 펼치기도 했다. 그들이 바로 언더그라운드 레일로드를 만든 사람들이었다. 이들은 노예를 탈출시켜서 노예 제도가 금지되어 있던 북부의 매사추세츠, 뉴햄프셔, 코네티컷, 펜실베이니아, 뉴욕, 캐나다 등에 정착하도록 도와주었다.

이 조직에서는 회원들의 집을 역station, 노예들을 안내하는 사람을 승무원conductor, 그리고 도망친 노예들을 승객passenger이라는 암호로 불렀다. 그러니까 셔우드의 농장은 언더그라운드 레일로드가 거쳐 가는 역 중의 하나였다.

언더그라운드 레일로드는 남부에서 캐나다로 가는 노선과 남미로 가는 노선이 있었다. 도주 노예들은 안내인과 함께 비밀리에 움직였다. 기차나 배를 타기도 했지만, 대부분은 사람들의 눈을 피해 주로 밤중에 걷거나 마차를 타고 매일 15킬로미터에서 30킬로미터 정도를 이동하는 방식이었다. 그들은 다음 역에 도착하면 낮 동안 휴식을 취하고 밤이 되면 그 역장의 도움을 받아 다음 역으로 이동했다.

조가 탈출을 감행했던 1850년에는 미국 30개 주 가운데 노예제를 금지하는 주가 15개, 허용하는 주가 15개였으며, 1810년에서 1850년 사이에 언더그라운드 레일로드를 통하여 탈출한 노예의 수는 10만 명 정도였다. 1860년 미국에 있는 노예의 수가 395만 명 정도였으니, 그중 약 3퍼센트가 언더그라운드 레일로드의 도움을 받아 자유를 되찾았던 것이다.

조가 셔우드 농장에 도착한 1850년, 리버티가 속한 뉴욕 주의 북부 지역은 언더그라운드 레일로드가 매우 활성화된 곳이었다. 로제타는 훗날 그녀가 들은 내용을 바탕으로 조가 처음 셔우드 농장에 온 순간을 이렇게 기록했다.

"아버지 로즈벨트 셔우드와 조는 첫눈에 서로를 마음에 들어 했다. 아버지가 조에게 셔우드 가족과 함께 가정을 이루자고 말하자 그는 더 이상 캐나다로 갈 이유를 찾지 못했다." [10]

조는 로제타가 태어나기 15년 전, 그러니까 피비가 시집오기 8년 전부터 이미 셔우드의 농장에서 살고 있었다. 로제타가 조선에 도착한 뒤 쓴 일기에는 조에 대한 이야기가 여러 번 등장한다.

오늘 어머니로부터 편지를 받았다. 가족 모두 잘 지낸다는 반가운 소식이었다. 글을 모르는 조는 편지 대신 리버티 리지스터(Liberty

Register, 지역 신문)를 보냈다. 그만의 방식으로 나에게 무언가를 해주고 싶은 것이다. 그는 언제나 나를 위해 최선을 다했다. 나는 하나님께서 그를 축복하실 거라고 굳게 믿는다. 그리고 언제나 그가 하나님으로부터 가장 사랑받는 자녀 중의 하나가 되길 기도한다.

— 로제타, 1891년 1월 22일의 일기

조는 우편일마다 빠뜨리지 않고 지역 신문을 보내왔다. 로제타의 추수 감사절, 또는 크리스마스 일기에는 언제나 똑같은 간절한 바람이 적혀 있다.

지금쯤 고향의 가족들은 아침을 맞고 있겠지. 그저 잠깐만, 더도 말고 덜도 말고 집 안으로 불쑥 들어가 아버지, 어머니, 애니와 조가 모두 건강하게 잘 있는 모습만 내 눈으로 직접 확인할 수 있다면. 몇 분만 그런 시간이 허락된다면 얼마나 좋을까.

— 로제타, 1890년 12월 25일의 일기

미국에서 가족들이 보낸 편지는 보통 6주가 지나서야 로제타에게 배달되었다. 아무리 궁금한 일이 있어도 한 달을 훌쩍 넘기기 전까지는 가족들에게 무슨 일이 일어났는지 알 수 없었다. 어떤 때는 편지가 중국으로 잘못 배달되는 바람에 나중에 쓴 편지보다 더 늦게 배달되는 경우도 있었다. 그리고 로제타가 그리워하는 가족들 중에는 분명 피부색이 다른 조가 포함되어 있었다.

조의 사진을 방에 걸었다. 학교의 소녀들에게 조에 대한 이야기를 해주었다. 소녀들은 한 번도 흑인을 본 적이 없다. 그러니 모두 이상하게 생겼다고 생각한다. 조에 대한 이야기를 듣고 난 뒤, 한국 소녀와 일본 소녀는 영 다른 반응을 보였다. 일본인은 변덕스러운 면이 있어 보이고, 한국인들은 지조가 굳은 느낌인데 아이들도 마찬가지인 듯하다.

— 로제타, 1891년 3월 29일의 일기

당시 로제타는 '오와가'라는 일본인 소녀와 '김점동'이라는 한국인 소녀를 곁에 두고 병원의 조수로 훈련시키는 중이었다. 오와가는 아버지가 한양에서 근무하는 동안 이화 학당에 다니고 있었다.

"선생님은 조를 좋아하세요?"

오와가가 물었다.

"그럼."

"선생님은 조를 사랑하세요?"

"당연하지."

"그럼 저도 조를 사랑해요."

하지만 점동은 다르게 말했다.

"나는 조를 사랑하지는 않아요. 하지만 제 생각에 조는 좋은 사람인 것 같아요. 왜냐하면 내가 좋아하는 선생님을 잘 보살펴 준 것 같으니까요."

로제타는 조선에 대한 사랑이 지극했고, 조선인과 조선의 문화에 대해 항상 긍정적으로 평가했다. 이런 까닭에 위의 일기에 적은 것처럼 로제타는 조에 대한 점동의 반응도 긍정적으로 해석했다.

로제타는 조와 어린 시절부터 함께 살았기 때문에 삼촌과 조카처럼 정서적으로 친밀했다. 평생 미혼으로 산 조는 천진난만한 구석이 있었고, 경건한 기독교적 환경에서 자란 로제타는 신중하고 성숙한 면이 있어서 두 사람은 대화를 할 때 크게 나이 차를 느끼지 못했다.

로제타가 열한 살이던 1877년 2월 21일, 친구와 함께 놀러 나가려는데 조가 뒤에서 그녀들을 불렀다.

1890년에 찍은 조의 사진
언더그라운드 레일로드의 도움을 받아 남부에서 도망쳐온 조는 1850년에 셔우드 농장의 가족이 되었다. 그는 평생 로제타와 친구처럼 가깝게 지냈다.

"바지에 구멍이 났는데 둘 중 한 사람이 꿰매줄 수 없겠니?"

조는 로제타와 의자에 앉아 있던 애니를 번갈아 보았다. 말은 그렇게 했지만 분명 로제타가 해주기를 간절히 바라는 눈치였다. 그런데 로제타가 잠깐 망설이는 사이, 애니가 불쑥 나서서 자기가 하겠다고 말했다. 로제타는 잘되었다고 생각하며 친구랑 놀다가 한참 뒤에 돌아왔다. 하지만 그녀의 예상과 달리 조의 바지를 꿰매고 있는 사람은 바로 어머니였다.

"왜 엄마가 조 아저씨의 바지를 꿰매고 있어요? 분명 아까 애니가 한다고 했는데……."

"애니가 하려고 애를 쓰다가 잘못 꿰매서 두 번이나 잡아 뜯었단다. 그 바람에 바지가 더 찢어졌지 뭐니."

그때 마침 조가 안으로 들어왔다.

"애니야, 고맙다. 자!"

조가 애니에게 막대 사탕을 건네주었다. 로제타는 자신에게도 막대 사탕이 돌아오길 기대하며 조를 바라보았다. 그런데 조는 보란 듯이 곧바로 그녀의 어머니에게 다가가 박하사탕 봉지를 내미는 것이 아닌가. 그날 로제타는 일기에 이렇게 썼다.

"오, 아무것도 아닌 일에 화를 내지 말자."

그만큼 로제타와 조는 친근한 사이였다.

조선에 도착하고 4개월이 지나서야 뉴욕에서 출발하기 전에 부친 화물이 배달되있다. 버터와 같은 음식물부터 장식품까지 많은 물건이 로제타의 손에 들어왔다. 그런데 그중에서도 그녀가 가장 반가워한 물건은 바로 조와 관련된 것이었다.

오늘 미국에서 보냈던 내 화물이 도착했다. 세상에! 집에서 필라델피아나 뉴욕으로 보냈을 때보다도 더 온전하게 액자가 배달되었다. 화물 속에 넣어 보냈던 버터의 맛도 멀쩡했다. 내가 아기였을 때 조가 선물로 주었던 액자도 왔다. 아주 예쁜 파란 눈의 소녀가 가슴에 새를 안고 있는 이 그림은 내가 처음 본 순간부터 매우 좋아했다고 한다.

— 로제타, 1890년 12월 15일 일기

사실 로제타의 편지에는 아버지보다도 조가 더 자주 등장한다. 그만큼 로제타는 누구보다도 조를 항상 그리워하고 걱정했다.

어머니의 편지를 통해 조가 말을 전해왔다. '항상 몸조심하고 너자신을 잘 돌보아라. 나는 매일 네 사진을 두 번씩 본단다. 그리고 너를 다시 만나길 기도한단다.' 사랑하는 조. 그는 내가 갓난아기였을 때부터 나를 자신의 무릎에 앉혀놓고 우유를 먹이며 지극히 사랑해주었다. 그는 내 첫 번째 시계를 선물해주었으며, 내가 집을 떠나 있을 때에도 항상 사탕이나 과일을 보내 사랑을 표현했다. 그리고 그는 내가 오스위고 사범 학교에 갈 때에도 동행해주었다. …(중략)… 조가 글을 쓰고 읽을 줄 몰라 자주 소식을 접하지는 못하지만, 매주 내게 리버티 레지스타를 보내주는 것으로 편지를 대신한다.

— 로제타, 1893년 3월 28일의 일기

고향의 가족들은 머나먼 이방에 떨어져 있는 미혼의 딸이 얼마나 걱정스러웠을까. 식사는 거르지 않을까? 풍토병이나 전염병에 걸려 고생하지는 않을까? 가족들의 걱정은 괜한 기우가 아니었다. 많은 외국인 선교사와 자녀들이 풍토병과 전염병을 이기지 못해 목숨을 잃었기 때문이다.

로제타가 조선에 온 지 일 년 뒤, 뉴욕 빈민 진료소에서 함께 일했던 약혼자가 역시 조선에 의료 선교사로 파견되었다. 로제타는 고심 끝에 자신의 감정에 충실하기로 결정했다. 그런데 그녀는 가족들에게 이 사실을 알리면서 분명 어머니와 조는 반대할 거라고 예상했다.

> 아버지와 애니는 당연히 내 결혼에 찬성할 것이다. 하지만 어머니
> 와 조는 반대할 게 분명하다.
>
> — 로제타, 1892년 3월 22일의 일기

로제타는 왜 어머니와 조가 반대할 거라고 생각했을까? 여성이라는 이유로 차별을 받으며 살았던 어머니와 흑인이라는 이유로 자유를 박탈당했던 조는 로제타의 모험적이고 독립적인 삶에 대리 만족을 느꼈던 게 아닐까? 하지만 로제타를 걱정하는 두 사람의 마음만큼은 진심이었다. 그들은 로제타가 청일 전쟁 바로 직전에 평양을 빠져나왔다는 소식을 듣고 편지에 이렇게 적었다.

어머니의 편지를 통해 늙고 가엾은 조가 걱정을 전해왔다. 조가 말하길 '네가 다시는 평양에 가지 않았으면 한다. 이교도들 틈에서 간신히 빠져나와 목숨을 건졌으니 다시는 위험에 빠지지 않길 바란다. 하나님이 그들을 이교도로 만드셨으니 그대로 내버려두어라. 하나님께서 그들에게 복음을 전하시려 하신다면 당신이 그럴 힘을 가지고 계실 것이다.'

— 로제타, 1894년 9월 19일의 일기

어머니는 자신이 하고 싶은 말을 조의 입을 빌려서 하고 있었다. 평소의 어머니라면 절대로 이런 말을 하지 않았을 것이다. 설령 조가 그런 말을 했다 하더라도 딸에게 전하지 않았을 것이다.

로제타는 1894년 겨울, 조선에서 남편을 잃고 둘째 아이의 출산을 위해 고향으로 돌아갔다. 일본에서 증기선을 타고 태평양을 건너 샌프란시스코에 도착한 뒤, 뉴욕으로 가는 기차 안에서 아들 셔우드는 흑인 짐꾼과 친해졌다.

셔우드는 지금껏 흑인을 본 적이 없다. 그런데도 흑인 짐꾼을 무척 따른다. 집에 도착하면 셔우드가 분명히 조를 좋아할 것이라고 생각한다. 흑인 남자를 친근하게 느끼는 성향은 엄마로부터 물려받은 모양이다.

— 로제타, 1895년 1월 7일 셔우드의 육아일기

조는 셔우드는 물론이고 로제타가 고향에서 출산한 딸 이디스 마거릿도 매우 아꼈다. 신생아 때부터 로제타를 특별하게 여겼던 조의 눈에는 이디스가 마치 어릴 적의 로제타처럼 보였으리라.

하지만 조는 수십 년을 로제타의 가족과 함께 살면서도 교회에는 나가지 않았다. 로제타는 1897년, 조선으로 돌아오기 전에 조를 교회에 나가게 만들겠다고 결심했다.

조와 교회 안팎의 기독교인에 대해 깊은 대화를 나누었다. 그는 자신이 교적에 이름이 올라 있는 사람들과 다름없이 진실한 기독교인이라고 주장했다. 그럼에도 이번에는 다른 때보다 더 감동을 받았는지 교회에 나가서 예비자 교리에 등록하겠다고 거의 약속했다.

— 로제타, 1897년 11월 10일 셔우드의 육아일기

셔우드 가의 사람들은 조에게 교회에 나가기를 강요하지 않았고, 조도 자기만의 뚜렷한 신념을 가지고 있는 사람이었다.

그는 언제나 자신이 착한 사람임을 주장했다. 그러면 나는 그가 구세주의 도움에 의지하지 않고 자신의 힘에만 의지해 선을 판단한다고 말했다. 그러면 그는 기도를 믿으므로 주님이 그를 도우서서 천국에 갈 거라고 답했다. 그는 나중에 어머니의 편지를 통해 고백

하기를 '자, 이제 그만 편히 잠들게 해주세요'라고 30년 넘게 주님
께 기도를 올렸다고 했다. 사랑하는 늙은 조! 너무 가엾어서 나는
눈물을 흘리지 않을 수 없었다.

— 로제타, 1897년 11월 10일 셔우드의 육아일기

흑인 노예로 태어나 굴곡진 삶을 살아온 조! 30년 넘게 이승
의 고달픈 하루보다는 영원한 안식을 간구했던 조의 기도에 로제
타는 눈물을 흘렸다. 조는 분명 셔우드 농장의 머슴 같은 존재였
다. 하지만 로제타는 조를 항상 가족으로 생각했다.

로제타의 일기에 조가 마지막으로 등장하는 때는 1902년 8월
14일이다. 그때는 이미 로제타의 부모님이 모두 세상을 떠난 뒤
였으며, 로제타가 딸을 잃고 신경 쇠약증에 걸려 미국으로 돌아
갔다가 요양을 마치고 다시 조선을 향해 출발하기 직전이었다.
고향 리버티에서 조와 작별 인사를 나눌 때 그의 나이가 벌써 일
흔일곱이었으니 아마도 그때가 마지막 만남이었으리라.

오늘날에도 여전히 미국에서는 백인들의 뿌리 깊은 인종 차
별 의식이 심각한 사회 문제로 대두되곤 한다. 그러나 백 년도 훨
씬 전부터 로제타와 그녀의 가족들은 인종적 편견에서 자유로웠
다. 사람은 누구나 주님의 자녀로서 동등하기 때문이다. 그리고
로제타의 인류에 대한 애정은 훗날 조선의 긍휼한 여인들에 대한
지극한 섬김으로 이어졌다.

4

질문이 너무 많은 소녀,
로제타

1877년 5월 28일, 더할 수 없이 아름다운 5월의 아침 식사 시간이었다. 마을을 찾아온 화려한 쇼가 자연스럽게 화제에 올랐다. 그중에서도 가장 큰 관심거리는 사람이 열기구를 타고 하늘을 난다는 이야기였다. 비행기라는 탈것이 본격적으로 등장한 시기가 1900년대 이후였으니 사람이 바구니를 타고 난다는 이야기는 사람들을 흥분시키기에 충분했다.

"쇼를 보러 가지 않는 사람에게는 입장료의 두 배인 50센트를 주겠다."

아버지 로즈벨트가 말했다. 아이들에게 이 제안은 달콤한 유혹이었다. 모두 결정을 내리지 못하고 한동안 망설였다. 경건함을 가장 중요하게 여겼던 아버지는 소란스럽고 어지러운 축제가 아이들의 교육에 좋지 않다고 생각했다. 그런데 로제타가 이 망설임에 종지부를 찍었다.

"쇼에 가지 않아도 상관없어요. 하지만 커다란 풍선 바구니에 사람이 타고 있는지는 직접 가서 확인해야겠어요."

로제타의 말에 다른 형제들도 모두 마음을 굳혔다. 아버지의 제안을 받아들인 사람은 오직 한 사람, 어머니뿐이었다. 로제타와 동생 애니, 외사촌 레이첼, 조카 제이슨까지 아이들은 모두 오빠 월터가 모는 마차를 타고 열기구를 구경하러 나섰다.

"풍선을 타고 하늘을 난다는 것은 허무맹랑한 거짓말일 게 분명해."

로즈벨트가 아이들의 뒷전에 대고 낮은 목소리로 말했다. 로즈벨트는 로제타나 동생 애니에게 아버지라기보다는 할아버지에 가까운 나이였다. 일흔셋이나 된 나이 많은 사람의 상식으로는 사람이 바구니를 타고 하늘을 난다는 게 영 믿기 어려웠다. 하지만 그의 딸 로제타는 달랐다. 로제타는 누구보다도 호기심이 많았으며, 자신이 눈으로 직접 보지 않으면 직성이 풀리지 않는 성미였다. 그만큼 모험심과 독립심도 강했다는 얘기다.

풍선은 높이 65피트(약 20미터)에 둘레가 50피트(약 15미터)였다. 그들은 그 안에 뜨거운 공기를 주입해 풍선을 날아오르게 만들었다고 했다. 그 풍선은 2마일(약 3.2킬로미터) 정도 하늘로 떠올랐으며 그 안에 탔던 사람의 말로는 위스트필드 평야와 팍스빌까지 볼 수 있었다고 한다.

— 로제타, 1897년 5월 28일의 일기

이날 로제타는 열기구의 원리와 상세한 사항을 알아내어 기록했을 정도로 어린 시절부터 합리적이고 과학적인 태도를 가지

열세 살의 로제타
1878년에 찍은 사진이다.
크고 또렷한 눈망울에서 총명함이 느껴진다.

고 있었다. 사범 학교에서도 가장 좋아하는 과목이 과학이었다. 의학을 공부하게 된 까닭도 로제타의 성향에 맞았기에 가능한 일이었다.

1890년 로제타는 조선으로 가는 증기선을 타기 위해 기차에 몸을 싣고 샌프란시스코로 향했다. 그녀가 시에라네바다Sierra Nevada 산맥을 통과한 다음 안내원과 나눈 대화를 적은 일기에는 그녀의 어린 시절 모습이 생생하게 그려져 있다.

"'던너'라는 성을 가진 가족이 겨울에 이 산을 넘으려다 모두 얼어 죽었답니다. 그들의 이름을 따서 이 호수는 던너 호수가 되었지요."

안내원의 설명에 로제타가 물었다.

"모두 죽었는데 그들에 대해서는 어떻게 알게 되었나요?"

"저도 그건 모르겠어요. 그건 제가 답하기엔 좀 무리한 질문이네요."

"미안해요. 우리 어머니는 늘 제게 질문이 너무 많다고 하셨지요."

어머니도 귀찮게 여길 만큼 어려서부터 질문이 많던 로제타였다. 그녀는 호기심이 강했고, 그 호기심은 낯선 것을 향한 모험심과 탐구심으로 이어졌다. 로제타는 동정심도 무척 강했다.

계란을 주우러 갔다. 암탉 한 마리가 계란 위에 앉아서 비켜주지를 않았다. 나는 막대기를 주워 닭을 밀어내고 계란을 가져왔다. 나는 어떤 생명이든 다치게 하는 것을 견딜 수 없다. 내가 암탉을 아프게 하지 않았기를 바란다.

— 로제타, 1877년 2월 20일의 일기

암탉조차 아프게 하지 않았기를 바라는 로제타의 따스한 마음이 그녀를 뭇사람의 아픔을 덜어주는 의사가 되는 길로 인도했다.

로제타는 남북 전쟁의 여파가 가시지 않은 1865년 9월 19일, 로즈벨트가 황무지를 일구어 만든 리버티의 농장에서 태어났다. 그녀가 사춘기를 보낸 1870년대는 미국이 아직 전통적인 농업 중심 사회에서 벗어나지 않은 시기였다. 농촌에서는 모든 가족이 크고 작은 일을 나누어 하듯이 그녀 역시 틈틈이 농사일을 거들며 자랐다. 초등학교 시절을 기록한 대부분의 일기는 감자밭에서 벌레를 잡고, 옥수수를 심고, 딸기를 따고, 채소를 수확하고, 어머니의 가사 노동을 거들었다는 이야기로 채워져 있다. 이렇게 어린 시절부터 땀 흘리며 일한 경험은 평생 독립적이고 자주적인 삶을 살아가는 밑바탕이 되어주었다.

나는 그릇들을 치운 뒤, 닭과 칠면조에게 모이를 주고 들어와 설거지를 했다. 그릇들을 정리한 다음, 엄마와 함께 나가 (부화시키기 위해) 달걀 열세 개를 깔고 그 위에 암탉을 앉혔다. 다시 들어와 우유

짠 그릇들을 씻고, 음식물 찌꺼기 통을 비웠다. 감자 껍질을 벗기고 상을 차렸다. 점심을 먹었다. 다시 그릇들을 치웠다. 옷을 입은 다음 아빠와 함께 마차를 타고 읍내에 나갔다. 가는 길에 아빠가 그레고리 아저씨를 만나서 돈에 관한 이야기를 나누는 동안 나는 말고삐를 붙잡고 있었다. 방앗간에 들러 곡식 몇 자루를 싣고 다시 가게에 들러서 제이슨의 옷에 붙일 청동 단추와 바이어스로 쓸 매듭 끈을 샀다. 펜튼의 약국에 들러 이런저런 동네 소식을 듣고 집으로 돌아왔다. 집에 와서 닭장에서 달걀들을 주워오고 저녁을 먹고 설거지를 돕고 일기를 쓰고 잠을 잤다.

— 로제타, 1877년 4월 7일의 일기

이날은 토요일이라 학교에 가지 않았지만, 로제타는 쉴 새 없이 바쁜 하루를 보낸 것으로 기록했다. 큰오빠 펜튼은 리버티 시내에서 약국을 경영했다. 로즈벨트의 둘째 부인에게서 태어난 펜튼은 남북 전쟁이 막바지 무렵이던 1864년에 스물한 살 성인이 되면서 북군으로 징집되었다. 다행히 직접 전투에 참가하지는 않았지만 수두에 감염되는 바람에 평생 청각 장애를 안고 살아야 하는 처지가 되었다. 의사로 병원을 개업했다가 다시 리버티 최초의 약국을 개업한 것도 청각 장애가 원인인 듯하다.

다른 시골 소녀들과 마찬가지로 로제타는 누가 시키지 않아도 알아서 집안일을 꾸렸다. 1878년 3월 16일 봄날, 로제타는 집

앞마당에 있는 단풍나무에서 수액이 흘러내리는 모습을 발견했다. 그녀는 즉시 창고로 달려가서 대못과 망치, 칼을 들고 나왔다. 칼로 나무 밑동에 상처를 내보니 수액이 줄줄 흘러내렸다. 다른 단풍나무도 마찬가지일 거라는 생각이 들었다. 수액은 받아 마시기도 하고 달여서 시럽으로 활용하기도 했다. 로제타는 동생 애니를 부른 다음, 함께 집 주변의 모든 단풍나무에 수액 채취 장치를 설치하기로 했다. 로제타는 수액을 모을 그릇을 가지러 갔고, 그 사이 애니는 다른 나무 밑동에 상처를 냈다. 그날 두 소녀는 총 일곱 그루의 단풍나무에 수액을 받는 장치를 설치했다. 그러고는 스스로가 매우 기특하여 "하하하" 하고 웃었다. 이처럼 그녀는 어려서부터 자율적으로 결정하고 실행하며 그런 자신의 모습에 자부심을 가진 사람이었다.

5

열여섯 소녀,
꽃보다 아름다운 기억들

로제타의 두 번째 일기는 열여섯 살 생일에 시작된다. 우리나라에 이팔청춘(二八靑春)이라는 말이 있듯 미국에는 꽃다운 열여섯 (Sweet Sixteen)이라는 말이 있다. 로제타는 1881년 9월 19일 열여섯 번째 생일날, 한동안 쓰지 않았던 일기를 다시 쓰기로 결정했다.

열여섯 살이 되었다. 세상에! 열일곱 번째 해를 맞이하여 다시 일기를 쓰기로 했다. 내가 오래 살게 되어 오십이나 육십의 심술궂은 노처녀가 되어도 꽃다운 열여섯 시절을 기억할 수 있도록 생생한 기록을 남겨야 할 것 같다.

— 로제타, 1881년 9월 19일의 일기

열여섯 살은 신체적 · 정신적으로 아이에서 어른으로 넘어가는 시기다. 그 당시 로제타는 집 근처의 체스넛릿지Chestnut Ridge 학교를 졸업하고, 초등 교사를 양성하는 리버티 사범 학교Liberty Normal Institute에 재학 중이었다. 그녀는 그때부터 이미 결혼을 하지 않고 평생 사회생활을 하며 살겠다는 매우 당찬 생각을 가지고 있었다. 19세기 미국에서 여성이 결혼을 한다는 건 곧 직장을 그만둔다는 사실을 의미했기 때문이다.

사범 학교 학생들은 대부분 로제타와 같은 중산층 여성이었다. 교육자이자 작가로서 그 당시 미국 여성들에게 큰 영향을 미쳤던 캐서린 비처Catharine Beecher는 여성들이 교직을 주도적으로 장악하여 더 많은 청소년에게 영향력을 행사해야 한다고 주장했다. 그녀는 "법률, 의학, 신학이 남성들을 위한 전문직이듯 여성들에게는 교직이 명예롭고 경제적으로 유익한 직업"이 될 것이라고 말했다. 이처럼 교육에 뜻을 둔 중산층 여성들은 도덕의 수호자 또는 양육자로서 자신들의 소임을 굳게 믿었으며, 로제타도 이들 중 하나였다.

교육 현장에 여교사들의 자리가 많아진 데에는 남북 전쟁의 영향도 컸다. 많은 남성이 전쟁에 참전하면서 여자들이 그 자리를 대신했기 때문이다. 하지만 여교사들은 단지 여자라는 이유만으로 남교사들보다 임금을 절반밖에 받지 못했다. 이런 배경 속에서 여성 교육에 대한 관심이 높아졌고, 전문직 여성들이 출현하면서 여권 운동이 시작되었다.

미국 역사에서 여성들이 처음으로 평등권을 주장한 것은 1848년 여름, 뉴욕 주 세네카 폴즈에서 열린 '세네카 폴즈 회의'에서였다. 이 회의의 주축은 노예 해방 운동을 이끈 퀘이커들이 었으며, 퀘이커인 루크레시아 모트Lucretia Mott와 장로교도 집안에서 자란 엘리자베스 스탠턴Elizabeth Stanton이 전면에 나섰다.

두 사람은 1840년 영국에서 개최된 노예제 반대 국제회의에 참석하기 위해 대서양을 건너는 배 안에서 처음 만났다. 모트는 퀘이커를 대표하는 여성 설교자였으며 노예 해방 운동가였다. 스탠턴은 노예 해방 운동가인 남편과 결혼한 뒤 신혼여행을 겸하여 회의에 참석했다. 하지만 노예 제도를 반대하기 위해 모인 자리에서조차 주최 측은 여성들에게는 발언권을 허용하지 않았고, 결의안을 채택하면서도 투표권을 주지 않았다. 두 사람은 그 상황에 분노했고, 자연스럽게 여성들의 사회적 권리에 대해 공개적으로 논의할 필요가 있다는 뜻을 모았다. 여성 참정권 운동의 씨앗이 뿌려진 것이다. 그리고 그 씨앗은 8년이 지난 후 싹을 틔웠다.

세네카 폴즈 회의는 많은 여성의 관심을 받았다. 때마침 뉴욕 주에서는 기혼 여성이 결혼할 때 가져온 지참금과 결혼 후 친정으로부터 받은 재산을 여성이 직접 처분할 수 있다는 법률이 발의된 지 10년 만에 통과되었다. 그전까지만 해도 기혼 여성의 모든 재산은 법적으로 남편의 소유였다. 이 법안 통과되면서 여성들의 권리 의식이 높아졌고, 덕분에 회의 개최가 가능했다.

1848년 7월 19일부터 이틀 동안 세네카 폴즈 웨슬리안 감리교회에서 열린 이 회의는 공적 생활에서 여성들의 전적인 평등을 요구하는 것으로 의견을 모았다. 이후 1920년, 미국 연방 헌법이 열아홉 번째 수정 조항으로 여성 참정권을 통과시킬 때까지 미국 여성들은 참정권 운동뿐만 아니라 음주 절제 운동, 노예 해방 운동 등의 지난한 투쟁을 전개했다. 특히 참정권 운동의 주축이었던 스탠턴과 수잔 앤서니는 로제타가 살고 있는 뉴욕 주 출신이었다. 이처럼 로제타의 청소년기는 교회를 중심으로 한 사회 개혁 운동 속에서 지났다 해도 과언이 아니다.

로제타는 일기에서 자신의 성격에 대해 이렇게 표현했다. "도대체 서두르는 법이라고는 없으며, 내성적이고 너무 심각해서 인생을 즐길 줄 모르고, 눈치도 없다." 실제로 로제타는 신중하고 사려 깊은 성격을 지니고 있었으며 항상 나이보다 성숙해 보였다.

교사 양성반에 들어가려면 적어도 열여섯 살이 넘어야 한다는 규정이 있어서 나는 약간의 속임수를 썼다. 내 나이를 말하지 않은 것이다. 하지만 곧 생일을 맞을 것이고, 또 내 외모가 열일곱이나 열여덟으로 노숙해 보였기 때문에 아무도 내 나이를 물어보지는 않았다.

— 로제타, 1881년 9월 19일의 일기

사범 학교에서는 예비 과정을 우수하게 통과한 이들만 교사 양성반에 들어갈 수 있었다. 로제타는 1881년 10월에 초등 2학년 교사 자격시험을 치르고, 11월 7일에 자격증을 받았다.

오늘 오후에 교사 자격증 시험을 치렀다. 템피를 제외하고는 내가 시험을 치른다는 것을 아무에게도 말하지 않았다. 떨어질까 봐 겁이 났고, 만약 떨어져도 주변 사람들에게 내가 시험에 떨어졌다는 사실을 알리고 싶지 않았기 때문이다. 시험에 무난히 통과했다. 무척 자랑스러운 마음으로 돌아왔다. 오, 세상에! 이 얼마나 기쁜 일인가. 꽃다운 열여섯에 2학년 교사 자격증이라니.

— 로제타, 1881년 10월 어느 날의 일기

로제타보다 두 살 위였던 템피는 리버티 근처의 팍스빌 출신으로, 하숙집에서 같은 방을 쓰는 사이였다. 로제타가 조선에 온 이후에도 두 사람은 가끔씩 편지를 주고받았으며, 로제타가 세 번째로 조선을 찾을 때 상당한 액수의 돈을 기부하기도 했다.

눈치 없는 자신의 성격에 대해서는 이화 학당의 교사, 마거릿 벵겔과 존스George H. Jones 목사의 연애 이야기를 예로 들었다. 벵겔이 자신에게 털어놓은 뒤에야 그 사실을 알고 깜짝 놀랐는데, 두 사람이 연애 중이라는 걸 자신만 빼고 모두 알았다는 것이다. 벵겔은 로제타가 처음 조선으로 파견되어 오던 길에 동행한 선교사였고, 동료 중에서 가장 가까운 사이였지만 로제타는 그녀의 연애 사실을 빨리 알아채지 못했다. 그만큼 그녀는 자신의 관심사가 아니면 매우 둔감했다.

그러나 로제타는 공부에 있어서만큼은 누구보다도 경쟁적이었다. 사범 학교에서 처음 치른 중간고사는 "나이 순서대로" 1등은 템피, 2등은 루비, 3등을 로제타가 차지했다. 그런데 기말고사에서는 로제타가 1등, 루비는 그대로 2등, 템피가 3등이 되어 "나이 순서를 거꾸로 뒤집었다". 이 세 명의 소녀들은 모두 리버티 시내에 사는 로제타의 오빠, 펜튼의 집에서 하숙했다. 그래서 모두들 그 하숙집 자리가 좋은 것 같다는 농담을 했다.

사범 학교들은 주정부 예산을 지원받았지만, 모두가 그런 것은 아니었다. 뉴욕 주정부에서 실시하는 검정 시험에 열 명 이상 합격해야 주정부는 학비를 돌려주었다. 1881년 리버티 사범 학교 출신 스물다섯 명은 주정부에서 실시하는 검정 시험에 응시했다. 사흘 동안 지속된 예비 시험을 통과해 최종 시험에 응시할 수 있는 자격을 얻은 사람은 네 명에 불과했다. 그리고 그 네 명 중에서 마시막 시험의 모는 과목을 통과한 사람은 로제타뿐이었다.

우리는 아침 9시에 시작하여 저녁 7시까지 계속 이 끔찍한 시험을 치렀다. 나는 몹시 피곤했다.

— 로제타, 1881년 11월 17일의 일기

열여섯 살의 로제타
1881년에 리버티 사범 학교의 단짝이자 경쟁자이며 같은 집에서 하숙하던
루비, 템피와 같이 찍은 사진. 가장 왼쪽이 로제타다.

결국 실망스러운 시험 결과로 인해 리버티 사범 학교는 문을 닫고 말았다. 학교가 폐쇄되자 교장이었던 프레이저 교수는 몽고메리의 사범 학교로 적을 옮겼다. 로제타와 다른 세 학생도 교수를 따라서 몽고메리로 학교를 옮겨 2월부터 4월까지 몽고메리에서 하숙했다.

이곳에 머무는 동안 로제타의 생활은 공부, 교회, 견학에 집중되었다. 50명이 지정 좌석에 앉아 하루 종일 기하, 대수, 그리스어, 라틴 어, 철학 강의를 듣고 시험에 대비한 실전연습을 되풀이했다. 매일 테스트를 실시해 학업이 부진한 학생들은 따로 보충수업을 받기도 했다. 2개월 뒤 강의가 끝나면 일주일 동안 모든 과목의 시험을 실시하고, 시험에 통과하지 못하면 다시 같은 과정을 되풀이했다.

프레이저 교수는 학생들의 경쟁심을 부추기기 위해 매일 수업 태도와 과제물 제출 결과 등을 종합해 '우등생 명단'을 작성했다. 학생들은 모두 리버티가 속해 있는 설리반 카운티와 몽고메리가 속한 오렌지카운티 출신이었다. 그래서 교수는 두 그룹으로 나누어 경쟁을 유도했다. 학기가 시작되고 2주가 지났다.

설리반 카운티 만세! 우등생 명단의 첫 번째 이름은 주님의 가장 미천한 종, 로제타 셔우드. 영예로운 우등생 명단에 내 이름이 오른 게 너무 기쁘다. 누군가의 이름이 내 이름을 앞지르지 않고 학기가 끝나는 마지막 날까지 이대로 머물러 있었으면 좋겠다. 존 페렐이 나보다 두 과목에서 앞선 것으로 보이니 공부를 더 열심히 해야겠고, 가능한 한 완벽하게 수업을 듣기 위해 최선을 다해야겠다.

— 로제타, 1882년 2월 23일의 일기

결국 로제타는 이 과정을 수석으로 마쳤다. 공부 못지않게 신앙생활도 로제타의 삶에서 중요한 부분이었다. 주일마다 친구와 함께 오전에는 감리교회 예배와 주일학교에 참석하고, 오후에는 다시 장로교회의 예배와 주일학교에 참석했다. 1882년 2월 19일 주일에는 예배 두 번, 주일학교 두 번에 더하여 저녁에 장로교회에서 개최한 음주 절제 운동의 강연회에도 참석했다. 4월 9일 부활절에는 감리교회, 장로교회의 예배와 더불어 가톨릭교회의 미사까지 참례했다. 열여섯 살 소녀, 로제타는 교파에 대한 편견이 전혀 없는 에큐메니컬(Ecumenical, 기독교의 교파와 교회를 초월해 하나로 통합하려는 세계 교회주의 운동) 신앙인이었다.

음주 절제 운동(Temperance Movement)은 그 당시 교회에서 적극적으로 펼치던 사회 운동이었다. 로제타는 몽고메리에 있던 3개월 동안, 음주 절제 운동의 강연회에 다섯 번 참석했다. 이 무렵 로제타의 아버지 로즈벨트는 음주 절제 운동을 외치며 지역 기초의원 선거에 출마해 당선되었다. 그리고 공약대로 로즈벨트는 리버티에서 술집을 추방하는 데 앞장섰다.

학업에 매진하는 와중에도 로제타의 호기심과 탐구심은 왕성하게 발휘되었다. 수업이 끝나면 양털에서 실을 뽑아 염색하는 공장, 종이 공장, 오르간 공장, 유제품 가공 공장, 밀가루 공장, 칼 만드는 공장 등을 방문해 다양한 지식을 쌓았다.

어느 날은 친구들과 함께 근처 샛강으로 뱃놀이를 갔는데, 그때 로제타는 난생 처음으로 배를 타보았다. 그 강에는 댐이 하나 있었는데 한쪽 문이 열려 있어서 물이 폭포처럼 떨어지고 있었다. 함께 배를 탄 남학생이 말했다.

"노를 저어서 폭포를 거슬러 올라가보자."

남학생의 제안에 겁을 먹은 애니가 배에서 내렸다. 다른 남학생도 애니를 따라 배에서 내려 조개껍데기를 주우러 갔다. 배에 남은 남학생과 로제타는 함께 노를 저어 물줄기를 거슬러 올라갔다. 하지만 거센 물줄기를 이겨내기란 쉬운 일이 아니었다. 다섯 번이나 시도했으나 배는 어느 정도 올라가다 뒤로 미끄러지기를 되풀이했다. 그때 그 남학생이 다른 제안을 했다.

"배를 들고 폭포 위쪽으로 가자. 거기서 폭포를 타고 미끄러져 내려오는 거야."

다른 친구들은 고개를 설레설레 저었으나 로제타는 눈을 반짝이며 고개를 끄덕였다. 그날 로제타의 일기에는 그 짜릿했던 경험이 매우 자세하게 묘사되어 있다.

모험을 좋아했던 나는 배 안에 남아서 신나게 폭포를 미끄러져 내려왔다. 정말로 짜릿했다. 배 안에 물이 튈 거라 생각했는데 운이 좋게도 하나도 들어오지 않았다.

— 로제타, 1882년 4월 8일의 일기

1882년 4월 14일, 로제타는 학기를 성공적으로 마치고 집으로 돌아오는 기차에 올랐다. 리버티 역에서 내린 로제타는 오빠 펜튼이 운영하는 약국으로 향했다. 동생 애니에게 아버지 로즈벨트가 약국에서 기다리고 있다는 얘기를 들었기 때문이다.

로제타가 약국에 들어섰을 때 아버지는 로제타를 보지 못했다. 장난기가 발동한 로제타는 아버지가 눈치채지 못하게 살금살금 뒤쪽으로 다가가서 갑자기 아버지 목을 껴안으며 볼에 키스를 했다. 평소엔 말이 없고 조용한 로제타였지만 오랜만에 만나는 아버지는 그만큼 반가웠다.

집으로 돌아오니 어머니와 조, 결혼해서 분가했던 막내 오빠도 로제타를 기다리고 있었다. 그동안 공부하느라 힘들었지만 좋은 성적을 가지고 집으로 돌아온 기분은 더할 수 없이 달콤했다.

충분히 휴식을 취한 로제타는 5월 1일부터 7월 21일까지 헌팅턴에 있는 초등학교에서 학생들을 가르치기 위해 길을 나섰다. 언니 아델라인이 세상을 떠나기 전에 근무했던 학교인지라 아버지가 매우 기뻐했다. 역시 이번에도 조가 마차로 데려다주었다.

햇병아리 선생님 노릇으로 정신없는 한 주를 보낸 뒤, 첫 번째 토요일에 반가운 손님이 로제타를 찾아왔다. 그녀가 존경하고 사랑하는 셋째 오빠, 프랭크 목사였다. 젊고 잘생긴 오빠, 프랭크는 눈부시게 아름답고 세련된 신부를 동반하고 있었다. 게다가 프랭크는 로제타가 그때까지 받아본 선물 중 최고의 물건을 주었다.

그동안 간절히 갖기를 원했으나 너무 비싸서 엄두도 못내던 백과사전이었다. 그만큼 프랭크는 누구보다도 로제타의 마음을 잘 알아주는 오빠였고 평생토록 가장 가까운 형제였다. 한 사람은 목사, 한 사람은 선교사라는 직업을 선택할 만큼 독실한 신앙을 지녔다는 점도 두 사람이 가까워지는 데 한몫했을 것이다.

3개월 동안 일해서 받은 급여는 주급 4달러씩, 모두 48달러였다. 하숙비 17.25달러를 지불하고 나니 얼마 남지 않았지만, 태어나서 처음으로 번 돈인 만큼 정말 뿌듯했다. 게다가 아이들은 계속 가르쳐달라고 애원할 정도로 로제타를 좋아했다. 하지만 그녀는 "언제나 자신이 고등학교에서 가르치는 것을 기대해" 왔기 때문에 상급 사범 학교에 진학하고자 미련 없이 그 학교를 떠났다.

1882년 9월 5일, 로제타는 가족들과 헤어져 오스위고 주립 사범 학교The Oswego State Normal School로 떠났다. 오스위고 뉴욕 주립 대학교의 전신인 이 학교는 매우 혁신적인 교육 방식을 가르치는 기관으로 명성이 높았다.

오후 2시에 조와 함께 기차를 탄 로제타는 밤 10시 48분에 오스위고에 도착했다. 이튿날에는 바로 학교로 가서 하루 종일 학력 진단 시험을 치렀다. 산수와 문법, 그리고 다음 날에는 지리, 독해, 서법 시험을 보았고, 무사히 모든 과목을 통과했다.

1882년 9월 19일은 로제타의 열일곱 번째 생일날이었다. 그녀는 전날 가족들이 보낸 축하 편지를 받았다.

내 꽃다운 열여섯이 지나갔다. 한 해 동안 정말로 좋은 일이 많았다. 이 모든 것을 하나님께 감사한다.

— 로제타, 1882년 9월 19일의 일기

로제타의 열여섯 살 일기는 열여섯 살 생일에 시작하여 열일곱 살 생일에 끝난다. 미혼으로 남아 평생 일하며 봉사하는 삶을 살고자 했던 로제타. 혼자 늙었을 때를 대비하기 위해 청춘의 일기를 썼던 로제타. 그녀는 훗날 열여섯 꽃보다 아름다웠던 시절의 기록을 몇 번이나 들추어 보았을까?

6

스무 살 처녀,
의료 선교사의 꿈을 키우다

1885년 봄날의 어느 주일 아침이었다. 리버티 감리교회 안에 앉아 있던 스무 살 처녀 선생님의 가슴에 뜨거운 불길이 타올랐다. 강단에서 열변을 토하는 케너드 챈들러Kennard Chandler 부인의 한마디 한마디가 자신에게 결단을 촉구하는 하나님의 목소리로 들렸다.

"공립 학교 교사로서의 경력이 꽤 매력적으로 느껴지면서 선교사에 대한 막연한 동경이 점점 희미해져 갈 즈음, 케너드 챈들러 부인의 설교를 들었다. 인도 여성들을 위한 의료 선교의 필요성과 생생한 사례를 들으며 내 가슴은 즉각 응답했다." 11

챈들러 부인은 인도에서 남편과 함께 선교사로 일하고 있었다. 그녀는 인도 여성들은 몸이 아파도 남성 의사들에게 진찰을 받을 수 없다고 했다. 그래서 그들에게는 여의사가 꼭 필요하며, 의료 활동이 선교에 매우 효과적임을 설명했다.

"만약에 챈들러 부인이 교육 선교사의 필요성을 역설했다면 나는 아마도 몇 년 일찍 곧바로 선교사의 길을 걷기 시작했을 것이다. 지금 생각해보면 챈들러 부인이 나에게 의료 선교사의 길을 가도록 부추긴 것은 조선에 오기 위한 하나님의 섭리였다." 12

사실 로제타가 오스위고 사범 학교에서 공부할 때 가장 흥미를 가졌던 과목도 자연 과학이었다. 그리고 그녀에게 자연 과학을 가르쳤던 메리 리Mary Lee 교수는 의사였다. 그녀의 강의를 들으며 로제타는 의학을 공부하고 싶은 열망이 잠시 샘솟았던 적도 있었다.

1880년대 이후 대학에 진학하는 미국 여성이 조금씩 늘었지만, 여전히 대부분은 전업주부와 어머니의 역할을 당연하게 받아들였다. 그런 관습에 저항하는 소수의 여성만이 교사, 간호사, 의사라는 전문직을 택했다. 사람들은 이런 여성들 '신여성(New Woman)'이라 불렀는데, 로제타는 이른바 전형적인 신여성이었다. 13

교사라는 직업은 호기심이 강하고, 도전적이며, 항상 새로운 것을 추구하는 로제타의 마음을 충족시키기에 부족한 면이 있었다. 의료 선교사라는 말을 듣자마자 로제타의 가슴은 의사가 되어 세상 저편에서 자신의 손길을 간절히 기다리고 있는 자매들에게 달려가겠다는 열망으로 가득 찼다.

그렇다면 스무 살 처녀의 결단에 대해 가족들은 어떻게 반응했을까? 로제타의 결정에 가장 만족한 사람은 그녀의 어머니 피비였다. 피비는 열 살 때 여성 선교사 엘리자 에그뉴를 만난 뒤부터 해외 선교사의 삶을 동경해왔다. 그래서 로제타에게도 자주 엘리자의 이야기를 들려주며 진취적으로 자신의 삶을 만들어나가라고 주문했다. 실제로 로제타는 어머니와 함께 아메리카 인디언들에 대한 책을 읽고 나중에 그들과 함께 살면서 그들에게 복음을 전하고 싶다는 꿈을 가진 적도 있었다.[14]

로제타는 곧 펜실베이니아 여자의과대학(Woman's Medical College of Pennsylvania) 입학 준비를 시작했다. 입학시험은 식물학, 화학, 물리학과 라틴 어에 대한 사전 지식을 요구했다. 라틴 어는 따로 공부할 필요가 있었지만, 학구적인 성격의 로제타는 어렵지 않게 입학시험에 합격할 수 있었다.

1886년 10월 7일에 개학하는 학교 일정에 맞추어 로제타는 필라델피아에 도착했다. 필라델피아는 펜실베이니아 주에서 가장 큰 도시로 그 당시에는 미국에서 세 번째로 인구가 많았다. 도서관과 소방서가 가장 먼저 들어선 도시, 가로등 불빛이 포장도로를 따라 길게 늘어지는 도시, 카툰이 들어간 신문을 역사상 최초로 발행한 벤저민 프랭클린의 도시. 필라델피아는 그 어느 도시보다도 더 세련되고 선진적인 장소였다.

1765년, 미국에서 최초로 의과대학을 설립한 고등 교육 기관

열아홉 살의 로제타
1884년 뉴욕 오스위고 사범 학교를 졸업한 뒤
교사로 일하던 시절의 모습이다.

역시 필라델피아의 펜실베이니아 대학이었다. 그 뒤 1850년, 루크레시아 모트를 중심으로 한 퀘이커들이 펜실베이니아 여자의과대학을 설립했다. 펜실베이니아 여자의과대학은 세계에서 가장 처음으로 만들어진 여성 의사 양성소였다. 그전에는 백 년 가까이 미국 내 모든 의과대학에서 여성의 입학을 허용하지 않았다.

"오늘은 여러분들의 인생과 여성들의 역사, 또 인류의 역사에 획기적인 날입니다. 우리는 이전에 한 번도 여성에게 시도되지 않았던 고귀한 지위를 여러분에게 부여했습니다." [15]

의과대학을 설립하고 2년이 지난 1852년, 여덟 명의 졸업생을 배출하는 자리에서 설립자 중의 한 명인 조셉 롱쇼어 Joseph Longshore 교수가 한 연설이다.

로제타가 입학한 1886년, 개교한 지 36년이 흐른 펜실베이니 아 여자의과대학은 미국 내 최고의 의과대학으로 꼽힐 만큼 발전 해 있었다. 특히 이 시기의 미국 의학은 현미경의 보급으로 세균 학이 눈부시게 발전했고, 종합 병원이 많아지면서 피부과, 신경 과, 이비인후과 등의 전문 분야도 세분화된 상태였다. 유럽 각국 에서 몰려든 이민자들로 급격히 인구 밀도가 높아진 도시에서는 하루가 다르게 병원과 진료소가 늘어났다. 예를 들어 1873년 미 국의 종합 병원은 모두 170개였지만, 1889년에는 700개로 늘었 다. 덕분에 의과대학생들은 종합 병원에서 온갖 종류의 의료 실 습을 수월하게 진행할 수 있었다. [16]

퀘이커들이 개척한 펜실베이니아 주는 종교적, 정치적으로 무 척 진보적인 입장을 취하고 있었다. 퀘이커들은 인간은 누구나 하나님의 신성을 나누어 가진 존재이며 남녀노소 누구나 평등하 다는 믿음을 갖고 있었다. 또한 이들은 어느 종교든 근본적으로 는 같다는 믿음을 가지고 있어서 펜실베이니아 식민지에서는 누 구든 양심에 따라 자신의 종교를 선택할 수 있었다. 이런 까닭에 유럽 각국에서 종교로 박해받던 이들이 펜실베이니아 주로 몰려들었다.

미국이 독립 전쟁을 치를 때 임시 수도로 정한 곳도 펜실베이니아의 필라델피아였다. 1780년 미국에서 최초로 노예제를 금지한 주도 펜실베이니아였으며, 여성 참정권 운동이 가장 활발하게 논의된 곳도 펜실베이니아였다.

펜실베이니아 여자의과대학의 또 다른 특징 중의 하나는 해외로 파견되는 여성 의료 선교사들이 매우 많았다는 것이다. 1880년대와 1890년대는 미국의 선교사들이 가장 활발하게 해외 선교에 나섰던 시기였다.[17] 1975년의 연구에 의하면 펜실베이니아 여자의과대학의 졸업생 중 해외 의료 선교사는 무려 230명에 이르렀다.[18]

18세기까지 백인 여성의 절반은 자신의 이름도 쓸 줄 몰랐으나, 1850년경에는 대부분의 백인 여성이 글을 읽을 수 있게 되었다.[19] 이렇게 교육을 받은 여성들은 사회적 억압에 대해 자각하고 교회를 중심으로 적극적인 활동을 벌였다. 이들은 음주 절제 운동, 여성 참정권 운동을 적극적으로 지원했고, 해외 여성들을 위한 선교 후원 단체를 조직했다. 1915년 미국에 있는 여성 해외 선교회의 여성 회원은 통틀어 300만 명이 넘을 정도였다.[20] 그때 미국의 전체 인구수가 약 1억 50만 명이었으니 정말 놀라운 숫자가 아닐 수 없다.

1890년 조선으로 파견되기 직전의 로제타
낯선 자매들을 만나러 가는 여정에 대한 기대가 엄숙한 표정에서 느껴진다.

이들의 적극적인 후원으로 여성 의료인들은 급여를 받고 선
교사로 파견되었다. 선교사들은 인도, 중국, 실론, 일본, 조선 등
의 자매들을 돕기 위해 머나먼 여행길에 올랐다. '크리스천 여성
해외 의료 선교사'는 새로운 사회의 적극적이고 진취적인 여성이
얻을 수 있는 가장 완벽한 조합이었다.[21]

펜실베이니아 여자의과대학이 여성 의료 선교사들의 교육장

이 될 수 있었던 데에는 1874년부터 1886년까지 학장을 맡았던 레이첼 보들레이 Rachel Bodley의 역할이 컸다. 독실한 기독교인으로서 여성들의 해외 선교에 적극적이었던 그녀는 매해 해외선교회로부터 추천을 받은 네 명의 학생들에게 모든 비용의 50퍼센트를 지원하는 장학금 혜택을 주었다.[22]

보들레이 학장은 학생들에게 해외 선교를 적극 권유했고, 해외 선교사들의 추천으로 입학한 외국 유학생들까지 진심으로 보살폈다. 그녀의 보살핌과 격려 덕분에 1886년에는 아난디 고팔 조쉬 Anandi Gopal Joshi가 이 학교를 졸업해 최초의 인도인 여의사가 되었다. 시리아 출신 최초의 여의사인 타밧 이살람불리 Tabat M. Islambooly와 최초의 아메리칸 원주민 여의사인 수잔 라 플래시 피코트 Susan La Flesche Picotte, 일본 최초의 여의사인 케이 오카미 Kei Okami도 이 학교 졸업생들이었다. 이중 수잔과 오카미는 로제타보다 빨리 입학했지만 언어 문제로 시간을 지체해 로제타와 같은 해에 졸업했다.

로제타는 1890년 9월 30일, 조선으로 가는 도중 들른 일본 여행길에서 오카미의 진료소를 방문해 반가운 해후를 했다. 미국에 있을 때보다 살도 찌고 건강해진 오카미는 생후 100일된 아기의 엄마가 되어 있었다. 이렇듯 이미 로제타는 의과대학을 다니며 동양에서 온 해외 유학생들을 만났고 그들로부터 동양에 대한 정보도 얻었다.

1885년 펜실베이니아 여자의과대학에 재학 중이던 외국인 여학생들
왼쪽부터 차례로 인도인 첫 여의사 조쉬,
일본인 첫 여의사 오카미, 시리아인 첫 여의사 이살람불리.

　　로제타는 누구보다도 열심히 공부했다. 로제타가 입학했을 때
에는 학생이 직접 3년제 교육 과정과 4년제 교육 과정을 선택할
수 있었는데, 3년제 교육 과정은 그만큼 많은 양의 학습을 해야
했다. 의욕이 넘쳤던 로제타는 3년 안에 의과대학을 졸업하겠다
는 계획을 세웠다. 그리고 빠듯했던 학습 과정은 로제타의 건강

을 악화시켰다.

1887년 5월, 로제타는 목 부분에 이상을 느꼈다. 진찰 결과 결핵성 내분비선 이상이라는 진단을 받았다. 로제타의 교수 중 한 명이었던 킨Keen은 즉각적인 수술을 권했다. 이때 로제타는 한 가지 조건을 걸었다. 에테르 혹은 클로로포름을 쓰지 않겠다는 것이었다. 로제타는 어린 시절 에테르와 클로로포름을 사용하는 두 번의 척추 수술을 받은 경험이 있었다. 그리고 그때 마취에서 깨어나며 느꼈던 고통을 아직 잊지 못하고 있었다.

"세상에! 학생이 잘 몰라서 하는 소리인데, 이 수술은 적어도 한 시간에서 한 시간 반 동안 진행될 거예요. 귀에서부터 가슴뼈 있는 데까지 절개한 뒤 또 쇄골을 따라 어깨까지 절개하고, 절개된 부위의 피부를 잡아 올린 다음 인후부의 혈관, 경동맥, 그리고 수많은 신경 조직들에서 분비선을 제거해야 합니다. 아픔을 참지 못해 잠깐이라도 몸을 움찔하면 칼이 어디를 건드릴지 장담할 수 없어요."

그래도 로제타가 계속 고집하자 킨 교수는 당시 새로 출시된 '코카인'이라는 진통제를 권했다.

며칠 후 킨 교수가 수술 부위를 절개하고 분비선들을 제거하기 시작했을 때였다. 로제타가 거울을 가져다 달라고 부탁했다. 자신의 수술 과정을 지켜보고 싶다는 것이었다. 킨 교수는 로제타의 담대함에 다시 한 번 기겁했다. 하지만 마취 없이 수술을 받을 만큼 대담한 학생이라면 수술 장면을 보는 것쯤이야 별일 아닐 거라고 판단했다. 결국 수술이 진행되는 동안 로제타는 거울을 들고 침착하게 자신의 수술 장면을 지켜보았다. 한 시간이 넘도록 신체의 한 부분도 움직이지 않으면서 말이다.[23]

수술이 끝난 뒤, 가족들과 친구들 심지어는 목사까지도 해외 선교를 나가겠다는 로제타를 말리기 시작했다. 로제타도 망설이지 않을 수 없었다. 과연 자신이 낯선 땅에 가서 하나님의 일을 해낼 수 있을지 두려움이 생겼다. 그런데 그 무렵, 몇 차례 의료 선교사로 활동하던 선배들이 학교를 방문해 해외 선교를 촉구하는 강연회를 열었다.

선배들 중에는 인도와 중국에서 의료 선교사로 활발하게 활동하는 이들이 여럿 있었다. 미국 북감리교 여성해외선교회(Woman's Foreign Missionary Society of the Methodist Episcopal Church)가 미국 최초의 여성 의료 선교사로 파견한 클라라 스웨인Clara Swain도 이 학교 출신이었다. 그녀는 이미 1870년부터 인도에 동양 최초의 여성 전용 병원을 설립하고, 여성 의료인 교육 기관을 만드는 등 활발하게 의료 선교 활동을 펼치고 있었다. 나중에 로제타는 선교 활동을 펼칠 때 클라라의 사례를 상당 부분 참고했으며, 조선에서 여자의전을 설립하려는 계획을 세우며 직접 인도에 가서 학교를 견학하기도 했다.

학교를 방문했던 의료 선교사들 중에는 인도에서 감리교 의료 선교사로 활동하고 있던 애나 존스 토번Anna Jones Thoburn도 있었다. 애나는 펜실베이니아 여자의과대학에 재학 중이던 1880년, 인도에서 감리교 선교사로 활동하던 열아홉 살 연상의 제임스 토번James M. Thoburn을 만났다. 그는 1862년 인도에서 아내를 전염병으로 잃은 후 오랫동안 홀몸이었다. 만난 지 이듬해 제임스와 결혼을 한 애나는 졸업할 때까지 결혼 사실을 비밀에 부쳤다. 여자가 결혼을 하면 학교를 그만두는 게 당연시되던 때였기 때문이었다. 1882년 학교를 졸업한 애나는 곧바로 인도로 가서 남편과 함께 의료 선교를 펼쳤다.

로제타는 애나의 강연을 듣고 큰 감동을 받았다. 로제타는 가슴 깊이 품었던 자신의 소명을 다시 한 번 확인하고 동양으로 떠나겠다는 결심을 굳혔다. 선교사가 되겠다는 마음을 주신 그분이 모든 것을 이끄시리라 믿었다.

인생의 절정, 이십 대에 로제타가 펜실베이니아 여자의과대학에서 배우고 습득한 것은 의학 지식에 국한되지 않았다. 로제타는 미국 역사상 가장 진취적인 도시에서 생활하며 역사를 만들어나가던 선배들의 역동적인 에너지를 온몸으로 느꼈다. 그 에너지를 자양분으로 삼아 새로운 세계를 향해 나아가겠다는 꿈을 키웠다. 이제 그녀의 시선은 지구 반대편의 땅으로 향했다.

III

닥터 로제타 홀,
조선에서
자매들을 만나다

1

지는 해를 향하여

'지는 해를 향하여(Toward the Setting Sun)'는 로제타가 1890년 연말에 리버티의 가족들에게 보낸 편지의 제목이다. 이 편지는 길이 31미터, 폭 15.2센티미터의 두루마리 형식으로 되어 있으며, 리버티에서 한양까지의 긴 여정과 한양에 도착 후 자신의 생활을 꼼꼼히 기록했다. 또한 가족들과 미국 북감리교 여성해외선교회의 리버티지부 회원들이 함께 읽을 수 있도록 그동안 수집한 시각적 자료늘을 첨부했다.

그런데 왜 그녀는 이 편지의 제목으로 '지는 해를 향하여'를 선택했을까? 뉴욕에서 샌프란시스코로, 샌프란시스코에서 조선으로 이어지는 여행의 서쪽 방향을 표현한 것일까? 아니면 조선의 정치적 운명에 대한 은유적 표현이었을까?

나는 이제 내가 속한 낯선 땅 쪽으로 얼굴을 돌렸다. 도움이 어디에서 오는가? 하늘과 땅을 만드신 분, 야훼에게서 나의 도움이 오는구나. 이스라엘을 지키시는 이, 졸지 않고 잠들지도 아니하신다. 야훼께서 너를 모든 재앙에서 지켜주시고 네 목숨을 지키시리라. 떠날 때에도 돌아올 때에도 너를 항상 지켜주시리라. 나는 지금 내가 전혀 모르는 언어를 쓰는 낯선 사람들에게로 가지만 '사랑은 보편 언어'라 하였고, 나는 내 일을 사랑한다.

— 로제타, 1890년 9월 4일의 일기

1890년 9월 4일, 스물다섯 살의 처녀는 모든 것이 낯설기만 한 땅을 향해 출발하는 배 위에서 그 막막하고 두려운 마음을 「시편」 121장에 의지하여 위로받고 있었다. 앞으로 자신 앞에 어떤 일들이 펼쳐질지 알 수 없었다. 하지만 어떤 어려움이 닥쳐도 오로지 그분께 의지하는 마음, 그리고 자신의 일에 대한 열정과 사랑으로 헤쳐 나가야 할 것이었다.

1890년 8월 21일 아침, 로제타는 리버티의 가족들과 이별하고 뉴욕으로 향했다. 그동안 머물렀던 감리교 선교부의 디코니스 홈(The Methodist Deaconess Home)에 들렀다가 조선으로 가는 여행을 시작하기로 되어 있었다. 디코니스 운동은 독신으로 살며 사회를 위해 봉사하겠다는 뜻을 가진 평신도 여성들이 19세기 중반에

**1890년에 로제타가
고향집으로 보낸 편지**

길이 31미터, 폭 15.2센티미터의
두루마리 형식으로 되어 있으며,
각종 사진과 엽서 등을 붙임으로써
조선까지 가는 여정을 생생하게 표현했다.

펼친 교회 운동이다. 감리교에서 운영하던 뉴욕의 디코니스 홈과 훈련 센터에서는 선교사나 의료 봉사 활동을 원하는 여성들을 위한 교육 과정도 함께 운영되었다. 로제타는 이곳에서 간호사 훈련 과정의 강사로 활동하기도 했다.

눈뿐만 아니라 가슴에서도 당장 눈물이 쏟아질 듯한 마음으로 부엌에서 어머니와 작별 인사를 하고 키스를 나누었다. 다음은 아버지. 나는 한마디 말도 하지 못했다. 아버지는 내 일이 나를 행복하게 해주기를 바란다고 말하며 기도 속에서 항상 당신을 기억해달라고 부탁했다. 사랑하는 나의 연로하신 아버지! 나는 아버지를 끌어안고 내가 얼마나 아버지를 사랑하며 감사해하는지, 그리고 내 일생을 통하여 아버지가 나에게 얼마나 좋은 분이었는지를 말씀드리고 싶었다. 그러나 가슴이 벅차서 한마디 말도 나오지 않았다. 그저 한동안 아버지의 손을 꼭 붙잡고 서 있었다.

— 로제타, 1890년 8월 21일의 일기

로제타가 떠날 때 아버지 로즈벨트는 이미 여든여섯 살이었다. 로제타는 이 작별이 마지막이 될지도 모른다는 생각에 가슴이 먹먹해져서 결국 아무 말도 하지 못했다. 뉴욕으로 가는 길에 함께할 친구, 루이스가 있는 게 다행이었다. 루이스는 뉴욕 감리교에서 운영하는 디코니스 홈에 살면서 해외 선교사로 나가기 위한 훈련을 받고 있었다. 그녀는 고향집에 인사하러 가는 로제타를 기꺼이 따라와주었다. 가족들과 헤어져 혼자서 돌아올 로제타를 외롭지 않게 하려는 우정이었다.

훗날 로제타는 조선에 도착한 이후, 보구여관에서 간호원도 약제사도 없이 혼자서 진료소를 운영해나가야 했다. 그녀는 뉴욕의 선교부에 이 고충을 호소하며 루이스를 조선으로 파견해줄 것을 간곡히 요청했다. 그리고 마침내 1년 후인 1891년 가을, 미국 북감리교 여성해외선교회는 루이스를 조선으로 파견했다. 로제타보다 두 살 위였던 루이스는 1927년 한양에서 세상을 떠나 양화진 외국인 선교사 묘지에 묻힐 때까지 일생 동안 조선에서 전심전력으로 봉사했다.

로제타는 뉴욕 디코니스 홈에서 이틀을 지내고 조선으로 떠날 예정이었다. 그 사이 그녀는 짐을 부치고, 예방 주사를 맞고, 기차표도 찾으러 가야 했다. 또 자신을 믿고 전적으로 지원해주는 미국 북감리교 여성해외선교회 뉴욕지부 회장인 스키드모어 부인에게 작별 인사도 해야 했다. 그리고 작별 인사를 나누어야 하는 아주 특별한 한 사람이 더 있었다.

윌리엄 제임스 홀! 로제타는 그가 자신을 얼마나 붙잡고 싶어 하는지 알고 있었다.

"하나님 일이 아니었다면 그 어떤 것에도 당신을 빼앗기지 않았을 것이오."

로제타가 떠나기 하루 전에 윌리엄 홀이 한 말이었다.

1890년 8월 23일 아침, 서쪽으로 가는 기차에 오르기 전에 로제타는 윌리엄 홀과 함께 짐을 부치러 갔다.

"아버지가 내 짐을 보셨으면 뭐라 하셨을지 짐작이 가네요."

무슨 말이냐는 듯 의아하게 바라보는 윌리엄 홀에게 로제타가 말했다.

"집을 떠날 때 이미 제가 책을 너무 많이 가져간다고 하셨거든요. 그런데 또 이 사람 저 사람이 선물로 책을 주는 바람에 열두 권이나 늘었어요."

사람들 모두 책을 선물할 만큼 로제타는 자타공인 독서광이었다.

"조선에 도착한 뒤, 그곳에서 필요한 게 있으면 나에게 부탁해요. 뭐든 구해서 보내줄게요."

윌리엄 홀이 말했다.

"어머니도, 스키드모어 회장님도, 엘리너 뉴턴 박사도, 그리고 당신까지 그러면 도대체 선교사가 되겠다는 사람이 뭘 포기하란 말이에요?"

"아마도 당신을 사랑하는 이들에게 당신이 필요한 것을 부탁하는 일이 당신에게는 뭔가를 포기하는 것이 되겠군요."

윌리엄 홀의 말에 두 사람은 크게 웃었다. 하지만 로제타는 자신의 성격상 누군가 자신을 도울 수 있게 두지 않으리라는 사실을 알고 있었다.

윌리엄 홀은 로제타를 따라 기차 안까지 들어왔다. 로제타가 자리에 앉았다. 마침내 두 사람이 헤어져야 할 시간이 다가왔다.

"우리는 서로에게 '굿바이 닥터'라고 작별 인사를 했다. 그리고 그가 나에게 처음으로 키스를 했다. 정말 자연스럽게, 그리고 갑자기, 적절한 행동인지 아닌지 생각해볼 겨를도 없이."

두 사람은 서로를 깊이 사랑하고 있었다. 게다가 윌리엄 홀은 로제타에게 이미 청혼을 한 상태였다.

기차가 움직이기 시작했다. 그러자 로제타는 자신이 이제 사랑하는 이들로부터 정말 멀어지고 있음을 온몸으로 깨달았다.

인생의 새로운 단계에 진입하기 시작했다. 나는 이제 집과 사랑하는 이들, 그리고 그동안의 모든 관계에서 멀어져 머나먼 이방인들의 나라로 간다. 하지만 하늘에 계신 아버지께서 우리를 도움이 되는 길로 인도하실 것임을 믿기 때문에 감사한다. …(중략)… 모르는 언어, 낯선 땅으로 가지만 나는 내 일을 사랑하고 그들을 사랑할 것이다. 오래 지나지 않아 새로운 친구도 사귈 것이다. 내 사랑하는 가족들을 포기해야 하는 것도 아니다. 가끔씩 서로 소식을 주고받을 수 있을 것이며 곧 모두를 다시 만나게 될 것이다. 만약에 이승에서 다시 만나지 못한다 해도 언젠가는 영원한 세상에서 다시 만나게 될 것이다.

— 로제타, 1890년 8월 23일의 일기

뒤로 갈수록 일기장의 글씨가 마구 흔들렸다. 로제타는 기차가 흔들려서 그랬다고 적었지만, 과연 그녀의 말이 진실일까? 눈물을 흘리지 않고 어떻게 마지막 문장을 쓸 수 있었겠는가!

하루 뒤 밤 10시 쯤 시카고의 디코니스 홈에 도착했다. 다음 날 그곳에서 메타 하워드Meta Haward를 만났다. 그녀는 미국 북감리 교 여성해외선교회가 처음으로 조선에 파견한 여의사였다. 시카고 출신의 하워드는 로제타가 일하게 될 보구여관의 첫 여의사였다. 보구여관은 미국 북감리교 여성해외선교회가 1887년 10월에 한양에 설립한 첫 여성 전용 병원이었다.

이화 학당의 설립자인 스크랜턴 여사는 조선 여성들이 남성 의사에게 진료받지 못하는 현실을 보고 여성 전용 병원의 필요성을 강하게 느꼈다. 이 상황을 선교회에 여러 차례 보고하고 요청한 끝에 마침내 여성 전용 병원의 문을 열 수 있었다. 그 병원이 바로 보구여관이다.

1887년 조선을 찾은 메타 하워드는 2년 동안 헌신적으로 여성과 어린이들을 진료했다. 그러던 중 병을 얻어 어쩔 수 없이 1889년 9월에 귀국했고, 지금은 가족의 곁에서 건강을 회복하는 중이었다. 로제타는 요양 중인 하워드의 후임 자격으로 조선에 가는 중이었다.

8월 25일 밤, 로제타는 다시 침대 열차를 타고 오마하로 향했다. 오마하는 아버지의 막내 동생, 브래들리 셔우드가 살던 곳이었다. 오마하에서 사촌들과의 반가운 만남을 가진 뒤, 27일에 다시 시카고로 돌아왔다. 그곳에서 로제타는 여행에 동행할 미국 북감리교 여성해외선교회에서 파견하는 두 명의 선교사를 만났다. 한 명은 중국 톈진(天津)으로 가는 닥터 스티븐슨이었고, 다른 이는 이화 학당 교사로 일하기로 되어 있는 마거릿 벵겔이었다.

스물 한 살의 벵겔은 나중에 한양에서 일하던 감리교 총각 선교사인 존스 목사와 결혼했다. 존스 부부는 1892년부터 인천에서 활동하였는데 존스 목사는 내리교회를 설립하고, 벵겔은 인천 최초의 여성 교육 기관인 영화 학당을 세웠다. 훗날 영화 학당을 졸업한 김활란은 미국 유학을 다녀온 뒤 이화 여자 대학의 첫 한국인 총장이 되었다.

1890년 9월 1일, 로제타는 샌프란시스코 역에 도착해서 사촌 찰스를 만났다. 외삼촌, 로버트 길더슬리브의 아들이었다. 찰스가 일행을 호텔로 안내했고, 먼저 도착해 있던 어머니와 윌리엄 홀의 편지들을 전해주었다. 찰스는 선교사들을 항구로 데려가 일본까지 데려다줄 증기선, 오셔닉 Oceanic을 구경시켜주었다.

9월 2일에 로제타와 선교사들은 파울러 Fowler 감독의 집에서 열린 선교회에서 주최하는 환송 파티에 참석했다. 그리고 다음날에는 은행에 들러서 달러를 요코하마에서 일본 돈으로 찾을 수 있는 은행 수표와 금으로 환전했다.

1890년 9월 4일, 드디어 오셔닉이 머나먼 항해를 시작했다.

"배가 떠날 예정이니 승객이 아닌 모든 이들은 배에서 내리라는 징 소리가 울릴 때, 작별 인사를 나눌 사랑하는 가족들이 여기에 없다는 사실이 정말 다행스럽게 느껴졌다."

침착하고 굳센 로제타였으나 사랑하는 가족이 곁에 있었더라면 헤어지는 일이 쉽지는 않았으리라. 배가 항해를 시작하자, 프랭크 오빠가 어렸을 때 자신에게 선물로 준 배 퍼즐을 가져왔더라면 하는 생각이 났다. 그만큼 벌써 가족들이 그리워지고 있었다.

항해 도중 로제타는 심한 뱃멀미에 시달렸다. 좀 나아지면 틈틈이 일기를 쓰고 콜로라도, 유타, 와이오밍 지역을 지나며 모아온 신기하게 보이는 나뭇잎 등을 활용해 고향에 보낼 편지를 작성했다. 항상 진지하고 학구적인 성격을 가진 로제타에게 독서는 뱃멀미를 하는 와중에도 빼놓을 수 없는 생활의 일부였다. 배 안에서 읽은 책 중에는 『불교Buddhism』가 있었는데, 이는 조선인들의 종교를 더 잘 이해하기 위한 것이었으리라.

> 나는 부처님이 훌륭한 사람이라 생각한다. 그의 말들은 솔로몬의
> 잠언을 생각나게 한다.
>
> — 로제타, 1890년 9월 12일의 일기

로제타는 몇 달 뒤 불교 승려에게 두 차례 왕진을 갔고 선교용 소책자를 선물로 주기도 했다.

1890년 9월 11일, 오셔닉은 하와이 호놀룰루에 도착해 300명의 중국인 노동자들을 태웠다. 로제타가 일기장 안에 붙여 놓은

오셔닉에 탑승한 승객들의 리스트를 보면 일등석 승객 67명 중 27명이 호놀룰루와 일본, 중국, 조선으로 가는 선교사였다.

로제타의 탐구심과 호기심은 배 안에서도 여전했다. 보통 500킬로미터 전후인 하루 항해 거리를 매일 기록했고, 엔진의 원리를 이해하기 위해 기관실과 연소실 등을 견학했다. 전기를 생산하는 동력의 원리를 이해한 뒤에는 기쁜 마음으로 일기에 설명하기도 했다.

이 배의 25피트(약 7.5미터)가 물에 잠겨 있다는 사실을 전에는 미처 몰랐다. 마치 이 배 자체에 지하 광산을 가지고 있는 듯하다.

— 로제타, 1890년 9월 17일의 일기

로제타는 기관실에 들러서 하루에 태우는 석탄의 양을 보고 깜짝 놀랐다. 하루에 소모하는 석탄의 양이 무려 60톤이나 되었기 때문이다.

9월 19일, 로제타는 선상에서 스물다섯 번째 생일을 맞았다. 마음속에는 낯선 곳에서 펼쳐질 앞으로의 삶에 대한 두려움이 여전히 자리 잡고 있었다.

앞으로 네 번 혹은 다섯 번은 낯선 곳, 낯선 사람들 틈에서 생일을 맞이할 것이다. 하지만 사랑하는 나의 하늘 아버지가 항상 나와 함게 이곳, 그의 거대한 바다에 계시고 저 너머 그쪽 편에서도 여전히 나와 함께 계실 것이다. 내가 살아온 인생 동안 그분은 나에게 얼마나 친절하셨던가!

— 로제타, 1890년 9월 19일의 일기

로제타는 자신의 축복받은 삶에 깊이 감사했다. 조선을 향한 항해는 그녀가 거저 받은 축복을 가난한 자매들에게 나눠주러 가는 길이었다.

9월 23일, 저녁 식사가 끝난 뒤 배가 드디어 요코하마 항에 들어섰다. 미국 북감리교 여성해외선교회의 요코하마지부에서 마중을 나온 프렌치French가 반갑게 선교사들을 맞이했다. 그녀는 로제타에게 한양의 스크랜턴 여사로부터 각별한 부탁의 편지를 받았다고 했다.

얼마나 좋은가. 이 얼마나 좋은 일인가. 주님은 나와 함께 계셔서 수천 마일 떨어진 이곳까지 뭍에서나 물에서나 사고 없이 안전하게 나를 이끄셨다. 가는 곳마다 친절한 이들을 만나게 하셔서 모든 것을 기쁘게 만드시니 얼마나 즐거운 여행이었던가!

— 로제타, 1890년 9월 24일의 일기

1890년 10월 4일, 로제타는 오와리 마루Owari Maru호에 승선했다. 날씨가 좋지 않아 뱃멀미가 더욱 심해졌다. 다음 날, 로제타는 고베에 도착했고 7일에는 나가사키 항에 내렸다. 9일에 나가사키를 출발해 10일 오후 5시에 드디어 부산항에 도착했다.

로제타와 벵겔은 부산항에 잠시 내려 헌트Hunt를 찾아 나섰다. 헌트는 부산 세관에서 근무하는 부산의 유일한 백인이었는데 딸이 한 명 있었다. 로제타의 전임이었던 닥터 하워드가 헌트의 딸에게 책을 전해달라고 부탁했던 것이다. 두 사람은 어렵지 않게 헌트를 찾았고, 그로부터 따뜻한 환영을 받았다. 부산에는 선교사도 없었고 백인이라고는 그의 가족들뿐이어서 무척 외로워 보였다. 로제타는 그곳에서 한양의 스크랜턴 여사에게 "월요일(13일)에 제물포에 도착한다"는 전보를 보냈다.

그렇다면 로제타에게 조선의 첫인상은 어땠을까?

우리는 부산항에서 24시간 동안 머물 것이다. 이곳은 일본인들의 주거지여서 조선에 대한 인상을 말할 수는 없다. 멀리 보이는 언덕과 산들은 불규칙하고 매우 가파른 바위투성이에다 헐벗은 모습이었다. 몇몇 조선인을 보았다. 그들은 그림처럼 보였다. 머리부터 발끝까지 하얀 옷을 입고 있었다. 우리는 오로지 남자들만 볼 수 있었다. 여자들은 해가 질 때까지 밖에 나오지 않는다고 했다.

— 로제타, 1890년 10월 10일의 일기

1890년 로제타가 본 부산의 일본 영사관과 주변 정경
1890년 10월 10일 부산항에 도착한 로제타는 이곳이 일본인들의 거주지여서
조선에 대한 인상을 속단할 수 없다고 설명했다.

    이 시대의 미국 사람들은 남녀노소를 불문하고 주로 어두운 빛깔의 옷을 입었다. 그러니 조선 사람들이 하얀 옷을 입고 있는 게 무척 신기하게 보였던 것이다.

    다음 날 오후 5시경, 배는 다시 제물포를 향해 떠났다.

    아침 8시다. 이 맑은 아침에 얼마나 기쁜지! 우리는 곧 한양의 항구인 제물포에 도착한다. 땅에서 바다로 이어진 나의 길고 길었던 여정이 이제 곧 끝나고 나의 일터인 '고요한 아침의 나라'에 닿는다. 주님의 눈이 나와 함께 계셨고 이곳까지 나의 길을 인도하셨다. 그분께서 나를 선택하셔서 이곳으로 인도하셨으니 모든 근심과 수고는 사라질 것이다. 그분께서 나를 도우시니 내가 할 수 있고 견딜 수 있을 것이니 어찌 기쁘지 아니하겠는가?

— 로제타, 1890년 10월 13일의 일기

1890년 10월 13일, 아침 10시가 되자 한양에서 마중 나온 동료이자 이화 학당의 교사, 루이자 로드와일러가 배까지 올라와서 선교사들을 맞아주었다. 특히 로드와일러와 벵겔, 두 사람은 같은 고향인 오하이오 주의 포메로이 출신이었다. 교사가 더 필요하다는 로드와일러의 호소에 로드와일러의 어머니가 모금을 주도했고 마침내 벵겔이 파견될 수 있었다. 선교사들은 이렇게 친분, 혹은 혈연으로 이어져 있는 경우가 많았다.

저녁 7시면 성문이 닫히는데 아무리 서둘러도 그전에 한양에 도착하기는 무리였다. 제물포에서 한양까지는 가마로 8시간 이상이 걸리는 거리였다. 세 사람은 스튜어드 호텔에서 하룻밤을 묵기로 했다. 제물포에는 일본인이 운영하는 호텔과 여관 외에도 중국인이 운영하는 '스튜어드'라는 호텔이 있었다. 로드와일러와 벵겔, 두 사람이 즐겁게 고향 이야기를 나누는 사이 로제타는 한국어 문법책을 살펴보았다.

1890년 로제타가 본 제물포항
서양에서 온 선교사들은
오늘날 인천에 속한 제물포항을 통해 한양으로 들어왔다.

언더우드 씨가 쓴 『새로운 한영문법』이라는 책을 살펴보았다. 한
국어 읽기를 배우기는 그리 어려울 것 같아 보이지 않는다. 열한
개의 모음과 열네 개의 자음으로 이루어진 알파벳은 간단한 문자
로 되어 있다. 그러나 말하기를 배우는 것은 어려울 게 확실하다.
나는 소리를 구별하지 못하는 둔한 귀를 가지고 있어서 낯선 단어
를 새로 익힐 때마다 발음을 익히기가 항상 어려웠기 때문이다.

— 로제타, 1890년 10월 13일의 일기

로제타의 한국어에 대한 첫인상은 그리 나쁘지 않았다. 하지만 훗날 로제타는 한국어 습득에 큰 고충을 토로했다. 끝없이 이어지는 진료에다 여러 잡일들을 처리하다 보면 매일 받기로 되어 있던 한국어 교습 시간을 놓치기가 십상이었다. 그리고 처음에 예상했던 대로 말하기와 듣기는 그녀에게 너무 어려웠다. 결국 수십 년이 지난 후까지도 로제타는 한국어에 능통하지 못했다고 전해진다.

로제타는 이날 제물포가 일본인들과 중국인들에 의해 점령당해 가는 듯 보인다고 기술했다.

이곳에는 엄청나게 많은 수의 일본인과 중국인이 있다. 사실 그들이 조선인들을 밀어내거나 적어도 뒤로 물러서게 하는 것처럼 보인다.

— 로제타, 1890년 10월 13일의 일기

로제타가 날카로운 눈으로 파악한 것처럼 조선은 분명 지고 있는 해였다. 그녀는 지는 해를 향한 길고 긴 여행을 막 끝마치려 하고 있었다.

2

조선의 여성 감독,
메리 스크랜턴

로제타의 일행은 호텔에서 캐나다 출신의 게일Gale 선교사를 만났다. 그는 로제타와 함께 배를 타고 온 중국행 선교사 친구를 만나기 위해 제물포로 와 있었다. 로제타와 벵겔은 그의 도움을 받아 생각보다 쉽게 가마꾼을 구할 수 있었다. 가마 하나당 여덟 명의 가마꾼이 붙어서 네 사람씩 한 조를 이루었는데, 신기하게 교대하는 중에도 걸음을 멈추지 않았다.

나는 가마에 매여 있는 막대기에 보호대를 설치하거나 아니면 그들의 어깨에 댈 보호대라도 마련하길 원했다. 그러나 게일 씨의 말에 의하면 소용없는 일이라고 했다. 그들은 새로운 방법이라고는 도무지 받아들이려 하지 않는다는 것이었다. 우리는 도대체 바퀴가 달린 탈것이라고는 아무것도 보지 못했다.

— 로제타, 1890년 10월 14일의 일기

로제타는 진심으로 가마꾼들의 어깨가 걱정되었다. 하지만 아무리 설득하려 해도 가마꾼들은 그녀의 말을 들으려 하지 않았다. 로제타는 운송 수단이라고는 말과 가마밖에 없는 조선의 현실이 놀라웠다. 또 온통 울창한 숲으로 가득한 나라에서 온 로제타의 눈에는 조선의 가파르고 헐벗은 산이 무척 낯설었다. 헐벗은 산과 땅바닥에 옹기종기 모여 붙어 있는 낮은 초가지붕들이 백성들의 고달픈 삶을 대변하고 있었다.

한강 변에 도착한 선교사 일행은 나룻배를 타고 강을 건넜다. 강변을 따라 늘어선 집들이 보였고 도시를 둘러싼 성도 보이기 시작했다. 서대문 밖에서 뜻밖에도 감리교 선교사인 올링거 목사와 맥길 의사를 만났다.

1890년 10월 14일 4시 30분, 드디어 서대문을 지나 미국 북감리교 여성해외선교부 한양지부에 도착했다. 여성해외선교부 한양지부는 꽤 높은 언덕에 자리 잡고 있어서 시내를 내려다볼 수 있었다.

스크랜턴 선생님이 진심으로 부드럽고 따뜻하게 우리를 환영했다. 우리는 마침내 우리의 새로운 집에 도착했다. 모든 건물이 단

층으로 된 커다란 집은 예술적인 조선식이었는데 매우 특이했고 아름다웠으며, 무엇보다도 편안했다.

— 로제타, 1890년 10월 14일의 일기

로제타는 처음 본 한옥 건물에 대해 아주 긍정적인 평가를 내렸다. 로제타의 새로운 보금자리가 될 이곳에는 이화 학당과 교사들의 주거지, 보구여관의 입원실과 진료소, 그리고 학생들의 기숙사까지 모두 이웃해 있었다. 이곳이 바로 오늘날 정동의 이

1890년의 보구여관의 모습
로제타는 조선에 도착한 다음 날부터 곧바로 보구여관 의사로 근무하기 시작했다.
그만큼 조선에는 여성의 병을 치료할 여의사가 매우 필요했다.

화여고 부지다. 로제타는 방 세 개가 있는 아담한 한옥 한 채를 "아주 기쁘게" 배당받았다. "방들은 모두 햇볕이 잘 들고 아늑했으며 조선식 가구들은 아름답고 독특하며 편리" 했다. 선교사들은 1달러에 2,000냥이나 되는, 인플레이션이 명백한 환율 때문에 커다란 돈궤를 방에 두어야만 했다. 이 또한 신기한 일이었다.

로제타가 와서 본 미국 북감리교 여성해외선교회의 한양지부 사업은 생각했던 것보다 무척 자리가 잡혀 있었다. 불과 5년 만에 그렇게 눈부시게 성장할 수 있었던 것은 모두 스크랜턴 여사의 덕과 능력 때문이었다.

'조선의 여성 감독(Lady Bishop)'이라고 불렸던 메리 풀레처 스크랜턴은 1832년 12월 9일, 미국 매사추세츠 주에서 감리교 목사의 딸로 태어났다. 부유한 사업가와 결혼해 유복하게 살던 그녀는 마흔 살에 과부가 되었다. 이후 그녀는 홀몸으로 외아들 윌리엄 스크랜턴을 뒷바라지하면서 미국 북감리교 여성해외선교회 활동에 적극적으로 참여했다. 스크랜턴 여사는 아들이 의사 자격증을 취득하자 그에게 해외 선교를 권유했고, 마침내 윌리엄 스크랜턴은 조선에 선교사로 파견되었다.

그러자 이번에는 여성해외선교회에서 스크랜턴에게 그네들을 대표하여 조선에서 독자적인 선교 활동을 펼칠 것을 권유했다. 처음에 그녀는 쉰두 살에 이른 자신의 나이를 들어 사양했다. 하지만 지속적인 권유를 받자 그녀는 고심 끝에 하나님의 뜻이라

받아들이고 조선으로 향했다. 1885년 2월 27일, 먼저 일본에 도착한 스크랜턴 일행은 갑신정변의 여파로 어수선한 조선 정국을 관망하다가 같은 해 6월 20일 입국해 정동에 선교부를 꾸렸다.[24]

로제타는 친어머니 피비보다 세 살 아래였던 스크랜턴 여사를 직장 상사로서 깊이 존경하고 따랐으며 어머니처럼 사랑했다. 하지만 처음부터 그런 것은 아니었다.

> 메타 하워드의 말로 인해 나는 스크랜턴 부인은 사치스럽고 비실용적이며, 로드와일러 양은 소박하고 실용적인 일꾼이라는 편견을 가졌다. 그런데 닥터 하워드가 얼마나 두 여성을 잘못 이해하고 있었는지 알게 되었다.
>
> — 로제타, 1891년 11월 29일의 일기

처음에 로제타는 메타 하워드의 말을 듣고 로드와일러에게 훨씬 호감을 가졌다. 하지만 시간이 지날수록 로제타는 스크랜턴 여사의 인격에 매료되었다. 반면에 로드와일러의 융통성 없는 면에는 답답함을 느꼈다.

실제로 스크랜턴 여사는 귀족적인 풍모와 카리스마가 느껴지는 사람이었다. 1956년 이화여대 출판부에서 펴낸 『이화 70년사』라는 책을 보면 스크랜턴 여사를 두고 "어딘지 모르게 귀족적인 인상을 주는 이지적인 부인이었다"라고 평가했다.[25]

그녀는 남편과 사별한 뒤 아들 윌리엄을 미국 최고의 명문 귀족학교인 예일대와 뉴욕(컬럼비아) 의과대학에 진학시켰다. 그러면서도 여성해외선교회 활동에 전력을 다했을 만큼 체력적으로나 재정적으로 충분한 능력을 갖고 있었다. 그러한 그녀가 오십이 넘은 나이에 목숨을 걸고 조선을 찾은 건 그만큼 하나님의 뜻에 강한 확신을 가지고 있었다는 증거다. 그리고 로제타가 그녀의 비범함을 알아보는 데에는 그리 오랜 시간이 필요하지 않았다.

1891년 3월 16일, 스크랜턴 여사는 첫 5년의 임기를 마치고 미국으로 휴가를 떠났다. 이화 학당의 당장 자리는 로드와일러가 물려받았다. 어느 사람이든 사랑으로 따뜻하게 감싸던 스크랜턴 여사에 비해 로드와일러는 엄격한 규율을 강조했다. 학생들이 무척 힘들어할 수밖에 없었다.

"로드와일러 선생님은 좋은 선생님이지만 야단을 너무 많이 쳐요. 처음에 선생님을 보았을 때 선생님도 야단을 많이 칠 줄 알았어요. 로드와일러 선생님처럼 뚱뚱해서요."

어느 날 일본인 소녀 오와가가 로제타에게 말했다. 오와가는 한양에서 근무하는 아버지 때문에 3년째 이화 학당에 다니고 있었다. 그녀는 '박에스더'로 알려진 김점동과 단짝이었다. 그런데 오와가의 말은 사실이 아니다. 사진을 보면 알 수 있듯이 로제타는 전혀 뚱뚱한 편이 아니었다. 오와가의 눈에 로제타가 뚱뚱하게 보였던 건 그만큼 그 당시 조선 여성이 삐쩍 말랐기 때문이었다.

"꾸중하는 게 미국식 회초리인가 봐요. 하지만 꾸중도 나쁘지만은 않은 것 같아요. 우리가 조심하도록 만드니까요."

오와가의 말을 옆에서 듣던 점동이 어른스럽게 덧붙였다.

모든 소녀가 스크랜턴 선생님을 무척 그리워한다. 이 아이들에게 스크랜턴 선생님은 어머니 같은 존재다. 나머지 우리들은 도저히 그녀를 대신할 수 없다. 로드와일러 선생이 스크랜턴 선생님이 쓰던 방으로 이사했다. 이경숙 선생이 말했다. '그 방에 누군가가 들어가고, 밤에 불이 다시 켜지는 장면을 보는 게 무척 기뻐요. 하지만…….' 그녀는 미처 말을 마치지 못하고 눈물을 흘리고 말았다. 에스더(점동)가 아주 슬픈 표정으로 내 방에 들어왔다. 이유를 물어보진 않았으나 뻔하다. 로드와일러 선생은 아주 훌륭한 훈육자이고 모든 면에서 좋은 관리자다. 하지만 내 생각에 아이들에게는 안 좋은 상황이다. 우리 모두는 하나같이 '스크랜턴 선생님이 아니라 그녀가 휴가를 갔더라면' 하고 생각한다. 우리는 스크랜턴 선생님을 매우 사랑하고 무척 그리워한다. 이 빈자리를 그 누구도 메울 수 없다.

— 로제타, 1891년 3월 29일의 일기

점동은 1891년 1월 25일에 '에스더Esther'라는 이름으로 세례를 받는데, 그때부터 로제타는 점동을 에스더라고 불렀다. 이경숙은 열여덟 살에 청상과부가 되어 고달픈 삶을 살다가 스크 랜턴 여사의 권유로 기독교를 받아들이고 그녀의 양녀가 되었다. 이후 이화 학당 최초의 조선인 여교사가 된 그녀는 1890년부터 학생들에게 한글과 한문을 가르쳤다.

이화 학당 사람들이 스크랜턴 여사를 얼마나 그리워했는지 로제타의 일기는 쉽게 끝을 맺지 못한다.

나도 소녀들이나 이 선생처럼 점점 더 '노부인(No Puine)'이 빨 리 돌아오길 기다리고 있다. 그러면 모든 일이 한결 수월해질 것이 다.

— 로제타, 1891년 12월 6일의 일기

조선 사람들은 스크랜턴 여사를 노부인이라고 불렀다. 아마도 처음 그녀가 조선을 찾았을 때 윌리엄 스크랜턴의 아내, 즉 그녀 의 며느리와 구별하여 노부인이라고 칭했을 것이다.

로제타는 스크랜턴 여사가 미국에 가 있는 동안 약혼자인 윌 리엄 홀과의 결혼 문제로 고민했다. 로제타는 조선으로 파견될 때 5년 동안 독신을 유지하기로 약속한 터였다. 로제타의 어머니 와 마찬가지로 그녀를 딸처럼 생각하고 지원을 아끼지 않는 여성 해외선교회의 스키드모어 회장도 결혼에 흔들리는 로제타의 모 습을 못마땅하게 생각했다. 그때 안식년을 맞아 뉴욕에 머물던

스크랜턴 여사는 스키드모어 회장으로부터 로제타의 결혼 문제
에 대한 이야기를 전해 들었다. 그녀는 곧 로제타에게 편지를 보
내 왔다.

> 닥터 윌리엄 홀이 급여를 받지 않아도 좋으니 조선으로 파견해주
> 기를 간절히 원한다고 하더군요. 당신은 그가 가까이 오기를 원하
> 나요? 아니면 방해가 될 거라 생각하나요? 솔직하게 말해줘요. 더
> 도 덜도 말고 날 두 번째 어머니로 생각해줘요. 언젠가 그와 정말
> 로 결혼할 예정이라면 그가 조선에 가도록 기꺼이 도와서 당신이
> 조선을 떠나지 않게 하고 싶어요.
>
> — 로제타, 1891년 8월 6일의 일기에 적힌 스크랜턴 여사의 편지

로제타는 자신을 진정으로 생각해주는 스크랜턴 여사의 마음
에 감동했다. 윌리엄 홀이 어떤 사람인지 알지 못하면서도 그가
조선에 오도록 도와주겠다고 할 만큼 자신을 아끼고 있다는 말이
었다.

쉰둘의 나이에 낯선 땅에서 개척자의 길을 택했던 스크랜턴
여사. 평균 수명이 훨씬 짧았던 19세기의 오십 대는 오늘날의 오
십 대와 비교할 수 없을 정도로 많은 나이다. 하지만 그녀의 열정
은 여느 젊은이 못지않았고 사고방식도 매우 진취적이었다. 그리

Dear Mrs. Hall

Mr Fenwick has come back with the word that Sherwood was very ill this afternoon. I hope matters are not quite so bad as he imagines. You surely do not think there is serious trouble do you? I am very anxious to know how he is this evening. I hope you have good news for us.

Yours in Sympathy and love,
M. F. S.

Saturday

스크랜턴 여사가 1898년 2월에 로제타에게 보낸 메모

훗날 로제타의 아들 셔우드가 병에 걸리자 스크랜턴 여사가 쾌유를 기원하며 보냈다.
스크랜턴 여사는 로제타를 딸처럼 아끼고 사랑했다.

고 그 의지와 열정은 우리나라 최초의 여성 전문 교육 기관 탄생
으로 이어졌다.

"우리의 목표는 이 여아들이 우리 외국 사람들의 생활, 의복 및
환경에 맞도록 변하게 하는 데 있지 않다. 우리는 오로지 조선인을 보
다 나은 조선인으로 만듦에 만족한다. 우리는 조선인이 조선적인 것
에 대하여 긍지를 가질 수 있길 희망한다. 나아가 그리스도와 그의 교
훈을 통하여 완전무결한 조선인을 만들고자 희망하는 바다." 26

스크랜턴 여사는 조선 문화의 틀 안에서 그리스도의 사랑과
헌신 정신을 발휘해 조선의 소녀들이 보다 나은 삶을 살 수 있게
하는 데 선교의 목표를 두었다. 그러나 의지와 열정이 아무리 강
했다 하여도 늙은 몸으로 낯선 곳에서 일하는 어려움은 이루 말
할 수 없이 컸다.

"여성해외선교회가 조선에 땅을 소유했다. 이곳에 우리의 집과
학교, 그리고 진료소가 함께 들어서기를 희망한다. 토지 구입과 건축
은 엄청난 책임이 따르므로 매일, 아니 매순간 실수가 없게 해달라고
하늘에 계신 아버지께 의논드린다. 여태껏 주일을 그렇게 고마워한
적이 없었다. 일주일 내내 우리는 혼동과 혼란의 중심에 서 있다. 일꾼
들은 소란스럽고 수없이 많다. 끝없이 이어지는 톱질, 망치 소리와 낯
선 언어로 떠들어대는 소리를 사람의 신경이 감당하기가 쉽지 않다.
이 모든 소리가 사라진 토요일 저녁은 그 자체로 은혜다." 27

이런 상황이었기에 주일이 더욱 은혜로웠으리라. 그녀는

1886년 여성해외선교회에 보낸 연간보고서에 조선의 어지러운 정국 때문에 입국하지 못하고 일본에 머무는 자신의 처지를 호소하며 "빨리 가서 내 민족 속에 있기를 원한다"고 썼다. 그만큼 스크랜턴 여사는 하루빨리 조선 여성들을 위해 봉사해야 한다는 사명감으로 가득 차 있었다.

그녀의 열정은 1909년 10월 8일, 조선 땅에서 세상을 떠나던 날까지 사그라지지 않았다. 그녀가 보여준 사랑과 봉사에 대한 감사의 표시로 그녀의 장례 행렬을 따라 걷던 인파가 20여리까지 이어졌다고 한다.[28]

로제타는 스크랜턴 여사의 말대로 그녀를 어머니처럼 믿고 의지했다. 윌리엄 홀이 조선에 도착한 뒤 결혼을 결정하기까지 셀 수 없는 고민의 밤을 보내며 미국에 있던 스크랜턴을 무척 그리워했다.

> 만약 스크랜턴 선생님이 여기 계셨더라면 나는 그분께 의지하고 의논하였을 텐데 여기에는 아무도 의논할 사람이 없다. 여기에 있는 다른 결혼한 여성들에게 의논하느니 차라리 로드와일러 선생이 나을 것이다. 하지만 로드와일러는 이런 문제에 관해서는 무지해 보인다.
>
> — 로제타, 1891년 12월 27일의 일기

스크랜턴과 로제타는 무척 친밀했으며 일을 처리하는 방식에 있어서도 생각이 일치했다. 1894년 4월, 로제타는 평양 선교 책임자인 남편 윌리엄 홀을 따라 평양 여성들을 대상으로 선교 활동을 시작하겠다고 선언했다. 윌리엄 홀은 이미 일 년 전부터 평양 선교 책임자로 발령받아 평양과 한양을 오가고 있었다. 그런데 감리교 한양지부의 총책임자였던 스크랜턴 여사의 아들 윌리엄 스크랜턴 박사가 로제타의 계획에 반대하고 나섰다. 여성과 어린이를 보내기에 평양은 아직 위험하다는 게 그 이유였다.

다행히도 스크랜턴 선생님은 내가 평양에 가서 여성들의 일을 시작하길 간절히 바라고 있다. …(중략)… 그녀는 내가 가는 게 괜찮을 것이라 생각하고, 내가 평양에 간다 해도 당신의 며느리가 처음 한양에 왔을 때보다 더 큰 어려움에 직면하지는 않을 것이라 생각하고 있음을 알았다. 당신의 며느리도 임신 중에 아픈 아기와 함께 모든 것이 낯설고 새로운 곳에 도착하여 한옥에서 살면서 엄청나게 많은 구경꾼을 상대해야만 했다.

— 로제타, 1894년 4월 10일의 일기

로제타는 스크랜턴 여사를 동원하여 그의 아들인 윌리엄 스크랜턴 박사를 설득했다. 그리하여 마침내 1894년 5월, 남편과 함께 평양을 향해 떠날 수 있었다. 스크랜턴 여사는 마지막 날까지 로제타의 든든한 후원자이자 롤모델이었다.

3

보호하고 구하는
여성들의 집에서

로제타가 조선에 들어와 일하기 시작한 곳은 우리나라 최초의 여성 전용 병원, 보구여관이었다. 이 병원은 스크랜턴 여사의 끈질긴 노력으로 설립되었다. 의료 선교사였던 스크랜턴 여사의 아들, 윌리엄 스크랜턴은 1885년 9월부터 진료를 시작했다. 원래 계획은 남성과 여성을 모두 치료하는 것이었지만, 남녀를 유별나게 구분하는 조선의 풍습 때문에 여성들은 병원에 올 수 없었다. 아주 신분이 낮은 경우가 아니면 여성들은 아예 대낮에는 바깥 외출조차 불가능했다. 아무리 아파도 여자의 몸을 남자 의사에게 보인다는 것은 상상하기도 어려운 일이었다. 여성 환자들은 다른 사람을 보내 그저 말로 증상을 전하고 약을 부탁하는 것이 전부였다. 여성을 전담하는 의사와 병원이 필수적이었다. 이에 스크랜턴 여사는 여성해외선교부 본부에 여러 차례 여성 의사 파견을 요청했다.

"스크랜턴 박사의 병원 옆에 우리가 병원으로 쓸 수 있는 작은 땅이 있습니다. 여의사가 올 때까지 스크랜턴 박사가 여성들을 위한 진료를 할 수 있도록 준비해놓았습니다. …(중략)… 여의사 문제에 대해서 그동안 수차례 이야기하여 피곤할 지경이겠지만, 매우 절박하게 필요한 상황이어서 다시금 요청하지 않을 수 없습니다. 집행위원회 총회가 끝나자마자 누군가 우리를 돕기 위해 배를 타고 이곳으로 향하기를 간절히 바랍니다. 교사도 꼭 파견되어야 합니다. 지난 14개월을 뒤돌아보며 내 가슴은 기쁨과 감사로 가득 차오릅니다. 무슨 대단한 일을 이루어서가 아니라 일을 시작했다는 사실에 기쁨을 감출 수 없습니다." [29]

스크랜턴 여사의 요청을 수락한 미국 북감리교 여성해외선교회는 노스웨스턴 의과대학을 졸업한 메타 하워드를 파견했다. 1887년 10월 20일 조선에 도착한 메타 하워드는 10월 30일부터 스크랜턴 박사가 운영하던 시병원(施病院)의 한쪽에서 여성 환자를 전담했다.

여성 전용 병원은 1888년 11월, 정동의 감리교 선교지구 안에 새로운 건물을 마련하여 이사했다. 명성 황후는 이 병원에 보구여관(保求女館)이라는 이름을 하사하였는데 '보호하고 구하는 여성들의 집'이라는 뜻이었다.[30] 하워드는 첫해 10개월 동안 진료소에서 1,137건, 두 번째 해 10개월 동안 1,423건을 치료했다.[31]

하지만 과로 때문이었는지 아니면 낯선 이국 환경에서의 적응이 힘들었던 탓인지 하워드는 건강이 나빠져 1889년 9월, 본국으로 돌아갔다. 로제타가 조선으로 오는 길에 시카고에서 만났을 때 하워드는 조선에 다시 가길 희망한다고 말했으나 다시는 돌아오지 않았다.

로제타는 자신의 새로운 보금자리에 도착한 첫날, 집과 병원에 모두 만족감을 나타내었다.

나를 위해 준비된 모든 것이 나에게는 꼭 맞다. 나는 여기서 분명 행복할 것이다. 아직도 (일기를 쓰는 순간까지도) 나의 병원과 진료소에 대해 놀랄 만큼 기쁘고 만족스럽다. 그곳에는 창고, 제법 잘 갖춰진 약제실, 세척실, 훌륭한 대기실, 그리고 대기실과 약제실 사이에 진찰실이 있다. 현재는 서재로 쓰고 있는 넓고 멋진 앞방이 있는데 빛이 잘 들어서 수술실로 쓰면 좋을 듯하다. 다른 두 개의 좋은 방들과 바깥쪽에 있는 세 개의 방이 입원 환자들이 쓸 수 있는 방이다. 꽤 많은 약품과 의료 기구를 병원에 들여오는 데 200달러 정도가 소요되었다고 한다. 저녁에 스크랜턴 박사 부부, 아펜젤러 목사 부부, 존스 목사, 올링거 목사 부인이 우리를 보러 왔다.

— 로제타, 1890년 10월 14일의 일기

올링거 목사는 로제타가 한양으로 오는 길에 서대문 밖에서 보았던 까닭에 오지 않았던 듯하다.

로제타는 한양에 도착한 다음 날인 10월 15일부터 여독도 풀지 않은 채로 곧바로 진료에 들어갔다. 맥길 박사가 임시로 여성 전용 병원을 맡고 있었으나 남자였던 까닭에 오는 이가 거의 없는 형편이었다. 진료 첫날에는 여의사가 다시 온 것을 아직 사람들이 몰랐던 터라 5명의 환자만 진료했다. 하지만 이날부터 로제타는 내과, 외과, 치과, 이비인후과, 피부과, 산부인과 등 온갖 분야의 병들과 혼자서 씨름해야 했다.

그날 저녁 7시 30분에는 모두 함께 기도회에 갔다. 장로교와 감리교의 모든 선교사와 배우자가 한자리에 모였다. 모펫 목사의 인도로 진행된 기도회의 주제는 '주님 안에 머물기'였다. 한양의 개신교 선교사들은 이처럼 교파를 초월하는 모임을 갖고 있었다.

로제타가 한양에 도착하고 사흘 뒤인 17일부터는 혼자서 병원을 운영해나가기 시작했다. 한국어 개인 교습도 시작했는데, 조선의 여성들과 소통하기 위해서는 무엇보다도 언어 문제를 해결하는 게 시급했다.

오늘 오후에 로드와일러 선생의 한국어 교사가 와서 첫 한국어 교습을 받았다. 소리의 조합을 정확하게 발음하는 것이 무척 어렵다는 사실을 발견했다. 글자의 조합이 독일어의 조합과 비슷하다고 생각되었는데 로드와일러 선생이나 벵겔 선생이 쉽게 익히는 발음이 나에게는 불가능했다. 선생은 인내심이 매우 강해서 나에게 계속 반복시켰다.

그러나 아무리 해도 그와 같은 소리를 낼 수는 없었다. 그는 분명 나를 멍청이라고 생각할 것이다. 가끔씩 다른 소리가 나에게는 똑같은 소리로 들렸다. 분명 발음할 때 선생의 입 모양이 다른 것을 볼 수 있었지만 귀로 들리는 소리는 똑같았다. 들을 수 없는 소리를 어떻게 만들어낼 수 있겠는가?

나는 음조(tune)를 잘 구별하지 못한다. 어렸을 때는 내가 노래를 부르지 못하는 것에 대해 별 신경을 쓰지 않았다. '그래, 모두가 다 노래를 부르는데 나는 대신 다른 것을 잘하면 되지 뭐.' 하고 생각했다. 그런데 아이들을 가르치기 시작했을 때에는 아침 수업 시작 전, 혹은 점심시간을 노래로 시작하면 좋을 거라고 생각하면서 노래를 잘 불렀다면 좋았을 것이라고 생각했다. 나중에 의대에 들어가서 신체검사를 받고 나서야 내가 음조를 잘 구별하지 못한다는 사실을 알게 되었다. 뉴욕 디코니스 홈에서도 노래를 잘 부르고 싶다는 생각을 했었는데, 이제 외국어 습득을 하는 과정에서 그 능력을 갖고 있었기를 진정으로 원하게 되었다.

— 로제타, 1890년 10월 17일의 일기

로제타는 이날 엄청난 스트레스를 받았다. 이렇게 언어 습득에 곤란을 겪는다면 앞으로 어떻게 일을 해나갈 수 있을지 난감했다. 그녀는 얼마 전 책에서 읽은 사도 바울의 이야기를 떠올리며 스스로를 위로했다. 바울은 그리스도에 대해 설교하려고 로마에 갔으나 감옥에 갇히게 되었다.

인생은 가끔 우리가 꿈꾸거나 계획했던 것보다 풍부해진다. 바울 성인이 로마의 엄청난 군중들 앞에서 그리스도에 대해 설교를 했다 해도 그 설교는 그가 감옥에서 쓴 편지들만큼 세상에 그렇게 큰 영향을 끼치지는 못했을 것이다.

— 로제타, 1890년 10월 17일의 일기

이 말을 쓴 뒤, 그녀는 인간의 계획이라는 것이 무슨 의미가 있을까 생각했다. 그저 하나님의 계획이 완성되는 데 우리가 도움이 된다는 면에서만 의미가 있을 뿐이니 모든 것을 하나님께 맡기겠다고 다짐했다.

로제타가 조선에 와서 가장 놀랐던 점은 여성들에게 이름이 없다는 것이었다. 사람에게 이름은 정체성이며 개체성이다. 이름이 없다는 말은 주체적인 개인으로 인정받지 못한다는 뜻이었다. 조선의 지배 사상인 성리학적 관점에서 보면 여성들은 주체적인 존재로 인정받을 수 없으며, 오직 가계를 계승할 아들을 낳는 것으로만 존재의 목적을 실현할 수 있었다.

조선의 여성들은 이름이 없다. 그들은 작은애(Little one) 혹은 예쁜이(Pretty one)라고 불리는데, 결혼을 하고 아들을 낳아야만 '창식이 엄마'같이 아들의 이름에 따라 누구의 엄마라고 불린다.

— 로제타, 1890년 10월 20일의 일기

아파도 의사를 찾을 수 없던 이름 없는 여성들은 여의사가 다시 왔다는 소문을 듣고 병원을 찾았다. 10월 22일의 일기에 의하면 로제타는 사흘 동안 50명의 환자를 진료하느라 조선어 수업을 받지 못했다. 간호사도 약사도 없으니 혼자서 체온과 맥박을 재고, 약도 짓고, 주사도 놓고, 수술도 해야 하는 상황이었다. 말을 못하니 누군가 통역이 필요했다. 처음 한동안은 로드와일러가 와서 도와주었는데 그녀도 학교를 운영하고 수업을 해야 했으니 여러모로 난감한 상황이었다.

드디어 1890년 10월 24일부터 점동이가 병원에 등장했다. 이화 학당에서 영어를 가장 잘해서 뽑힌 아이였다. 점동의 단짝이었던 오와가라는 일본 소녀도 자원했다. 오와가는 낮에 왕진을 갈 때 데리고 다니며 통역을 시킬 수 있어 아주 요긴했다. 조선 소녀들은 대낮에 돌아다닐 수가 없었기 때문이었다. 점동이는 밤에만 데리고 다닐 수 있었다.

로제타는 왕진을 하며 어이없는 처우를 당하기도 했다. 아기가 위태롭다고 왕진을 요청해 부랴부랴 갔더니 도착한 지 5분도 안 되어 아기가 죽고 말았다. 문제는 로제타가 아기가 살아나기 어렵겠다는 생각을 하면서도 소생을 시도한 데 있었다. 부모들은 로제타가 아기를 죽였다고 억지를 부렸다. 그날 로제타는 살아날 가망이 없는 환자의 경우 다시는 응급 처치를 시도하지 않겠다고 결심했다.

그 당시 조선 사람들은 외과적 치료에 대해 무지했다. 어느 날, 어느 아버지가 화상을 방치해 한쪽 팔의 조직이 심하게 망가진 세 살짜리 여아를 데려왔다. 팔꿈치까지 절단해야만 하는 상황이었다. 로제타가 아이를 병원에 입원시키려 했으나 아이의 아버지가 거부했다. 그 아버지는 장로교 신자의 종이었다. 그래서 언더우드 선교사에게 상황을 설명하고 그의 주인을 통해 그를 설득해달라고 부탁했다. 그때까지 조선에서 팔다리 절단 수술은 광혜원에서 단 한 차례 시행된 적이 있을 뿐이었다. 그러니 그 부모에게 딸의 팔을 절단한다는 건 상상조차 할 수 없는 일이었다.

"아이가 수술을 받다 죽으면 시체가 얼마나 끔찍할까요? 팔이 하나밖에 없을 거 아니에요?"

안타깝게도 그들은 딸의 상처가 덧나서 죽을 수도 있다는 생각은 하지 못했다. 그래서 매일 아이를 데리고 와서 치료를 부탁했다.

"여기 입원시켜서 수술을 받게 하지 않으려면 더 이상 데려오지 마세요. 이미 죽은 팔을 치료할 수는 없어요."

로제타가 이렇게 말한 후부터 그들은 다시 오지 않았다. 나중에 저절로 팔이 떨어져 나갔다는 소식을 듣고서 로제타는 '미리 잘랐더라면 고생도 덜하고 잘린 부분을 말끔하게 봉합했을 텐데' 하고 생각했다. 결국 마지막으로 듣게 된 소식은 그 아이가 죽었다는 것이었다.

사지를 절단하는 큰 수술 말고도 자잘한 수술은 수없이 많았다. 로제타가 주로 한 수술은 자궁을 비롯한 여기저기에 생긴 혹 제거 수술, 백내장 수술, 언청이 수술, 종기 수술 등이었다.

1891년 1월 25일은 주일이었다. 오전에는 예배와 주일학교가 있었고, 오후에는 그동안 예비신자였던 점동과 봉순오마니 등 여섯 명의 세례식이 있었다. 이 일을 끝내고 나니 오후 4시였다. 겨울이었으니 오후 4시면 거의 어두워질 시간이었다. 그런데 그때 급한 환자가 왕진을 요청해왔다.

밤공기가 어찌나 사나운지 어젯밤에 통증이 무척 심했던 내 목이 더 아팠다. 결국 조선에 온 뒤 처음으로 울고 말았다. 오와가와 관식(언제나 내 가방을 들고 따라온다)이를 데리고 갔는데 다행히 소녀의 종기가 째기 적당하게 곪아 있었다. 조선 고약은 효과가 제법 좋다. 종기를 절개하니 고름이 어찌나 심하게 쏟아지는지 8온스 용기에 가득 차고도 흘러내려서 내 옷에까지 묻었다. 고름통을 비운 뒤 다시 고름을 받았는데 또다시 8온스 용기에 가득 찼다. 이렇게 많은 양의 고름은 여태 한 번도 본 적이 없었다.

고통 속에 있던 가엾은 소녀는 이제 편안해졌다. 편해진 아이는 우리가 떠나기 전에 지쳐서 잠이 들었다. 이 소녀가 사는 집은 어제 조 대비의 조카딸을 위해 왕진 갔던 대감댁과 어찌나 대조되는지! 땅에 붙을 듯 낮은 지붕에 종이로 바른 작은 문짝 하나, 방바닥도 바르지 못해 짚이 깔려 있는 초가삼간에 더러운 이불을 덮고 누워 있는 딸을 둔 가난한 부모는 나에게 '많이 고맙소.'라고 말했다. 가난한 그들도 감사하는 마음만은 어느 누구 못지않게 풍족했다. …(중략)… 약과 전도책자를 주며 내일이라도 가능한 한 빨리 보러 오겠다고 했다. 내 목은 오늘 저녁에 더 나빠지지는 않았다. 하지만 편도선에 또다시 하얗게 농양이 앉았다. 구강 궤양 같아 보인다. 요즘 먹지를 못해서 마시는 것에 의지해 살고 있다. 오, 주여. 제 자신을 치료할 수 있는 의사가 되었으면 얼마나 좋을까요.

— 로제타, 1891년 1월 25일의 일기

하루 전 일기에는 "2주 전 편도선염에 걸려서 불이 일어나는 듯 아프고 고열이 오르면서 어찌나 통증이 심한지 이렇게 아파본 적이 없을 정도다. 음식을 삼키기도 말하기도 힘들다. 기침을 하면 더 통증이 심해진다"고 썼다.

아픈 몸을 이끌고 매서운 겨울바람과 맞서며 무거운 걸음을 옮겨야 했던 로제타! 그것도 주일이었다. 얼마나 아프고 힘들었으면 울었을까. 어지간한 일로는 눈 하나 깜짝하지 않던 로제타가 정말 몸이 아프다는 이유로 울었을까? 아마도 어린 시절 편도선염으로 죽은 친구를 떠올리지는 않았을까? 로제타가 열한 살때 같은 반 친구였던 로티가 편도선염으로 죽었다.

로티가 죽었단다. 세상에! 믿을 수 없다. 목요일에 학교에 왔었는데 금요일에 목이 아프다고 집에서 쉰다고 했는데. (주말에) 학교에 가지 않아서 모르고 있었는데 토요일에 죽었다고 한다.

— 로제타, 1877년 2월 18일의 일기

미국에는 입관한 뒤 장례식 전에 사람들에게 마지막으로 얼굴을 보여주는 뷰잉(viewing)이라는 풍습이 있다. 로제타는 입관한 로티를 보러 갔다. 목이 아파 울면서 로제타는 로티의 죽은 얼굴을 떠올리지는 않았을까? 머나먼 이국에서 부모 형제의 얼굴도 못 보고 죽지는 않을까 생각하며 서러움이 복받쳐 올랐던 것은 아닐까?

알렉산더 플레밍에 의해 항생제, 페니실린이 발명된 때가 1928년이었다. 오늘날 편도선염은 페니실린 몇 알이면 쉽게 나을 수 있는 병이다. 그러나 마땅한 약이 없었던 그 당시에 편도선염은 목숨을 앗아가는 무서운 질병이었다.

보구여관의 입원 환자들은 경제적 형편에 따라 병원비를 부담했다. 여유가 있는 환자들은 식량과 땔감, 그리고 하인이나 가족 중 간호할 사람을 데리고 왔다. 먹을 것을 스스로 해결할 수 있는 입원 환자들은 전체 환자 중 4분의 1이 약간 넘었다.[32] 형편이 되는 사람들에게는 약값이 청구되었지만 병원비를 따로 받지는 않았다. 그러나 "조선인들은 매우 예의가 바른 사람들이어서 어떤 도움을 받으면 어떤 식으로든 꼭 은혜를 갚으려고 애쓴다"고 했다. 로제타가 환자들로부터 감사의 표시로 받은 사례는 계란, 닭, 감, 곶감, 부채, 발(window screen), 돗자리 등이었다.

1890년부터 이듬해까지 쓰인 미국 북감리교 여성해외선교회의 『연례보고서』에 의하면, 로제타가 첫 10개월 동안 치료한 환자 수는 2,359명에 이르렀다. 82명의 왕진 환자가 있었고, 35명이 입원하여 치료를 받았다. 처방전 발행은 6,000여 건이 넘었는데, 혼자서 감당하기에는 상상할 수 없을 만큼 많은 환자를 치료한 것이다.

절박했던 환자들은 로제타의 치료를 하늘의 보살핌으로 여기고 진심으로 감사했다. 어느 집의 여종이었던 여성은 심한 종기로 고생하던 아들이 입원하여 로제타에게 수술을 받고 나은 뒤 "몸이라도 팔아서 은혜를 갚고 싶으나 몸도 팔 수 없는 처지여서 안타까울 뿐"이라고 말했다. 그녀는 나중에 계란 열 개를 선물로 가지고 왔다. 로제타는 그녀에게서 받은 계란 열 개를 부유한 양반으로부터 받은 어떤 비싼 선물보다도 더 소중하게 느꼈다.

조선인들뿐만 아니라 조선의 문화에 대해서도 로제타는 아주 긍정적인 태도를 가지고 있었다.

병원에는 온돌로 난방이 되는 다섯 개의 입원 환자를 위한 방이 있는데, 따뜻하게 덥혀진 방바닥 위에 환자들은 조선식 이불로 돌돌 말려 누워 있다. 우리는 그 이불에다 시트 하나씩을 더해주었을 뿐이다. 바닥에 앉아서 환자의 맥박과 혈압을 재고 진찰을 하고 상처를 치료하는 일이 의사에게는 힘들 것 같지만 전체적으로 보아 이게 최선이라고 믿는다.

무엇보다도 이것은 조선식이다. 그들이 생각하기에 우리의 침대는 아주 춥게 느껴질 것이고, 해가 안 되는 풍습이라면 굳이 고칠 필요가 없다. 바닥이 한 번 덥혀지고 나면 잠자기에 아주 편안하다. 둘째로는 환자가 침대에서 떨어질 위험이 없다. 셋째로는 깨끗하고 소독하기에 편리하다. 무엇보다도 무료 선교 병원으로서 중요한 점인데 아주 경제적이다.

— 1890년 연말, 로제타가 리버티의 가족들에게 보낸 편지

로제타는 서양식 침대가 이나 빈대의 온상이 되는 데 비해 온돌이 무척 위생적이라며 더 낫다고 평가했다. 그녀는 문화를 상대적으로 판단하고 존중하는 진보적인 지식인이었다.

눈코 뜰 새 없이 일하느라 한국어 교습조차 제대로 받지 못하는 상황에서도 일에 대한 그녀의 의욕은 식을 줄 몰랐다.

"낮에 길에서 얼굴을 보이면 안 되는 여자들을 위해 나는 저녁에 진료소를 열고 싶고, 도시의 다른 곳에 하나의 진료소를, 그리고 아마 성의 바깥에 한 개를 더 개설하고 싶다. …(중략)… 천장이 너무 낮아서 서 있을 수조차 없는 손바닥만 한 방에 거친 면 이불 조각을 덮고 누워 있는 가난하고 아픈 막노동꾼의 아내에게 왕진을 갔다. 이런 수많은 비참한 경우를 보면 가슴이 아프고 공포스러울 지경이다." [33]

로제타는 한양에 도착한 뒤, 자신의 손길이 더 필요한 가난하고 아픈 여성들에게 어떻게 다가갈 수 있을지 궁리하기 시작했다. 이 바람은 1893년 동대문 옆에 볼드윈 진료소를 세우면서 실현되었다.

4

아파서 더 아팠던
조선의 여인들

1890년 10월 27일 오후, 로제타에게 난산을 도와달라는 왕진 요청이 왔다. 가마 샀은 여인의 남편이 부담했고 통역으로 오와가를 동행했다. 그런데 도착하고 보니 이미 아이가 태어났으니 도움이 필요 없다며 돌아가라는 것이었다. 병원으로 돌아온 로제타는 약제실에서 밖이 깜깜해질 때까지 상비약을 조제했다. 집에서 저녁을 먹고 물건을 정리하고 있는데 또다시 왕진 요청이 들어왔다. 낮에 로제타를 부르러 왔던 그 남자였다.

"아기가 울지 않아요. 첫 아들이고 사내아이인데 오셔서 한 번만 봐주세요. 가마 샀은 제가 다시 내겠습니다."

이번에는 밤이어서 점동이를 데리고 갔다. 도착해 보니 매우 따뜻한 방 안에 세 여인이 앉아 있었다. 아기 엄마는 아주 예쁜 소녀였다. 여인 하나가 산모 옆에 둘둘 싸놓은 뭉치 같은 것을 가리켰다. 들여다보니 아직 탯줄도 떼지 않은 아기가 발가벗은 채 이불에 쌓여 있는 게 아닌가. 아기의 맥박은 약하게 뛰고 있었으나 살아날 가망은 없었다. 로제타가 해줄 수 있는 게 아무것도 없었다.

> 눈을 커다랗게 뜨고 멍하니 나를 바라보는 그녀(산모)의 눈은 너무도 순진무구해 보였는데 끝까지 한마디 말도 하지 않았다.
>
> — 로제타, 1890년 10월 27일의 일기

말 한마디 못하고 울지도 못하는 넋이 빠진 어린 엄마의 절망이 로제타에게 고스란히 느껴졌다. 이밖에도 출산과 관련된 안타까운 사례는 수없이 많았다.

오후에 서대문 밖에 사는 가난한 농부의 아내를 보러 갔다. 조선인들이 '알집'이라고 부르는 태반이 잔류하고 있는 여인이었다. 3일 전에 태어난 아기는 건강해 보였으나, 산모는 하혈을 너무 많이 한 듯 보였다. 방이 지저분하고 냄새가 나는 걸로 보아 출산 이후 방을 치우지 않고 그대로 누워 있는 게 틀림없었다.

태반은 여인의 자궁 안에 있고, 탯줄은 옷에 묶여 있었다. 조선 사람들은 이런 경우 보통 탯줄 끝을 낡은 짚신에 묶어놓으면 저절로 나온다고 믿었다. 간단히 태반을 분리시키기만 하면 되었다. 몇 분 만에 간단히 태반을 꺼내고 질 세척을 실시한 뒤, 그녀가 누워 있는 방 안을 청소하게 했다.

— 로제타, 1891년 3월 12일의 일기

태반을 분리하지 않으면 산모는 계속 하혈을 할 것이고 결국 엔 과다 출혈로 목숨을 잃게 될 것이었다.

로제타는 나날이 바빠졌다. 한 달 동안 한국어 수업을 여섯 번 밖에 듣지 못할 정도로 바빴다. 매번 언어 습득을 우선시할 것인 가, 환자 진료를 우선시할 것인가 고민이 많았다. 결론은 「고린 도 전서」 13장과 14장이었다. "인간의 여러 언어를 말하는 것보다는 사랑이 우선"이었고 그 사랑의 실천은 찾아오는 환자들의 고통을 경감시키는 것이었다.

조선에 온 지 한 달이 다 되어 가는 11월 9일, 주일에야 처음 으로 남산으로 소풍을 갔다. 로드와일러랑 벵겔과 함께 높은 곳 에 올라 처음으로 도시의 풍경을 내려다보고 주변의 시골 풍경도 둘러보았다. 남산 꼭대기에는 절이 있었는데 나무로 된 부처상이 빛바랜 옷을 입고 있었다.

11월 11일에는 조선에 와서 처음으로 기록할만한 수술을 했 다. 약 50킬로미터 떨어진 시골에서 가마를 타고 올라온 윤씨 성 을 가진 소녀였다. 열여섯 살인 소녀는 한양의 또래 소녀들에 비해 키가 크고 매우 어여뻐 보였다. 그런데 그녀의 오른손은 4년 전에 입은 화상으로 인해 마지막 손가락 세 개가 손바닥과 붙어 있었다.

오후 2시에 시작해 5시에 마친 그 수술은 어렵지는 않았으나, 아주 정밀하고 세심한 주의를 요하는 것이었다. 에테르로 마취를 시킨 다음, 손가락들을 절개하고 분리해 각각 따로 싸매고 펼쳐서 부목을 댄 후 다시 싸맸다.

로제타는 조선에 도착해서 가족들에게 처음 쓴 긴 편지에 이 소녀에 대한 이야기를 적었다. "조선에서는 열여섯이 넘도록 결혼을 하지 못하면 가문의 수치가 된답니다. 아마도 이렇게 예쁜 소녀가 아직 결혼을 하지 못한 것은 이 손가락 때문일 거라 생각됩니다."

이 소녀는 입원해서 치료를 받다가 12월 22일에 피부 이식 수술을 받았다. 수술 경과가 좋아서 열도 많이 오르지 않았고 손가락도 잘 펴졌으며 수술 부위도 처음에는 잘 아무는 듯 보였다. 그런데 피부를 늘려서 이어 붙였음에도 불구하고 군데군데 피부가 없는 부분이 있어 외형상 몹시 흉했다.

나는 피부 이식을 하기로 결정하고 환자의 팔에서 피부를 떼어냈다. 그런데 환자가 그 상황을 이해하지 못하고 피부를 떼어내기를 거부하는 것이었다. 그래서 나는 내 팔에서 세 쪽을 떼어낸 뒤, 더 떼어내려 하자 봉순오마니가 달려들어 한사코 못하게 말렸다. 나는 처음에 그녀가 자신의 피부를 주려하는 것으로 생각했으나 그건 아니었다. 중단하고 나중에 로드와일러에게 부탁하여 피부 이식에 대해 소녀가 이해할 때까지 기다리는 게 낫겠다는 생각을 했다.

— 로제타, 1890년 12월 22일의 일기

로제타가 조선 소녀에게 자신의 피부를 떼어 주었다는 소문이 퍼져 나갔다. 며칠 후 한 남자가 와서 약을 부탁했다. 전날 로제타가 왕진을 나가 겸자(집게)를 사용해 간신히 분만에 성공했던 산모의 남편이었다. 그의 얘기를 들어보니 로제타가 직접 왕진을 가야 할 위험한 상황이었다. 조금 기다리라 하고 우선 급한 일을 처리하고 있는데 그 남자는 로제타의 말을 믿지 못하고 안절부절못하며 서성거렸다. 비가 심하게 내리고 있었기 때문이었다. 그는 노심초사하면서 보구여관의 문지기, 기수에게 걱정을 털어놓았다. 기수는 관아에서 보구여관의 안전을 위해 보내준 병사였다. 그러자 그가 이렇게 말했다.

"그 선생님은 우리 조선 소녀를 위해 자신의 피부까지 떼어낸 분이라오. 이까짓 비가 무슨 대수라고 못 가시겠소? 걱정 말고 가서 기다리시오."

로제타는 나중에 이 이야기를 다른 사람으로 전해 들었다. 그후로도 로제타의 피부 기증은 여러 차례 사람들의 입에 오르내렸다. 봉순오마니는 스크랜턴 여사에게 이렇게 말했다.

"나는 도저히 그런 일은 못하겠더라고요. 성경을 더 읽어야 할 것 같아요."

점동이도 나중에 로제타에게 말했다.

"저는 아마도 제 친자매이거나 선생님(로제타)이라면 피부를 떼어줄 수 있을 것 같아요. 하지만 남이라면 도저히 못해요."

학교에서 가장 말괄량이인 봉업이가 피부를 기증하겠다고 자원했다. 그러자 로드와일러와 벵겔 선생도 나섰다. 환자 본인도 자신의 피부를 떼어내는 것에 동의했고, 동생을 보러 온 환자의 오빠도 기꺼이 자신의 피부를 내놓았다. 마침내 로제타는 모두 30여 개 정도의 피부 조각을 이식할 수 있었고, 그중 8개 정도가 살아남았다.

윤씨 소녀의 오른손은 완벽하지는 않지만 그리 보기 흉하지 않게 회복되었다. 소녀의 가족은 암탉 세 마리와 수탉 한 마리를 고마움의 표시로 가져왔다. 하지만 그 어떤 것보다도 로제타에게 더 값진 답례는 기쁜 얼굴로 「누가복음」을 읽고 있는 소녀의 모습이었다.

1891년 3월부터 4월 11일까지 로제타는 네 건의 언청이 수술을 했다. 간단한 외과적 수술로 엄청난 변화를 불러오는 이 수술은 숱한 여성들의 인생을 구원했다. 첫 환자는 언청이 수술을 받은 열흘 뒤 옆구리의 종양을 제거하는 두 번째 수술도 받았다.

두 번째 환자는 열아홉 살의 젊은 여성이었는데 심한 구개열로 인해 남편으로부터 외면받고 있었다. 항생제가 없던 시절이었으니 수술을 하고 완전히 회복될 때까지 열흘 동안이나 입원해야 했다. 수술은 성공적이었다. 열흘 뒤 그녀의 외모는 엄청나게 달라졌다. 로제타는 그 여인이 앞으로 남편과 함께 행복하게 살아가길 기도했다.

4월에 행한 언청이 수술 두 건은 모두 그 갈라진 입술 때문에 남편으로부터 소박을 맞은 여성들을 위한 것이었다. 아무리 마음이 넓은 남편이라도 결혼 첫날밤에 언청이 아내를 대면했다면 사랑이 싹트기가 쉽지는 않았으리라.

두 여성 중 한 명은 입술을 예쁘게 고친 후 남편과 재결합했다. 하지만 나머지 한 명은 남편이 데리러 왔는데도 돌아가기를 거부했다. 대신 그녀는 궁궐에 들어가 허드렛일을 시작했다. 얼마나 시집살이가 고통스러웠으면 돌아가기를 거부하였을까? 조선 사회에서 홀로 사는 여성은 가장 천한 계층으로 취급받았다. 그래도 그녀는 먹고사는 문제만 해결된다면 차라리 혼자 사는 편이 낫다고 판단했던 것이다.

로제타가 만나는 환자들 중에는 극단적인 빈곤에 허덕이는 불쌍한 여성이 많았다. 1891년 6월 29일, 로제타는 서대문 밖에 살던 너무나도 가엾은 환자를 생각했다. 이런 환자들에게는 언어로 굳이 복음을 전할 필요도 없었다. 허기를 면하게 해주고 간단한 치료를 하는 것만으로도 그네들은 하나님께 마음을 열었다.

하지만 치료가 도움이 되지 못하는 경우도 있었다.

아침에 관식이를 통해 서대문 밖 환자에게 우유 한 통과 기침약을 보냈다. 그런데 반시간 뒤에 그가 약을 그대로 손에 들고 들어오는 것을 보고 '그녀가 결국 죽었구나.' 하고 생각했다.

첫 왕진은 3주 전에 이루어졌다. 존스 목사가 성곽을 걷다가 죽어가는 그녀를 발견하고 나에게 말해주었다. 나중에 안 사실이지만 그녀와 남편, 아이는 시골에서 한양으로 상경해 어느 집에 하인으로 들어갔다. 그런데 그녀가 병이 나자 그 집에서 쫓겨나 몇 달 전부터는 성곽을 벽 삼아 움막을 짓고 살았다.

토요일 밤 9시에 첫 왕진을 갔다. 등불을 집 안에 갖다 대자 짚 더미 속에서 소년의 머리가 불쑥 솟아올랐다. 그 뒤쪽으로 짚 더미 속에서 깜짝 놀란, 시뻘겋게 충혈된 두 눈이 나를 바라보았다. 냄새가 어쩌나 지독한지 참을 수 없을 지경이었다. 움막으로 기어 들어가는데 오물로 가득 찬 요강이 보였다. 냄새의 주된 근원지는 아마 그 요강이었을 것이다. 나는 요강을 들어 관식에게 건네주며 비워오라고 했다.

그 불쌍한 여인은 심한 설사를 하고 있었다. 여인을 감싼 짚 더미를 들추니 누더기가 보였다. 맥박을 재보려 손목을 잡았는데 뼈와 가죽만 남아 있었다. 여인은 확실히 폐결핵으로 죽어 가고 있었다. 목의 분비선도 이미 엄청 비대해져 있었다. 그녀는 심한 기침과 복통을 호소했다. 나는 (통증을 완화시키는) 약을 좀 주었고, 그다음 날에는 우유와 잎차를 조금 가져다주었더니 굶주린 짐승처럼 허겁지겁 먹어 치웠다.

남편이 와서 고맙다는 인사를 했다. 그녀를 병원으로 데려오라 했으나 살아날 가망은 없었다. 그녀는 자신은 이미 죽을 준비가 되어 있으며 그냥 있던 곳에서 죽고 싶다고 했다. 약이 설사와 통증을 조금 완화시키면서 증상이 약간 나아지는 듯 보였으나, 결국 지난 금요일 (3일 전) 그녀를 마지막으로 보았을 때에는 발과 얼굴이 심하게 부어올라 있었고, 나는 그녀의 시간이 얼마 남지 않았다는 것을 알았다.

— 로제타, 1891년 6월 29일의 일기

그녀의 죽음은 로제타의 마음을 무척 무겁게 했다.

"왜 하나님은 그녀에게 그렇게 고통스런 삶을 오랫동안 지속하게 하신 걸까?"

로제타가 벵겔에게 물었다.

"아마도 누군가 그녀에게 예수님에 대해 말할 기회를 주기 위한 것이 아니었을까요?"

벵겔의 대답이었다. 로제타는 자신이 그녀에게 예수님을 전했다고 생각할 수 없었다. 어느 때보다도 한국말을 제대로 구사하지 못하는 자신이 원망스러웠다.

"그 가없은 영혼에게 내 의무를 다하지 못한 것에 핑계를 찾을 수 있을까?"

로제타는 이 질문에 자신 있게 답할 수 없었다. 하지만 그녀의 경우처럼 복음을 듣지 못했다는 이유만으로 구원을 받지 못한다는 사실에는 동의할 수 없었다. 로제타는 그녀의 구원에 대해 깊이 고민하며 신학적 근거를 찾기 시작했다.

"나는 오늘 밤 이 주제에 관해 생각하면서 「로마서」의 첫 몇 장을 공부하고 있었다. 내 생각에 모든 이들은 네 부류로 나눌 수 있을 듯하다. 첫 번째 부류는 바울이 「로마서」 1장 16절에서 말하는 그리스도의 복음을 들은 이들이다. [34] 두 번째 두 부류는 '그 이야기, 그 말소리 비록 들리지 않아도' 하늘이 속삭이는 하나님의 영광을 들을 수 있는 이들이고[35], '그 빛은 이 세상에 와서 모든 사람을 비추고 있었다'[36]는 데서 보듯 그들에게서 이미 보여지는 경우이다. 복음을 듣고서 '꾸준히 선을 행하면서 영광과 명예와 불멸의 것을 추구하는 사람들이 있고, 단지 듣기만 한 이들도 있다.'[37]"

로제타는 복음을 접하고도 실천하는 이와 실천하지 않는 이, 그리고 복음을 접하지 못했어도 진실하게 삶을 살아가는 이와 그렇지 못한 이, 이렇게 네 집단으로 사람을 분류했다. 그리고 성서를 근거로 들며 복음을 접하고 실천했던 이들과 복음을 접하지 못했다 해도 양심에 따라 진실하게 산 사람들은 영원한 생명을 얻을 것이라는 결론에 이르렀다. 하지만 자신의 직업은 선교사였으므로 조선 여인에게 복음을 전하지 못한 데에 따른 책임을 면할 수는 없었다.

"우리는 특별히 '하나님의 선한' 메시지와 함께 파견된 이들이며, 그것을 전달하는 일에 실패하지 않으려 최대한 노력해야 한다는 사실을 떠올리자 또다시 회한이 느껴졌다. 우리 손에 맡겨진 길 잃은 영혼을 구하지 못한다면 우리 자신의 영혼을 잃게 될 수도 있지 않을까?'

로제타는 다른 이들에 대한 사회적 책임을 강조하는 「에제키엘서」의 말씀을 떠올렸다.[38] 아무래도 선교사인 자신은 그녀의 죽음으로부터 자유로울 수 없다는 생각이었다. 로제타는 기도를 청하는 수밖에 없었다.

"사랑하는 아버지, 당신의 보잘 것 없고 약한 혀 짧은 자녀가 이 일을 잘할 수 있도록 도우소서."

1891년 11월 마지막 주 목요일, 로제타는 조선에서 두 번째로 추수 감사절을 맞았다. 그해 여성해외선교회 한양지부의 추수 감사절 저녁 식사 파티는 로제타가 주관하게 되었다. 일 년 전 그집에 사는 독신 여성 선교사들과 스크랜턴 여사는 스크랜턴 박사 부부, 그들의 세 아이를 초대해 함께 저녁을 나눴다. 그런데 지금 스크랜턴 가족은 안식년을 맞아 모두 미국에 있었다.

로제타는 동료 선교사들에게 이번 추수 감사절 식탁에는 함께 일하는 조선인 동료들, 이경숙과 사라(봉순오마니)를 초대하자고 제안했다. 그리고 한술 더 떠 입원 중이던 과부 김 씨도 초청하자고 했다.

과부 김 씨는 로제타가 한성 감옥을 수차례 방문하며 치료하다 병원으로 데려온 여성이었다. 로제타는 그녀를 인도받기 위해 3주 동안 온갖 노력을 다했고 마침내 입원시키는 데 성공했다. 그녀는 20여 명의 남자 죄수들 손아귀에 놓여 있던 유일한 여자 죄수였는데 집단 성폭행을 당해서 "살아 있다기보다는 거의 죽은 상태의 가엾은 영혼"으로 병원에 왔다. 로제타는 그 상황을 생각할 때마다 인간들이 어떻게 그런 잔인한 짓을 할 수가 있는지 "짐승만도 못한 그 인간들을 생각하면 내 모든 영혼이 거꾸로 일어서는 듯하다"라고 표현했다.

그녀의 죄목은 여종이었던 자신의 조카에게 탈출해서 결혼하라고 부추긴 것이었다. 그리고 예수의 마음으로 살고자 했던 로제타는 자신이 만난 조선의 자매 중 가장 낮은 곳에 있던 그녀를 식탁에 초대하려 했다. 하지만 어찌된 일인지 그녀는 저녁 식사에 초대되지 못했고, 결국 학대 후유증을 이기지 못해 병원에서 사망하고 말았다.[39]

과부 김 씨는 거의 죽을 지경에 이르러서야 로제타에게 인도되었다. 이런 경우뿐만 아니라 제 발로 걸어오는 환자들도 병이 악화될 대로 악화되어 최악의 상태에 이르러서야 마지막으로 양의를 찾아오는 경우가 허다했다.

어제 상태가 매우 나쁜 환자를 입원시켰다. 한쪽 귀에서부터 다른 쪽 귀까지 머리가 갈라질 정도로 부스럼이 너무 심했는데, 그때까지도 아무런 처치를 하지 않은 상태였다. 머리 반쪽은 거의 썩어 문드러져 있었는데 고름과 허물이 머리카락에 엉겨 붙어 있었다. 환자가 진찰실에 들어오기 전, 대기실에 있을 때부터 악취가 코를 찔렀다.

나는 그녀의 병이 아주 심한 자궁암일 거라 생각했다. 내 아이들은 스펀지로 코를 막은 채 약제실 문을 닫았다. 나는 썩은 피부를 모두 절제하고 소독하고 드레싱했다. 너무 오랫동안 그 상태로 있었기 때문에 그녀가 회복할 수 있을지 모르겠다. 이미 눈두덩과 얼굴에는 심한 부종이 생겨 있었다. 어쨌든 나는 내가 할 수 있는 최선을 다했고 머리에서 풍기던 냄새도 이젠 거의 사라졌다. 그녀는 훨씬 편안해졌다.

— 로제타, 1892년 3월 29일의 일기

이 환자가 얼마나 끔찍한 모습을 하고 있었을지 어렵지 않게 상상할 수 있다. 의사 노릇하기가 참 쉽지 않았음이 느껴진다. 아무리 심한 경우에도 일단 자신을 찾아오면 의사로서 치료를 해야만 했다. 그럼에도 불구하고 로제타는 "나는 조선과 조선인들, 그리고 내 일을 무척 사랑한다. 나를 이곳으로 보내준 하나님께 감사하다"는 말을 반복하여 기록했다. 그녀는 가장 보잘 것 없는 사람

하나에게 해준 일이 자신에게 해준 일이라 말씀하셨던 예수님의 진정한 제자였다.[40]

로제타는 미국에서 자립적이고 자주적으로 살아가길 선택한 신여성이었다. 여성에 대한 사회적 차별에 저항하던 그녀는 조선에서 극단적으로 억압당하는 여성들을 보며 분노와 함께 강한 동료 의식을 느꼈다. 뿐만 아니라 다른 여성 선교사들도 피억압자로서의 정체성을 갖고 있었기에 남성 선교사들보다는 상대적으로 서구 우월적인 자세에서 비켜나 있을 수 있었다.[41]

로제타는 진심으로 조선 여성들을 사랑했다. 긍측한 자매들을 안쓰러워하며 그들의 아픔을 어루만지고 사랑으로 보듬었다. 그들에게서 되돌아오는 사랑에 기쁨과 보람을 느끼며 기나긴 세월을 그들과 함께했다.

5

이화 학당에 꽃피운
하나님의 지성

1890년 12월 말, 로제타가 정동에 도착했을 때 이화 학당에는 일곱 살부터 열일곱 살까지 스물여섯 명의 소녀들이 살고 있었다. 1886년 2월, 아들이 살던 집의 방 하나를 빌려 뿌리기 시작한 스크랜턴 여사의 여성 교육이라는 작은 씨앗은 아주 튼실한 새싹으로 자라나고 있었다.

1885년 10월, 스크랜턴 여사는 서대문 성벽 바로 안쪽 언덕에 있는 2만 평방미터(약 6,120평)의 넓은 부지를 구입했다. 매매 계약서를 스물한 통이나 작성하며 힘들게 마련한 땅이었다. 스크랜턴 여사가 450달러에 이 대지를 구입하기로 하고 계약서를 체결할 때는 선교부의 최종 확답도 받기 전이었다.[42] 계약을 서둘러 맺어야 할 이유가 있었을 것이고, 또 그만큼 그녀의 결심은 확고했다.

다음 해 2월부터 스크랜턴 여사는 그 땅에 한옥으로 선교사 사옥과 학교, 기숙사 건물을 짓기 시작했다. 동시에 아들의 집 방한 칸을 얻어 학교를 시작했다. 건물이 완성되면 학생들을 데리고 위풍당당하게 입주하려는 계획이었을 것이다. 하지만 3개월이 지나도록 한 명의 학생도 나타나지 않았다.[43]

사실 양반가의 딸들을 모아 교육시키겠다는 스크랜턴 여사의 계획은 비현실적인 것이었다. 조선을 지배하던 성리학의 세계에서 여성은 학교라는 곳을 상상할 수도 없었다. 여자는 사고력이나 판단력이 있어선 안 되고, 감성이나 지성이 있어도 안 되었다. 양반가라고 해도 여자는 삼종지도(三從之道), 즉 어려서는 아버지를, 결혼해서는 남편을, 남편이 죽은 뒤에는 자식을 따르는 게 인생의 전부였다. 여자가 배울 수 있는 지식이라곤 고작 베 짜는 법, 내외하는 법, 제사법 등이 전부였다.[44]

5월이 되자 첫 학생이 나타났다. 하지만 기대에 차 있던 스크랜턴 여사는 실망하지 않을 수 없었다. 첫 번째 학생인 김씨 부인은 학업에는 전혀 흥미를 보이지 않았다. 그녀의 남편이 자신의 출세길을 닦아볼 생각으로 데려온 첩이었기 때문이다. 그는 그녀를 가르쳐 왕비의 어전 통역으로 취직시킨 다음 어떻게든 왕실과 엮이려는 속셈을 가지고 있었다. 당연히 그녀는 배우는 일에 관심이 없었고 건강도 좋지 않아서 3개월을 채우지 못하고 떠나버렸다.

얼마 뒤 새로운 학생 둘이 들어왔다. 한 아이는 가난한 집의 어머니가 맡긴 '별단'이라는 아이였고, 다른 아이는 전염병에 걸려 죽어가던 어미의 곁을 지키다 함께 병원에 들어온 아이였다. 스크랜턴 박사가 환자를 데려다 살렸는데 그 어머니가 딸을 스크랜턴 여사에게 맡겼던 것이다. 스크랜턴 여사는 이렇게 버려진 아이들을 데려다 먹이고, 재우고, 입히고, 가르치는 것으로 한국에서 선교 사역을 시작했다.[45]

1887년 봄, 학교는 왕실로부터 이화 학당이라는 이름을 하사받으면서 새로운 전기를 맞이했다. 성리학을 기본으로 하는 나라의 수장이 여성을 위한 공식적 교육 기관을 공공연하게 인정했다는 것은 그 통치 철학을 정면으로 부정한 대사건이었다. 이화 학당이 감리교의 아펜젤러 목사가 세운 최초의 근대적 소년 학교 배재 학당보다 먼저 인정을 얻을 수 있었던 건 그만큼 스크랜턴 여사의 능력이 뛰어났다는 얘기다. 스크랜턴 여사는 왕실에서 공식적인 인정을 받으면 여성 교육에 대한 백성들의 심리적 저항을 줄일 수 있을 거라 생각했다.[46]

로제타가 조선에 도착했을 당시, 이화 학당의 기숙사에 살던 스물여섯 명의 소녀들은 모두 버려진 아이들이 아니었다. 일찍이 선교사에게 감화를 받아 기독교를 받아들인 양반이나 중인 집안의 딸들도 있었다. 하지만 로제타의 일기에 등장하는, 근대 여성 1세대의 빛나는 별이 된 점동(박에스더)과 여순이(여메레), 노수잔

등의 시작은 하나같이 미미했다.

학생들뿐만 아니라 이화 학당에는 우리나라 최초의 여교사가 된 이경숙과 병원에서 간호 보조 업무와 전도를 담당하던 봉순오마니가 있었다. 과부였던 이 두 사람 또한 세계 역사상 가장 강력한 가부장제를 구축했던 조선 말기 사회[47]에서 가장 낮은 계급에 속한 자들이었다. 이 두 사람은 자신의 능력으로 근대적인 교육 기관에 고용되어 급여를 받은 이들이었으니 우리나라 최초의 근대적 직장 여성으로 봐야 할 것이다. 로제타는 이들과 친구로, 자매로 동고동락했고 진심으로 이들을 사랑했다.

1891년 8월, 로제타는 무더운 날씨에 과로를 한 탓인지 피부병에 걸려 도통 나아질 기미가 보이지 않았다. 게다가 벵겔도 우울함을 호소하고 있었다. 한양 감리교 선교부의 책임자였던 아펜젤러 목사는 이 두 사람에게 휴가를 권유했다. 아마 메타 하워드처럼 중간에 병이 나서 귀국하게 되는 상황을 미리 방지하고자 한 것이 아닐까 싶다.

두 사람은 아펜젤러 목사의 권유대로 중국 치푸[芝罘, 현재 옌타이]로 휴가를 떠났다. 당시 치푸는 외국인들이 즐겨 찾는 휴양지였다. 두 사람은 그곳에서 한 달 동안 휴가를 즐기고 9월 19일, 로제타의 스물여섯 번째 생일날 한양으로 돌아왔다.

집에 돌아오니 세 통의 생일 축하 편지가 날 기다리고 있었다. 하나는 이경숙 선생이 보낸 것이고, 또 하나는 사라(봉순오마니), 마지막은 에스더로부터였다. 에스더는 자신이 직접 수를 놓아 장식한 바늘꽂이를, 사라는 조선 사람들이 사용하는 아주 예쁜 연한 파란색 수가 놓인 복주머니를 선물로 주었다. 그들이 내 생일을 기억하고 있었다는 사실에 내 가슴은 부풀었다. 시간이 나면 이 선생과 사라의 편지를 번역하여 적어보고 싶다.

— 로제타, 1891년 9월 19일의 일기

로제타는 이 편지들을 일기에 소중하게 붙여 보관했고, 한글로 쓰인 이경숙과 봉순오마니의 편지에는 단어마다 영어 단어를 연필로 적어놓았다. 이들은 한결같이 가족 친지와 떨어져 이국에서 외롭게 생일을 맞이하는 친구를 위로하고 그녀의 수고에 감사했다.

이경숙의 편지는 단정하고 깔끔하며 기품 있는 그녀 모습을 보는 듯했다. 봉순오마니의 편지는 소박하고 진실한 그녀의 마음을 전해주었다. 에스더는 로제타가 조선에서 오래오래 머물기를 바라며 그녀의 장수를 기원했다. 그녀의 바람대로 로제타는 조선에서 43년이나 머물렀고, 열한 살 어렸던 자신보다도 41년이나 더 살았다.

이경숙은 1851년, 충청도 홍주의 가난한 양반 집안에서 태어났다. 그녀는 양반가의 딸이었던 덕분에 한글과 초보적인 한문

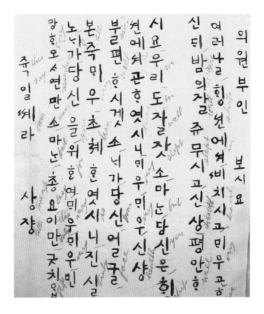

1891년 생일에 로제타가 받은 축하 편지

이화 학당에서 일하던 우리나라 최초의 여교사 이경숙이
로제타의 1891년 생일에 보낸 축하 편지(위)와
최초의 전도부인으로 보구여관에서 일하던 봉순오마니가 보낸 축하 편지(아래).

교육을 받을 수 있었다. 그녀가 열다섯 살 때 한양에서 신랑감이 내려와 혼례를 올린 뒤 본가로 돌아갔다. 그런데 3년 후 그가 죽었다는 연락을 받았다. 열여덟 살에 청상과부가 된 것이었다. 친정에 머물러 살던 이경숙은 하급 관리였던 아버지가 죽으면서 가세가 기울자 집을 나올 수밖에 없었다. 그녀는 한양으로 올라와서 친척집을 전전하며 가사를 돕는 곤궁한 삶을 이어가야 했다.

그녀는 이 시기 자신의 삶을 "건널수록 물이요, 넘을수록 산"이었다고 표현했다. 이렇게 비참한 나날 중 어느 날, 친척집에 바느질을 해주러 갔다가 스크랜턴 여사의 이야기를 듣게 되었다. 그 집 안주인의 남편이 바로 스크랜턴 여사의 조선어 교사였던 것이다. 이경숙 삶의 극적인 반전은 1890년 4월, 서른아홉 살 때 스크랜턴 여사를 만나면서부터 시작되었다. 그녀는 예수를 만나면서 절망적인 삶에서 벗어나 희망과 약속의 삶을 살게 되었고, 행복과 평화를 얻었다.

이경숙은 스크랜턴 여사의 양딸이 되었으며 그해 9월에 '드루실라Drusilla'라는 이름으로 세례를 받았다. 그 뒤 이화 학당에서 소녀들에게 한글과 한자를 가르치며 조선인들을 상대로 학교 안내와 홍보를 맡아 학교 성장에 크게 기여했다.[48]

로제타의 일기에서 드러나듯 스크랜턴 여사의 뒤를 이어 이화 학당을 맡은 로드와일러는 무척 고지식하고 융통성 없는 성격을 지니고 있었다. 그녀는 이경숙을 불신하였으며 그로 인해 이경숙은 훗날 이화 학당을 떠나 전도에 전념하던 스크랜턴 여사의 조력자로 살았다.

'봉순오마니'는 이름조차 가지고 있지 않던 과부였다. 그녀는 딸과 함께 스크랜턴 여사의 휘하에 들어와 딸은 학생으로, 자신은 진료소의 보조사와 전도사로 일했다. 그녀는 1891년 1월 25일, 점동과 같은 날에 '사라Sara'라는 이름으로 세례를 받았다. 봉순오마니가 보낸 로제타의 생일 축하 편지를 보면 그녀가 적어도 한글은 자유롭게 읽고 쓸 수 있었음을 알 수 있다.

그런데 흥미롭게도 로제타의 일기를 읽다 보면 결혼이나 시집살이에 대한 봉순오마니의 분노를 간접적으로 느낄 수 있다.

어느 날, 내가 편도선염에 걸려 병원에 나가지 못하고 집에서 쉬고 있을 때였다. 로드와일러가 진료소에 우연히 들렀다가 사라와 환자가 주고받는 이야기를 듣게 되었다고 한다.

환자 하나가 내(로제타)가 아픈 까닭이 '아기' 때문이냐고 물었다. 그러자 사라가 목소리를 높이며 '아니오. 시집도 안 갔는데 어떻게 아기를 갖겠소?' 하고 퉁명스럽게 쏘아붙였다. 그러자 그 여인은 왜 내(로제타)가 시집을 안 가는지 알고 싶어 했다. 그러자 사라가 '선생님이 원하지 않기 때문이오!' 라고 말하고는 로드와일러를 가리키며 '저 선생님도 결혼한 적이 없다오!!' 하고 큰 소리로 말했다.

— 로제타, 1890년 12월 22일의 일기

184

로제타는 봉순오마니의 말을 옮기면서 로제타의 미혼을 언급한 말에 느낌표를 하나, 그리고 로드와일러를 가리키면서 했던 말에 느낌표를 두 개 붙였다. 그만큼 봉순오마니는 조선 여성들의 부당한 처지에 대해 깊은 분노를 가지고 있었다. 그녀는 스스로 결혼을 거부한 두 선교사의 자유롭고 독립적인 삶을 보면서 얼마나 부러웠을까?

김점동은 열 살 때인 1886년, 스크랜턴 여사의 네 번째 학생으로 맡겨졌다. 그녀의 아버지는 아펜젤러 선교사를 위해 일하던 도중 이화 학당의 존재를 알고 딸을 들여보냈다. 딸만 넷을 둔 가난한 가장으로서 입 하나라도 줄여보자는 심산이었다. 그녀는 나중에 로제타의 주선으로 박유산이라는 남자와 결혼하여 미국 선교사들처럼 남편의 성을 따르고 세례명을 붙여 박에스더가 되었다. 그리고 로제타의 도움으로 남녀를 통틀어 우리나라 최초의 양의가 되었다.

봉업이는 "우리 학교에서 가장 말괄량이 중의 하나"라고 로제타가 표현한 소녀였다. 화상으로 손가락이 붙어 있던 윤씨 소녀의 피부 이식 때 자발적으로 피부 조직을 증여할 정도로 성격이 적극적이었던 그녀는 로제타의 마음에 들기에 충분했다. 로제타는 봉업이를 교육시킬 생각에 루이스와 함께 살도록 주선했다.

나는 병원 건물에 미스 루이스를 위한 방을 꾸미고 있다. 새로 대청마루를 만들고, 침실 바닥에는 조선식 기름종이를 바르고, 침실 옆방은 옷 방으로 만들기 위해 선반과 고리들을 벽에 설치했는데, 그 방 한쪽에는 봉업이에게 줄 작은 방을 만들 수 있을 만큼의 공간적 여유가 있었다. 우리는 미스 루이스가 이사할 즈음에 봉업이를 데리고 가기로 계획했다. 그 아이는 미스 루이스를 매우 좋아하는 것으로 보이고 미스 루이스는 그 애에게 좋은 영향을 끼칠 것이다. 못 말리는 말괄량이인 그 아이의 내면에는 뭔가 특별한 것이 있다. 내가 그 아이를 위해 뭔가를 해줄 수 있다면 무척 기쁘겠다.

— 로제타, 1892년 4월 5일의 일기

그 뒤 봉업이는 어디로 갔을까? 지금은 흔적을 찾을 수 없는 점이 안타깝다. 로제타는 점동이나 봉업이 같은 소녀들에게 특별한 관심을 가지고 유능한 지도자로 키워내려 했다. 루이스는 로제타와 뉴욕에서부터 친한 친구였고 로제타의 간청에 의해 여성 해외선교회가 1891년 한양으로 파견한 간호사였다. 봉업이는 루이스와 함께 살며 오전에는 이화 학당에 다니고, 오후에는 진료소에서 일했다.

가장 낮은 자리에 있던 소녀들이 우리나라 1세대 근대 여성으로 거듭날 수 있었던 것은 스크랜턴 여사나 로제타 같은 여성 선교사들이 조선을 찾았던 덕택이다. 이경숙(이드루실라), 봉순오마니(김사라), 여순이(여메례), 김점동(박에스더). 이들은 조선의 강력한 가부장제와 험한 신분제 사회에서 이화 학당이라는 피난처에 들어와 안식을 얻었다. 그리고 이화 학당이라는 보금자리에서 조선 역사에 새롭게 등장한, 근대 여성이라는 싹을 키우고 튼튼한 나무로 성장해나갔다.

로제타는 이화 학당의 소녀들을 어느 누구보다 사랑했고 소녀들은 그 마음을 알았다. 1890년 정동교회 크리스마스 파티에는 50여 명의 조선인이 모였다. 교회는 모두에게 선물을 나눠주었는데, 큰 소녀들은 스크랩용 앨범을, 성인 여성들은 손수건을, 성인 남성들은 '남위'라는 겨울용 모자를 받았다. 어린 소녀들은 미국 주일학교 학생들이 보낸, 예쁜 드레스를 입은 인형이 하나씩 담겨 있는 선물 상자를 받았다.

그날 밤, 로제타가 스크랜턴 박사 집에서 크리스마스 저녁 식사 파티를 끝내고 돌아왔을 때였다. 인형을 하나씩 안은 이화 학당의 어린 소녀들이 로제타에게 와서 인형들에게 미국 이름을 지어달라고 부탁했다. 로제타는 기쁜 마음으로 플로라, 제시, 베시, 그레이스, 로사, 에바라는 이름을 지어주었다. 이처럼 아이들은 로드와일러나 벵겔보다 로제타를 편하게 여기며 가까이 다가왔다.

소녀들이 로제타를 편하게 여겼던 건 그만큼 로제타가 그녀들을 진심으로 사랑했기 때문이다. 소녀들 역시 로제타에게 편지를 보낼 때 서두나 말미에 하나같이 '자매(sister)', '친구(friend)'라는 말을 붙여 로제타와 자신들의 친근한 관계를 표현했다.

로제타는 1891년 추수 감사절 저녁 식사 파티 때부터 조선인 동료들을 초대하기 시작했다. 결혼 이후 독립해 살림을 꾸린 이후에는 에스더는 물론이고, 이경숙, 레이첼, 여메레, 수잔, 조선인 요리사의 아내와 여동생, 어머니, 그리고 입원 환자 중 보배라는 아주 야무진 소녀의 할머니 등을 자신의 식탁에 초대했다.

로제타가 조선의 여성들을 만나면서 발견하는 것은 그들이 "의로움에 허기를 느끼고 갈급해(hungering and thirsting after righteousness)"한다는 점이었다. 조선 사회를 향한 여성들의 분노는 이미 오래 전부터 부글부글 끓어오르고 있었다. 로제타와 같은 여성 선교사들이 이 땅에 오기 전, 수많은 여성이 천주교를 받아들이며 기꺼이 목숨을 버렸다는 사실을 생각해보라.

조선 시대는 우리나라 역사상 어느 시대보다도 여성에게 가혹한 시대였다. 고려 시대에는 물론이고 조선 중기까지만 해도 호적에 아들과 딸이 함께 올랐다. 균등한 재산 상속이 이루어졌고 외손에게도 음서의 혜택이 있었다. 율곡 이이처럼 외손자가 제사를 모시는 일도 어렵지 않게 목격할 수 있었다. 하지만 임진왜란과 병자호란 이후부터는 매우 엄격한 가부장제가 확립되었다. 과부는 재혼할 수 없었고, 자식이 없는 경우에도 친정으로 돌아갈 수 없었다. 심지어는 얼굴 한 번 보지 못한 약혼자가 혼인 전에 죽는 경우에도 수절을 강요당했다.

극단적인 억압에 신음하던 여성들은 남녀가 신 앞에서 평등하다는 진보적 가치를 가뭄 끝에 내린 단비처럼 환영했다. 그들은 믿음에 의지해 기꺼이 목숨을 바쳤다. 한국 천주교회의 성인 103명 가운데 여성이 47명이나 될 정도다. 1명의 중국인 신부와 9명의 프랑스인 신부를 제외하면 남성보다 한 명이 더 많기까지 하다. 이들의 출신 성분을 보면 해방을 꿈꾸는 여성들의 열망을 더욱 확실하게 확인할 수 있다. 47명의 대표적 여성 순교자 중 과부가 19명, 결혼을 거부한 동정녀가 13명, 순교자의 아내가 12명, 궁녀가 2명이었다. 그리고 37명이 평민 이하의 신분이었다. 이들에게 천주교는 자유와 평등, 박애의 근대적 가치를 향해 가는 새로운 길이었다.

조선은 여성들에게 가계를 이을 아들을 생산하라고 요구했다. 혼인을 거부하고 동정녀가 된다는 것은 조선 사회에서 더할 수 없는 불효이자 불충이었다. 박해가 대대적으로 행해질수록 천주교회의 주력은 양반에서 하층민으로, 남성에서 여성으로 바뀌었다. 사회적으로 심하게 억압 받던 여성들이 남성들보다 더 절박하게 자유와 평등을 꿈꾸었다. 하지만 그들은 주체적인 삶을 선택한 근대적 여성들을 직접 만나볼 기회는 없었다.

그리고 1885년, 조선 여성들 앞에 메리 스크랜턴 여사를 필두로 한 여성 선교사라는 독립적이고 주체적인 삶을 선택한 새로운 여성들이 나타났다. 당시 미국 북감리교 여성해외선교회의 슬로

건은 "여성을 위한 여성의 일(Woman's Work for Woman)" 이었다. 세계의 모든 여성은 자매이므로 서로 지원해야 한다는 모성적인 믿음을 바탕으로 한 외침이었다. 미국 북감리교 여성해외선교회는 교육과 의료, 선교를 통해 비기독교 국가에서 살아가는 여성들의 지위를 기독교 국가 수준으로 끌어올리겠다고 선언했다.[49]

조선에 파견된 여성 선교사들은 교육을 통해 조선 여성들에게 새로운 삶의 길을 보여주었다. 선교사 부부들은 동지애에 기초한 부부 관계의 새로운 모델도 제시했다. 의로움에 허기와 갈급함을 느끼던 조선 여성들에게 생명수를 건네는 것이 조선을 찾은 여성 선교사, 로제타의 사명이었다. 그리고 그 생명수는 이화학당이라는 마르지 않는 샘을 통해 끊임없이 공급되었다.

6

여메례,
하나님의 소명을 듣다

로제타는 1891년 신학기가 시작되기 전 겨울 방학부터 이화
학당에서 제일 영어 수준이 높은 아이들을 데리고 생리학을 가
르치기 시작했다. 에스더와 봉순, 수잔, 애니와 오와가가 그 대상
이었다. 로제타는 여성들의 교회 주일학교 교사도 겸했는데 이들
다섯 명에다 여메례를 합쳐서 "내 아이들(my girls)"이라고 불렀
다. 로제타는 가족에게 보낸 편지에 "내가 '내 아이들'이라고 부
르며 병원에서 훈련시키고 있는 특별한 친구들이 있다"고 적으
며 이들 여섯 명을 다른 이화 학당의 학생들과 구분하였다. [50]

여메례는 세례명 '메리Mary'를 한자로 적은 이름이며, 본명은
여순이였다. [51] 그녀는 1874년 마산에서 태어났다. 그녀의 부모는
무남독녀 딸이 자기들과 함께 살면 명이 짧아질 거라는 점쟁이의

Mary   Susan   Esther
Soul, Korea,   Apr. 1894

로제타가 아끼고 사랑한 '내 아이들(my girls)'
박에스더가 홀 부부를 따라서 평양으로 가기 직전인 1894년 4월에 찍은 사진.
왼쪽부터 차례로 여메례, 노수잔, 박에스더.

이야기를 듣고 스크랜턴 여사에게 양녀로 주었다.[52] 이화 학당과 보구여관에서 현대식 교육을 받으며 역량을 키운 그녀는 우리나라 최초의 교회 여성단체와 이화 학당 학생회의 시초라 할 수 있는 '러빙 소사이어티Loving Society'를 결성했다. 또 고종의 후궁 출신으로 영친왕의 어머니가 된 순헌황 귀비 엄씨를 도와 한양에 진명여교를 개교시켰으며, 총교사로서 실질적인 운영을 맡아 여성 교육에 기여했다. 훗날 평양에 진명여교를 개교시킨 뒤에는 교장을 맡아 운영하기도 했다.

그녀는 1891년 2월 3일, 스크랜턴 박사의 비서 황현모와 결혼하면서 남편 성을 따라 황메리로 이름을 바꾸었다. 그런데 결혼 3개월 만에 남편이 미국 유학을 떠난 뒤 그곳에서 사망하는 바람에 청상과부가 되었다.[53]

로제타는 일기에 아주 장황하고 자세하게 여메례의 결혼식 과정을 적었다. 스크랜턴 여사의 교육 방침대로 선교사들은 조선의 딸들이 예수님의 가르침을 실천하는 참다운 조선인으로 성장하기를 바랐다. 그래서 자신들이 결혼식을 주관하면서도 조선의 풍습을 존중하여 조선식으로 혼인을 거행했다.

조선말 혼례식의 모습은 로제타의 눈에 비친 것만큼이나 오늘날의 우리에게도 낯설다. 당시 이화 학당에는 학생들을 먹이고, 입히고, 시집까지 보내주기로 부모와 약속하고 데려온 소녀들이 많았는데, 혼례식이 바로 졸업식이었다.

오늘 또다시 결혼식이 있었다. 지난 금요일에는 '베티Betty'라는 세례명을 가진 원순이가 소년들의 학교(배재 학당) 학생이자 아펜젤러의 심부름꾼(house boy)과 결혼했다. 오늘은 메리로 세례를 받은 순이가 스크랜턴 박사의 병원 약제실에서 일하는 황 씨와 결혼했다.

한 달 전쯤 조선의 풍습에 따라 황 씨가 함을 보냈다. 나는 함이 들어오는 절차를 보았다. 하인이 가져온 그것은 동으로 된 경첩과 자물쇠가 붙어있는 조선식 트렁크를 선명한 빨간 색의 네모난 비단으로 싼 것으로 귀퉁이마다 초록색 술이 달려 있었다. 하인은 그것을 머리에 이고 들어왔는데 원래는 안채의 마당에서 신부의 어머니가 받아서 막 쪄낸 떡시루 위에 올려놓는 것이라고 한다. 하지만 이번에는 스크랜턴 선생님이 대청에서 받은 다음에 메리가 불려 나왔는데, 조선 풍습에 의하면 강제로 끌려 나와야 하고, 어머니가 그 안에 들어 있는 아름다운 것들을 하나씩 꺼낼 때에도 눈을 감고 보지 않아야 한다.

함 안에는 치맛감으로 빨간 비단을, 저고리감으로 밝고 노란 비단을, 깃감으로 보라색의 비단을 넣었는데, 이것들이 결혼식에서 입을 옷이 될 천이다. 또 초록색의 양단과 빨강, 파랑, 분홍의 저고리감, 파랑과 연초록의 치맛감이 들어 있었다. 조선식 여성용 속옷을 만들기 위한 흰 명주가 들어 있었고, 안감을 대거나 평상복을 위한 무명천도 들어 있었다. 머리를 올릴 때 뜨는 커다란 은비녀와 은쌍가락지, 함의 내용물을 완성하는 혼인 증서에 해당하는 두꺼운 종이에 한문으로 쓴 문서가 있었다. 이 문서는 항상 초록색 술이 달린 비단 보자기에 곱게 싸둔다.

사람들이 모두 감탄하며 본 뒤에 모든 것들은 다시 상자에 담아 사흘 동안 그대로 두었다가 꺼내 바느질을 한다. 떡시루 한가운데에서 떼어온 떡을 신부가 시식했다. 그리고 신부의 친구들과 중매쟁이, 함을 들고 온 하인에게 음식을 대접했다.

— 로제타, 1891년 2월 3일의 일기

얼마나 신기했으면 이렇게 장황하게 적어놓았을까? 지금 우리가 보아도 신기하게 느껴지는 풍습이니 오죽했으랴! 함이 들어온 때는 한 달 전이었고 이제 혼례식으로 이어진다.

어제, 결혼한 모든 조선 여자들처럼 처음으로 메리의 머리를 돌돌 감아서 뒷목에 붙였다. 이마의 잔머리를 다 뽑아 가르마를 타고 앞머리와 옆머리를 모두 뒤로 빗어 가지런하게 만들었다. 눈썹도 뽑아서 양쪽 눈 위로 거의 일자가 되게 한 줄로 만들었다. 얼굴은 유령처럼 하얗게 칠을 하고 매우 밝은 빨간색 염료로 입술과 양쪽 볼, 그리고 이마 가운데 커다란 점을 찍었다. 보통은 눈꺼풀에도 염료를 붙여서 눈을 뜨지 못하게 만든다고 하는데 우리 학교 처녀들은 아주 조금만 사용했다. 아예 쓰지 않게 되었으면 좋겠다는 생각이 들었다. 어쨌든 신부는 결혼식 내내 눈을 감고 그때까지 한 번도 본 적이 없는 신랑을 보지 말아야 하며 오랫동안 신랑에게 말을 하지 않을수록 바람직한 것으로 여겨진다. 적어도 신랑이 있는 데서 신부는 사흘 동안은 말을 하지 않아야 하는 것이 풍습이다."

미국에서도 남녀 차별을 없애기 위해 여성 평등권 운동이 한창이던 때였다. 그런데 조선에서는 아예 여성을 없는 존재처럼 대하고 있었으니, 이런 풍습 앞에서 로제타는 얼마나 황당했을까?

"오늘 정오에 신부의 준비가 끝나자 신랑이 나타났다. 일꾼이 청사초롱을 들고 앞서고, 하얀 기름종이로 만들어진 우산을 받친 신랑이 흰말을 타고 들어왔다. 그는 입궐할 때 입는 관복을 걸쳤는데 이 옷은 관직을 갖지 않은 평민들이 유일하게 결혼식에 한 번 입을 수 있게 허용되어 있었다. 두 사람의 시중을 받으며 신랑이 대청으로 걸어 들어왔고, 곧 두 사람의 시중을 받으며 신부가 안내되었다. 두 사람은 커다란 돗자리의 양쪽 끝에 섰다. 신부가 양쪽에서 시중드는 사람의 도움을 받아 세 차례 아주 천천히 깊은 절을 했다. 신랑도 똑같이 세 번 절을 했으나 훨씬 간편하고 빠른 것이었다. 이어서 콧구멍에 빨간 줄이 매달린 산 거위가 나왔는데 이것은 두 사람의 정절을 상징한다고 한다.

— 로제타, 1891년 2월 3일의 일기

로제타가 거위라고 표현했지만 아마 닭을 오해한 것이 아닐까 싶다. 그리고 빨간 줄은 콧구멍이 아니라 암탉의 부리에 묶었으며, 이는 여성에게 입을 다물고 살라는 의미였다.

그들이 조상들에게 절을 할 차례라는데 신랑 신부 모두 크리스천인데다 우리집에서 결혼을 치르므로 기독교 형식을 가미하기로 결정했다. 감리교 양식에 따라 한국어로 서양식 주례를 하고 결혼반지를 교환하기로 한 것이다. 스크랜턴 박사가 주례를 서고, 아펜젤러 목사가 옆에서 도와주었다. 신부의 반응은 당연히 거의 알아들을 수 없는 지경이었으나, 신랑은 아주 잘했다.

혼례식과 기도가 끝난 뒤 신부가 식당으로 안내되어 손을 접고 눈을 감고 앉아 있는 사이에 신랑은 다른 방으로 들어가 관복을 벗고 신부가 마련해준 일반 복장으로 갈아입었다. 그리고 자신에게 주어진 상을 받았는데, 그 낮은 상에는 떡과 과자, 김치, 국수, 과일 등이 놓여 있었다. 그곳에는 크리스천이 아닌 사람들까지 포함해 많은 조선인이 모여 있었는데 황 씨는 그들에게 절을 하고 음식에 감사하는 축복 기도로 주기도문을 외었다. 우리는 그 모습에 무척 기뻤다. 음식을 조금씩 맛본 후 신랑이 일어나고 상이 치워졌다.

신부의 부모에게 절을 하는 차례였다. 이번의 경우에는 스크랜턴 선생님과 스크랜턴 박사에게 신랑 신부가 절을 올렸다. 신부는 다시 방으로 들어갔고 신랑은 집으로 돌아갔다가 저녁 식사 시간에 맞춰 다섯 시쯤 돌아왔다. 그는 신혼부부를 위해 마련된 방으로 안내되었다. 신부는 아직 그곳에 있지 않았다. 그는 혼자서 저녁을 먹고 그곳에서 신부의 어머니가 안내해 신부가 들어올 때까지 기다려야 했다. 내가 듣기에 신랑이 신부의 머리에서 족두리를 벗기고 머리를 풀어주고 겉옷을 벗겨주어야만 잠자리에 들 수 있으며, 이 모든 과정을 신부의 친구들이 창호지 문에 구멍을 뚫고 들여다보는 것 또한 풍습이라고 한다. 우리의 신랑은 잠자리에 들기 전 아내에게 성경을 읽어주었다고 소녀들이 일러주었다.

— 로제타, 1891년 2월 3일의 일기

황 씨는 자신들의 인연을 하나님께서 맺어준 것이라 굳게 믿었을 터였다. 두 사람 모두 선교사들을 만나 새로운 삶을 얻었고 새로운 가능성을 갖게 되었으니 당연히 그렇게 생각할 수밖에 없었다. 학교의 소녀들이 그 첫날밤에 신혼부부 방을 훔쳐보고 와서 신랑이 신부에게 성서를 읽어주었다는 소식을 들었을 때 선교사들은 얼마나 뿌듯했을까.

사흘 동안 메리는 이곳에 머물렀고, 황 씨도 이곳에 와서 숙식을 했다. 하지만 그녀를 만나는 것은 오직 침실에 들 때뿐이었다. 사흘째 되는 날, 그는 잔치 음식을 준비해놓고 가마와 시녀를 보냈다. 메리가 탄 가마 옆에서 시녀는 메리의 두루마기를 들고 가마를 따라갔다.

— 로제타, 1891년 2월 3일의 일기

걸어서도 얼마 걸리지 않는 가까운 거리였는데 가마꾼을 고용하고 가마 곁에서 가마에 탄 여인의 두루마기를 들고 걸어가는 여자 시중꾼까지 고용한 것은 아내를 위한 최고의 예우였다.

그녀는 옷이 가득 담긴 함 세 개와 반짇고리, 두세 개의 미국식 의자, 꽤 많은 그릇들, 존스 목사가 선물로 준 램프, 조선식 화장품 등을 가지고 갔다. 그들은 최근에 스크랜턴 박사의 병원 뒤쪽에 새로 지어진, 방 세 개짜리 집에 살게 되었다. 그들은 매우 행복할 것이고, 조선에 있는 이 작은 크리스천의 집에서 아주 좋은 일이 많이 생길 것이다. 하나님, 이들을 축복하시고 이들이 항상 당신 가까이 머물도록 지키소서.

— 로제타, 1891년 2월 3일의 일기

이 결혼식은 스크랜턴 여사가 주관한 세 번째 결혼식이었다. 그러나 로제타가 이렇게 자세하게 결혼 과정을 관찰하고 간절히 기도를 해준 건 메례에 대한 특별한 관심이 있었기 때문이었다. 이화 학당의 다른 결혼식에 대해서는 이름과 상대밖에 기록하지 않았다. 선교지구 안에 새로 집까지 장만했던 것을 보면 황 씨는 스크랜턴 박사로부터 무척 신임을 받았던 게 분명하다.

> 메리는 열일곱 살의 아름다운 조선 소녀인데, 매우 매력적이고, 완
> 전할 정도로 착한 소녀다. 그녀는 우리 병원 문지기 부부의 딸인
> 데, 두 사람 다 매우 무식하고 장점이라고는 하나도 찾을 수 없는
> 종류의 사람들이다. 그들은 딸이 열두 살 때 조선인 부자에게 첩으
> 로 팔았는데, 그 부자는 시골에 살고 있었고, 그때부터 우리는 학
> 교에서 메리를 데리고 살았다.
>
> — 로제타, 1891년 2월 3일의 일기

로제타의 일기 일곱 권을 통틀어 누군가를 부정적으로 평가
한 것은 이 부분이 유일하다. 여메례의 부모에 대한 평은 지극히
모욕적이었다. 그녀의 부모는 딸이 자신들과 함께 살면 명이 짧
아질 것이라고 해서 스크랜턴 여사에게 양녀로 주었다는데 그것
은 결과적으로 옳은 말이었다. 그들 곁에서 여메례가 어찌 제명
대로 살 수 있었겠는가? 그래도 희망적으로 생각해볼 여지는 있
다. 그들은 부자에게 딸을 판 뒤 실제로는 그녀가 첩으로 살지 않
도록 보호하기 위해 스크랜턴 여사에게 맡겼던 것은 아닐까?

어쨌든 여메례는 자신의 부모를 여전히 사랑하고 안타깝게
여겼다. 그녀는 주일 오후마다 부모를 방문해 그동안 자신이 배
운 성경의 내용을 부모에게 가르칠 수 있도록 해달라고 스크랜턴

여사에게 요청했다. 여메례는 자신의 부모뿐만 아니라, 병원에서 일하는 여성들, 환자들, 그리고 방문객들에게까지 복음을 전했다. 스크랜턴 여사의 표현에 의하면 여메례는 '스스로 임명한 전도인 (self-appointed Bible-Woman)'이었다.[54] 여메례는 이렇게 스스로 복음을 전파하는 적극성을 발휘했고, 그로 인해 하늘의 도움을 받았다.

메리가 황 씨와 정혼을 한 뒤 그녀가 어떤 남자의 첩이었다는 소문이 나기 시작했는데, 그녀의 아버지가 그 남자로부터 돈을 받긴 했지만 실제로 그 남자와 함께 산 적이 없었음에도 불구하고 조선인들은 여전히 메리를 그의 첩으로 여겼다. 이 문제로 그 남자는 스크랜턴 박사와 언더우드 씨에게 편지를 보내기도 했다. 엄청난 소문이 돌았고 사람들은 황 씨가 메리와 결혼하는 것은 말도 안 된다고 생각했다. 우리 또한 그가 결혼을 하지 않을 거라 예측했다. 게다가 그 소문은 그가 함을 보내기 전에 돌았다. 한동안 그는 망설였으나 용감한 남자가 그렇듯, 마침내 결혼을 감행하겠다고 스크랜턴 박사에게 말했다. 물론 그는 메리를 한 번도 본 적이 없으니 사랑한다고 말할 수도 없었겠으나, 그녀를 사랑하고 싶다고 스크랜턴 박사에게 얘기했다 한다. 그러고 나서 곧 사주단자가 든 함이 들어왔다.

— 로제타, 1891년 2월 3일의 일기

스크랜턴 박사와 언더우드는 이 상황에 어떻게 대처했을까? 그 남자를 설득했을까? 아니면 금전적 보상이라도 했던 것이었을까?

그 이후 결혼식은 아주 순조롭게 진행되었고, 그 부유한 남자로부터도 더 이상 소식이 없었다. 다행히 황 씨에게는 부모가 없어서 메리가 시집살이를 하지 않아도 되었고, 신혼부부끼리 우리 감리교 선교지구 안에서 살게 되니 해코지를 당할 일도 없을 것이다.

물론 모두가 그러리라 짐작했듯 황 씨가 메리와의 결혼을 거부했더라면 어땠을까? 우리는 절대로 그 부자에게 메리를 내주지 않았을 테지만 메리는 조선 사람들에게 누군가의 첩으로 여겨졌을 것이고 우리가 메리를 위해 무엇을 어떻게 해주어야 할지 몰랐을 것이다.

우리는 황 씨가 결혼을 거부할 것으로 생각해서 한동안 걱정도 많았고 어찌해야 할지 안절부절했다. 우리는 그에게 어떤 압력을 행사하지도 않았고 그가 결혼을 거부한다 해도 어떤 비난도 할 수 없다고 생각했다. 하지만 내가 믿기에 그는 하나님의 이끄심에 따라 스스로 결정했다.

— 로제타, 1891년 2월 3일의 일기

선교사들은 황 씨에게 어떤 이야기도 하지 않았다. 그럼에도 스스로 여메례와의 결혼을 결심한 황 씨는 이미 조선 남자의 전통적인 사고방식에서 벗어나 있었다. 그래도 만약 황 씨에게 부모가 있었다면 결혼은 불가능했을 것이니 메례에게는 다행한 일이 아닐 수 없다. 당시 이화 학당은 졸업식이 따로 없고, 결혼을 하게 되면 학교를 떠나야 했다. 하지만 메례는 결혼 후에도 남편과 함께 감리교 선교지구 안에서 살게 되었으니 진실로 커다란 행운이었다.

미국 북감리교 여성해외선교회의『연례보고서』에 의하면 이 새 신부가 어찌나 살림을 완벽하게 하는지 보여줄 시어머니가 없는 게 안타까울 지경이라고 했다.[55] 그 착한 신랑은 결혼식 후 곧바로 미국으로 유학을 떠났다. 아마 신랑은 결혼식을 치른 다음 달에 휴가를 받아 미국으로 돌아가는 스크랜턴 가족과 동반했던 게 아닐까 싶다. 그런데 불행하게도 미국에 도착한 뒤 얼마 지나지 않아 병이 나서 목숨을 잃었다.[56]

개인적으로는 불행한 일이었지만, 하나님으로부터 받은 메례의 소명은 완벽한 살림꾼이 아니라 사회 활동가였던 게 아닐까? 당시에 여성이 활동하기에는 차라리 과부가 되는 게 나았다. 미혼의 경우에는 경멸의 대상이었다.

메례는 남편을 잃은 뒤에도 보구여관에서 전도와 함께 의료 활동을 도왔다. 로제타가 환자를 보기 전에 간호원 루이스와 메례가 먼저 환자들을 만나 예진을 하고, 로제타 곁에서 수술을 보조하기도 했다. 메례는 병원의 통역이자 간호사, 전도부인으로서 봉순오마니의 뒤를 이어 병원 운영에 큰 도움을 주었다. 그때의 상황을 로제타는 이렇게 기록했다.

"너무 나이가 많아서 새로운 외국 방식을 배우기엔 어려움이 있었던 사라(봉순 오마니) 대신, 이미 결혼한 우리 학생 중의 하나인 메리 황이 우리의 일을 원활하게 해주고 있다." [57]

이화 학당의 당장이 스크랜턴 여사에서 로드와일러로 바뀌었듯, 조선인 조력자들 또한 이화 학당에서 교육받은 젊고 능력 있는 인재들로 교체되었다. 스크랜턴 여사는 이경숙, 봉순오마니 등과 함께 학교를 떠나 새로운 지역의 여성 선교에 매진했다. 4년 뒤인 1897년 말, 로제타가 미국으로 휴가를 다녀온 뒤에도 메례는 여전히 보구여관에서 일하고 있었다.

메례는 여성 전용 병원의 보조 업무와 전도부인으로 활동하면서 점점 자신의 한계를 넓혀 나갔다. 1900년에는 우리나라 최초의 교회 여성단체인 정동교회의 '보호여회'를 결성했고, 1903년에는 이화 학당 학생회의 시초인 '러빙 소사이어티'를 결성했다.

그녀는 스크랜턴 여사가 설립한 상동교회 주일학교에서 여학생들을 가르쳤다. 그 학생들 중에 군부총장 엄준원의 딸이 있었는데, 엄준원은 명성 황후 사후 실질적인 왕비였던 순헌황 귀비 엄씨의 사촌동생이었다. 엄 귀비는 당시 근대적인 여학교를 설립할 계획을 갖고 있었고, 메례는 그 계획의 실행에 도움을 줄 적임자였다. 1906년, 메례는 엄 귀비를 도와 한양에 진명여교를 개교시켰다. 교장은 엄준원이 맡았으나 총교사를 맡은 여메례가 실질적인 운영을 책임지고 있었다. [58]

여메례는 엄 귀비와 가까워지면서 어전 통역관이 되어 고종 앞에서 통역을 하고 전국을 순회하며 여성 계몽에 대한 강연회를 열었다. 이듬해에는 평양에 진명여교를 개교시키며 교장이 되었다. 평양 진명여교는 엄비가 희사한 500원으로 부지를 사들이고, 평양부인회를 조직해 운영 자금을 마련했다. 평양 진명여교에 입학한 첫 학생들은 평양 기생 열 명이었는데 세 명이 이 학교를 졸업했다. 이들 중 박화산은 그 학교의 교사가 되었고, 전수한은 학업을 계속해 이화 학당의 대학과를 수료했다. [59]

1894년 5월, 로제타는 남편 윌리엄 홀과 함께 배를 타고 처음 평양으로 가면서 한양의 궁궐에서 열린 연회에 참석했다가 돌아가는 기생들을 보았다. 로제타는 그때 그녀들을 위해 자신이 무엇인가 할 수 있다면 얼마나 좋을까 생각했다. 여메례의 평양 기생 교육은 그때 가졌던 로제타의 바람이 현실화 된 것은 아니었을까.

열두 살에 첩으로 팔렸던 소녀의 앞날이 이렇게 찬란하게 달라질 수 있었으니 여메례의 하나님에 대한 사랑이 얼마나 뜨거웠을지 짐작된다. 여메례는 스크랜턴 여사와 로제타가 뿌린 헌신의 씨앗이 하나님의 빛을 받아 싹트고 자란 아름다운 열매였다.

7

로제타의 분신,
박에스더

점동은 1876년 4월 10일, 한양의 가난한 선비 김홍택과 연안 이씨 사이에서 딸 넷 중의 둘째로 태어났다. 김홍택은 아펜젤러 목사의 일을 도우면서 딸들을 모아 먹여주고, 입혀주고, 가르쳐 주기까지 하는 이화 학당을 알게 되었고, 1886년에 둘째 딸 점동을 스크랜턴 여사에게 맡겼다.

로제타의 일기에 점동이라는 이름이 처음으로 등장하는 때는 1890년 10월 24일이다. 로제타가 한양에 도착한 지 열흘 째 되는 날이었다. 진료 때마다 로제타의 통역을 맡아주던 로드와일러가 독감으로 심하게 앓으면서 이화 학당에서 영어를 가장 잘하던 점동이가 로제타의 통역으로 투입되었다. 이후 점동은 로제타의 자매이자 멘티로, 또 동료로서 평생을 함께했다.

진료소에서 통역을 제법 잘하는 점동이라는 학생 하나와 둘이서 일한다. 오늘 이를 다섯 개 뽑았는데 그중 하나인 아래 송곳니를 뽑는 게 가장 힘들었다. 이를 뽑느라 근육이 단련되고 있다.

— 로제타, 1890년 10월 24일의 일기

곧 점동과 함께 오와가라는 일본 소녀도 병원에서 함께 일하게 되었다. 3년 동안 이화 학당에서 점동과 단짝으로 지냈던 오와가가 자신도 로제타를 돕겠다며 열성을 보였기 때문이다.

그래서 두 아이를 진료소로 내려오라고 하여 그램과 드램으로 무게를 재는 법, 미넘과 온스 측정하는 법, 가루를 만들고 나누는 법을 가르쳤다. 점동이가 수학을 이해하는 게 약간 빠르고 양의 계산을 잘하는 반면 오와가는 좀 더 깔끔하고 정확하게 해낸다.

점동이는 처음에 일을 좋아하지 않을 것 같다고 생각했는데 아마도 누구든 훈련을 받은 다음에는 3~4년은 결혼을 해서는 안 된다고 내가 말한 게 영향을 미쳤을지도 모른다는 생각이 들었다. 도움이 될 만큼 배운 다음 바로 떠나면 나는 다시 다른 아이를 훈련시키는 데 시간을 허비해야 한다. 점동은 영어를 잘하는 열네 살의 건강한 소녀인데 영리하고 재빨라서 나는 그 아이를 꼭 훈련시키고 싶다. …(중략)…

나는 그 두 아이를 훈련시키려 한다. 그 아이들은 동료로서 서로에게 도움이 될 것이다. 내가 그 아이들을 선택한 것이 내 뜻만은 아닐 거라 믿고, 나에게만 도움이 되게 하려는 것이 아니라 그 아이들이 좀 더 폭넓은 삶을 살고 세상에 유익한 사람이 되게 하려 함이라 믿는다. 그리고 무엇보다도 그 아이들이 하나님의 사랑 안에서 안전하고 행복할 거라 믿는다.

— 로제타, 1890년 10월 24일의 일기

로제타는 점동을 훈련시키기 시작하면서 큰 비전을 갖고 있었다. 로제타는 이날의 일기에 10년 뒤인 1900년에 두 문장을 덧붙여 적었다.

"1900년, 이미 점동은 이름 뒤에 MD(medical doctor)를 붙일 수 있게 되었다. 오와가는 결혼하여 행복하게 살고 있는데 나가사키에서 한 번 만난 적이 있고, 나중에 편지도 한 번 받은 적이 있다."

로제타는 가끔씩 자신의 선교 초기 일기를 읽어보았던 듯하다. 일기를 읽다 보면 몇 군데에 한두 줄 부가 설명을 덧붙인 경우가 있다.

1888년 폭풍우가 몰아치는 날 성령 체험을 한 점동이는 1891년 1월 25일, 에스더라는 이름으로 세례를 받았다. 이후부터 로제타는 점동이라는 이름 대신 에스더라고 그녀를 불렀다.

1891년 봄 무렵부터 에스더는 아주 능숙한 조수가 되었다. 겨울 방학부터 에스더, 오와가, 수잔, 봉순, 애니로 이루어진 생리학

열네 살의 점동
1890년 열 네 살에 찍은 점동의 사진.
1888년 영적 체험을 한 그녀는 1891년 에스더라는 이름으로 세례를 받았다.

강습반이 시작된 까닭이기도 하다. 특히 로제타가 집도하는 언청
이 수술과 경성암(암세포가 단단하고 굳은 성질을 띈 암) 수술에서 에
스더는 큰 도움을 주었다.

나는 두 건의 언청이 수술에서 사라와 에스더의 도움을 받았다. 에
스더는 이제 갈수록 용감해진다. 수술시 피를 잘 닦아내고 혈관을
누르는 지혈 겸자도 아주 잘 다룬다.

— 로제타, 1891년 3월 12일의 일기

한 여성의 젖가슴과 겨드랑이에서 경성암을 제거하는 수술을 했다. 에스더는 한 손으로는 (마취용) 에테르 컵을, 또 한 손으로는 스펀지로 수술 부위의 피를 닦아내주었다.

— 로제타, 1891년 4월 11일의 일기

함께 일하며 두 사람은 인간적으로 점점 가까워졌다.

에스더는 내게 자주 내가 한국말을 빨리 익혔으면 좋겠다고 말한다. 내게 하고 싶은 말이 무척 많은데 영어로는 잘 표현이 안 되는 모양이다. 그렇지만 그 아이나 오와가는 자신들을 꽤 잘 이해시키는 편이다. 한번은 그 아이들이 매일 밤 내 방에 오는 이유에 대해 말했다. 나는 잘 알아듣지 못해서 아이들이 뭔가를 잃어버렸다는 것으로 이해했다. 그래서 '뭔데?' 하고 물었다. 나중에 알고 보니 자신들이 뭔가 잃어버린 게 아니라 매일 밤 내 방에 들르지 않으면 뭔가 잃어버린 듯한 느낌이 든다는 말이었다.

— 로제타, 1891년 3월 29일의 일기

에스더는 자신이 조선에서 여자로 태어난 것에 대해 상당한 불만을 갖고 있었다. 어느 날 밤 그녀는 로제타에게 찾아와 말했다.

"제가 하나님을 잘 믿다가 죽어서 천국에 간 뒤, 하나님이 뭘 원하느냐고 물으면 저는 남자가 되고 싶다고 말할 거예요."

210

로제타가 이유를 묻자 에스더가 이렇게 답했다.

"밖에 나가 일을 해서 돈을 많이 벌어다 어머니에게 집을 사주고 싶어서요."

로제타는 일기에 이렇게 적었다.

조선에서는 아주 드문 일이지만, 나는 여자도 어머니에게 돈을 벌어다 줄 수 있다고 말했다. 그녀가 여기 오래 머물렀다가 나중에 이 선생(이경숙)처럼 교사가 되어 월급을 받게 된다던가, 병원에서 계속 나를 잘 도와준다면 우리가 월급을 줄 수도 있지 않을까. 하지만 나는 아직 그녀에게 이런 말을 하지 않았다.

그녀는 병원에서 정말로 나에게 소중한 존재다. 로드와일러가 병원에 통역을 하러 오지 않아도 되고, 오와가가 없을 때나 아플 때에는 혼자서 기구들을 챙기고 약을 조제하며, 수술할 때는 피를 닦아주며 곁에서 나를 돕는다. 하지만 처음에는 자기 역시 절대로 그런 일을 할 수 있을 거라 생각하지 못했고, 나 역시 의심했다.

나는 점점 그녀 때문에 놀라는 일이 많다. 그녀는 생리학 수업을 다른 어떤 아이들보다 매우 빨리 이해한다. 처음에는 뼈를 만지기는커녕 사진도 간신히 볼 정도더니, 신체 외부 골격을 가르치기 시작해 피부에 대한 강의를 끝내기도 전에 뼈를 배우고 싶어 안달이다.

— 로제타, 1891년 3월 29일의 일기

어느 날 밤에 에스더는 로제타에게 이렇게 말했다.

"선생님, 해부 실습에 대해 이야기해주세요."

로제타가 해부 실습에 대해 설명하자 오와가가 말했다.

"오, 나는 절대로 그런 일은 못할 것 같아요. 나는 절대로 의사가 될 수 없을 거예요."

에스더는 아무 말도 하지 않고 생각에 잠겨 있었다. 로제타는 에스더를 보며 이렇게 생각했다.

> 해부가 대부분의 조선인에게 혐오스러운 일임이 분명함에도 에스더는 자신이 할 수 있을 거라고 생각하는 것처럼 보이고, 나 또한 그녀가 훌륭한 의사가 될 진정한 용기를 충분히 갖고 있다고 믿는다.
>
> ― 로제타, 1891년 3월 29일의 일기

오와가는 결혼해서 평범하게 살아갔으나, 에스더는 로제타의 예상대로 조선인 최초로 서양 의학을 공부한 선구자가 되었다.

에스더는 점점 로제타를 매혹시켰다. 어느 날 아이들이 그림책에서 두 송이의 장미꽃을 보고 있었다.

"진하고 붉은 장미는 로제타 선생님이고, 연한 장미는 뱅겔 선생님 같아요."

봉순이가 장미들을 가리키며 말했다. 아마도 로제타의 혈색이 뱅겔보다 훨씬 좋아보였나 보다. 그런데 이때 에스더의 입에서

열네 살의 오와가
1890년 한양에서 일하는 아버지를 따라 조선으로 건너와
이화 학당에서 공부하던 열 네 살의 오와가.
점동과 함께 로제타의 조수로 일했다.

나온 말을 듣고 로제타는 깜짝 놀랐다.

"연한 장미는 철분을 좀 섭취해야겠네요."

로제타는 에스더에 대해 감탄하면서 동시에 이 아이의 미래
를 염려했다.

에스더는 뭐든 빨리 배우고, 환자들이 오면 내가 알아야 할 필수
적인 질문들의 답과 증상을 미리 다 파악해놓는다. 흔한 병에 대해
내가 어떤 약을 처방하는 지도 모두 알고 있다. 나는 에스더가 다

른 조선 소녀들처럼 그렇게 일찍 결혼하지 않고 충분히 이곳에 머물러줬으면 좋겠다. 아니면 이 아이에게 걸맞은 누군가를 우리가 찾아줄 수 있었으면 좋겠는데 에스더처럼 낮은 신분에서는 그런 사람을 찾을 수 있을 것으로 보이지 않는다. 나는 이 아이가 아예 결혼을 하지 않았으면 하고 바란다. 적어도 조선의 상황이 좀 바뀔 때까지 만이라도. 아마 이 아이 자신이 조선의 상황을 바꾸는 데 기여할 수 있으리라.

— 로제타, 1891년 3월 29일의 일기

이어서 에스더를 위한 로제타의 계획은 제법 구체적으로 발전한다.

나는 이 아이가 따라준다면 내가 할 수 있는 모든 것을 가르치고 싶고, 아마도 때가 되면 이 아이를 미국으로 보내 학위를 따게 할 수도 있을 거라 생각한다. 이 나라 풍습으로는 이 아이가 개업을 해서 의료 활동을 할 수 있을 것 같지 않지만, 우리 병원에서 머물러 일한다면 그녀를 발전시키고 다른 이들을 교육하는 데 큰 도움이 될 것이다. 나는 완전히 현명한 그분께 이 아이와 나를 잘 이끌어주시라고 기도한다.

— 로제타, 1891년 3월 29일의 일기

이 기도는 오래 지나지 않아 현실로 이루어졌다. 로제타의 아들, 셔우드 홀의 자서전에는 1894년 12월, 로제타가 남편을 잃고 출산을 위해 미국으로 돌아갈 때 에스더가 미국에 가서 공부할 수 있게 도와달라 부탁했다고 나온다. 그러나 벌써 오래 전부터 로제타는 이미 에스더를 위한 장기적인 계획을 가지고 하나님께 답을 구하고 있었다.

에스더는 보통 자아가 강한 아이들이 그렇듯 성격이 아주 고분고분한 아이는 아니었다. 어느 날 로드와일러 당장이 고용한 물장수가 길어오는 우물물이 석회가 섞인 듯 뿌연 상태로 약간 짠맛이 났다. 그러자 에스더가 곧바로 불만을 토로했다.

"저는 이 물을 마실 수 없어요. 바닷물 같아요. 나는 물고기가 아니에요."

어느 날은 로제타 앞에서 여성 선교사들을 아주 신랄하게 비평하기도 했다.

> "스크랜턴 선생님과 닥터 홀은 정말로 하나님을 사랑하는 것 같아
> 요. 하지만 벵겔 선생님, 루이스 선생님, 페인 선생님, 그리고 선생
> 님(로제타)은 단지 그 사랑을 배우고 있는 중인 것 같아요."
>
> — 로제타, 1892년 어느 날의 일기

스크랜턴 여사와 윌리엄 홀의 인품을 짐작하게 하는 말이다.

사람에 대한 평가는 아이들의 눈이 더 정확하다. 가장 부정적 평가를 받았을 것으로 보이는 로드와일러는 다행히 휴가 중이었다. 에스더는 이렇게 어떤 상황에서든 할 말은 해야 하는 당찬 소녀였다. 당사자 앞에서, 자기가 가장 사랑하는 로제타까지 깡그리 싸잡아 비판하는 배짱이라니!

그럼에도 불구하고 로제타의 에스더에 대한 사랑은 식을 줄 몰랐다. 에스더 또한 비판과 달리 로제타를 누구보다도 사랑했다. 1892년 윌리엄 홀이 새로운 선교지 개척을 위해 북쪽 지방으로 떠났을 때 로제타는 매우 불안하고 힘들어했다. 그때 에스더는 로제타에게 위로의 편지를 보냈다. 로제타는 일기에 에스더의 편지를 그대로 전한 뒤, 이렇게 덧붙였다.

> 사랑스런 에스더! 그녀는 내게 '진정한 위로자'다. 그녀의 사랑과 동정심은 커다란 도움이 된다. 그녀를 주신 하나님께 감사한다.
>
> — 로제타, 1892년 3월 29일의 일기

1892년 4월 12일은 에스더의 음력 생일이었다.

오늘은 에스더의 열여섯 번째 생일이다. 생일 축하 편지와 함께 생일 기념 생리학 교과서를 선물로 주었다. 나는 내 생리학 수업을 듣는 모든 소녀의 생일마다 (이 책을) 한 권씩 주기로 했고 생일을 가장 먼저 맞은 애니는 이미 책을 받았다.

— 로제타, 1892년 4월 12일의 일기

로제타는 아이들 숫자에 맞추어 미리 미국에 책을 주문해 받아놓은 상태였다. 매사에 철저했던 로제타는 항상 미리 정확하게 계획했다. 로제타는 그날 오후 자신의 책상 위에서 조선사탕 몇 개와 "이것을 드시기 싫으시면 내 사랑만 받아주세요." 라고 써놓은 에스더의 애교 있는 메모를 발견했다. 에스더는 로제타에게 이렇게 사랑스런 아이였다. 1892년부터 에스더는 로제타에게 편지를 쓸 때 "나의 사랑하는 의사 선생님(my dear doctor)"에서 "나의 가장 사랑하는 언니(my dearest sister)"로 바꿔 적기 시작했다.

1891년 12월 17일, 훗날 로제타의 남편이 될 윌리엄 홀이 한양에 도착했다. 에스더는 로제타를 사이에 두고 윌리엄 홀을 심하게 질투했다. 윌리엄 홀이 이틀에 한 번씩 밤마다 로제타를 만나러 올 때마다 로제타를 윌리엄 홀에게 빼앗긴 기분이 들었다. 로제타는 일기에 에스더의 재미있는 행동을 기록했다.

"어느 날, 에스더가 봉업이를 시켜서 윌리엄 홀에게 키니네 캡슐을 가져다주라고 시켰다. 그러고는 이틀 밤마다 오니 그 약이 꼭 필요하다고 우기는 것이었다."

키니네는 열병을 치료하는 약이다. 윌리엄 홀의 열병을 잡으려면 키니네가 꼭 필요하다는 얘기였다. 에스더는 통제할 수 없는 질투를 극복하느라 꽤 고생했다. 로제타 일기와 에스더의 편지를 읽다 보면 웃음이 절로 나온다. 120년 전에 살았던 열여섯 살 처녀는 오늘날의 우리가 보기에 유치원생처럼 순박하다.

오늘 아침에 에스더가 들어와 나에게 키스를 했다. 그녀의 얼굴을 보니 전투에서 승리한 것처럼 보였다. 나는 그 아이에게 『세상에서 가장 위대한 것(The Greatest Thing in the World)』이라는 책을 주었다. 그녀가 내게 편지를 한 장 가져왔는데 마지막에 답장을 원한다고 적어서 나도 답장을 써서 주일학교 시간에 건네주었다.

— 로제타, 1891년 12월 27일의 일기

다음은 에스더가 로제타에게 보낸 편지의 일부다.

"당신이 닥터 홀을 사랑한대도 질투하지 않겠습니다. 나도 그분을 사랑하도록 노력하겠습니다. 나를 490번 용서해주세요. 당신은 나를 많이 사랑해주고 훌륭한 책도 주셨습니다. 나는 매일 조금씩 읽고 있습니다. 하루라도 당신을 보지 않고 당신 방에 가지 않으면 너무 가고 싶어집니다. 그러나 (때때로) 당신 방에 갈 수가 없습니다. 내 심장에서는 전투가 일어납니다."

키니네로 잡을 수 없었던 윌리엄 홀의 열병은 그만의 것이 아니어서 두 사람은 1892년 6월 27일 결혼식을 올렸다. 그리고 그해 9월, 윌리엄 홀은 감리교 평양 선교 책임자로 임명되었다.

로제타는 적어도 에스더가 당분간 결혼하지 않기를 바랐다. 하지만 가을이 오자, 에스더의 어머니는 그녀가 시집을 못가고 또 한해를 넘기게 될까 봐 속이 타들어갔다. 에스더가 이때 로제타에게 보낸 편지는 지금 읽어도 안타깝기만 하다. 조선말 사회에서는 딸이 열여섯이 넘도록 시집을 못가면 가문의 수치로 여겼다. 병이 있거나 불구가 아닌 경우에는 열여섯을 넘기지 않았다. 에스더는 조선의 나이로 열일곱을 넘기려 하고 있었다. 에스더의 어머니가 더 이상 못 참겠다 싶었는지 학교를 찾아와 스크랜턴 여사와 담판을 벌인 모양이었다.

어머니가 오셔서 나를 만난 후 스크랜턴 선생님과 제 얘기를 나누었습니다. 제 어머니는 제가 더 이상 병원에 내려가는 것을 원치 않으셨습니다. 하지만 저는 이번 겨울까지만 당신을 돕게 해달라고 사정했습니다. 그래서 어머니는 이번 겨울까지만 일할 것을 허락했습니다. 그런데 병원에 가지 못하게 되면 당신을 보지 못하게 될까 그게 두렵습니다. 당신을 돕지 못하게 되면 당신과 헤어지는 것처럼 느껴질 것입니다. 하지만 당신은 내가 결혼을 한 뒤에도 당신을 도울 수 있으리라 믿습니다. 내 가슴이 얼마나 뛰고 있고 얼마나 할 말이 많은지 당신이 그 속을 들여다보고 느꼈으면 좋겠습니다. 내가 나의 사랑하는 언니를 돕지 못하면 얼마나 가슴이 아플까요. 나 또한 결혼을 한 이후에도 당신을 도울 수 있으리라 믿습

니다. 의주이든 평양이든 어디든 당신이 가는 곳이면 나를 데려가

돕게 해주세요. 나중에 더 얘기하겠습니다.

　당신의 사랑스런 동생, 에스더.

　이때부터 스크랜턴 여사는 에스더의 결혼을 서두르기 시작했
다. 그런데 에스더의 어머니는 딸을 시집보내려면 바느질을 가르
쳐야 한다고 생각했던 듯하다. 에스더는 편지를 통해 로제타에게
자신의 괴로움을 토로했다.

　너무 힘들어서 이 말을 도저히 입으로 내뱉을 수 없습니다. 저는
당신을 더 많이 도와드리고 싶습니다. 하지만 제 어머니는 제가 남
자들의 옷 짓는 법을 배우길 원하고 저는 어머니 말을 따라야 합니
다. 저는 당신이 행복하기를 바라므로 너무 기분 상하지 않았으면
합니다. 당신을 돕기 전에는 당신을 그렇게 많이 사랑하지 않았습
니다. 하지만 당신을 돕기 시작하면서부터 점점 더 제 어머니와 똑
같이 당신을 사랑하게 되었습니다. 당신과 충분한 시간을 함께할
수 없어 안타깝습니다. 밖에 나가 있으면 당신이 나를 잊어버릴까
겁이 납니다.

마치 안타깝게 헤어져야만 하는 연인에게 쓴 편지를 보는 것 같다. 상황은 이렇게 거꾸로 흐르고 있는데 에스더의 내면은 점점 자주적으로 변화해갔다.

에스더는 결혼에 대해 혹은, 적어도 결혼하기 전에 신랑 얼굴 한 번 못 보고 하는 조선식 결혼에 대해 아주 혐오스러워했다. 그 아이는 미국 처녀들처럼 결혼을 스스로 선택하기를 바란다. 어느 날 그녀는 페인 선생에게 이렇게 말했다고 한다. '결혼하기 싫어서 차라리 죽어서 천국에 가고 싶은데 하나님이 천국을 남성용과 여성용을 나누어 두 개로 만들어주셨으면 좋겠다.'

— 1892년 어느 날의 일기

에스더는 결혼 문제에 직면하면서 많이 성숙해진 듯하다. 사실 이화 학당은 조선 사회에서 동떨어진 특별 구역이었고, 그 안에서 사는 동안은 다른 조선 소녀들이 겪어야 했을 수많은 수난을 피할 수 있었다. 에스더는 열 살 때부터 이미 8년째 그 안전한 울타리 안에서 살고 있었다. 그런데 이제 험한 세상으로 나가야 할 때가 된 것이다.

1893년 3월, 로제타는 평양으로 이주하여 그곳 여성들을 상대로 선교하려는 계획을 세우고 있었다.

에스더에게 함께 평양에 가서 일해볼 생각이 있느냐고 물었다. 그러자 그녀는 이렇게 답했다.

'저는 주님이 문을 여는 곳이라면 어디든 갈 것입니다. 주님께서 평양에 문을 여신다면 가지요. 제 몸과 영혼, 마음 모두 주님 것이며 내 민족에게 하나님을 가르치기 위해서라면 목숨이라도 내놓을 것입니다. 저는 예쁜 것을 가지고 싶은 마음도, 부자가 되고 싶은 마음도 없고 오직 예수님을 위해 일하고 싶을 뿐입니다.'

지난 한 해 동안 이 소녀가 영적으로 자란 것을 보면 진정 놀랍기만 하다. 그녀는 바느질을 싫어해서 바느질할 상황이 되면 항상 누군가 대신 해줄 사람을 찾았는데 이제는 자신이 해낸다. 나는 벵겔 선생에게 부탁해서 에스더에게 오르간을 가르치고 있다. 원래 연습할 만한 인내심을 가진 아이가 아닌데도 열심히 연습하며 제법 잘 배우고 있다. 성질도 많이 온순해졌고, 실수도 거의 하지 않는다. 성서 공부를 열심히 하고 있어서 성령이 그녀를 가르치고 있는 듯하다. 무척 잘 이해해서 다른 이들에게 설명도 아주 잘한다. 게다가 자신의 길을 잘 분별하고 있는 듯하고 더욱 현명해지고 있다. 모든 게 거저 쉽게 이루어진 것 같지는 않지만 다른 사람들 보기에는 그리 보이는지, 이 선생(이경숙)조차도 그녀의 놀라운 능력에 대해 질투를 한다. 그래도 에스더는 자만하지 않고 모든 면에서 다른 이들을 불편하게 하지 않으려 한다.

— 로제타, 1893년 3월 28일의 일기

로제타는 여동생이나 딸처럼 에스더를 사랑하며 그녀에게 전
인적 교육을 꾀했다. 벵겔 선생에게 특별히 부탁해서 오르간까지
배우게 했다. 에스더는 특별한 사랑을 받으면서도 자만하지 않고
겸손했다. 하늘은 스스로 돕는 자를 돕는다고 했다. 에스더는 스
스로 돕는 자였고 그리하여 하나님의 특별한 사랑을 받을 수 있
었다. 에스더의 내면은 날이 갈수록 점점 성숙해졌다.

　"언제 제가 남자를 위해 기도하는 것 보셨어요? 저는 전에는 닥터

박에스더가 로제타에게 보낸 편지
1892년 10월 22일에 쓴 편지로 로제타와 함께라면
평양이든 의주든 따라가겠다는 의지를 적었다.

홀을 사랑하지 않았고 그가 당신을 보러 올 때마다 싫어했어요. 하지만 지금은 그를 사랑하고 그를 위해 기도합니다. 당신이 결혼한다고 했을 때 무척 기분이 안 좋았지만 이제는 아무렇지도 않고 내 마음은 평화롭습니다."

이렇게 성장해 가는 에스더에 대한 로제타의 사랑도 날이 갈수록 깊어갔다.

불행하게도 에스더의 모습이나 태도만으로는 그녀의 내면을 알 수가 없다. 그녀는 외모나 태도도 갈수록 나아지고 있는데, 점점 더 이지적으로 보이고, 태도 또한 여성적으로 변화하고 있어서 어떤 때 나에게는 그녀가 정말로 아름답게 보인다.

— 로제타, 1893년 3월 28일의 일기

사실 사진으로만 보면 에스더의 외모는 그다지 예쁜 편이 아니고 표정도 무척 퉁명스러워 보인다. 그러나 로제타는 눈에 콩깍지가 끼었는지 에스더의 모든 면이 예쁘게만 보였다. 로제타는 사람들이 에스더의 내면에 간직된 아름다움을 보지 못하는 게 안타까울 따름이었다. 그녀는 에스더의 신랑감을 찾기 위해 몹시 애를 썼고 마침내 적당한 신랑감을 찾아냈다.

우리는 에스더에게 적당한 신랑감을 찾아냈다고 생각한다. 그는 지난 9월부터 닥터(윌리엄 홀)를 돕는 남자인데 데리고 다니며 시험을 해보니 언제나 정직하고 어디서나 쉽게 딴 짓을 할 만한 곳에서도 믿을 만한 사람이었다. 그는 스물네 살에 키가 크고 잘생겼고, 온화하고, 태도가 겸손하며 쉽게 수줍음을 타는 청년이다. 한글을 잘 읽고 한자도 제법 아는데 우리는 하루에 두 시간씩 그를 학교에 보내 영어 한 시간, 한문 한 시간씩 수업을 듣게 하려 한다.

어제 우리는 그에게 우리의 생각을 이야기했는데 그는 학교에 가서 공부를 하는 것, 그리고 이렇게 훌륭한 아내를 얻는 것을 기쁘게 생각했다고 한다. 스크랜턴 선생님은 에스더의 결혼을 서두르고 있고, 열일곱 살인 그녀는 정말로 훌륭하고 과년한 처녀다.

그 신랑감의 이름은 박유선[60]이고 현재 세례를 받기 위해 교리 공부를 하고 있는데 진실한 크리스천이 되려고 노력하는 신실한 젊은이다. 에스더는 당연히 그보다 여러 면에서 훨씬 우월하지만, 그는 좋은 자질을 갖고 있고 그것을 개발하는 데 에스더가 많은 도움을 줄 수 있을 것이다. 그는 온화하고 다정한 마음을 가져서 나는 두 사람이 서로에 대해 잘 알게 되면 서로 사랑하리라 확신한다. 그는 아마도 5월 1일에 사주(단자)를 보낼 것 같고 그달 안에 결혼식을 치를 것 같다.

5월 1일은 에스더의 열일곱 번째 생일이다.[61] 나의 사랑스런 에스더가 결혼한다는 것이 이상하게 느껴진다. 나는 그녀가 에스더보다 훨씬 홀륭해 보이는 사람과 결혼하길 바랐고, 몇 명의 후보를 살펴보았으나 하나같이 게으르거나 정직하지 못했다. 그동안 일 년도 넘게 에스더에게 맞는 신랑감을 보내달라고 주님께 간구해왔고, 그가 바로 주님께서 보내주신 사람이라 믿는다. 에스더가 그를 신실한 크리스천으로 만들 수 있을 것이고, 두 사람이 협력해서 민족을 위해 훌륭한 일을 할 수 있으리라 나는 믿는다. 하나님, 그들을 축복하소서.

— 로제타, 1893년 4월 29일의 일기

로제타는 에스더에게 훌륭한 신랑감을 찾아주기 위해 일 년이 넘게 기도하고 탐색했다. 하지만 결국 에스더에게 한참 못 미쳐 보이긴 하지만, 정직하고 신실한 성품에 발전 가능성을 갖춘 박유산을 택했다. 그리고 에스더가 행복하게 살기를 바라며 박유산에게도 공부를 시키기로 결정했다. 에스더는 이 결혼에 대해 어떻게 생각했을까?

에스더는 결혼할 때가 가까이 다가올수록 계속 피하고 싶어 한다. 하지만 나의 행복한 결혼 생활이 그녀의 결혼에 대한 마음을 어느 정도 다스리는 데 도움이 되지 않을까 생각한다. 어느 날 밤에 에스더가 왜 하나님이 남자와 여자를 만드실 때 형제와 자매가 아니라 남편과 아내로 먼저 만드셨는지 그 이유를 알 수 없다고 했다.

— 1893년 어느 날의 일기

226

에스더는 자신이 알지도 못하는 사람과, 그것도 자신의 의지가 아닌 주변 상황에 의해 결혼해야 하는 현실에 엄청난 거부감을 갖고 있었다. 하지만 결국 모든 것을 포기하고 상황을 받아들이기로 결심했다.

에스더로부터 계획된 결혼에 대한 훌륭한 편지를 받았는데, 그녀는 실로 성스러운 변화를 보여주었다. 그녀의 어머니는 유산이 마부였다는 이야기를 듣고 신랑감으로 못마땅하게 여겼다. 그러나 그의 두 누나는 시골 농부에게 시집갔고, 그의 어머니는 6년 전에, 서당 훈장이었던 아버지는 5년 전에 죽어서 유산이 여동생과 남동생을 먹여살리기 위해 어떤 일이든 할 수밖에 없었다는 얘기를 듣고 조금 누그러진 듯하다. 아버지가 죽기 전에 서당에 다니며 책을 두 권 뗐고, 현재는 닥터(윌리엄 홀)의 믿음직한 비서가 되어 있다는 점도 도움이 되었으리라.

에스더는 이 모든 사실이 알려지기 전에 내게 다음과 같은 편지를 보내왔는데, 자신보다 낮은 계급의 사람과 결혼을 해야 하는 것에 기분을 상했다 해도 아무도 그녀를 탓할 수 없을 것이다. 학교의 다른 소녀들도 누구나 다 자기보다 나은 계급에서 신랑감을 구하고 있기 때문이다. 나도 사실 실망한 상태에서 지난주에 에스더에게 편지를 보냈는데, 이 사랑스러운 소녀는 이렇게 말했다.

'나의 사랑하는 언니, 나는 괜찮고 편안합니다. 어제 언니로부터 받은 길고 낯선 말들로 가득한 편지가 절 기쁘게 합니다. 오늘은 제가 지금까지는 한 번도 하지 않았던 낯선 이야기를 해보려 합니다. 제 마음이 어떤지 아세요? 남자를 한 번도 좋아해본 적이 없어서 사흘 동안 고민 때문에 잠을 자지 못했습니다. 저는 바느질도 잘하지 못합니다. 하지만 조선의 풍습으로는 모든 처녀가 결혼을 해야 하고, 모두가 남편이거나 아내가 되어야만 합니다. 남자를 좋아하지는 않지만 어쩔 수가 없습니다. 만약 나의 사랑하는 하늘에 계신 아버지께서 박 씨를 보내주신 것이라면 그분이 나를 그의 아내로 점지하신 것일 테고 저는 그의 아내가 될 것입니다. 하나님께서 저에게 어디든 가라시면 저는 갈 것입니다. 하나님께서 그를 저의 남편으로 보내신 거라면 저는 저의 어머니가 싫어한대도 그의 아내가 될 것입니다.

제 어머니는 사실 그를 잘 모릅니다. 저는 그의 신분이 높다거나 낮은 게 무슨 소용이 있느냐고 어머니께 말했습니다. 저는 어머니에게 부모가 없는 사람은 마부가 될 수도 있지 않겠느냐고 말했습니다. 저는 신분이 높든 낮든 부자이건 가난뱅이이건 상관하지 않습니다.

당신도 알다시피 저는 예수님의 말씀을 좋아하지 않는 사람과는 결혼하지 않을 것입니다. 만약 내가 결혼을 한다면 내 마음이 무척 달라질 것만 같습니다. 이런 우스운 이야기를 당신 말고는 누구에게도 할 수 없으니 아무에게도 말하지 말아주세요. 당신의 자

매 에스더.'

사랑스런 에스더, 오늘까지 매일매일 나를 성스럽게 가르친다. 나는 그녀를 정말 사랑한다. 나는 박 씨를 믿으므로 환경이 바뀌면 그도 에스더만큼 훌륭해지리라 믿는다. 에스더도 그녀의 아버지가 죽기 전에 스크랜턴 선생님에게 맡기지 않았더라면 이렇게 자랄 수 없었을 것이고, 박 씨에게는 그런 기회가 없었을 뿐이다. 크리스천 아내와 기독교가 박유산을 어떻게 변화시키는지 우리는 앞으로 보게 될 것이다.

— 로제타, 1893년 5월 8일의 일기

조선 시대의 유교적 사고로는 인간은 누구나 결혼을 하여 자식을 낳고 대를 이어야만 조상과 하늘에 대한 예를 다하는 것으로 여겨졌다. 그래서 결혼을 하지 않는 것은 더할 수 없는 불효로 여겨졌다.

로제타가 에스더에게 보낸 긴 답장에는 과연 뭐라 쓰어 있었을까? 자신이 결혼에 대해 크게 고민했던 경험과 결혼 후의 생각, 행복한 결혼 생활을 위한 조언 등 이런 내용이 아니었을까? 에스더의 편지는 그녀가 이미 전근대적인 사고에서 벗어나 신여성이 되었음을 보여준다. 박유산 또한 아내의 뒷바라지를 위해 기꺼이 자신을 희생하면서 조선 시대의 남성관을 훌쩍 뛰어넘었다. 이런 면에서 로제타는 에스더에게 최고의 신랑감을 찾아준 셈이다.

박유산과 에스더는 1893년 5월 24일, 기독교식으로 결혼식을 올렸다. 이때부터 에스더는 선교사들처럼 박에스더라는 이름을 공개적으로 쓰기 시작했다. 두 사람은 그동안 조선에서 볼 수 없었던 새로운 부부 관계를 정립했다. 박유산은 에스더가 미국에서 의과대학에 다니는 동안 열심히 일해서 아내의 공부를 뒷바라지했으며, 아내는 남편의 도움을 받아 우리나라 최초의 의사로 우뚝 섰다.

박에스더와 박유산
1893년 결혼식을 올리고 난 뒤에 찍은 신혼 사진이다.

IV

닥터 로제타 홀, 그녀의 영원한 사랑

1

하나님의 길 위에서
만나다

1889년 3월 14일, 로제타는 펜실베이니아 여자의과대학을 졸업하고, 맨해튼 남쪽에 있는 뉴욕 스태튼 아일랜드 소아 아동 병원에서 인턴 과정을 시작했다. 그해 11월부터는 뉴욕의 감리교 디코니스 홈에 살면서 빈민을 위한 무료 진료소에서 봉사하고, 의대 졸업생을 위한 병원 임상 실습 과정도 병행하기로 했다. 미국 북감리교 여성해외선교회에 해외 의료 선교사 파견 지원서도 접수해놓고 있었다.

1889년 11월 어느 날, 로제타는 루스벨트 가의 무료 진료소 (Roosevelt Street Dispensary)를 방문했다. 디코니스 홈에서 함께 사는 간호원 젠킨스의 안내를 받고 소장의 진료실에 들어섰다. 생각보다 젊은 소장이 어린이 환자를 진료하고 있었다.

"홀 선생님, 디코니스 홈에 새로 오신 로제타 셔우드 선생님입니다."

남편이 될 윌리엄 제임스 홀과의 첫 만남이었다. 나중에 윌리엄 홀이 털어놓은 바에 의하면, 그는 진찰 중이던 어린이 환자에게서 눈을 들어 로제타를 올려다 본 순간, 첫눈에 그녀에게 반하고 말았다고 한다. 윌리엄 홀의 마음속에서 어떤 일이 일어나고 있는지를 전혀 알 수 없었던 로제타는 진료소장인 그에게 자신의 의사 자격증, 이력서와 추천장 등을 내보이며 자신이 그의 동료가 되기에 충분한 자격을 갖추고 있음을 증명하려 애썼다.

윌리엄 제임스 홀은 1860년 1월 16일, 캐나다 온타리오 주 글렌뷰엘 Glen Buell의 한 통나무집에서 아버지 조지 홀과 어머니 마거릿 볼튼의 3남 2녀 중 맏아들로 태어났다. 홀 가문은 증조할아버지 조지 홀이 아일랜드에서 가족과 함께 이민 오면서 캐나다에 정착했다. 어머니는 영국 국교도(國敎徒)였으나, 아버지가 장로교도였기 때문에 윌리엄 홀은 16개월 때 장로교의 세례를 받았다.

윌리엄 홀은 어려서부터 어머니 곁을 맴도는, 성격이 매우 온화하고 사교적인 아이였다. 일곱 살 때 글렌뷰엘 학교에 입학했는데, 교사 한 명이 모두를 가르치는 '한 교실 학교'였다. 담임을 맡았던 스터전 Sturgeon 선생에 의하면 윌리엄 홀은 최고의 학생이었다.

"나는 윌리엄처럼 사려 깊은 아이를 이전에도 이후에도 만나본 적이 없었다. 그는 언제나 친절을 베풀 기회를 찾고 있는 아이 같았다. 누군가 펜을 떨어뜨리면 가장 먼저 달려가 주워주는 아이였고, 난로에 불을 지피는 첫 번째 아이였으며, 가장 먼저 물을 길어오는 아이였다. 가장 영리하거나 재주 있는 아이는 아니었으나 사랑으로 가득 찬 마음을 갖고 있었으며, 항상 미소를 머금고 나타나는 그를 보는 게 언제나 큰 기쁨이었다.” [62]

어느 날 담임이 윌리엄 홀에게 농부가 될 생각이냐고 물었다. 대부분 농장에 사는 아이들이었으므로 농부가 되는 게 당연해 보였다.

“전 농부가 되겠다는 생각은 해본 적이 없어요. 제가 뭐가 되면 좋을 것 같아요?”

“목사 아니면 의사.”

“저도 가능하다면 둘 중의 하나가 되고 싶어요. 하지만 그럴 만큼 제가 능력이 있거나 현명할까요?”

진지한 모습으로 자신을 바라보는 윌리엄 홀을 마주하며 담임은 이렇게 겸손한 학생이 주변에 더 많았으면 얼마나 좋을까 생각했다.

윌리엄 홀은 이 학교에 다니는 동안 학교에서 여는 감리교 주일학교에 다녔다. 그리고 열네 살 때에 감리교 부흥회에 참석했다가 성령 체험을 하면서 감리교로 개종했다.

“그날 밤 집으로 돌아가는 길에서 본 별은 이전보다 두 배는 더 밝아 보였고, 가슴은 그가 찾은 구세주에 대한 사랑으로 가득 차올랐다."
63

1877년 1월, 열일곱 살이 된 윌리엄 홀은 가정 형편으로 학업을 중단하고 온타리오 주 아테네에 있는 스티븐스의 가구 회사에 취직하여 목공과 가구 제작을 배우기 시작했다. 평소 손재주가 좋아 나무로 소품을 만들거나 부서진 가구를 감쪽같이 수리하곤 했기에 소질에 맞아 보이는 일자리였다. 스티븐스의 회사는 가구와 관을 제작했는데, 윌리엄 홀이 이때 배운 기술은 나중에 조선에서 유용하게 쓰였다. 그는 조선에서 선교부 건물을 올릴 때 직접 인부들을 감독하거나 지도했다. 그리고 올링거 목사의 두 아이가 죽었을 때에는 관을 손수 제작했다.

윌리엄 홀은 자신이 짠 첫 관이 완성되었을 때 직접 들어가 누워보았다. 열아홉 살 청년은 그 관 속에서 어떤 생각을 했을까? 어린 나이에 죽음을 생각할 만큼 성숙한 영혼이었기에 인생을 길게 살 필요가 없었던 것은 아니었을까.

2년의 시간이 그렇게 흘러갔다. 그런데 하나님은 윌리엄 홀의 인생을 목수로 살도록 계획하지 않으신 듯했다. 어느 날부터 기침을 하고 열이 나면서 몸이 점점 쇠약해졌다. 그 당시에는 치료약이 없던 결핵이었다. 윌리엄 홀은 결국 일을 포기하고 고향으로 돌아와 죽음을 준비했다.

'아, 의미 있는 일을 하나도 해보지 못한 채 이렇게 죽는구나.'

월리엄 홀은 깊은 어둠 속에서 몸을 떨었다.

'제발 저를 살려주세요. 저를 살려주신다면 제 인생을 송두리째 당신께 바치겠습니다.'

간절히 기도하던 어느 날, 월리엄 홀이 다니던 교회에 윈터 목사가 방문해 '거룩함'을 주제로 설교했다. 월리엄 홀은 그 설교에 매료되었다. 그리고 자신을 온전히 하나님께 봉헌했다. 그날 월리엄 홀은 자신의 구원에 대한 확신을 얻었으며 다시 기쁨으로 충만해졌고, 이때부터 서서히 병에서 회복되기 시작했다. 월리엄 홀은 다시 얻은 삶을 하나님 보시기에 더욱 의미 있게 살고 싶었다. 하지만 하나님께 봉헌하는 거룩한 삶을 살기엔 자신의 배움이 부족하다는 결론에 이르렀다.

여전히 가정 형편은 그의 학업을 뒷받침해줄 만큼 여유롭지 않았다. 고달픈 고학 생활이 시작되었다. 휴일이나 방학 때마다 일을 해 학비를 벌고 생활비를 아끼기 위해 최대한 검약하게 지냈다.

그 당시 월리엄 홀의 담임이었던 카알리Karley 선생의 회상에 의하면 마르고 창백해 보이는 열아홉 살의 월리엄 홀은 문법, 역사, 지리 등의 학업에서 매우 뒤떨어져 있었다. 하지만 놀랄 만큼 빨리 따라잡아서 1880년 크리스마스 즈음에는 고등학교 과정에 진입할 수 있었다. 학업에는 뒤져 있었지만 월리엄 홀은 "언제나 누구나가 그를 사랑할 수밖에 없게 만드는 특별함이 있었다."

당시 카알리는 길로이Gilroy라는 사람의 집에서 하숙을 하고 있었다. 윌리엄 홀은 의문이 생길 때마다 카알리의 하숙집에 찾아가 질문을 하곤 했다. 그리고 이 집에서 윌리엄 홀은 특별한 친구들을 만나게 되었다. 집주인인 길로이 씨네 가족이었다. 특히 길로이 씨의 어머니는 아주 신실한 퀘이커 교도였는데 오랫동안 병석에 앓아누워 있었다. 천성이 친절하기 그지없던 윌리엄 홀은 그 집을 방문할 때마다 병자의 방에 들러 그녀와 이야기를 나누곤 했다.

길로이 씨의 어머니는 약초를 채취해 약으로 제조하는 법을 많이 알고 있었다. 윌리엄 홀은 그녀가 일러준 처방에 따라 오랜 시간 약초를 채취하고 달여 시럽을 만들어서 그녀에게 가져다주곤 했다.

윌리엄 홀의 주변에는 그에게 목사가 되기를 권유하는 사람이 많았다. 카알리 선생도 윌리엄 홀이 목사가 되려 한다고 생각했다. 그런데 길로이 씨의 어머니만큼은 윌리엄 홀에게 이렇게 말했다.

"윌리엄 제임스 홀, 자네는 인류를 위해 훌륭한 일을 하려 태어난 것이 분명해. 하나님은 자네를 의사로 만들 것이네. 자네는 영혼과 육체 모두를 보살피는 의사가 되어야 해."

윌리엄 홀이 의사가 되는 데 결정적인 계기를 준 사람은 바로 퀘이커교도 길로이 씨의 어머니였다. 길로이 씨 부부는 훗날 윌리엄 홀이 세상을 떠난 후에도 로제타와 오랫동안 친분을 이어갔다. 카알리 역시 윌리엄 홀의 꿈을 적극 지지해주었고, 윌리엄 홀의 어머니 또한 장남이 의사가 되겠다는 의견에 크게 찬성했다.

윌리엄 홀은 성실한 학생인 동시에 누구보다도 신실한 신앙인이었다. 주일마다 주일학교에서 봉사하며 마을의 모든 어린이에게 주일학교에 나가도록 권유했다.

그 무렵 글렌뷰엘에 디프테리아가 번져 첫 어린이 희생자가 생겼다. 디프테리아는 갑상샘이 부어 호흡 곤란을 일으키고 후유증으로 신경 마비를 일으키는 무서운 전염병이었다. 마을 사람 모두 전염을 겁내 아무도 그 집을 방문하려 하지 않았지만 윌리엄 홀은 혼자 그 집을 방문해 아이의 장례를 도와주었다.

윌리엄 홀은 고등학교에 진학할 학비를 마련하기 위하여 신앙 서적과 찬송가 등을 파는 책 외판을 시작했다. 돈을 벌면서 동시에 하나님께 영광을 드리는 일이 무엇일까 고민하다 경건한 책을 팔기로 한 것이었다.

1881년, 윌리엄 홀은 아테네 고등학교에 진학했다. 그는 전교생 중 가장 나이가 많고 신심이 깊은 학생이었다. 그는 생활비를 아끼기 위해 사촌 윌리엄 드러몬드William Drummond와 함께 학교 근처에 방을 얻었다. 사촌 윌리엄 역시 훗날 중국 난징〔南京〕에서 선교사로 일한 독실한 신앙인으로 이들은 친구들과 함께 기도회를 조직해 매주 모임을 가졌다.

1883년 7월, 윌리엄 홀은 초등교사 자격증을 얻었다. 이후 2년 동안 고향 글렌뷰엘 근처의 공립 학교에서 학생들을 가르쳤다. 그는 첫 월급으로 받은 돈을 마치 하나님의 은혜로 큰돈이라도 번 것처럼 주일학교 오르간을 사는 데 전액 기부했으며, 학생들에게 훌륭한 교사가 되고자 혼신의 힘을 기울였다.

교사로서 올바른 자세를 견지하기 위해서 얼마나 큰 은총이 필요한지 점점 더 깨닫게 된다. 지금까지의 경험 중 가장 힘든 일이다. 처음에는 그저 엄격하려고 노력했으나 이제는 좀 여유가 생겼다. 나는 내 학생들을 사랑하고 내가 할 수 있는 한 최선을 다해 그들에게 좋은 영향을 끼치려 한다. 그들이 본받을 만한 본보기가 되려 하고 그들을 유용한 삶을 살 수 있는 존재들로 이끌려 노력한다. 나의 작은 영혼들 앞에서 교사로서 내 자신이 구세주와 같은 모습이길 열망한다. 기도의 필요성을 더 느끼며 성령께서 나를 올바로 이끌어주시길 기원한다.

— 윌리엄 홀, 1884년 1월 17일의 일기

윌리엄 홀은 언제나 무슨 일을 하던 그리스도의 참다운 제자가 되려 했다. 이런 자세는 뉴욕이나 평양에서도 마찬가지였다. 방학이나 주말에는 여전히 책을 팔고 생명 보험도 팔았다. 공장에서 일을 하기도 하고 구식 복사 기계를 팔러 다니기도 했다. 의과대학에 진학할 학비를 마련하기 위해서였다.

1885년 10월 2일, 드디어 윌리엄 홀은 온타리오 주 킹스톤에 있는 퀸즈대학에서 의학 공부를 시작할 수 있었다. 윌리엄 홀은 그때의 심정을 이렇게 기록했다.

"오늘 대학 입학을 위해 집을 떠나 오후 5시에 킹스톤에 도착했다. 여러 가지 생각으로 심난해졌지만, 하나님을 향한 나의 마음은 더욱더 새로워지고 거룩해졌다." 64

윌리엄 홀은 곧 의과대학 안에 YMCA 조직이 없다는 사실을 발견하고는 지부를 만드는 작업에 착수했다. 불과 한 달 후인 11월에 조직은 성공적으로 완성되었으며 자신은 서기를 맡았다. 이 조직에서 간부를 맡았던 이들은 나중에 대부분 해외 의료 선교사가 되었다.

윌리엄 홀은 여전히 방학을 이용해 돈을 벌고 꼭 필요한 게 아니면 절대로 지출하지 않는 빠듯한 고학 생활을 이어나갔다. 방세를 아끼기 위해 항상 마음이 맞는 누군가와 함께 살았고, 하루 두 끼의 식사는 빵과 우유, 오트밀로 간단하게 해결했다. 나머지 한 끼는 근처 식당이나 하숙집에서 할인된 가격으로 사먹곤 했다. 그리고 주일에는 근처 감리교회에서 주일학교 교사로 봉사하는 경건한 생활을 했다.

1887년 2월, '학생 자원 운동(The Student Volunteer Movement for Foreign Missions)'을 이끄는 존 포먼 John Forman 목사가 퀸즈대학을 방

문해 강연했다. 이 강연에서 그는 학생들에게 해외 선교의 필요성을 역설하며 학생들의 마음속에 있는 신념을 자극했다. 이날 스물한 명의 학생이 해외 선교를 서약했는데, 윌리엄도 그들 중 하나였다. 하나님께서 원하시는 일이라면 길을 열어주실 것이라는 믿음에 의지한 결정이었다.

하나님은 머지않아 윌리엄 홀에게 길을 열어주셨다. 그해 여름 방학 동안 그는 미국 매사추세츠 노스필드에서 열린, 드와이트 무디Dwight Moody 목사가 주관하는 여름캠프에 참가했다. 비용을 아끼기 위해 가장 싼 기차표를 사고 텐트와 조리 기구까지 챙겨갔다.

그곳에서 윌리엄 홀은 뉴욕 국제의료선교회(The International Medical Missionary Society)의 회장인 조지 다우콘트George Dowkontt 박사를 만났다. 다우콘트 박사가 이끄는 선교회는 해외 의료 선교를 지원하는 의대생이라면 교파를 초월해서 학비와 하숙비를 지원했다. 윌리엄 홀은 즉각 이 프로그램의 수혜자가 되기로 결심하고, 뉴욕의 벨레뷰 의과대학으로 옮겨서 공부하게 되었다.

국제의료선교회는 점심을 제외한 하루 두 끼의 식사만을 제공했다. 윌리엄 홀은 이 시기 내내 점심을 굶거나 5센트짜리 싸구려 음식으로 끼니를 때웠다. 하지만 이렇게 가난한 생활에도 그는 언제나 감사했으며, 오히려 선교회로부터 모든 경비를 지원받을 수 없다며 잡일을 해 일부 경비를 충당하기도 했다.

마침내 1889년 4월, 윌리엄 홀은 벨레뷰 병원 의과대학을 졸업하고 의사 자격을 얻었다. 윌리엄 홀은 로제타보다 다섯 살 연상이었지만 두 사람은 같은 해에 의사가 되었다. 풍족한 집안에서 부모님의 지원을 받으며 편하게 공부한 로제타와 달리 윌리엄 홀은 믿음 하나에 의지하여 힘겹게 의사가 된 것이다.

그러나 두 사람은 좀 더 세상에 유용한 사람이 되기 위해, 구체적으로는 해외 선교라는 목표를 이루기 위해 의사가 되었다는 점에서, 교사라는 직업을 거쳐 의대에 진학했다는 점에서 많은 공통분모를 지니고 있었다. 결국 같은 길을 걷기 시작한 두 사람은 언젠가 한곳에서 만날 수밖에 없는 운명이었다.

2

빈민가의 천사들

1889년 겨울, 윌리엄 홀과 로제타는 직장 동료가 되었다. 당시 뉴욕은 어떤 곳이었을까? 1850년대부터 1930년대까지 미국은 이민의 홍수 시대였다. 짧은 기간 동안 2,500만 명에 육박하는 이민자들이 배를 타고 넘어왔다. 처음에는 가톨릭이나 영국 국교로부터 탄압을 받은 개신교 신자들이 종교의 자유를 찾아 이주했으나, 1845년부터는 아일랜드인들이 대기근을 피해 들어왔다.[65]

이민 물결이 이처럼 거세진 데에는 교통의 발달도 한몫을 담당했다. 1870년 이후 증기선의 규모가 커지고 항해 속도가 빨라지면서 승객 요금이 매우 저렴해졌다. 선박 요금이 내려가면서 유럽에서 먹고살기 힘든 하층민들의 이민이 급증했다. 남부 유럽 국가의 농업 기술이 향상되면서 농업 노동자의 수요가 줄어든 것도 이민이 늘어난 이유였다. 이 밖에도 러시아의 공산화, 유럽에서의 유대인에 대한 탄압 등 정치적 · 사회적 요인들이 복합적으로 작용하면서 이민자들은 봇물처럼 미국으로 쏟아져 들어왔다.

반면에 미국은 남북 전쟁이 끝나고 급격하게 산업화가 이루어지면서 많은 노동자가 필요했다. 이민자들은 노예 해방으로 남부에서 이주한 흑인들과 더불어 도시에 빈민 지역을 형성했다. 빈곤으로 인한 열악한 주거 환경, 영양 결핍, 의료 혜택의 부재 등은 범죄와 전염병의 온상이 되었다. 이를 우려한 사회 개혁가들이 등장하고 교회가 운영하는 진료소들이 속속 생겨났다. 윌리엄 홀과 로제타가 일하던 곳은 이렇게 세워진 진료소 중의 하나였다.

실제로 당시 뉴욕 빈민가의 참상은 이루 말할 수 없는 지경이었다.

"빼곡하게 들어선 공동 주택을 가장 빈번하게 찾아오는 손님은 질병이었고, 병으로 인한 열이 내려갈 날이 없었으며 여기저기서 들리는 결핵환자들의 기침 소리도 멎는 일이 없었다. 두통과 절망에 지친 엄마들은 아이들의 구슬픈 울음소리를 뒤로하고 일터를 향해 아침부터 이미 지칠 대로 지친 발걸음을 옮겼다. 병원들은 환자로 넘쳐났고 어느 집에나 이웃의 따뜻한 사랑과 의사의 손길을 기다리는 환자들이 누워 있었다." [66]

윌리엄 홀은 의대 졸업 후 바로 메디슨 가 무료 진료소에서 일을 시작했다. 그 무렵 윌리엄 홀과 함께 살았던 섬너 스톤Sumner Stone 목사는 윌리엄 홀의 당시 활동에 대해 이렇게 회고했다.

"윌리엄 홀은 뉴욕 하부 지역과 인구 밀집 지역에서 병으로 죽어 가는 이들에게 빛의 천사였다. 그는 어떤 대가도 바라지 않고 밤이나 낮이나 누가 부르든 기꺼이 왕진을 갔다. 그의 밝은 존재 자체가 병고에 지친 환자들의 고통을 경감시켜주었다. 어느 누구도 그가 섬기기에는 너무 가난하거나 악하지 않았다. 어떤 지하방도 그가 방문하기에 축축하지 않았고, 그 어떤 옥탑방도 그가 올라가기에 높지 않았다. 도둑이건, 살인자건, 어떤 범죄자건 그는 똑같이 부드럽고 자상하게 치유의 손길을 내밀었다." 67

윌리엄 홀이 목격했던 빈곤은 상상할 수도 없을 만큼 참담했다. 어느 날 방문했던 가족의 비참함은 차마 눈을 뜨고 볼 수 없을 지경이었다. 한겨울에 온기라고는 전혀 없는 차갑고 축축한 골방에서 누더기로 겨우 몸을 가린 엄마와 완전히 벌거벗은 두 어린아이가 몸을 숨기고 있었다. 태어난 지 얼마 안 된 것처럼 보이는 신생아는 신문지에 쌓여 누워 있었다. 식탁 위에 놓인 빵 한 덩어리는 어른 한 사람이 한 끼를 때울 정도 밖에 되지 않았는데, 분명 그 가족이 며칠 동안 먹을 식량이었을 것이다. 윌리엄 홀의 따스한 위로에 그 여인은 무너져 내리며 울부짖었다.

"제발 제 아이들에게 먹을 것을 좀 주세요. 저 아이들이 죽어 가는 모습을 차마 볼 수 없어요."

윌리엄 홀은 무슨 수를 내어서든 이들을 도와야 했다. 자신을 위해 무언가를 따로 떼어놓는 일은 불가능했다. 그는 이렇게 눈코 뜰 새 없이 바쁜 나날을 보내면서도 주일에는 여전히 주일학교에서 학생들을 돌보았다.

주변 사람들은 윌리엄 홀이 나이가 먹어도 결혼 생각을 하지 않는 것을 보며 평생 혼자 살기로 결심한 것이라 생각했다. 어느 날, 그가 고향을 방문했을 때 고등학교 시절부터 가까이 지내던 길로이 부인이 물었다.

"지미, 결혼은 하지 않을 생각인가 봐요. 하긴 그렇게 바쁜데 짝을 찾을 시간이나 있겠어요?"

윌리엄 홀이 웃으며 답했다.

"저와 평생 함께 일할 누군가가 언젠가는 나타나겠지요."

사실 윌리엄 홀은 결혼을 하지 않겠다고 생각해본 적이 없었다. 하나님께서 언젠가 자신에게 꼭 맞는 배필을 보내주실 것이라는 믿음으로 기다리고 있을 뿐이었다.

그리고 기다리던 그녀가 드디어 그 앞에 나타났다. 로제타를 보고 첫눈에 반한 윌리엄 홀은 점점 더 그녀에게 매료되었다. 윌리엄 홀은 로제타가 바로 자신이 기다리던 그녀임을 확신했다. 진료소와 빈민가 공동 주택 사이를 바쁘게 오가며 두 사람은 점점 가까워졌다. 윌리엄 홀은 어느 누구에게나 공평하게 친절했기 때문에 로제타는 호의를 보이는 윌리엄 홀의 행동에 대해서 전혀 특별하게 생각하지 않았다. 그러던 어느 날, 윌리엄 홀이 로제타에게 용기를 내어 말했다.

"닥터, 당신은 하나님께서 내게 보내주신 사람인 것 같아요."

사랑 고백을 한 것이다. 하지만 눈치 없는 로제타는 그 말을 전혀 개인적으로 해석하지 않았다. 동료로서 고마움을 표시했다고 생각할 뿐이었다. 나중에 한양에서 벵겔 선생과 존스 목사의 열애를 로제타만 빼고 모두가 알고 있었듯 그녀는 이렇게 둔감한 면이 있었다.

크리스마스가 되었다. 윌리엄 홀이 로제타에게 데이트를 신청했다. 두 사람은 메트로폴리탄 박물관을 구경하고 뉴욕 맨해튼 중심부의 센트럴 파크를 걸었다. 돌아오는 길에 윌리엄 홀은 작심하고 청혼했다.

"로제타, 나의 아내가 되어주시오."

로제타는 깜짝 놀랐다. 그는 로제타의 마음을 자신과 같은 방향으로 이끌어달라고 한 달 넘게 기도를 올렸다. 그는 이미 결혼에 대한 확신으로 가득 차 있었다. 윌리엄 홀은 대답하지 않는 로제타의 반응에 실망했다. 하지만 청혼을 거절했다고는 생각하지 않기로 했다. 자신이 너무 서둘렀던 탓이라고 스스로를 위로했다. 실제로 로제타는 분명하게 싫다고 말하지 않았다.

로제타에게 윌리엄 홀의 청혼은 정말 놀랄 만한 일이었다. 열여섯 살 때 결혼하지 않겠다고 생각한 뒤 그녀는 결혼에 대해 단한 번도 진지하게 생각해본 적이 없었다. 당연히 결혼에 대한 환상 같은 것도 없었다.

윌리엄 홀은 로제타에게 시간을 더 주기로 결심했다. 청혼한 뒤에도 여전히 친절하게 로제타를 대했으며, 다음 해 부활절이 될 때까지 결혼 이야기를 입 밖에 꺼내지도 않았다. 하지만 그 사이 로제타는 고민이 많았다. 건강에 대한 염려도 완전히 사라지지 않은 상태였다.

어느 날 로제타는 미국 북감리교 여성해외선교회가 발행하는 책자를 읽게 되었다. 그 책자에는 메리 라이언Mary Lyon의 연설문이 실려 있었다.

"인류를 위해 봉사하려거든 아무도 가려 하지 않는 곳에 가서 아무도 하려 하지 않는 일을 하라."

메리 라이언은 미국 최초의 여성을 위한 대학 과정인 마운트 홀요크 여자 신학교(Mount Holyoke Female Seminary)를 세운 인물이다. 그녀는 "여성들도 그들의 형제와 마찬가지로 고등 교육을 받을 동등한 자격이 있다"고 믿었다. 그리고 '기독교적 원칙'에 입각한 여교사 양성 학교를 설립한다는 목표를 세우고 여성들의 연대감에 호소해 학교 설립 기금을 모금했다.[68]

마침내 메리는 1837년, 그녀의 신념에 동의하는 여성들의 지원을 받아 마운트 홀요크 신학교 문을 열었다. 그녀는 제자들에게 기독교적 봉사 정신을 강조하면서 해외 선교에 나설 것을 강하게 촉구했다. 실제로 이 학교는 1859년까지 60명의 해외 선교사를 배출했다.

로제타는 그녀의 글을 읽는 순간, 중대한 결정을 했다. 결혼보다는 해외 선교를 택하기로 한 것이다. 선교회에서 한번 발령을 받으면 계약 때문에 적어도 5년 동안은 독신으로 봉사해야했다. 그리고 로제타는 원래 희망했던 중국 대신에 한국으로 선교 지역을 배정받았다.

윌리엄 홀의 실망과 놀라움은 컸다. 하지만 고민 끝에 그는 약혼 기간이 5년 이상 길어지지 않기를 간절히 바라면서 그 상황을 받아들이기로 했다.

"당신을 5년 동안 기다리겠소. 그러니 나와 약혼을 허락해주시오."

"언제든지 당신의 마음이 바뀌어도 개의치 않겠어요. 당신이 나 아닌 다른 여성과 결혼해서 해외 선교에 나간다면, 우리 두 사람 외에 한 사람을 더 선교사로 이끌 수 있으니 좋은 일일 수도 있잖아요."

윌리엄 홀은 로제타를 대신해 자신의 가슴속을 차지할 사람은 아무도 없을 거라 확신했다. 그래서 다른 여자를 만나도 괜찮다는 로제타의 말이 매우 서운하게 들렸다. 그러나 한편으로는 로제타가 자신의 믿음을 실천하는 것을 자랑스럽게 생각했고, 또 그것이 하나님의 뜻이라 믿었다.

이번 이별이 짧던 길던 우리 둘 다에게 좋은 일이 될 것이라 믿소. 전에는 한 번도 경험해보지 못한 감정으로 가슴 깊은 곳이 떨리고 있다오. 오늘처럼 당신이 나에게 소중하게 느껴진 적이 없소. 어떤 방법으로든 하나님의 일을 위해 나를 단련시켜 달라고 기도했소. 당신의 일을 진심으로 지지하며 예수님을 따르기 위해 기꺼이 모든 것을 포기하고 떠난 당신을 자랑스럽게 생각하오.

— 1890년 8월 26일, 윌리엄 홀이 로제타에게 보낸 편지

육로와 해로로 이어지는 긴 여행, 무사히 도착한다 하더라도 생명을 담보로 활동해야 하는 낯선 땅. 그런 곳으로 연인을 떠나보낸 윌리엄 홀의 마음은 애달프기 그지없었다. 하지만 곧 그녀의 용기와 결단에 대한 경외감과 더불어 더 큰 사랑이 샘솟았다.

지금쯤 당신은 태평양 한가운데 있을 듯하오. 얼마나 자주 당신 생각을 하는지. 그럴 때마다 바다를 주관하시는 그분 손에 당신을 맡긴다오. 당신은 매일매일 나에게서 멀어지지만 내 마음은 점점 더 당신에게로 가까이 다가가는 듯하오. 당신에 대한 사랑이 잠자던 내 마음을 깨워 사랑으로 충만하게 하니 환자들에게도, 하나님에게도 점점 더 큰 사랑이 솟아오르는 것을 느끼오.

— 1890년 9월 5일, 윌리엄 홀이 로제타에게 보낸 편지

윌리엄 홀의 편지는 이별의 안타까움과 그리움으로 가득했다. 분명 로제타도 무척 그를 그리워했으리라. 하지만 그녀는 일기 어디에도 자신의 감정을 드러내지 않았다.

로제타가 떠나고 두 달 뒤, 윌리엄 홀은 메디슨 가 선교부의 총책임을 맡았다. 그는 더욱 일에 성심을 다하기 위해 스톤 목사의 집을 나와 진료소 근처로 주거지를 옮겼다. 굶주린 이들에게 조금이라도 더 나누어주기 위해 빵 한 조각과 사과 하나로 식사를 대신하곤 했다. 꼭 필요한 물품도 중고품 가게에서 구입했다. 그의 마음이 전해졌는지 선교부에는 점점 더 많은 사람이 찾아왔다. 이때 드류 신학교 학생 신분으로 메디슨 가 선교부의 일을 돕던 아서 노블Arthur Noble 목사는 윌리엄 홀을 이렇게 회고했다.

"그는 모든 계층과 나이를 초월한 진정한 친구였으며, 교회가 전적으로 신뢰하는 이였다. 여유 있는 사람들은 신실한 일꾼이자 현명한 조언자로, 가난한 이들은 사랑과 헌신, 동정심을 가진 친구로 그를 대했다." [69]

모든 힘을 다해 빈민들을 돌보면서도 윌리엄 홀은 해외 선교를 포기하지 않았다. 고등학교 때 함께 자취했던 사촌 드러몬드처럼 자신도 중국으로 파견되길 간절히 희망했다. 드러몬드는 로제타가 떠난 직후 장로교 선교사로 파견되어 난징에서 일하고 있었다. 이 시기 열정 가득한 젊은 크리스천들의 이상은 이방인들의 나라에 가서 예수님의 사랑을 실천하는 것이었다.

3

하나님의 뜻으로
사랑을 약속하다

월리엄 홀은 캐나다 감리교회의 선교사로서 중국에 파견되길 희망했다. 하지만 1891년 상반기 동안 캐나다 선교회는 새 선교사를 파견할 경비를 마련하지 못했다.

그러던 중 1891년 여름 무렵에 윌리엄 홀은 뛸 듯이 기쁜 소식을 들었다. 미국 감리교 선교회의 사무총장인 볼드윈의 편지를 받은 것이었다. 총감독의 최종 허가가 필요하긴 했지만, 안식년을 맞은 윌리엄 스크랜턴 박사를 대신해 조선에 갈 의향이 있느냐는 것이었다. 윌리엄 홀은 로제타를 만날 수 있다는 희망에 가슴이 부풀었다. 하지만 두 달 후 여행에서 돌아온 총감독은 조선에 의사를 더 파견하는 것을 반대했다. 윌리엄 홀은 크게 실망했지만 스스로를 위로하며 로제타에게 다음과 같은 편지를 보냈다.

"하나님은 나에게 놀라운 일들을 주셔서 이곳에 있는 많은 이로부터 사랑을 받도록 허락하셨습니다. 그분께서는 내가 뉴욕에 있기를 원하시는 것 같습니다. 그분은 최선을 아시는 분이시고, 그분께서 나를 택하심이 기쁩니다. 그동안 스스로 많은 계획을 세웠으나 이제는 모든 것을 그분 손에 맡기고 그저 따르려 합니다."

윌리엄 홀이 조선행을 포기하고 뉴욕에서 계속 일하기로 결심하자 곧 캐나다 선교회에서 중국으로 갈 수 있는 자금을 확보했다는 연락이 왔다. 윌리엄 홀은 중국으로 가는 게 하늘의 뜻이라 믿고 순종하기로 했다. 나아가 그는 로제타가 상하이〔上海〕로 와서 그곳에서 결혼식을 올리고 자신과 함께 일하기를 소망했다. 윌리엄 홀은 로제타가 소속되어 있는 미국 북감리교 여성해외선교회 뉴욕지부를 방문해 스키드모어 회장에게 로제타의 계약 파기를 문의했다.

그때 로제타의 상사, 스크랜턴 여사는 안식년을 맞아 미국에 머물고 있었다. 스키드모어로부터 윌리엄 홀의 이야기를 전해들은 스크랜턴은 로제타와 같이 훌륭한 일꾼을 중국으로 빼앗기고 싶지 않았다. 그녀는 곧 로제타에게 윌리엄 홀의 조선 파견에 대한 편지를 썼다.[70]

로제타는 스크랜턴 여사의 편지를 받고 가슴이 두근거리는 것을 느꼈다. 그녀는 애써 감정을 억누르며 내심 이제는 그가 조선으로 오게 될 것임을 확신했다.

스크랜턴 여사가 닥터 홀을 제대로 알았더라면 나를 붙잡아 두기 위해서가 아니라 다른 이유로 그를 조선에 데려오려 했을 것이다. 내가 어떻게 대답하든 그것은 큰 변수가 되지 않을 거라 믿는다. 하나님께서 그가 조선으로 오기를 원하신다면 어떻게든 그가 오게 될 것이다. 주님께서 그가 이곳으로 오는 것을 원한다고 나는 믿는다. 처음에는 그렇게 생각하지 않았으나 하나님께서는 내가 진심으로 바라는 기쁨을 주실 것이라 믿는다.

— 로제타, 1891년 8월 6일의 일기

하루빨리 결혼하고 싶어 하는 윌리엄 홀과 달리 로제타는 결혼 문제에 대해서는 확신이 서지 않았다. 그와 결혼하기 위해서는 여성해외선교회와 맺은 계약을 파기해야 했고, 자신이 독신으로 살며 더 큰 뜻을 이루기 바랐던 어머니의 뜻도 거슬러야 했다.

만약 내가 하나님과 닥터 홀 가운데 하나를 덜 사랑했다면 이 문제의 결론을 내리기가 쉬웠을 것이다. 하나님과 그, 그리고 나, 이렇게 모두를 위한 결정을 내려야 한다. 내 자신의 행복은 닥터 홀과 하나님 중 하나를 선택하는 문제가 아니다. 나는 영적으로 올바름에 대한 확고한 원칙을 갖고 있다고 믿는다. 대의를 위해 옳다고 생각하는 것을 위해서라면 나 개인의 소중한 사랑을 버릴 수도 있다. 내가 원하는 것이 당신이 원하는 것이 되도록 도와주시고 당신의 뜻이 무엇인지 내가 읽는 성서 구절을 통해서, 혹은 친구를 통해서, 아니면 상황을 그렇게 이끌어주시어 진리를 찾아가도록 도와주소서.

— 로제타, 1891년 10월 9일의 일기

로제타는 독립적이고 주체적인 여성이었다. 문화와 관습에 따라 결정하는 것이 아니라 하나님 앞에 선 독자적인 존재로서 어떤 판단이 가장 현명한지 고민했다. 이날 일기의 마지막에 로제타는 자신이 어렸을 때부터 좋아했던 『햄릿』의 한 구절을 써넣었다. 왕의 충실한 부하 폴로니우스가 아들에게 건네는 진실한 조언이었다.

"밤이 낮을 따라가듯 네가 진실로 믿는 바를 따라간다면 어느 누구에게든 진실하게 대하게 될 것이다."

로제타가 삶을 대하는 태도가 어떠했는지 명확하게 확인할 수 있는 대목이다. 그녀는 자신을 끝없이 성찰하는 동시에 자신감과 자부심을 가지고 살았다. 마침내 하나님은 그녀에게 상황으로 길을 열어주셨다. 로제타의 능력을 높이 산 스크랜턴 여사의 도움으로 윌리엄 홀은 중국이 아닌 조선으로 발령받게 되었다.

로제타가 10월 말에 받은, 그녀의 스물여섯 살 생일날 윌리엄 홀이 쓴 편지에는 생애 최고의 선물이 담겨 있었다.

로제타, 한국으로 파견을 받았다오. 주님께서 길을 내어주시니 기쁘기 그지없소. 우리가 곧 함께 있을 수 있게 된다니 너무 감사할 따름이오. 지금처럼 하나님께서 함께하심과 그 힘을 더 강하게 느낀 적이 없을 지경이오. 좀 더 심화된 의학 지식을 습득하기 위해 공부 중이오. 스크랜턴 박사와 함께 지내고 있는데, 그분의 어머님께서 당신을 굉장히 칭찬하더군요.

— 로제타, 1891년 10월 27일의 일기

이 편지를 받은 뒤, 로제타는 자신이 윌리엄 홀을 조선으로 불러들이기 위한 하나님의 도구가 아니었을까 생각했다.

나는 조선과 조선인, 그리고 내 일을 사랑한다. 닥터 홀이 조선으로 오게 된 것은 더할 수 없는 축복이다. 나보다 그가 이들을 위해 훨씬 더 많은 일을 할 것이다. 조선의 선교 사업에 그를 불러들인 것이 내가 한 일 중 가장 훌륭한 게 아닐까 생각한다. 그를 이곳으로 불러오기 위한 주님의 도구로 내가 쓰인 것을 기쁘게 여기며 주님의 이끄심과 역사하심에 영광 드린다.

— 로제타, 1891년 10월 27일의 일기

뉴욕 메디슨 가 선교부에서 열린 윌리엄 홀의 환송회는 더할 수 없이 감동적이었다. 뉴욕 검사관인 앤드류 그린과 감리교 선교본부의 제임스 시먼이 윌리엄 홀의 노고를 치하했다. 주일학교에서 윌리엄 홀을 도와주던 저명한 맹인 시인이자 찬송가, 작사가 페니 크로스비는 그를 위해 지은 시 「누가 갈까?(Who will go?)」를 낭송해주었다. 하지만 누구보다도 윌리엄 홀에게 감동을 준 사람들은 그의 특별한 친구들, 어린이들의 진심어린 환송이었다.

지난여름, 윌리엄 홀은 도시 빈민가의 비좁고 더러운 공간에 갇힌 아이들 130명을 데리고 캐나다 고향 근처의 찰스턴 호수로 야영을 떠났다. 빈민가에서 성장한 아이들은 시원하게 펼쳐진 농장과 숲에서 정말 즐거운 시간을 보냈다. 이 밖에도 그는 자신의 적은 급여를 쪼개 주일학교 아이들을 데리고 센트럴 파크로 소풍

평양연합기독병원 전경
조선에서 아픈 이들을 치료하다 숨진 윌리엄 홀을 기리기 위해 세운 기홀병원은
훗날 장로교 의료시설과 통합되어 평양연합기독병원으로 발전했다.

을 가곤 했다. 가끔씩이라도 아이들에게 맑은 공기를 쐬게 해주려는 배려였다. 윌리엄 홀이 떠난다는 소식을 들은 부모들은 눈물을 흘리며 그가 아이들에게 베푼 친절과 사랑에 감사를 표했다.

1891년 11월 12일, 캐나다의 고향에서 가족과 작별하고 여행길에 오른 윌리엄 홀은 12월 15일에 부산항에 도착했다. 부산의 세관에서 활동하던 캐나다인 의료 선교사 하디Hardie 박사가 윌리엄 홀을 반갑게 맞이했다. 하디 박사는 1907년부터 조선 전역을 돌며 부흥회를 열고 영적 대각성 운동(The Great Spiritual Awakening Movement)을 일으킨 인물이다. 먼 훗날 윌리엄 홀과 로제타의 아들 셔우드는 하디 박사의 설교에 감화를 받아 의료 선교사가 되기로 결심하기도 했다. 부산에서 윌리엄 홀은 한양의 존스 목사에게 조선에 도착했음과 다음 날 제물포에 도착할 예정이라는 전보를 쳤다.

윌리엄 홀은 선상에 있는 내내 뱃멀미가 어찌나 심했던지 목적지에 도착하면 다시는 고향으로 돌아가지 않겠다는 생각을 했을 정도였다. 하지만 극심한 고통도 시간이 지나면 잊히는 법. 윌리엄 홀은 나중에는 휴가를 얻어 고향에 돌아갈 때 팔레스타인의 성지를 순례하고 싶다는 소망을 이야기하곤 했다. 하지만 결국 그의 꿈은 이루어지지 않았고, 배 위에서 생각했던 것처럼 영원히 고향에 돌아가지 못했다.

제물포항에서 존스 목사가 윌리엄 홀을 반갑게 맞이했다. 제물포에서 한양까지 가려면 두 발로 걷거나 조랑말을 타야 했다. 하지만 윌리엄 홀은 조랑말 타기를 포기했다. 180센티미터가 넘는 자신의 큰 키에 비해 다리가 짧은 조랑말이 너무 애처로워 보였기 때문이었다. 아마 그는 조랑말이 보기보다 무척 힘이 세고 유용하다는 사실을 몰랐던 것 같다.

1891년 12월 17일, 한양의 닥터 빈톤Vinton의 집에서 열린 기도회에서 윌리엄 홀과 로제타는 다시 만났다. 헤어진 지 거의 일 년 반 만이었다. 스크랜턴 여사는 뉴욕에서 보낸 편지에 한동안 두 사람의 관계를 비밀로 하라고 권했다. 하지만 그날 두 사람은 가슴이 벅차올라 자신들의 관계를 더 이상 비밀로 할 수 없음을 깨달았다.

그 무렵 한양에 있는 선교사들은 미국에서부터 로제타와 동행했던 벵겔을 제외하고는 아무도 두 사람의 관계를 몰랐다. 벵겔도 한양에서 만난 존스 목사와 약혼 상태였다. 로제타는 로드와일러 당장에게 비밀을 털어놓기로 결심했다.

그런데 로제타가 윌리엄 홀과의 약혼 사실을 털어놓자 로드와일러는 의아하게 느껴질 정도로 깜짝 놀랐다. 새로운 총각 선교사의 등장에 잠시나마 처녀 선교사의 마음이 설레었던 것은 아닐까.

그다음 날, 로제타는 윌리엄 홀에게 자신이 일하는 병원을 안내했다. 평소에 과묵하고 진지하던 그녀가 어찌나 발랄하게 변했는지 사람들 모두 두 사람 사이에 뭔가 이상 기류가 있음을 눈치챌 정도였다.

다시 만나서 더할 수 없이 행복한 마음은 두 사람이 똑같았으나 결혼에 대한 생각은 사뭇 달랐다. 빨리 결혼하고 싶은 윌리엄 홀과 달리 로제타의 마음은 복잡하기만 했다. 결혼식에 대해 확답을 주지 않는 로제타에게 윌리엄 홀이 말했다.

"아직도 독신으로 봉사하겠다는 생각을 가지고 있는 것은 아니지요? 일에 대한 의무와 사랑이 서로 충돌할 수는 없다고 생각하오."

윌리엄 홀은 로제타가 여성해외선교회와의 계약을 중간에 파기하는 것에 대한 부담 때문이라 생각하며 채근했다. 하지만 이 시기 로제타의 일기를 보면 또 다른 문제가 있었음을 알 수 있다.

결혼 문제에 대해 내가 빨리 결단을 내려주기 바라는 그의 마음이 이해가 된다. 아무도 미결정 상태로 있는 것을 즐길 사람은 없을 테고, 빨리 계획을 세우면 그가 일하는 데에도 크게 도움이 될 것이다. 하지만 그를 사랑하는 나의 마음이 그동안 너무 플라토닉했던 것 같다. 나는 극단을 택하고 있었던 것 같다. 이제 균형을 찾아야만 한다. 이런 얘기를 누구와 나눠본 적도 없고 글로 써본 적도 없었다. 누군가와 이 문제에 대해 의논해보고 싶은데 스크랜턴 선

생님이 곁에 있었다면 얼마나 좋을까. 그녀라면 믿을 수 있는 상대
인데…….

― 로제타, 1891년 12월 27일의 일기

로제타는 성적인 결합에 대해 결벽증을 갖고 있었다. 이 문제
가 커다란 고민이었는데 누구랑 의논할 상대도 없고 결국 "일기
에 고백하면서 나를 좀 더 이해해보기로 했다"고 결론 내렸다. 그런
데 머지않아 그녀는 신기하게도 이 문제가 저절로 해결되었음을
고백한다.

그의 곁으로 가까이 다가오라고 하는 닥터 홀의 목소리를 듣고서
잠이 깨었다. 꿈이었다. 자정이었다. 신기하게도 갑자기 전에는 전
혀 느끼지 못했던 느낌이 왔다. 아주 선명하게 그의 아내가 될 거
라는 생각이 들었는데 마음이 매우 편안하고 고요하게 느껴졌다.
하나님께서 나를 변화시킨 것 같았다. 나 스스로 이 상태를 어떻게
진단해야 할지 모르겠다. 영적으로 그를 사랑하는 마음은 확고한
데 육적으로 그를 사랑하는 마음을 애써 무시해왔다. 우리의 본성
은 이중적이니, 아마도 모든 관계가 영적인 면과 육적인 면을 함께
지니고 있는 게 아닐까? 그를 영적으로만 사랑하려 생각했고, 육
적인 면을 상상할 때마다 역겨운 느낌을 가졌다. 그런데 그 느낌이
사라졌다. 어떻게 된 일인지 모르겠지만 놀랍게도 그 감정을 없애

려고 애쓰지도 않았다. 이제 닥터 홀에게 기꺼이 결혼하겠다고 말
할 수 있을 것 같다.

— 로제타, 1891년 12월 27일의 일기

로제타는 일주일 동안 고민을 거듭했다. 조급한 마음으로 기
다리는 윌리엄 홀을 볼 때마다 미안한 마음에 고개를 들지 못했
다. 그런데 마침내 자신의 변화가 신기하게 느껴질 정도로 결혼
에 대한 확신으로 가득 찼다. 로제타는 다음 날 자신의 변화에 대
해 보다 이론적인 분석을 시도했다.

내가 처음 생각한 것은 세상에 존재하는 어떤 것도 하나님의 영광
을 드러내는 데 쓰이지 않으면 의미가 없다는 사실이었다. 아무리
기름지다 해도 그 땅을 경작하지 않으면 무슨 소용이 있겠는가? 씨
앗도 열매를 맺어 인간이나 동물을 먹이고, 그 동물은 또 우리에게
고기와 가죽을 대주지 않는다면 무슨 소용이 있으랴? 우리 인간도
하나님을 위해 봉사하지 않는다면 무슨 의미가 있을까?

두 번째로는 희생에서 비롯되는 모든 것은 사라지지 않고 보다
나은 삶으로 연결된다는 점이다. 이것이 아름다운 변화의 법칙이
다. 씨앗에 관한 우화가 있다. 어느 추운 날 밤, 씨앗이 투덜거렸다.

'나는 하나님에게서 이렇게 멀리 있는데 어떻게 그분께로 올라
갈 수 있단 말인가!'

곰곰이 생각한 씨앗이 땅에게 부탁했다.

"땅님, 저에게 힘을 좀 나눠주세요."

"안 돼. 절대로. 내가 가진 것이라고는 이것밖에 없는데 나를 위해 간직해야 해."

"땅은 영원히 언제나 그대로 존재하지요. 그런데 당신이 나에게 힘을 나눠주시면 당신은 다른 생명으로 고양될 수 있어요."

땅은 씨앗에게 힘을 나눠주었고, 씨앗은 그 힘으로 물과 햇볕을 받아, 아름다운 잎, 꽃, 열매 등 수백의 아름다운 형태로 변화했다. 땅은 희생하여 잃은 것이 하나도 없었고 아름다움과 가치, 생명을 드높이는 변화를 가져왔다. 우리 인간도 하나님께 우리 자신을 드릴 수 있다. 죄를 용서받고, 높은 목적으로 드높여질 수 있다. 나 또한 하나님을 위해 나 자신을 온전히 바치고 싶다. 이 마음이 바로 그 이른 아침에 받은 은총이다. 내가 바로 땅이 된 듯한 느낌이다. 그 힘을 나 혼자 차지할 수 없고 아무에게나 줄 수도 없다. 사랑하는 그. 그와 이런 식의 결합에 대해 계속 거부해왔다. 그러나 이제 더 이상 망설이지 않겠다. 이렇게 갑작스런 변화를 이끄신 그분께 감사한다.

— 로제타, 1891년 12월 27일의 일기

두 사람은 1892년 여름에 결혼식을 올리기로 했다. 그때쯤 배재 학당의 설립자인 아펜젤러 목사가 안식년 휴가를 떠날 계획이었다. 그가 살던 집이 비게 되므로 그 시기에 맞추어 결혼해 그 집에서 신혼살림을 시작하는 게 가장 자연스러울 것이었다.

로제타는 뉴욕에 있는 여성해외선교회에 자신의 결혼 결정을 보고했다. 여성해외선교회에서는 로제타의 결정을 계약 파기로 받아들였다. 선교회는 그녀의 결혼 결정에 큰 실망을 표시하며 조선까지의 여행 경비를 반환하라고 요구했다.

로제타는 심한 마음의 상처를 받았다. 자신의 고뇌에 찬 결심이 무책임으로 받아들여지는 것 같았다. 자신은 결혼을 한다 해도 일에 방해가 될 것이라고 생각하지 않았다. 그녀는 결국 자신이 맡은 바 소임을 다하지 못해서 자신을 대신해 누군가가 파견될 경우에만 경비를 반환하겠다고 결심했다.

로제타와 같은 해 존스 목사와 결혼한 벵겔은 이화 학당의 교사 자리를 내놓게 되자 자신이 파견될 때 선교회로부터 지원받았던 여행 경비와 의복비를 반환했다. 그리고 그 비용은 이화 학당에 새로 파견된 룰루 프라이Lulu Frey의 경비로 지원되었다.

로제타는 결혼을 한 이후에도 업무에 변화가 없었기 때문에 그녀의 결정은 합리적이었다. 로제타는 고향집에 자신의 결혼 결심을 알렸고, 윌리엄도 로제타의 부모님께 허락을 구하는 편지를 보냈다. 로제타는 "아버지와 애니는 분명 찬성할 것이나 어머니와 조는 반대할 것" [71]이라고 예상했다. 그녀의 예상대로 어머니 피비는 오랜 고민 끝에 가까스로 두 사람의 결혼을 인정하고 축하

해주기로 결정했다. 로제타는 어머니와 조가 자신이 온전히 하나님에게 봉사하는 삶을 살아가길 바란다는 것을 알고 있었다. 어머니는 여성으로서, 조는 흑인 노예로서 불평등 속에서 살아왔기 때문에 독립적이고 주체적으로 살아가는 로제타의 삶을 누구보다도 자랑스러워하고 동경했다.

로제타는 뉴욕 진료소에서 함께 일하던 젠킨스 간호사에게 결혼 소식을 전하고 3달러를 동봉하며 웨딩드레스에 붙일 실크 레이스를 부탁했다. 하지만 로제타가 꿈꾸었던 레이스를 붙인 화사한 웨딩드레스의 꿈은 물거품이 되고 말았다. 그 편지를 싣고 가던 일본 증기선이 바다에 침몰했기 때문이었다. 이때부터 하늘은 로제타의 결혼 생활이 그리 화사하지만은 않을 것임을 예고한 건 아니었을까.

로제타는 이브닝드레스를 만들 생각으로 일본에서 구입했던 흰 비단을 이용해 웨딩드레스를 만들기로 했다. 긴 주름치마를 만들고, 수가 놓인 비단 천으로 장식을 넣어 짧은 윗도리를 만들어 입기로 했다. 하지만 옷을 맞춘 뒤 가봉할 시간도 그녀에게는 주어지지 않았다. 뉴욕 여성해외선교회에 간곡히 요청해서 조선에 파견된 친구이자 간호사였던 루이스와 미국에서 동행했던 벵겔이 이장열에 걸렸기 때문이다. 이장열은 하루 동안 체온이 섭씨 1도 이상 오르내리고, 최저 체온이 섭씨 37도 이상 열이 나는 증세로, 두 사람은 어찌나 심하게 열이 오르는지 로제타는 너무 노심초사해 웨딩드레스를 생각할 겨를도 없었다.

윌리엄 홀과 로제타는 밤잠을 설치며 두 사람의 곁을 지켰다. 두 사람의 상태가 위중해 보일 때는 결혼식을 거행할 수 있을지조차 의심스러울 지경이었다. 다행히 두 사람은 모두 완쾌했고, 로제타는 진심으로 하늘에 감사했다.

1892년 6월 27일, 두 사람은 아침 9시에 스크랜턴 박사와 스크랜턴 여사, 그리고 존스 목사와 벵겔 선생과 함께 영국 공사관을 향했다. 윌리엄 홀이 영국령 캐나다인이어서 법적으로 영국민이었기 때문이었다.[72] 이들은 영국 영사 월터 힐리어Walter Hillier의 주례로 간단한 결혼식을 행했다. 이 결혼식은 영국령에서만 합법적으로 인정되었으므로 두 사람은 미국에서도 인정받을 수 있는 결혼식 절차를 다시 한 번 치러야 했다.

두 번째 결혼식은 스크랜턴 여사의 집에서 그녀의 우아한 주재 아래 거행되었다. 어머니처럼 믿고 의지하는 스크랜턴 여사가 휴가에서 돌아와 자신의 결혼식을 지켜봐주는 것이 로제타에게는 더할 수 없는 기쁨이었다. 올링거 목사가 주례를 맡고 벙커 목사가 보조했다. 영국 공사 힐리어와 미국 대리 공사 호러스 알렌Horace Allen[73] 등 서른 명의 하객이 초대되었다.

결혼식이 끝난 뒤 같은 장소에서 피로연이 열렸다. 중국인 요리사, 스튜어드가 만든 커다란 웨딩 케이크가 등장했고, 독일인 지휘자로부터 훈련을 받은 조선궁전악단이 축하 연주를 했다. 조선의 관습에 따라 잔칫집 대문 밖에 몰려든 가난한 이들에게 엽전을 하나씩 나눠주었다.

오후 1시경, 두 사람은 피로연장을 빠져나와 제물포로 떠났다. 그곳에서 배를 타고 중국 치푸로 신혼여행을 가기로 되어 있었다.

> 나날이 푸름을 더해 가는 논과 아직 베지 않고 남아 있던 누렇게 익은 보리밭이 조화를 이룬 아름다운 들녘이 우리의 기분을 한층 즐겁게 했다. 나는 가마를 타고, 그이는 곁에서 걷다가 조랑말을 타기도 했다. 가끔씩은 나도 가마에서 내려서 함께 걸었다. 그이는 가는 동안 내내 흥에 겨워 노래를 불러주었다. 옛날에 엄마가 즐겨 부르던 노래가 포함되어 있어서 가족들 생각이 간절해졌다. 그이가 하나님께서 자신에게 너무 많은 것을 주신다고 어찌나 기뻐하고 즐거워하는지 나도 더욱 기뻤다. 하나님께서 나에게도 넘치게 잘해주신다고 느꼈다.
>
> — 로제타, 1892년 6월 27일의 일기

가족에 대한 사랑이 유난히 강했던 그녀는 직접 가족의 축하를 받을 수 없다는 사실이 몹시 서운했다. 하지만 신혼부부는 더할 수 없이 행복했다. 밤 11시가 다 되어서야 이들은 제물포에 도착했다. 하지만 그때까지도 치푸로 향할 증기선 젠카이Genkai는 입항해 있지 않았다. 두 사람은 스튜어드 호텔에서 첫날밤을 보내기로 했다. 그 호텔은 그들에게 웨딩 케이크를 만들어준 사람이 운영하는 곳이었다. 잠자리에 들기 전 두 사람은 「시편」 23장을 읽었다.

치푸에서 보낸 한 달 동안의 신혼여행은 신혼의 달콤함을 즐기는 동시에 앞으로 일할 힘을 비축하는 시간이었다. 어린아이처럼 천진난만한 윌리엄 홀은 로제타에게 자유롭고 거침없이 사랑을 표현하는 반면 내성적이고 사색적인 로제타는 마음과 달리 표현이 쉽지 않았다. 로제타는 자신이 너무 교만한 탓은 아닐까 고민했다.

> 내가 얼마나 그를 사랑하는지 말이나 행동으로 보여주고 싶은데 생각처럼 쉽게 되지 않는다. 내 마음 깊은 곳에 들어 있는 성스러운 이 감정을 상투적인 말로 표현하고 싶지는 않다. 나의 교만함 때문이며 이 교만함이 없었다면 나는 내가 사랑하는 이들을 두 배는 행복하게 해주었을 것이다, 하나님, 이 교만함을 극복할 수 있도록 도와주소서.
>
> — 로제타, 1892년 7월 4일의 일기

신혼여행 중 어느 날, 로제타는 호텔 가까이에 있던 의료 선교사의 진료실을 방문했다가 전족한 여인의 맨발을 보게 되었다.

병든 남편의 약을 얻으러 6킬로미터가 넘는 먼 길을 걸어온 여인은 발이 부르터 피가 나고 있었다. 구부러진 엄지발가락 아래쪽으로 다른 네 개의 발가락이 한 줄로 늘어서듯 구부러져 있었고 그 엄지발가락과 뒤꿈치가 서로 마주보듯 휘어 있었다. 로제타는 그녀의 발을 보면서 가슴이 매우 아팠다. 이 여인들보다는 집에 갇혀 지내는 조선 여인들이 낫지 않을까 싶었다.

치푸에 머물던 중, 로제타는 봉순이로부터 편지를 받았다. 보구여관은 여전히 문을 열고 간단한 처치를 해주거나 상비약을 처방한다고 했다.

"요즘은 환자가 별로 많지 않습니다. 우리 세 명의 소녀와 제 어머니가 약제실에서 일하고 있습니다. 선생님이 보고 싶어서 매일 선생님께서 주신 사진을 보지만 그것은 그저 사진일 뿐이고 실제로 만나서 이야기를 나누고 싶습니다."

세 명의 소녀들은 에스더, 메례, 봉순이였다. 이들은 로제타를 애타게 기다렸다.

7월 말, 두 사람은 자신들을 기다리는 수많은 환자와 사랑하는 동료들 곁으로 돌아갈 채비를 했다. 윌리엄 홀과 로제타의 가슴은 하나님께서 그들을 다시 만나 가정을 이루게 해주었다는 감사함과 사랑으로 가득 찼다. 그들은 이 사랑을 누구에게나 기꺼이 나누어줄 생각이었다.

4

월리엄 홀,
평양을 찾다

1892년 8월, 신혼여행에서 돌아온 로제타와 윌리엄 홀은 비어 있던 아펜젤러의 집에서 신혼살림을 시작했다. 윌리엄 홀은 스크랜턴 박사가 일하는 시병원에서, 로제타는 보구여관에서 분주한 나날을 보냈다. 로제타는 세상에서 가장 행복했다.

우리의 신혼여행은 매우 달콤했다. 하지만 우리만의 가정생활에 비할 수는 없다. 우리의 가슴이 점점 더 넓어지는 만큼 사랑도 깊어 간다. 내가 그를 얼마나 사랑하는지! 아무리 함께 있어도 충분하지 않을 것만 같다.

— 로제타, 1892년 9월 19일의 일기

그러나 행복은 오래가지 않았다. 9월 5일, 감리교 한양지구 연례회의에서 윌러드 말레이유^{Willard Mallalieu} 감독이 선교사들의 담당 업무를 발표했다. 로제타는 보구여관 유임이었다. 그런데 "매우 놀랍게도 닥터 홀은 평양으로 배정되었다. 혹한 시기와 장마철을 제외하고 대부분의 시간을 평양에 머물라는 것이다." 신혼 3개월의 단꿈이 산산이 깨어지는 순간이었다.

윌리엄 홀의 평양행은 처음이 아니었다. 1892년 3월 4일에 윌리엄 홀은 존스 목사와 함께 첫 북쪽 지방 선교여행길에 올랐다. 600킬로미터에 이르는 긴 여정이었다. 떠나는 날, 날씨는 맑았지만 바람은 여전히 쌀쌀해서 봄이라고 하기에는 일렀다. 조랑말 양쪽 옆구리에 책과 약품, 약간의 식량을 담은 상자들을 매달고 등 위에는 올라탈 때를 대비해 담요를 얹었다. 하지만 조랑말의 걷는 속도가 도보보다 빠르지 않아서 발이 아주 심하게 아플 때를 제외하고는 대부분 걸었다.

사람들을 만나기 위한 여행이었으니 가다가 마을을 만나면 멈추어 병자를 치료하고, 이야기를 나누고, 다시 다음 마을을 향해 걸어가는 느린 여정이 이어졌다. 기차 여행에 익숙해져 있던 이들에게는 매우 느린 여행임에 틀림없었다.

윌리엄 홀은 낯선 자신들을 반겨 맞이하는 조선인들의 친절과 열린 태도에 놀랐다. 대부분 사람은 그들의 말에 귀를 기울이고, 그들이 파는 책을 기꺼이 샀으며, 그의 치료를 전적으로 신뢰했다.

> 그들은 서양인 의사에 대해 굉장한 신뢰를 갖고 있다. 내가 시도하기만 하면 자신들이 데려오는 모든 환자를 다 치료할 수 있다고 믿는다. 어려서부터 맹인이 된 이가 시력을 회복하길 기대하고, 귀머거리는 듣기를, 벙어리는 말할 수 있게 해주길 기대한다.
>
> — 1892년 7월 28일, 윌리엄 홀이 《The Christian Herald》 편집자에게 보낸 편지

절망에 빠졌을 때에 새로운 해결책이 등장하면 자연스럽게 그것에 모든 희망을 걸고 매달리게 된다. 19세기 말 조선 사회는 말기 암 환자에 해당하는 상태였다. 절망 속에서 조선 민중은 서양에서 들어온 기독교에 새로운 희망을 걸었고, 급속하게 확산되었다.

> 하나님께서는 우리 앞에 놀라운 길을 열어주고 계신다. 우리는 굉장히 많은 수의 환자를 치료했고, 책을 무척 많이 팔았으며, 우리가 만나는 사람 모두에게 복음을 가르쳤다. 많은 이들이 기독교를 받아들이고 싶다는 열망을 표현했다. 곡식이 익은 밭은 추수를 기다리는데 일꾼이 거의 없다.
>
> — 1892년 7월 28일, 윌리엄 홀이 《The Christian Herald》 편집자에게 보낸 편지

월리엄 홀과 존스 목사는 한양을 떠나, 고양, 파주, 송도, 황주를 거쳐 평양, 그리고 의주까지 나아갔다. 그들은 여행 내내 토속 음식에 의존해서 살 수밖에 없었다. 그런데 이들이 음식을 맛있게 먹기 위해서는 준비 과정을 보아선 안 되는 것들도 있었다.

어느 날, 두 사람은 아주 맛있는 고깃국을 얻어먹었다. 잠시 후 그들은 주막집 주인이 짐승의 가죽을 지붕에 널고 있는 모습을 보았다. 주인에게 그것의 정체를 물은 후 이들은 기절할 뻔했다. 자신들이 직전에 맛있게 먹은 고깃국의 정체를 알아냈기 때문이었다. 그때부터 여행이 끝날 때까지 이들은 고깃국을 먹지 않았다.

여행이 끝난 뒤 윌리엄 홀은 선교부에 평양 선교의 필요성을 역설하는 보고서를 제출했다. 그는 평양이 내륙의 선교지로서 가장 적합한 장소가 될 수 있음을 주장했다.

"첫째, 이 도시는 선교하기에 가장 어려운 지역이다. 평양은 조선의 어느 도시보다도 가장 사악하고 더러운 도시로 이름나 있다. 사람이건 기관이건 자기들 마음에 안 들면 조직적으로 저항하며 돌을 던지는 곳으로 악명이 높다. 게다가 평양은 인구가 10만이 넘어 도전적이고, 적극적이며, 상대적으로 부유한 도시다. 한양과 북경을 연결하는 길에 위치하고 있어서 도로가 비교적 잘 정비되어 있고 해상 교통 또한 용이하다." [74]

평양은 사람들이 저항적인데다, 기생이 유명할 정도로 향락적이고 퇴폐적인 도시로 알려져 있었다. 게다가 "주민의 태반은 양반이 아니고 자립적인 중산층"[75] 이었다는 점도 새로운 문화에 대해 개방적일 수 있었다. 그렇기 때문에 선교사들의 눈에는 복음이 필요한 도시이자 선교가 용이한 곳으로 판단되었다. 이들의 예상대로 평양은 후에 동방의 예루살렘으로 불릴 만큼 세계적으로 성공적인 선교지가 되었다.

1893~1894년경 윌리엄 홀과 평양의 떠돌이 고아들
아이들의 행색으로 보아 구한말 조선이 얼마나 어려운 상황에 처해 있었는지 짐작할 수 있다.

첫 감리교 평양 선교 책임자로 발령받은 윌리엄 홀은 담담하게 그 결정을 받아들였다.

"현재로서는 어려워 보이지만 주님께서 우리와 함께 계시고 우리 앞에서 인도하실 것이기에 모든 게 잘될 거라 확신한다."[76]

윌리엄 홀은 임명을 받고 몇 주 뒤, 언제 돌아오겠다는 기약도 없이 평양으로 떠났다. 당시는 한양과 개항장이 아닌 다른 지역에서의 외국인 거주나 기독교 전파가 금지되어 있었다. 윌리엄 홀에게 주어진 임무는 사실 위법이었던 셈이다. 그리고 선교회는 이럴 경우 목사를 보내는 것보다 의사를 보내는 게 더 안전할 거라고 생각했다.

윌리엄 홀은 여행에 대해 이렇게 기록했다.

"우리는 조랑말에 책과 약을 실은 채 울퉁불퉁한 길을 걷고, 시내를 건너고, 산을 오르는 지난한 여정에 올랐다. 나는 내지에 최초로 선교 업무를 시작하는 특별한 사명을 가졌다. 한 번도 복음을 들어보지 못한 이들에게 기쁜 소식을 전하는 특권을 주신 그분께 찬양 드린다. 나의 일은 완전히 선구적인 일이다." 77

윌리엄 홀은 자신이 맡은 일에 큰 사명감을 느꼈다.

1892년 9월 30일, 평양에 도착했다. 6척 장신의 서양인이 거리에 나타나자 구경꾼이 몰려들었다. 그는 인파를 뚫고 어렵게 주막에 들었다. 그 집의 앞문은 거리로 면해 있고, 뒷문은 말과 돼지우리, 외양간, 닭장이 있는 뒷마당으로 면해 있었다. 도배가 되지 않아 벽에서 흙이 떨어지는 방에서 먹고 자며 환자를 진료했다. 매일 아침, 진료 시간이 시작되기 전부터 환자들이 몰려와 길게 줄을 섰다. 골목길이 바로 환자 대기실이었다.

대부분 사람은 친절했고, 윌리엄 홀의 치료에 고마움을 표하며 그가 전하는 이야기에 귀를 기울였다. 하지만 보람만으로는 살 수 없었다. 신혼의 아내와 떨어져 그리움과 싸우는 것도 힘들었고, 하루 세 끼를 온전히 조선식으로 해결하는 것도 힘들었다.

하루는 팬케이크가 너무도 그리웠다. 눈을 씻고 달려들어 밀가루를 구했으나 헛수고였다. 대신 그나마 가장 가까운 곡식이라고 구한 것이 메밀 두 말이었다. 윌리엄 홀은 소년들 몇을 고용한 뒤 주막의 맷돌을 이용해 메밀가루 만드는 일을 시켰다. 그들은 하루 종일 메밀을 갈고 체로 쳐 4.5킬로그램의 메밀가루를 만들었다. 윌리엄 홀에게는 다행히 한양에서 가져온 베이킹파우더가 있었다. 평생 그렇게 맛있는 팬케이크는 처음이었다.

평양에서 외국인이 장기 체류를 하거나 기독교를 전파하는 일은 여전히 불법이었다. 지난 봄, 윌리엄 홀이 여행길에 처음 평양을 방문했을 때, 관에서 그의 기독교 서적 판매를 문제 삼은 적이 있었다. 어떤 이들은 불안해하기도 했으나 기독교에 깊은 관심을 보이는 이들도 많았다. 가을 동안 윌리엄 홀이 판매한 기독교 소개 책자는 500여 권에 달했다.

윌리엄 홀은 하루속히 한국어를 익히기 위해 오전에는 만사를 제치고 한국어 공부에 열중했다. 한양에서부터 한국어 교사와 동행했기에 여행 중에도 한국어 공부를 쉬지 않았다.

이렇게 신혼부부는 각자의 일상에 열중하며 그리움을 달래고 있었으나 서로를 보고 싶은 마음은 더욱 깊어져만 갔다.

"여보, 당신이 곁에 없으니 나는 몹시 외로움을 느낍니다. 그러나 주님으로부터 특별한 은총이 오고 있으니 그분은 나에게 더할 수 없이 소중합니다. 그분께서 나에게 사랑할 수 있는 가슴을 주셨고 또한 직접 오셔서 그 가슴을 채워주십니다."

월리엄 홀이 감정을 풍부하게 표현한 편지를 계속 보내왔다. 그러나 로제타는 성격상 그런 편지를 쓰지 못했다.

> 그는 세상에서 가장 사랑스러운 남편 중의 하나임이 분명하다. 내가 그를 얼마나 사랑하는지 그에게 표현하고 싶지만, 사랑을 말로 표현하는 게 불가능하다는 것이 다행스럽게 생각되기도 한다.
> — 로제타, 1892년 10월 17일의 일기

1892년 10월 18일, 월리엄 홀이 평양으로 떠나고 5주가 지났을 때였다. 미국에서 신임 선교사들이 도착했다. 노블 목사와 그의 아내 메티 월콕스 노블Matti Noble이었다. 노블 목사는 월리엄 홀과 뉴욕에서 만난 적이 있는 사이였다. 그는 월리엄 홀이 세상을 떠난 뒤 오랫동안 평양에서 활동했다.

당시 겨우 스무 살의 어린 신부였던 메티는 남편과 함께 1934년까지 42년 동안 조선에서 봉사했다. 그녀는 1896년, 평양에 최초의 여학교인 정진여교(이후 평양 정의여교로 바뀜)를 설립했으며, 1898년에는 전도부인을 양성하기 위한 여자 성경 훈련반을 개설했다.

노블 부부는 아펜젤러 목사의 집에서 로제타와 함께 살았다. 두 신혼부부가 같은 집에서 살게 된 것은 월리엄 홀의 제안에 의해서였다. 집이 넓어 공간적 여유가 있으니 두 부부가 함께 살며 생활비를 아껴서 조선에 선교사를 하나 더 초청하기 위한 경비를 마련하자는 것이었다. 하지만 로제타는 윌리엄 홀의 생각에 흔쾌히 동의하지 않았다. 이 부분에서는 노블 부부도 마찬가지였다.

오늘 오후, 두 사람이 각자 나에게 이 문제에 대해 말했다. 이들은 명백하게 따로 살고 싶어 한다. 어느 신혼부부라도 이런 상황을 좋아하지 않는 것이 자연스럽다. 아펜젤러 목사도 따로 사는 것을 권했다. 그들은 살림도 따로 주문하여 이미 제물포에 와 있는 상태다. …(중략)… 그들은 윌리엄 홀의 생각을 이해하고 있으므로 혹시 따로 살고 싶어 하는 마음이 이기적인 것은 아닐까 나처럼 고민했던 것으로 보인다. 나 또한 그가 이런 결정을 괜히 한 것은 아닐까 생각한다.

— 로제타, 1892년 10월 19일의 일기

로제타는 윌리엄 홀이 평양에서 돌아올 때까지는 이 문제를 보류하고 두 사람을 자기 집의 손님으로 생각하기로 결정했다. 하지만 이들과 같은 공간에서 사는 일이 로제타의 외로움을 가중시켰던 것으로 보인다.

그이가 4주째 평양에 머물고 있다. 사람들이 자꾸 그가 언제 오느냐고 묻는 게 무척 괴롭다. 그가 언제 온다는 소식이 없다고 말하는 수밖에······.

― 로제타, 1892년 10월 19일의 일기

　로제타의 외로움은 다른 사람들이 누구나 다 느낄 수 있을 지경에 이르렀다. 로제타를 위로하기 위해 에스더, 수잔, 애니, 메례가 보낸 구구절절한 편지들이 그녀의 일기장에 붙어 있을 정도다. 편지에서 소녀들은 로제타를 모두 자매(sister)라고 칭하고 있다. 그만큼 사이가 가까웠다는 증거다.

　떠난 지 5주 뒤 윌리엄 홀은 한양으로 돌아와서 열이틀을 지내고 다시 평양으로 떠났다.

　오랫동안 그이와 헤어져 있어야 한다고 생각하니 너무도 힘들다.
　전보다 더욱 힘들게 느껴진다. 날마다 사랑은 더욱 커 가고 이별은
　나의 가슴을 더욱 쓰리게 한다.

― 로제타, 1892년 11월 7일의 일기

　로제타에게 이별은 마치 형벌을 받는 것 같았다. 머나 먼 타국에서도 더 멀리 떨어져 매일 서로의 안전도 확인하지 못하는 상황을 얼마나 견디기 힘들었을까. 그나마 로제타는 외국인의 거주가 보장되는 한양에 머물고 있어서 윌리엄 홀은 걱정을 덜 수 있었다. 하지만 로제타는 아니었다. 선교가 금지된 곳으로 선교를

하러 떠나는 윌리엄 홀. 그의 뒷모습을 바라보는 게 그녀에겐 죽을 만큼 힘들었다.

그렇다면 윌리엄 홀이 머물던 평양은 어떠했을까? 평양이 내지 선교의 최적지라고 평가했던 그의 생각은 정확했다. 평양은 변방이 갖는 특수한 성격을 고스란히 드러냈다. 평양 사람들은 한양 사람들과 많이 달랐다. 청나라와의 무역에 종사하는 상인이 많아서 외부 문화의 수용에 개방적이었다. 특히 그들은 대부분 거칠고 반항적이었는데, 쇠락해가는 조선 왕조의 지배적 가치에 실망하며 새로운 가치를 갈구했다. 그리고 기독교라는 새로운 불길을 만나 마른 장작에 불이 붙듯 급속하게 기독교화 되어 갔다.

5

거룩한 동행

로제타는 윌리엄 홀이 평양으로 떠난 뒤, 외로움과 싸우면서 프랜시스 윌러드Frances Willard의 자서전 『50년을 돌아봄(Glimpses of Fifty Years)』을 읽었다. 프랜시스 윌러드는 로제타와 동시대를 살며 '크리스천 여성 음주 절제 운동 연합(Woman's Christian Temperance Union, WCTU)'의 대표를 역임한 여성 참정권 운동의 대모였다. 로제타는 그녀의 일생을 돌아보며 용기를 얻었다. 그리고 다시 한 번 자세를 가다듬고 윌리엄 홀을 따라 평양으로 가겠다는 결심을 굳혔다.

프랜시스 윌러드의 자서전은 '자신의 인생 경험을 정직하고 간단하게 정리한 책은 세상을 향해 새롭고 가치 있는 것을 지속적으로

제공한다.'라고 했던 에머슨의 말을 실천한 본보기다.

　나도 내가 처해 있는 일상화된 틀에서 벗어나고 싶다. 소소한 일상에 치여서 창의적인 생각 하나 하지 못하고, 그러한 상태를 감지하지도 못한 채 하루하루가 지나간다. 어려서 읽었던 '인류를 위해 봉사하려거든 아무도 가려 하지 않는 곳으로 가서 아무도 하려 하지 않는 일을 하라'던 메리 라이언의 말에 따라 이곳까지 왔다. 이 말에 따라 때로는 하기 싫은 일을 하기도 했고 하고 싶은 일을 포기하기도 했다.

　한양에 다른 여의사가 온다면 '저 너머'로 갈 준비가 되어 있다. 설사 이곳을 떠나 새로 시작하는 것이 힘든 일이라 해도. 나는 어떤 일을 시작한 뒤 그것에 편안하게 익숙해지고 나면 안주해 버리는 게으른 면이 있다. 하지만 그 게으름을 떨치고 일어나 또다시 새로운 도전을 감행할 용기를 주시는 하나님께 감사한다.

— 로제타, 1892년 10월 17일의 일기

　사실 로제타는 게으르기는커녕 일중독에 가까웠다. 하지만 그녀는 높은 기준과 엄격한 잣대를 세우고 항상 자신을 채찍질했다. 로제타의 영웅 메리 라이언이나 프랜시스 윌러드 같은 사회운동가에 자신을 비교하면서 말이다. 로제타는 이미 새로운 도전을 결심했고 그 용기를 주신 하나님께 감사했다.

　한편 세 번째로 평양에 도착한 윌리엄 홀은 이전에 치료해준 적이 있는 소년의 집을 방문했다. 관리였던 소년의 아버지는 윌리엄 홀을 몹시 반기며 방 두 개를 내주었다. 그 집은 언덕 위에 세워진 서른다섯 칸의 한옥으로 아름다운 정원을 가지고 있었다. 집의 규모나 입지가 몹시 마음에 들었던 윌리엄 홀은 비슷한 여건의 집을 구매하고 싶었다. 그 뜻을 들은 집주인은 자신의 집을 사라고 했다.

크리스마스 무렵, 윌리엄 홀은 한양으로 돌아오는 길에 강도를 당한 사람들을 발견했다. 한 사람은 이미 죽어 있었고, 곁에는 심한 부상을 입고 신음 중인 환자가 있었다. 윌리엄 홀은 눈이 빠져라 자신을 기다리고 있을 아내를 생각하며 그냥 못 본 척 지나치고 싶은 강한 충동을 느꼈다. 하지만 곧바로 이 상황이 시간과 장소를 달리한 성서의 한 장면임을 깨달았다. 윌리엄 홀은 서둘러 그 부상자를 치료한 뒤 말에 싣고 아침에 떠나온 주막을 향해 되돌아갔다. 그러나 막상 주막집 주인은 환자 받기를 거부했다. 윌리엄 홀은 사정한 끝에 가진 돈을 거의 다 털어주고 그 환자를 주막집 주인에게 맡겼다. 평양으로 돌아가는 길에 다시 들러 확인하겠다는 말도 덧붙였다.

다시 갈 길을 재촉하였지만 주머니가 거의 텅 빈 지경이어서 남은 여정이 걱정이었다. 하루에 한 끼밖에 먹을 수 없을 정도였다. 그러나 하나님께서는 그가 굶주리는 것을 그냥 보지 않으셨다. 윌리엄 홀은 길에서 우연히 안면이 있던 일본인 의사를 만나 사정을 설명하고 돈을 빌릴 수 있었다.

1893년 2월 20일, 윌리엄 홀은 네 번째 평양행에 나섰다. 이번에는 노블 목사와 동행했다. 로제타가 노블 부부와 함께 사는 것은 결과적으로 좋았다. 이들은 사이좋게 잘 지냈으며 노블 목사가 선교여행을 떠나고 난 뒤 두 여성은 서로에게 큰 위안을 얻었다.

윌리엄 홀과 노블은 한양을 떠나 엿새 후 평양에 도착했다. 평양은 이번 선교여행의 4분의 1에 지나지 않았다. 한동안 평양에 머문 뒤, 3월 20일, 그들은 의주를 향해 떠났다. 윌리엄 홀에게 의주는 두 번째였다. 이미 여러 번 선교여행을 떠났던 윌리엄 홀은 험한 길, 낯선 문화, 예측할 수 없는 시련이 가로놓인 여정을 느긋한 태도로 즐겼다. 이 모습은 노블 목사에게 감동이었으며 커다란 위안이었다.

어느 날 아침 출발 직전, 여느 날과 다름없이 짐꾼들이 티격태격하기 시작했다. 서로 자기 짐이 더 무겁다는 것이었다. 싸움은 다른 날보다 더 심해져서 아예 출발을 거부하는 지경에 이르렀다. 그 광경을 지켜보던 윌리엄 홀은 아무 말 없이 바닥에 털썩 주저앉더니 짐 속에서 책을 꺼내 읽기 시작했다. 그러자 놀랍게도 짐꾼들이 머쓱해하며 주섬주섬 짐을 챙기기 시작했다. 그 모습을 흐뭇하게 바라보던 윌리엄 홀은 자리에서 일어나 마치 아무 일도 없었다는 듯 쾌활하게 성경 이야기를 시작했다.

윌리엄 홀은 마침내 평양에 거점을 마련했다. 지난 여행에서 다시 만났던 관리의 도움으로 집과 병원으로 쓸 수 있는 두 곳의 거주지와 땅을 살 수 있었다. 아직 개항장을 제외하고는 외국인이 자산을 살 수 없었기에 통역인인 유 씨의 명의로 구입했다. 이곳에 평양에서 맨 처음으로 설립된 교회, 평양 남산현 교회가 세워졌다.

그 집은 이전에 윌리엄 홀이 머물던 곳이 아니어서 서양인이 나타나 활동하기 시작하자 사람들이 저항감을 드러냈다. 일부 군중은 몰려와서 항의를 하고 평양 감사에게 그를 추방해줄 것을 요청했다. 사태를 걱정하는 노블 목사에게 윌리엄 홀이 말했다.

"하나님께서 한 사람을 희생시켜 이 도시의 문을 여실 생각이라면 나는 그 희생자가 되는 것을 피하지 않을 생각이오."

이 말은 결국 예언이 되고 말았다. 하지만 그동안 윌리엄 홀의 의료 활동에 대해 호감을 갖고 있던 감사는 주민들의 요청을 무시하고 윌리엄 홀의 안전을 보호해주라는 명령을 내렸다. 윌리엄 홀의 의료 활동은 사람들 사이에서 크게 인정을 받아 하루에 보통 60명의 환자가 찾아왔으며 진료가 시작되기 전부터 길게 줄을 서서 기다리곤 했다.

윌리엄 홀과 노블 목사가 의주로 떠난 뒤에는 장로교의 모펫, 그레이엄 리, 스왈렌 목사가 그 집에 머물며 선교 활동을 했다. 이때 그들은 평양에 자신들의 근거지를 마련하려고 했는데, 윌리엄 홀이 혼자서 의료 활동을 할 때만 해도 호의적이던 평양 감사는 장로교가 집과 땅을 사고 본격적인 활동을 벌이려 하자 180도 달라진 태도를 보였다.

감사는 장로교 목사들에게 원래 주인들에게 재산을 돌려주고 평양을 떠나라는 추방 명령을 내렸다. 그런데 당시 윌리엄 홀이 구입한 자산의 문서는 의주에 있던 윌리엄 홀이 보관하고 있었다. 하지만 전 주인은 감사의 명령에 따라 어쩔 수 없이 그 집으로 돌아와 살 수밖에 없었다. 그들은 윌리엄 홀이 없는 동안 재산을 잘 지켜주겠다고 약속했다.

이 무렵 한양의 로제타는 외로움을 느낄 시간적 여유가 없을 만큼 바빴고, 그게 차라리 다행이었다. 동대문에 진료소를 새로 열어 일주일에 두 번씩은 그곳에서 진료를 했다.

> 이번 달 15일부터 진료를 시작했으며, 매주 화요일과 금요일에 방문하는 동대문 진료소에서 지금 막 돌아왔다. 아직 사람들에게는 알려지지 않았고, 목수들이 여전히 집짓는 공사를 하고 있어서 환자들이 많지는 않으나 장소가 알맞은 곳에 있어서 분명 곧 환자들이 많아질 것으로 보인다.
>
> — 로제타, 1893년 3월 28일의 일기

로제타는 이미 1892년 1월에 출판된 잡지에서 낮에 돌아다니지 못하는 양반가 여성들을 위하여 밤에 진료소를 열고 사대문 안 다른 곳과 사대문 밖에 진료소를 개설하고 싶다는 바람을 표현했다.[78] 외국인들의 거주지였던 정동은 일반 여성들의 접근이 쉽지 않았고, 도움이 필요한 여성들은 사대문 밖에 훨씬 많았기 때문이다.

성벽과 이웃해 문을 연 볼드윈 진료소(Baldwin Dispensary)는 로제타의 예상대로 발전에 발전을 거듭했고, 여러 가지 질병과 산고에 시달리던 많은 여성의 목숨을 구하는 생명의 장이 되었다. 병원 자금을 지원한 볼드윈 부인의 이름을 딴 이 진료소는 로제타가 떠난 뒤부터는 메리 커틀러Mary Cutler가, 1897년부터는 릴리언 해리스Lillian Harris가 맡아서 운영했다.

로제타와 동갑내기 친구이자 의과대학 후배였던 릴리언 해리스는 1901년 로제타가 신경 쇠약으로 시달리다 고국으로 요양을 떠난 뒤 평양 광혜여원의 책임자가 되었다. 그러나 안타깝게도 이듬해, 그곳에서 발진티푸스에 감염되어 세상을 떠나고 말았다. 볼드윈 진료소는 1912년부터 그녀의 이름을 따 릴리언 해리스 기념병원이 되었다가 동대문 부인병원으로, 해방 후에는 이화여대 부속병원이 되었다.

한양에 돌아온 윌리엄 홀은 다시 평양으로 갈 때 로제타와 함께 가기를 원했다. 로제타도 같은 생각이었다. 다행히도 미국에서 새 여의사 메리 커틀러가 부임하기로 되어 있었다. 로제타는 자신의 뜻을 자신이 가장 아끼는 자매이자 제자, 에스더에게 알렸다. 에스더 역시 로제타와 동행하겠다는 강한 의지를 보였다.

그 무렵 로제타는 에스더의 신랑감을 찾고 있었다. 조선의 관습상 열여덟 살이 된 에스더는 이미 노처녀였으니 결혼을 하지 않고는 버틸 수 없었다. 게다가 미혼의 몸으로 로제타를 따라 평양에 가는 것은 상상할 수도 없었다.

윌리엄 홀은 1893년 4월 13일에 한양으로 돌아왔다. 5월에 홀 부부와 노블 목사 부부는 맥길 선교사가 살던 집으로 이사했다. 맥길 선교사가 원산으로 선교지를 옮기면서 그 집이 비어 있었던 것이다. 그들이 살던 아펜젤러의 집은 7월 중에 돌아오는 주인을 맞이하기 위해 비워주어야 했다. 이때 로제타는 윌리엄 홀의 조선인 조수 중 한 명인 박유산과 에스더의 결혼을 주선했고, 5월 24일 두 사람은 기독교식으로 결혼식을 올렸다.

어느덧 로제타와 윌리엄 홀은 결혼 1주년을 맞이했다. 다정하고 표현력이 풍부한 윌리엄 홀은 끝없이 로제타에 대한 사랑을 표현했지만, 로제타는 그렇지 않았다. 일기에도 "말로 사랑을 표현하기는 작년보다 더 힘든 듯하지만 행동은 좀 나아졌다"라고 적을 정도였다. 한양에서 두 사람이 함께 지내는 시간은 더할 나위 없이 소중했다. 로제타와 노블 부인은 한 달씩 번갈아 가며 집안 살림을 맡았다. 이렇게 절약한 돈으로 의료 선교사 버스티드John Busteed 박사를 초청하는 여행 경비와 그의 1년 동안의 급여를 해결할 수 있었다. 장마철에는 환자도 뜸했고 선교여행도 중단되어 그때부터 선교사들은 휴가를 즐기며 한국어 공부에 집중했다.

이 무렵 로제타는 남대문 근처 상동에 다른 진료소를 개설하고 일주일에 이틀은 그곳에서, 사흘은 동대문 볼드윈 진료소에서 일했다. 메리 커틀러가 부임한 이후 로제타에게 시간적 여유가 생겼기 때문이었다. 게다가 윌리엄 홀이 한양에 머물고 있어서 마음 편히 환자를 돌볼 수 있었다. 윌리엄 홀은 스크랜턴 박사를 도와 시병원에서 환자를 치료했다. 목수 시절의 경험을 살려 선교부 소속의 여러 건물을 보수하기도 했다.

장마철이 끝나고 날씨가 더워지면서 두 사람은 북한산으로 캠핑을 갔다. 그곳에서 한국어 공부를 하며 바느질도 하고 하이킹을 즐겼다.

두 번째 신혼여행을 온 듯했고 첫 번째 여행보다 더 달콤했다. 간단히 말해 우리의 결혼 생활은 계속해서 이어지는 신혼이었고 매일매일 점점 더 행복해졌다.

— 로제타, 1893년 7월 26일의 일기

로제타는 임신 중이었다. 하지만 "아직 어느 누구에게도 밝히지 않았고 글로도 처음 쓸" 정도로 스스로 임신을 의식하지 않고 지내려 애썼다. 하루는 점심 전에 내려올 요량으로 가볍게 아침을 먹고 도시락도 없이 등산에 나섰다. 그런데 예상보다 시간이 너무 걸리는 바람에 정상에 다다랐을 때 그녀는 어지러움을 느꼈다. 텐트로 돌아왔을 즈음에는 완전히 지쳐버렸다. 어느 날은 말을 타고 북한산으로 가다가 바닥으로 떨어졌다. 또 다른 날은 해먹에 누워 있던 중 몸을 급하게 돌리려다가 땅바닥으로 떨어지면서 바위에 머리를 찧어서 오후 내내 두통에 시달리기도 했다.

로제타는 임신 말기까지 남대문 상동 진료소와 동대문 볼드윈 진료소를 방문하고 왕진을 다니는 등 모든 일을 예전과 똑같이 해냈다. 입덧도 전혀 없었다. 이 무렵 한양의 선교사들 사이에서 베이비붐 현상이 발생했는데, 임신 중인 로제타가 8월에 출산을 돕기로 한 임신부만 무려 4명이었다.

9월에는 선교회의 연례회의가 있었다. 그 회의에서 로제타와 윌리엄은 두 사람 모두 평양 선교 책임자로 임명되었다. 그들은 이 결정을 매우 감사한 마음으로 받아들였다. 하지만 로제타는 출산을 앞두고 있었고 정세도 안정되지 않았으므로 곧바로 평양으로 갈 수는 없었다.

1893년 9월 20일, 윌리엄 홀은 다섯 번째 평양행에 나섰다. 한양에 남은 로제타는 몸이 무거워지면서 병원 일을 줄였고, 왕진을 주로 맡았다. 그리고 한국어 공부에 더욱 열중했다. 로제타는 아기가 친정아버지의 생일인 11월 10일에 태어나길 간절히 바랐다.

1893년 11월 9일이었다. 로제타는 그 전날 다섯 차례의 왕진을 다녀왔고, 그날도 왕진에다 한국어 공부, 기도회까지 참석하고 귀가해서 잠자리에 들었다. 저녁 10시경이었다. 침대에 누웠을 때 가끔씩 오는 허리 통증이 또다시 찾아와 힘이 들었다.

"내일이 아기가 나왔으면 하는 날인데 불안해요."

로제타가 출산을 지켜보기 위해 돌아와 있던 윌리엄 홀에게 말했다.

"목에 있던 혹 제거 수술을 할 때에도 마취를 거부했던 부인의 용기는 어디로 갔단 말이오? 그때를 기억해보구려."

윌리엄 홀이 웃으며 말했다. 새벽 3시쯤 로제타는 심한 통증을 느끼며 잠에서 깨었다. 통증은 잦아들었다가 다시 찾아왔다. 산통이 분명했다. 로제타는 남편을 깨웠다.

"여보, 산통이 시작된 것 같아요."

윌리엄 홀이 노블 목사를 깨워 메리 커틀러와 루이스 간호사를 부르러 보냈다. 아침 8시쯤 메리 커틀러가 왔고, 두 시간 뒤 아기가 세상 밖으로 나온 직후에 루이스 간호사가 도착했다. 6시간 동안의 극심한 요통을 제외하고는 순산이었다. 4킬로그램의 건강한 아들이었다. 윌리엄 홀이 어찌나 허둥거리는지 곁에서 지켜보던 루이스 간호사가 웃으며 그를 놀렸다.

"선생님, 무슨 일이래요? 믿음은 어디에 팽개치셨어요? 이제 더 이상 하나님을 믿지 않는 거예요?"

셔우드는 아버지와는 완전히 대조적이었다. 딱 한 번 큰 소리로 울어서 건강한 폐를 가지고 있음을 과시한 뒤, 곧바로 잠이 들더니 깨지 않고 내내 새근새근 자고 있었다. 게다가 세상에 등장하는 날도 엄마가 바라고 바랐던 외할아버지의 생일에 딱 맞추어 엄마를 기쁘게 했다.

아기가 태어나고 3주 후, 12월 1일에 윌리엄 홀은 또다시 평양으로 떠났다. 추운 날씨가 지속되었고, 아내가 출산을 한 상태여서 윌리엄 홀은 한양으로 돌아온 뒤 건물 수리를 하며 한국어 공부에 열중했다. 그렇게 한양에서 겨울을 지내려 했던 것 같다. 그런데 스크랜턴 박사의 눈에는 윌리엄 홀이 게으름을 피우고 것처럼 보였다.

"3월에는 김창식을 평양으로 이사시켜 그쪽 일에 전념하게 할 생각입니다."

윌리엄 홀이 스크랜턴 박사에게 의논조로 말했다.

"그럼 당신은 그때까지 평양에 안 가고 여기 머물겠다는 말이오?"

스크랜턴 박사가 쏘아붙였다.

"그럼 설마 지금 저더러 평양으로 가라는 말은 아니겠지요? 저는 지금 여기서 열심히 한국어를 익히고 있고, 겨울이 오기 전에 필요한 여러 건물을 보수하고 있어요."

"당신이 맡은 일은 아주 중요한 일이고, 당신은 그 일 때문에 급여를 받고 있소. 그런데 지금은 이곳에서 어정거리고 있소. 언어도 빨리 익히지 못하면 그 언어가 아예 필요 없는 지역으로 보낼 수도 있다는 사실을 명심하시오."

이 언쟁으로 인해 윌리엄 홀은 무척 놀랐고 심한 마음의 상처를 받았다. 어쨌든 윌리엄 홀은 무거운 마음으로 서둘러 평양으로 떠났다. 그리고 크리스마스 직전에 돌아왔다가 다시 평양으로 돌아갔다.

스크랜턴 박사는 뉴욕의 선교회에 윌리엄 홀이 한양에 머무는 것을 부정적으로 보고했던 듯하다. 로제타의 일기장 속에는 뉴욕 감리교 선교부 통신 담당 비서인 레오날드가 윌리엄 홀에게 보낸 편지가 들어 있다. 1894년 2월 23일에 보낸 이 편지에서 그는 윌리엄 홀이 한양에 머물고 있음을 강한 톤으로 질책하며 관리들에 의해 강제로 쫓겨나기 전까지는 평양에 머무르라 권고하고 있다.

1894년 1월 10일, 다시 한양을 출발한 윌리엄 홀은 일주일 뒤 평양에 도착했다. 몇 달 전 구입했던 건물에는 여전히 전 주인들이 살고 있었다. 평양 감영에서 외국인들이 그 집을 구입했다는 사실을 알고 전 주인들에게 그 건물을 떠나지 말라고 명령했기 때문이었다.

특히 건물 중 하나는 평양 기생을 양성하던 권번이었다. 권번은 일제 강점기에 기생들의 조합을 이르던 말로 노래와 춤을 가르쳐 기생을 양성하고, 기생이 요정에 나가는 것을 감독하고, 화대(花代)를 받아 주는 중간 구실을 하는 곳이었다. 한동안의 실랑이 끝에 윌리엄 일행은 구입했던 집에 입주했다.

그런데 첫날밤부터 이틀 동안 심한 돌팔매가 날아들었다. 그럼에도 불구하고 기독교에 관심을 보이는 이들이 늘었고 매일 밤 드리는 예배에 참석하는 사람들의 수도 꾸준히 증가했다. 그럴수록 관청에서는 더 위기감을 느끼는 듯했다.

윌리엄 홀은 평양의 실정을 파악하지 못하고 압력을 가하는 스크랜턴 박사에 대한 서운함으로 마음이 상해 있었다.

어떤 이유에서인지 스크랜턴 박사는 그이에 대한 편견을 갖고 있는 듯하다. 그이는 이렇게 푸대접을 받으니 차라리 장로교로 가겠다는 말까지 했다. 그이 말로는 교리나 교조와 상관없이 자신은 예수님을 위해 일하러 온 것이기 때문에 스크랜턴 박사가 계속 자신의 선교 활동에 대해 간섭한다면 그로부터 벗어날 수밖에 없다는 것이다. 만약 그렇게 되면 상사로부터 어떤 부당한 대접을 받았는지 다른 이들이 알게 되는 효과는 있겠지만, 내 생각에 그런 상황은 끔찍하게 느껴진다. …(중략)… 어려운 시기지만 밝은 날이 올 것이라 믿는다. 닥터 스크랜턴이 직접 평양에 가서 뭔가를 보고 오길 기대한다.

— 로제타, 1894년 2월 6일의 일기

한양에서 생각하는 것보다 평양의 상황은 더 나빴다. 1894년 2월 17일이었다. 윌리엄 홀에게 사람들이 무리를 지어 몰려와 돈을 요구했다. 악귀를 물리치기 위한 비용으로, 해마다 집주인으로부터 받는 돈이라는 것이었다. 그들은 요구가 거부당하자 화를 내며 윌리엄 홀의 한국어 교사인 노 씨와 매일 밤 예배에 참석하는 소년을 끌고 가 옷을 찢고 심하게 매질했다. 두 사람이 자신을 대신해 고통 받았다는 사실에 윌리엄 홀은 무척 가슴이 아팠다. 하지만 놀랍게도 그들은 꿋꿋하게 자신의 신념을 지켜나갔다.

매일 밤 윌리엄 홀의 예배에 참석하지 못하게 하려는 방해가 지속되면서 참여하는 사람도 수가 줄었다. 그래도 열다섯 명의 소년들이 용감하게 지속적으로 예배에 참석했다. 이들은 윌리엄 홀이 세운 광성학교의 첫 번째 학생이었다. 광성학교는 개항장이 아닌 곳에 세워진 최초의 근대식 학교였다.

로제타의 희망대로 2월 중에 스크랜턴 박사가 평양을 방문했다. 그는 2주 동안 머물며 상황을 지켜보았다. 평양을 방문하기 전 스크랜턴 박사는 평양에 선교의 근거지가 될 서양식 건물을 지은 다음 로제타가 이주하길 권했다. 서양식 건물 건축 계획을 세우고 윌리엄 홀에게 평양에 더 오래 머물라고 채근했던 것은 그가 평양 상황을 제대로 파악하지 못했기 때문이었다.

실제로 평양 감사는 서양식 건물의 건축은커녕 조선식 건물에도 서양인들이 이주하는 것을 허용할 분위기가 아니었다. 평양 방문 뒤, 스크랜턴 박사는 평양에 선교 근거지가 될 서양식 건물을 짓겠다는 계획이 얼마나 비현실적인지 깨달았다. 부동산을 구입하거나 이주하는 것도 시기상조로 보였다.

> 그이로부터 편지를 받았다. 스크랜턴 박사와 아주 잘 지내고 있으며 서로를 잘 이해하게 되었다고 한다. 2주를 함께 지내고 나니 앞으로 어떤 갈등도 생기지 않을 것 같다고 한다.
>
> — 로제타, 1894년 3월 10일의 일기

로제타는 그제야 안심이 되었다. 자신은 봄이 되면 평양으로 갈 생각이 확고했다. 하지만 일 년 전, 장로교 선교사들이 평양 감사에 의해 추방된 적이 있었기 때문에 조심스러웠다. 그래서 완전히 평양으로 이주한 것처럼 보이지 않게 살림도 최소한만 가져갈 계획을 세웠다.

로제타는 뉴욕 선교부의 레오날드에게 자신도 남편을 따라 평양에 갈 생각이라고 전했다. 동시에 그가 윌리엄 홀에게 보냈던 무례한 편지에 대해 항의했다. 그러자 레오날드는 자신이 보냈던 편지의 내용에 대해 사과하며 평양행은 스크랜턴 박사와 상의하라고 답했다. 하지만 아쉽게도 그 편지가 쓰인 날은 이미 윌리엄 홀이 평양에서 돌아와 사경을 헤매던 1894년 11월 19일이었다.

스크랜턴 박사는 평양에서 돌아온 뒤 로제타와 아기가 평양으로 가는 것은 위험하다고 주장했다. 하지만 로제타는 여전히 평양으로 갈 생각이었으므로 어떻게든 스크랜턴 박사의 허락을 받는 게 중요했다. 로제타는 그의 어머니 스크랜턴 여사에게 부탁해서 허락을 받아낼 계획을 세웠다. 스크랜턴 여사는 평양에 여성해외선교회의 영역을 확대하고 싶은 열망이 무척 강했다. 로제타는 당연히 그녀가 평양으로 가는 데 도움을 줄 거라 생각했다.

실제로 평양을 방문해본 적이 없었던 스크랜턴 여사는 로제타의 평양행에 대해 크게 걱정하지 않았다. 그녀는 자신의 며느리가 한양에 처음 왔을 때보다 더 힘들 것이라고 생각하지 않았다. 1885년 그녀의 며느리도 한양에 처음 왔을 때에는 앓는 아기를 안고 노심초사하면서 구경꾼들의 성가신 시선을 견뎌야 했다. 무엇보다도 스크랜턴 여사는 당신 아들이 로제타의 평양행을 막고 있는 유일한 이유라는 사실을 알지 못했다. 그녀는 윌리엄 홀이 로제타와 아기 셔우드가 평양으로 가는 것을 두려워한다고만 알고 있었다.

드디어 1894년 5월 4일, 홀 가족과 에스더 부부, 셔우드의 보모 실비아가 제물포에서 평양으로 향하는 배에 올랐다. 로제타의 가슴은 새로운 희망으로 한없이 부풀어 올랐다.

6

잔인한 이별,
그리고 귀향

1894년 5월 8일, 홀 가족은 꿈에 부푼 채 평양에 도착했다. 제물포에서 배를 타고 보산에 도착한 뒤, 다시 나룻배로 갈아타고 대동강을 거슬러 올라왔다. 새로운 곳에서의 생활에 대한 희망으로 가득 차 있던 로제타의 마음은 하루도 지나지 않아 사그라지고 말았다.

평양 감사의 명령으로 기독교인들에 대한 심한 핍박이 진행되었다. 홀 가족은 피가 마르는 듯한 시간을 견디며 시시각각 한양으로 전보를 쳐서 조정의 도움을 이끌어냈다. 그 덕분에 사흘만에 옥에 갇혔던 조선인 기독교인들이 모두 풀려났다. 하지만 상황은 여전히 좋지 않았다.

로제타는 자신들이 겪은 박해 사건이 조선에 종교의 자유를 가져오는 데 기여하길 바랐다. 하지만 동시에 자신들에 대한 종교적 박해가 제국주의 침략의 빌미로 사용될 것에 대해서도 우려했다.

> 우리는 모두 이 박해 사건이 궁극적으로 조선에 종교의 자유를 가져오길 희망한다. 아마 영국이 그런 요구를 할 수 있을 것이다. 그런데 영국 정부는 종교적 자유 대신 평양을 개방하라고 할지도 모른다. 우리는 그런 상황을 원치 않는다. 그렇게 되면 중국과 일본이 밀고 들어와 이익을 얻기 위해 온갖 종류의 사업을 벌일 것이다. 평양은 탄광, 금광, 농산물 등이 대량으로 거래되는 창구가 될 가능성이 크다. 단지 그 길만이 우리가 합법적으로 머물 수 있는 길이라면 그것이 최선일지도 모른다. 우리는 그분의 왕국을 확장시키기 위해 그분만의 방식으로 모든 일을 이루시는 하나님을 믿고 있다.
>
> — 로제타, 1894년 4월 2일의 일기

평양에서의 불편한 상황을 개선시키기 위해서라도 하루빨리 일을 시작해야 했다. 로제타는 5월 15일, 화요일부터 환자를 받기 시작했다. 로제타가 진료를 시작한 장소는 한반도에서 최초로 내륙에 세워진 여성 전용 병원이었다. 처음에는 방문 환자들을 질서 있게 기다리게 만드는 일도 힘들었다. 기다리는 사람 중에는

300

환자만 있는 것도 아니었다. 로제타를 구경하러 오는 사람도 많았다. 로제타도 평양 여성들, 특히 기생에 대해 큰 관심을 가졌다.

"이곳에서 해야 할 커다란 일이 하나 있는데, 기생들과 그들의 부모를 상대로 하는 일입니다. 평양은 기생으로 유명한 곳입니다. 열두 살부터 열네 살 사이의 소녀들이 평양 감사 앞에 나와서 면접을 보고 등록을 합니다. 그녀들은 스무 살이 될 때까지 기생으로 일하다가 대부분 첩으로 팔려갑니다. 상대방을 속이지 않는 이상 이들은 절대로 정실이 될 수 없습니다. 평양으로 오는 증기선에서 궁궐에서 열리는 연회에 참석하고 돌아오는 30여 명의 기생들을 만났습니다." [79]

나중에 로제타의 제자, 여메례는 평양 진명여고를 세워 기생들을 입학시켜서 로제타의 꿈을 현실화시키기도 했다.

로제타와 아기가 새로운 환경에 적응하는 일은 순조롭지 않았다. 물이 바뀐 탓인지 로제타와 셔우드가 장염을 앓기 시작했다. 윌리엄 홀의 건강 또한 염려스러웠다. 겨울부터 시작된 기침이 멎지 않아 로제타를 불안하게 했다. 겨울 동안 혼자 평양에 머물며 과로 상태로 일했기 때문에 혹시 폐가 약해져서 젊은 시절 앓았던 결핵이 도시지는 않을까 걱정이 앞섰다.

진료를 시작한 날, 장로교의 모펫 목사와 매켄지 목사가 평양에 도착했다. 장로교의 일도 함께 처리해주던 윌리엄 홀의 부담이 줄어 다행이었다. 매켄지 목사는 홀 가족과 함께 기거했고, 모펫 목사는 다른 곳에 머물면서 점심과 저녁 식사를 하러 왔다.

한양의 영사관과 선교부에서는 평양의 상황이 로제타와 아기가 머물기에 적절치 않다는 결론을 내렸다. 5월 23일, 영국 영사 가드너의 지시를 받고 로제타와 아기를 데려가기 위해 스크랜턴 박사가 평양에 도착했다. 법적으로 홀 가족의 보호는 영국 영사의 소관이었다. 하지만 며칠 사이에 평양 감영과 선교사들의 관계는 호전되어 있었다. 관청의 입장이 완화되어 선교사들이 구입한 집들을 소유할 수 있도록 허용했다.

그래도 스크랜턴 박사는 가드너 영사의 지시를 따라야 한다고 강하게 주장했다. 로제타는 한양으로 떠나기 위해 짐을 챙겨야 했다. 그런데 그때 로제타의 이질 증세가 심해져서 혈변을 보기 시작했다. 윌리엄 홀은 로제타에게 요양이 필요하다고 주장하며 출발을 연기시켰다. 사흘이 지난 뒤 로제타의 증세는 완화되었고, 5월 28일부터는 다시 진료 활동을 시작했다. 그만큼 로제타는 평양을 떠나고 싶어 하지 않았다.

그 무렵 남쪽에서 동학 농민군이 봉기했다는 소식이 들려왔다. 농민군을 진압하기 위해 평양의 관군들을 남쪽으로 수송할 기선이 도착했다는 소식도 들렸다. 윌리엄 홀은 정세가 어지러운 가운데 가드너 영사의 지시를 어기면서까지 계속 평양에 아내와 아들을 머물게 할 수 없다는 생각이 들었다. 결국 모두 그 기선을 타고 철수하기로 결정했다.

1894년 6월 6일, 홀 가족은 에스더 부부, 셔우드의 보모인 실비아와 함께 기선이 정박하고 있던 보산에 도착했다. 이들은 독일인 선장 테센손Tessensohn이 지휘하는 '청룡'이라는 이름의 배에 올랐다. 배는 출항 후 27시간이 지난 6월 10일, 제물포에 도착했다.

제물포에서 선교 활동을 벌이던 존스 목사 부부가 반갑게 이들을 맞았다. 존스 부인은 로제타와 미국에서부터 동행한 벵겔이었다. 그날 오후 존스 목사 부부와 홀 부부는 제물포에 정박하고 있던 미군 볼티모어 호 선장의 초대를 받아 군함을 방문했다. 해군 소장인 조셉 스커레트Joseph S. Skerrett가 이들에게 배 안을 친절하게 안내했다. 이때 로제타는 제물포항에 감도는 전운을 감지했다.

우리가 항구에 도착했을 때 13척의 군함이 정박해 있는 것을 보았고, 수천의 일본군과 청군이 도착해 있다는 소문도 들었다. 조선은 동학군을 진압하기 위해 청군에게 도움을 요청한 듯하고, 청은 일본에게 통고하지 않은 채 군사를 파견한 것으로 보인다. 그래서 일본이 또 파병하고 있으니 일본과 청군이 예전의 전쟁터로 다시 돌아온 것 같은 일촉즉발의 위기를 맞이했다. 가엾은 조선! 이 전쟁에서 절멸되지 않을까 겁이 난다.

— 로제타, 1894년 6월 21일의 일기

결국 로제타의 염려대로 청일 전쟁이 발발했고, 이 전쟁에서 이긴 일본에 의해 조선은 절멸의 길로 빠르게 빨려 들어갔다.

홀 가족은 배를 타고 한강을 거슬러 한양으로 향했다. 한양에 도착한 뒤에는 선착장에서 노블 목사와 버스티드 목사를 우연히 만났다. 버스티드 목사는 미국으로 결혼식을 올리러 가는 길이었다. 노블 목사가 그를 환송하기 위해 제물포까지 동행하고 있었다.

그날 밤 실비아는 가족을 만나러 나갔고, 로제타는 밤새 혈변을 누며 심하게 앓는 셔우드를 뜬눈으로 간호했다. 이튿날에도 셔우드의 증상은 나아지지 않았다. 이질이었다.

1894년 6월 14일, 로제타가 한양에 도착하고 이틀 뒤, 자정 무렵에 일복이 많던 로제타를 기다리고 있기라도 했던 듯 노블 부인에게 산통이 왔다. 밤새 산통을 겪은 노블 부인은 새벽 6시쯤 건강한 딸을 출산했다. 예정일이 일주일이나 남아 있어서 노블 목사는 아직 제물포에서 돌아오기 전이었다. 아기의 이름은 루스 노블Ruth Noble. 그녀는 훗날 아펜젤러 목사의 아들인 헨리 아펜젤러와 결혼하여 부모의 선교 정신을 한국에서 이어갔다.

1894년 7월 23일 새벽, 로제타는 요란한 총소리에 잠을 깼다. 로제타가 우려했던 대로 조선 정부는 동학군을 진압하기 위해 청나라에 도움을 청했고, 일본군은 이를 트집 잡아 7개 성문과 궁궐을 장악했다.

시병원에 열두 명 정도의 부상병이 들어왔다. 스크랜턴 박사와 윌리엄 홀은 외과의사, 간호사, 약사, 심부름꾼 역할을 스스로 해내며 정신없이 환자들을 돌봤다.

"닥터, 나는 이 일이 얼마나 좋은지 모르겠습니다. 한평생을 이렇게 살 수 있었으면 합니다. 사람들을 도울 수 있다는 게 정말 좋습니다."

윌리엄 홀이 스크랜턴 박사에게 한 말이었다. 너무 지쳐서 피곤하다고 불평을 해도 모자랄 판에 그는 오히려 이렇게 행복에 겨운 말을 했다. 스크랜턴 박사는 어안이 벙벙할 지경이었다.

이런 와중에 에스더가 아기를 낳았다.

> 셔우드가 이제 집안의 유일한 아기다. 에스더 이모가 몸무게가 겨우 4파운드(1.8kg)밖에 되지 않는 귀여운 사내아이를 낳았는데, 셔우드는 아기를 매우 사랑스러운 눈길로 바라보며 인형 같은 아기의 손을 만지작거리곤 했다. 그런데 아기는 겨우 36시간 동안 에스더 이모의 방에 머문 뒤, 주님께서 그 작은 아기를 당신께로 데려가셨다. …(중략)… 루스도 엄마 아빠를 따라서 일본으로 가버려 셔우드만이 온 집안의 유일한 귀염둥이다.
>
> — 로제타, 1894년 9월 10일 셔우드의 육아일기

노블 가족은 1894년 8월 28일에 일본으로 여행을 떠났다.[80] 그리고 홀 부부는 평양에서 돌아온 뒤, 노블 부부의 집에서 하숙비를 지불하며 살고 있었다. 그런데 에스더의 아기는 아마도 미숙아였던 듯하다. 임신 중에 평양을 오갔고, 박해도 받았으니 얼

마나 심신이 고달팠을까. 이런 까닭으로 조산을 한 것은 아니었을까.

1894년 9월 15일에 벌어진 평양 전투는 청일 전쟁의 분수령이었다. 일본이 승기를 잡았고 청군은 패했다. 시모노세키에서 전후 처리에 대한 논의가 진행되었고, 일본의 조선 지배는 더욱 가시화되었다.

1894년 9월 19일, 로제타의 스물아홉 번째 생일이었다.

스물아홉 번째 생일이다. 이제 이십 대를 벗어나 삼십 대로 접어든다. 이상하게 느껴지지만 그게 인생이 아니겠는가. 아침 식사 후에 책상에서 박 씨 부부(에스더와 유산)로부터 온 축복의 글이 수놓아진 하얀 비단 스카프가 들어 있는 상자를 발견했다. 닥터(윌리엄 홀)는 저녁 식사 파티 때 구울 거위를 구해왔다. 이곳에 있는 평양 사람들 - 모펫 목사, 리 목사 부부, 웹 부인, 그리고 우리 가족 - 을 모두 부를 예정이다.

— 로제타, 1894년 9월 19일 일기

이날은 로제타에게 완벽하게 행복했던 마지막 생일이 되었다. 10월 1일, 윌리엄 홀은 서둘러 평양으로 나섰다. 전쟁이 사실상 끝났기에 하루빨리 그곳으로 돌아가야 한다는 생각이었다. 장

**1894년 청일 전쟁 직후,
평양의 격전지에 남아 있던 병사를 보살피는 윌리엄 홀**
누워 있는 환자는 일본인 병사처럼 보인다.

로교의 모펫과 리 목사가 윌리엄 홀과 함께했다. 8일에 로제타는
평양에 안전하게 도착했다는 전보를 받았고, 13일에는 편지를 받
았다.

전쟁 동안 김창식을 비롯한 평양의 감리교 신자들은 중국인
들에게 밀가루를 빻아주며 생계를 유지했다고 했다. 일본군이 점
령한 뒤에는 일본 군의관이 함께하고 있었다. 그 군의관은 김창
식과의 필담으로 자신도 기독교도이며 감리교도라고 했다. 그가

그곳에 머물면서 감리교의 건물들은 온전하게 관리해주었다. 반면에 장로교의 건물들은 모두 파괴되어 모펫과 리 목사는 윌리엄 홀과 함께 기거할 수밖에 없었다. 전투는 끝났지만 전쟁은 아직도 가까이 있었다.

우리는 전쟁터에 가보았소. 아직도 제대로 묻히지 않아서 사체 일부가 밖으로 드러나 있거나 얕게 판 구덩이에 던져져 있는 청군의 시체들이 여기저기 흩어져 있었소. 참상은 말로는 표현할 수 없을 지경이고 악취는 끔찍했소.

— 1894년 10월 8일, 윌리엄 홀이 로제타에게 보낸 편지

리 목사도 전쟁의 끔찍함을 생생하게 표현했다.

"어떤 광경은 더할 수 없이 소름 끼쳤다. 도시 가까이에 있는 시체들은 그나마 대부분 묻혔으나, 좀 떨어진 곳에서 살해된 시체들은 여전히 땅 위에 널려 있다. 어느 곳에서는 총에 맞아 죽은 시체가 서로 켜켜이 쌓여 있었다. 또 다른 곳에서는 청군의 기마대가 일군의 포병대와 충돌한 듯 수백의 병사와 말들의 시체가 수십 미터 넓이에 수백 미터의 길이로 널브러져 있었다. 이것이 전투가 끝나고 난 3주 후의 모습이다."

평양의 상황이 어떠했을지 상상이 되고도 남는다. 전쟁에서 부상당한 환자들, 그리고 악화된 위생 상태와 영양 상태로 발생

한 병자들이 평소보다 훨씬 많았다. 윌리엄 홀은 아침부터 저녁까지 숨 쉴 틈도 없이 바쁘게 움직였다. 환자들을 치료하고, 광성학교를 다시 열고, 매일 예배를 인도했다. 몇 달 동안 교리 공부를 해왔던 이들 중 여섯 명이 세례 받기를 원했다. 윌리엄 홀은 그들 중 네 명에게 세례를 베풀었다.

11월 10일은 셔우드의 첫돌이었다. 아버지가 없는 상태에서 로제타는 정성스럽게 셔우드의 돌을 준비했다. 자신의 아기를 잃은 상태에서 셔우드의 돌을 맞이하는 에스더의 심정은 어땠을까? 에스더는 셔우드에게 사랑스런 편지를 보냈다.

나의 사랑하는 귀여운 셔우드, 네 첫 번째 생일이구나. 네가 이 세상에 와서, 내가 널 사랑할 수 있어서 매우 기쁘단다. 네 엄마 아빠처럼 믿지 않는 사람들에게 유용한 사람이 되어 좋은 일 많이 하길 바라고, 부모님을 공경하고 그분들의 가르침에 순종하며 항상 친절하고 온유한 사람이 되어라. 훌륭한 소년이 되길 바라고 하나님의 말씀에 순종하고 그를 사랑하여라. 하나님께서 네 생일을 축복하고 여러 가지 많은 것을 이해할 수 있는 지혜를 주길 바란다. 네 엄마와 아빠, 그리고 나는 너를 사랑하기에 네가 훌륭한 사람으로 자라길 기원한다. 오, 내가 널 얼마나 사랑하는지!

사랑하는 이모부와 이모로부터(from Uncle Pak and Aunt Esther).

— 1894년 11월 10일, 에스더가 셔우드에게 보낸 편지

셔우드가 태어날 때부터 항상 곁에 있었던 에스더는 친이모보다도 더 가까운 사이였다. 훗날 셔우드는 에스더의 기도대로 부모님의 대를 이어 선교사로서 훌륭한 일을 많이 했다.

우리나라 아이들의 돌상처럼 셔우드의 돌상에도 넝마인형, 책, 성경, 장난감 괭이, 청진기 등의 돌잡이 물건이 놓였다. 돌상 위에 청진기를 두는 건 아마 셔우드의 돌상이 시초가 아닐까 싶다. 셔우드는 청진기를 집었고, 로제타는 이를 무척 기뻐했다. 그날 그 자리에 있던 사람들은 훗날 셔우드가 어떤 일을 하게 될지 짐작이나 했을까.

평양에 머물던 선교사들은 모두 말라리아에 걸렸다. 그중 윌리엄 홀의 증상이 제일 심각했다. 로제타는 지난겨울부터 멈추지 않았던 윌리엄 홀의 기침에 대해 염려하고 있었다. 윌리엄 홀은 이미 건강에 이상이 있는 상태로 평양에 간 듯했다.

모펫 목사가 보기에 윌리엄 홀은 "지난 해 동안 수없이 평양을 오가는 사이에 몸이 약해져서 전쟁터였던 이 도시 안팎의 비위생적인 환경에 저항할 힘을 잃고 만 듯했다."

평양의 선교사들은 일본 배를 타고 한양으로 돌아오기로 했다. 배 안에는 600여 명의 일본 병사들이 있었는데 이질이나 열병에 시달리는 사람이 대부분이었다.

선교사들은 비교적 기쁜 마음으로 한양까지 돌아오는 여행을 즐겼고, 제물포에 도착했을 즈음 윌리엄 홀의 증세는 호전된 듯

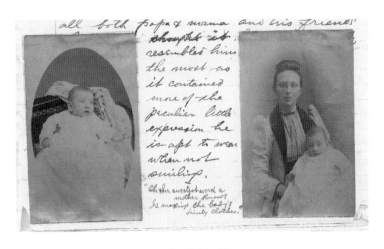

1894년 로제타와 셔우드

태어난 지 5개월이 지난 셔우드와 로제타의 모습.
홀 가족이 함께 평양으로 가기 직전에 찍은 것으로 보인다.

보였다. 그런데 그는 배 안에서 다시 발진티푸스에 감염되고 말았다.

윌리엄 홀은 열이 오르락내리락 하는 와중에 제물포에서 배를 갈아타고 한강을 향했다. 그런데 강화도 근처에서 배가 암초에 부딪치는 사고가 나고 말았다. 더 나아갈 수 없었던 일행은 결국 해안에 상륙해 하루를 묵고 그다음 날 간신히 놋단배를 구해 항해를 계속할 수 있었다. 한양까지 오는 데 또 하루가 지체되었다. 적절한 치료도 받지 못한 채 평양에서 집까지 오는 데 9일이나 걸리고 말았다. 그 사이 윌리엄 홀의 병세는 점점 악화되었다.

로제타는 셔우드가 태어난 날인 10일을 기념해 매달 10일에는 어김없이 셔우드의 세세한 신체적·언어적 발달 상황과 그간의 사건들을 적는 육아일기를 썼다. 로제타는 12월 10일부터 시작한 육아일기에 셔우드가 나중에 읽을 수 있는 날을 생각하며 윌리엄 홀의 임종 과정을 아주 세세하게 기록했다. 이 일기는 군데군데 눈물방울로 얼룩져 있다. 글씨 또한 흔들린다. 언젠가 아이가 읽을 수 있을 때를 상상하는 것이 더 힘들지 않았을까.

1894년 11월 19일 월요일, 로제타는 왕진 갈 채비를 하다가 윌리엄 홀이 도착했다는 소식을 들었다. 그녀는 부랴부랴 아기를 안고 남편에게 달려갔다. 윌리엄 홀의 상태는 매우 위중하여 혼자 일어서지도 못할 지경이었다. 다른 사람들이 그를 들어 침대로 옮겼다.

"그동안 아내가 있는 집에 건강한 상태로 돌아오는 게 기쁜 일이라고 생각해왔는데, 이제는 아파서 집에 돌아오니 얼마나 위안이 되는지를 경험하게 되는구려."

윌리엄 홀은 그런 상황에서도 농담을 했다. 그가 치명적인 상태라는 것을 로제타도 잠시 잊을 정도였다. 열은 40도를 넘기고 있었다. 그날 밤에는 그나마 요강에 스스로 용변을 볼 수 있었다. 그러나 그다음 날 밤이 되자 아기처럼 스스로 소변도 가리지 못할 지경이 되었다.

수요일이 되자 윌리엄 홀은 노블 목사에게 연필과 종이를 가져오라 하더니 자신이 여행 중에 쓴 경비를 세세하게 적게 했다.

재무 담당인 아펜젤러에게 보고하기 위한 것이었다.

"이전 지출 내역은 노트에 기록되어 있소."

윌리엄 홀은 마지막 순간까지도 자신의 업무에 철저했다. 보고를 끝내고 그가 말했다.

"나는 이제 죽든지 살든지 준비가 되어 있다오. 그분의 뜻이라면 더 오래 주님을 위해 일하고 싶지만……."

이미 윌리엄 홀은 더 이상 말을 잇기가 힘들었다. 다른 사람들도 그가 하는 말을 알아듣지 못했다. 몸이 점점 마비되어 목의 근육이 굳은 듯했다. 다섯 명의 의사가 달라붙어 사력을 다해 치료했으나 어쩔 수 없었다.

밤낮으로 아빠를 간호하느라 너무 지쳐서 노블 목사님과 교대한 뒤 잠시 쉬려했는데, 갑자기 한강 둑 주변에 있는 작은 무덤 하나가 환상처럼 떠올랐다. 그러자 조만간 사랑하는 아빠의 몸을 그곳에 묻어야 할지도 모르겠다는 생각에 가슴이 무너져 내렸다. 엄마는 아빠에게 혹시 들릴까 봐 울음소리를 내지 않으려 안간힘을 써야 했다. …(중략)… 가엾은 엄마! 소리 내어 울지 않으려고 아무리 애를 써도 베개는 눈물로 젖었고, 그때까지 한 번도 해보지 못했던 기도, 사랑하는 남편을 데려가지 말라고 애원하는 기도를 하고 말았다.

— 로제타, 1894년 12월 10일 셔우드의 육아일기

결국 로제타는 남편의 다가오는 죽음 앞에서 무너지고 말았다. 사랑하는 남편을 제발 자기 곁에 머물게 해달라고 애원하는 심정을 어디에 비교할 수 있을까.

윌리엄 홀은 로제타가 가까이 다가갈 때마다 그가 그녀를 얼마나 사랑하는지, 그리고 그 사랑이 영원히 지속될 거라고 말하려 애썼다. 그리고 그녀의 배 안에 있는 생명에 대해 물었다. 이번에도 로제타는 이 무렵까지도 자신이 임신 중임을 기록하지 않았다.

"아주 튼튼한 것 같아요. 셔우드보다 훨씬 더 세차게 움직여요."

로제타가 대답하자 윌리엄 홀은 애써 미소를 지어보였다. 셔우드를 애타게 보고 싶어 하면서도 아이를 데려오면 안타까운 눈으로 바라보기만 할 뿐 가까이 오지 못하게 했다. 오히려 곧바로 데리고 나가라고 손짓을 했다. 그는 자신의 병이 전염성이라는 사실을 알고 있었다.

목요일 아침에 아빠는 연필과 종이를 가져다 달라고 하여 뭔가를 쓰려 했지만 마치 셔우드가 뭔가를 쓰려는 것과 똑같아 보일 정도여서 곧 포기하고 말았다. 그의 고통은 단지 그가 하고 싶은 말을 다하지 못하는 것으로 보였다. …(중략)…

아빠는 처연한 눈을 엄마에게 고정하고 애써 말하려 했으나, 떠듬떠듬 '사랑-하-오'라고 말했을 뿐이었다. 오후가 되자 아빠는 셔우드를 데려다 달라고 했다. 그는 아들을 사랑스럽고도 애처롭기 그지없는 눈으로 바라보았다. 미국에서도, 조선에서도 어린이들의 진정한 친구였던 그는 하나밖에 없는 자신의 아들에게는 막상 마지막 인사도 할 수 없었다. 아빠가 마지막으로 엄마에게 애써 하려던 말은 '아빠가 평양에 간 사실을 후회하지 말라는 것'이었다.

"나는 주님을 위해서 갔고, 그분께서 보상해주실 것이오."

사랑하는 아빠, 그의 믿음은 어린이의 믿음과 같이 단순했고, 마치 아기가 어머니의 품 안에서 잠들 듯 죽음에 대해 아무런 공포도 없었다.

1894년 11월 24일 토요일, 석양 무렵 아빠는 영원한 안식일에 깨어나기 위해 예수님 품 안에서 잠들었다. 그날 오후 내내 아빠의 눈은 엄마 눈에 고정되어 있었고, 그는 내가 그의 두 손을 붙잡아주길 원하는 듯했다. 그렇게 그는 떠났다. 나는 아빠의 사랑스러운 두 눈을 감겼다. 그런데 아빠의 눈이 다시는 엄마의 눈을 볼 수 없다는 생각에 미치자 나는 다시 아빠의 눈을 뜨게 해서 오랫동안 그의 눈을 바라보았다. 그 눈은 여전히 너무도 밝고 맑아서 아직도 그가 내 눈을 바라보고 있는 것처럼 보였다. 나는 내 방으로 와서 나의 사랑스러운 작은 셔우드를 안고 셔우드와 배 안에 있는 또 다른 어린것을 위해 내가 용감하고 강해지게 해달라고 하나님께 기도했다.

— 로제타, 1894년 12월 10일 셔우드의 육아일기

그리고 로제타는 "하나님께서 그녀의 기도를 들어주셔서 정신을 가다듬을 수 있었고 남편의 마지막 길에 넣어줄 물건들을 챙길 수 있었다"고 적었다. 그녀가 챙긴 물건들은 결혼식에 입었던 정장과 속옷, 커프스와 넥타이 등이었다.

로제타는 너무 피곤해 잠이 들었다가 12시쯤에 깨어났다. 그제야 터져 나오는 통곡을 멈출 수가 없었다. 이제 겨우 한 살짜리 아들과 배 안에는 또 한 생명이 있었다. 두 아이들은 평생 아빠의 품도, 목소리도, 손길도, 전혀 기억하지 못하리라. 옆방에서 셔우드와 함께 잠을 자던 금영이라는 집사가 달려와서 안절부절못하며 위로를 건넸다.

"대인께서는 하늘나라에 가셨고 그는 이제 예수님과 함께 계십니다. 그러니 너무 슬퍼하지 마십시오."

그다음 날은 아주 맑고 아름다운 주일이었다. 금영이가 셔우드를 안고 로제타와 함께 성벽을 따라 산책을 했다. 맑은 공기를 쐬어서 병균에 저항하는 힘을 기르기 위해서였다.

오후 2시경, 윌리엄 홀의 관이 장지를 향해 떠나갈 시간이었다. 전염병으로 인한 죽음이었으므로 매장을 서둘러야 했다. 로제타는 셔우드를 무릎에 앉히고 네 사람이 메는 가마에 올랐다. 철없는 셔우드는 가마를 타고 시골로 나가니 마냥 즐거워했다. 한강 변에 도착하기 직전 잠이 든 셔우드는 장례가 끝나도록 깨지 않았다. 로제타는 윌리엄 홀을 묻은 뒤, 윌리엄 홀이 머물던

1897.

1897년 로제타와 아이들

뉴욕에서 조선으로 두 번째 여행을 떠나기 직전에 찍은 것으로 보인다.

방을 청소하고 소독하느라 메리 커틀러와 루이스의 집에서 사흘
간 머물렀다.

1894년 11월 27일, 배제예배당(정동교회)에서 윌리엄 제임스
홀의 명복을 비는 추모식이 열렸다. 로제타는 추모식의 진행 과
정을 꼼꼼히 계획했다. 찬송가로 윌리엄 홀이 조선을 향해 뉴욕
을 떠날 때 페니 크로스비가 작사한 「누가 갈까?」를 고르고, 윌리
엄 홀이 가장 좋아했던 성서 구절 「이사야」 43장 1절에서 15절의
말씀을 골랐다.

아쉽고 안타까운 두 사람의 이별이었다. 2년 동안의 결혼 생
활 중 한 번도 안정적으로 두 사람만의 집을 가져본 적이 없었다.
내내 만남과 이별이 지속적으로 교차하는 안타까운 세월이었다.

엄마와 아빠는 실제로 한 번도 우리만의 집을 가져본 적이 없단다.
신혼여행에서 돌아와 곧 아빠가 평양에 가셨고, 그가 돌아오기 전
에 노블 목사님 부부가 미국에서 조선으로 왔지. 그리고 그때부터
지난봄 엄마 아빠가 평양으로 갈 때까지 우리는 함께 살았단다.
그리고 그분들이 일본으로 가기 전까지 한양에서 우리는 그분들
집에서 하숙을 하였어. 그분들이 일본에 간 후, 몇 주 우리끼리 지
내면서 너무 편하고 좋아서 우리만의 집을 가지기로 했었단다.
— 로제타, 1894년 12월 10일 셔우드의 육아일기

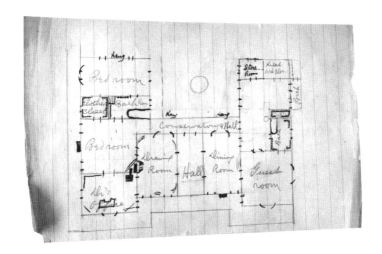

홀 부부가 같이 계획했던 집의 설계도
두 사람이 함께 살기를 꿈꿨던 오붓한 집은 윌리엄 홀이 죽으면서 물거품이 되고 말았다.

두 사람은 함께 집을 설계하고 공사도 시작했으나, 마무리를 로제타에게 맡기고 윌리엄 홀은 평양으로 떠나야 했다. 로제타는 시공을 마치고 남편에게 보여줄 날을 간절히 기다렸으나 그 기쁨은 영원히 누리지 못했다. 그녀의 슬픔과 회한은 얼마나 깊었을까.

1894년 12월 7일 아침 9시, 로제타는 제물포행 가마에 올랐다. 고향의 부모 형제에게 돌아가기 위한 여정의 시작이었다. 일본 나가사키로 가서 호놀룰루를 거쳐 샌프란시스코로 가는 더차이나The China호를 타기로 했다. 매우 추운 겨울 날씨에 셔우드는 대부분의 시간을 가마 안에서 엄마의 무릎에 앉아서 갔다. 그러다가 잠깐씩 말을 타고 앞장서 일행을 인도하는 아펜젤러 목사의 무릎 위에 앉기도 했다. 이때 이들 곁에는 에스더와 그녀의 남편, 박유산이 동행하고 있었다.

엄마가 여기 온 지 거의 5년이 지났으니 휴가를 받을 때가 되었고, 또 더 이상 일을 제대로 해나갈 수 있는 상태가 아니었기 때문에 휴가를 받기로 했다. 엄마는 몇 년 쉬고 다시 기쁜 마음으로 평양에 파견되어 아빠가 시작한 일을 계속하길 기대하고 있다. 에스더와 유산이는 둘 다 미국에 가길 무척 원해서 엄마가 데려가기로 했다. 유산이는 집에서 일을 도우며 시간이 나면 영어를 배울 수 있을 것이고, 에스더는 리버티의 학교에 보낼 생각이다. 만약 공부를 잘한다면 의과대학에 보낼 예정인데, 언젠가 의료 선교사가 되어 조선의 자매들에게 돌아올 수 있길 기대한다.

— 로제타, 1894년 12월 10일 셔우드의 육아일기

로제타는 조선을 떠날 때부터 이미 에스더에 대한 계획을 구체적으로 세워두고 있었다. 실제로 에스더는 로제타의 기대를 한 치도 저버리지 않았다.

오후 5시, 제물포의 존스 목사 집에 도착한 이들은 그다음 날 아침 바로 일본으로 떠나는 배에 오를 예정이었다. 그런데 다음 날 아침, 셔우드의 옷을 갈아입히던 로제타는 셔우드의 이마에서

열이 나고 몸에 반점이 생겼음을 발견하고 혼비백산했다. 아버지로부터 발진티푸스가 옮은 것은 아닌가 의심했다. 하지만 다행히 셔우드의 열은 몇 번의 해열제 처방으로 해결되었다. 감사하게도 아기들에게 흔히 나타나는 홍역이었다.

14일 아침, 나가사키로 가는 보이튼Boynton호에 승선한 뒤의 50여 시간은 악몽이었다. 폭풍의 영향을 받은 극심한 파도는 임신 중인 데다가 심신이 지쳐 있던 로제타의 뱃멀미를 극도로 악화시켰다.

극심한 뱃멀미로 더 이상 나올 게 없을 때까지 토했다. 내가 울면 셔우드도 따라 울 것이어서 엄마는 울 수도 없다. 마치 악몽과도 같던 길고 끔찍한 밤과 낮이었다. 일요일 아침 일찍 우리는 나가사키 항에 도착했다. 잠을 이루지 못하던 전날 밤 엄마가 꿈을 꾸었는데 더차이나호가 그날 오후 4시에 떠난다며 그때까지 떠나지 않고 나가사키 항에 머물고 있는 게 아니겠는가. 그런데 꿈대로 그 배는 아직 출발하지 않고 있었다. 그 엄청난 뱃멀미를 불러왔던 그 폭풍이 배를 항구에 묶어놓았던 것이다.

— 로제타, 1895년 1월 10일 셔우드의 육아일기

로제타는 셔우드의 발병으로 일정이 늦어져서 원래 예정되어 있던 더차이나호를 타지 못할 것으로 예상했다. 그런데 꿈에 본 그대로 항구에는 더차이나호가 아직 정박해 있었다. 폭풍 때문에 출발이 연기되었던 것이다.

로제타는 나가사키 항구에 정박해 있던 더차이나호에서 미국 북감리교 여성해외선교회 나가사키지부의 페튼 부인과 프랜치 양의 방문을 받았다. 이들은 에스더의 단짝이자, 로제타가 '내 아이들(my girls)'이라고 부르며 아꼈던 오와가를 데려왔다. 그녀는 이화 학당에 다니다 귀국한 뒤 여성해외선교회에서 운영하는 나가사키 여학교로 전학해 공부하고 있었다. 오와가를 만난 로제타와 에스더는 잠시 시름을 잊고 웃을 수 있었다.

더차이나호는 18일에 고베, 20일에는 요코하마에 닿았다. 요코하마에서 박유산과 에스더의 출국 서류를 준비하고, 에스더의 구두와 박유산의 양복을 구입했다. 이곳에서도 여성해외선교회 요코하마지부의 그리피스 양이 나와 이들의 여행 준비를 도와주었다.

12월 21일, 드디어 이들은 태평양을 건너는 긴 항해를 시작했다. 배 안에서 맞은 크리스마스는 로제타 인생에서 가장 슬픈 크리스마스였다. 그렇게 사랑하던 남편도, 남편의 빈자리를 대신해 줄 이디스도 아직 곁에 없었다. 그렇게 시간이 흘러 30일에는 호놀룰루에 도착했고, 데이먼Damon 목사의 환영을 받으며 그의 집에서 하루를 묵었다.

1895년 새해가 밝았다. 새해 첫날 더차이나호는 샌프란시스

코를 향해 호놀룰루 항을 출발했다. 1월 6일 샌프란시스코에 도착한 뒤 호텔에 머무는 동안 외삼촌인 로버트 길더슬리브와 사촌들이 찾아왔다. 이때 로버트 삼촌은 셔우드에게 20달러라는 큰돈을 주었다.

1월 7일, 네 사람은 시카고행 기차에 올랐다. 기차 요금은 특등실은 1인당 15달러, 여행자 객실은 6달러였다. 여행자 객실이 경제적인 데다 셔우드가 좀 더 자유롭게 움직일 수 있어서 일행은 여행자 객실로 자리를 잡았다. 이 여행 중 셔우드는 기차에서 짐꾼으로 일하는 흑인 청년을 친구로 사귀었다.

> 셔우드가 오마하에서 온 감리교도인 흑인 짐꾼과 친구가 되었다.
> 집에 도착하면 분명히 조를 좋아할 것 같다. 이 아이는 분명 엄마
> 로부터 흑인 남자를 좋아하는 성향을 물려받은 듯하다. 아직까지
> 한 번도 흑인을 본 적이 없음에도 전혀 겁을 내지 않는다.
> — 로제타, 1895년 1월 10일 셔우드의 육아일기

셔우드는 여행 내내 기차 윗칸에서 에스더와 함께 잤다. 매일 저녁 8시에 잠들면 아침 7시까지 잘 잤다. 이들은 1월 12일 토요일에 시카고에 도착했고, 1월 14일 드디어 리버티의 고향집에 도착했다. 마침 그날은 로제타의 여동생 애니의 생일이었다. 그들의 귀향은 애니에게 아주 특별한 생일 선물이 되었다. 거의 5년

만에 남편을 잃고 어린 자식을 안은 만삭의 딸을 맞이하는 부모의 심정은 어땠을까. 마침내 사랑하는 가족의 품으로 돌아와 안긴 로제타의 마음은 어땠을까.

V

닥터 로제타 홀,
다시 평양으로

1

하나님의 뜻이
기다리는 조선으로

로제타는 한양에서 리버티의 고향집으로 돌아가는 한 달 가까운 긴 여정 동안 가슴속에 간절한 기도를 품고 있었다. 배 안에서 자라는 아이가 고향집에 도착한 뒤 태어나게 해달라는 것이었다. 하나님은 로제타의 기도를 들어주셨다.

로제타가 고향집에 도착하고 나흘 뒤, 1895년 1월 18일 아침 7시에 로제타가 태어나고 자란 그 집에서 딸 이디스 마거릿이 엄마의 품에 안겼다. 하지만 아기의 탄생을 함께 기뻐할 당연한 한 사람이 곁에 없었다. 로제타의 눈에서 눈물이 흘러내렸다. 로제타는 남편 윌리엄 홀이 가장 좋아했던 성경 구절 「이사야」 43장 중 5절을 떠올렸다.

"두려워 말라, 나는 너와 함께 있느니라. 동쪽에서 너의 씨를 가져올 것이며, 서쪽에서 거둘 것이니라."

조선에서 아이를 임신해 서쪽으로 1만 6,000킬로미터 떨어진 고향으로 돌아와 출산한 자신을 이르는 것 같았다.

에스더가 아기를 씻기고 배냇저고리를 입혔다. 아기의 이름은 윌리엄 홀이 살아 있었을 때 함께 지었던 '이디스 마거릿Edith Margaret'으로 지었다. 이디스는 두 사람이 가장 좋아하는 여자 이름이었고, 마거릿은 아기의 친할머니이자 윌리엄 홀의 어머니 이름이었다.

아장아장 걷고 말을 배우기 시작한 첫째 셔우드는 온 가족의 귀염둥이였다. 특별히 이름과 생일이 같은 외할아버지 로즈벨트는 손자를 더욱 애지중지했다. 로제타는 외할아버지와 셔우드가 함께 찍은 사진 아래에 '아흔 살과 한 살'이라고 제목을 써넣었다. 로제타를 특별히 사랑했던 조는 셔우드 또한 무척 사랑하여 막 걷기 시작한 셔우드를 위해 신발을 사다 주었다.

로제타는 리버티의 병원에서 일자리를 찾았고, 여기저기 흩어져 있는 윌리엄 홀의 지인들에게 부지런히 편지를 썼다. 남편의 1주기가 돌아오기 전에 그에 대한 추모 문집을 발간할 계획으로 그들에게 원고를 부탁하기 위해서였다. 로제타는 남편을 기념하기 위한 계획을 하나 더 갖고 있었다. 바로 평양에 남편의 이름을 딴 기념병원을 짓는 일이었다. 그를 잊지 않고 기억하며 그의 유지(遺志)를 잇기 위한 최상의 방법은 돌로 만든 기념비를 세우는

1895년에 찍은 '아흔 살과 한 살'이라는 제목의 사진
외할아버지 로즈벨트와 손자 셔우드는 생일이 11월 10일로 같다.
여자아이의 옷을 입은 셔우드의 모습이 눈길을 끈다.

게 아니었다. 좀 더 많은 사람에게 의료 서비스를 제공하고 하나
님의 사랑을 전할 수 있는 병원을 짓는 게 남편의 뜻을 받드는 일
이었다. 그녀는 남편이 떠난 후 들어온 위로금을 병원 건립을 위
해 내놓았다.

1895년 6월 27일, 로제타의 세 번째 결혼기념일에 또 한 번
커다란 슬픔이 닥쳐왔다. 하필이면 그날, 친정아버지 로즈벨트가
세상을 떠난 것이다. 평생 하늘을 공경하고 이웃을 사랑하며 아

름답게 산 신앙인답게 아버지는 떠나는 모습 또한 더할 수 없이 평화로웠다. 로제타에게는 하늘이 무너지는 슬픔이었다.

1895년 7월 10일 아침, 로제타와 두 아이들, 그리고 에스더와 박유산은 리버티의 집을 떠나 캐나다로 가는 여행길에 올랐다. 로제타는 아버지의 장례를 치른 지 얼마 되지 않아 홀로 된 어머니를 두고 긴 여행에 나서는 게 마음에 걸렸다. 하지만 한 번도 본 적이 없는 며느리와 손자, 손녀를 학수고대하는 시부모를 만나러 가야 했다.

로제타 일행은 뉴욕에 들러 며칠을 보낸 뒤, 7월 18일부터는 뉴욕 노스빌에 있는 오빠 프랭크의 집에 머물렀다. 7월 24일 새벽 6시, 프랭크의 집을 출발해 캐나다 온타리오 주 글렌뷰엘에 있는 시부모님의 농장에 도착했을 때는 밤 11시경이었다.

로제타 일행은 윌리엄 가족의 눈물겨운 환영을 받았다. 처음 만나는 며느리와 손자, 손녀였다. 게다가 이미 아들은 세상을 떠난 후였으니 이들의 만남은 얼마나 애틋했을까! 윌리엄 홀 부모님의 농장은 마을과 멀리 떨어진 외진 곳에 있었다. 그런데도 처음 2주 동안 이들을 보기 위해 시댁을 방문한 사람이 100명이 넘었다.

시댁에 머무는 동안, 로제타는 부지런히 윌리엄 홀의 가족사를 조사했다. 역사의식이 투철했던 로제타는 이미 스물한 살에 자신의 가족사를 썼던 경험이 있었다. 그리고 지금 로제타가 기

At N.Y. city, Sept. 27, '95.

홀 가족과 박에스더 부부

1895년 9월 27일, 캐나다 시댁을 처음으로 방문하는 길에
뉴욕에 들러서 찍은 사진으로, 이때 에스더는 임신 중이었다.

록하는 윌리엄 홀의 가족사는 로제타가 일찍 아버지를 여읜 아이들에게 주는 선물이었다. 로제타는 셔우드의 육아일기에 홀 가문의 4대조까지 기록으로 남겼고, 이디스의 육아일기에는 친할머니인 볼트 가의 4대조까지 가계를 세세하게 기록했다. 아마 그녀는 아이들에게 조상의 뿌리가 어디인지 인지시키려 한 듯하다.

1895년 7월 31일, 글렌뷰엘 교회에서 로제타 일행을 환영하는 연회가 열렸다. 예수님도 고향에서는 상대적으로 인정받지 못했다는데 윌리엄 홀에 대한 고향 사람들의 사랑과 인정은 참으로 뜨거웠다.

"우리는 당신과 가족 그리고 외국에서 온 형제와 자매도 우리의 가족으로 환영합니다. …(중략)… 당신을 더욱 가깝게 느끼는 것은 이 거리와 농장과, 이웃들과, 어린 시절을 공유한 우리 형제의 사랑하는 아내이기 때문입니다. …(중략)… 그의 온화한 태도와 친절함, 모든 사람을 향한 동정심, 그가 사랑한 주님을 위해 바친 아낌없는 헌신 등을 말로는 표현할 수 없습니다." [81]

남편의 고향 사람들은 진심으로 로제타 일행을 환영했고 윌리엄 홀에 대한 찬사를 아끼지 않았다. 그들은 마음을 담아 글렌뷰엘 교회 앞에 윌리엄 제임스 홀의 삶을 기념하는 대리석 판을 세웠다.

1895년 8월 4일 주일 저녁, 글렌뷰엘 교회에서 특별한 예배가 있었다. 박유산이 한국어로 성서를 봉독하고 에스더가 한국어로 찬송가를 불렀다. 로제타는 처음 평양에 갔을 때의 박해 경험을 간증했으며, 에스더 또한 자신의 개종과 성령 체험에 대해 이야기했다. 담임 목사는 색동 한복을 입은 셔우드를 모든 사람이 잘 볼 수 있도록 제단 위에 올려놓았다. 셔우드는 마치 사람들에게 자신의 앞뒤 모습을 골고루 보여주려는 것처럼 천천히 몸을 돌렸다.

참석한 모든 사람이 특별 예배에 큰 감동을 받았다. 그들은 에스더의 학비에 보태라며 12달러를 모금해주었다. 똑같은 형식으로 인근의 린과 아테네 교회에서도 예배를 드렸는데 각각 11달러와 10달러가 모금되었다.

로제타 일행은 글렌뷰엘에서 5주를 머문 뒤 9월 5일, 미국으로 출발했다. 윌리엄 홀의 가족들은 로제타 일행을 간곡히 붙잡았다. 그러나 돌아가는 길에 방문하기로 계획한 친지들이 있었고, 10월부터는 에스더가 뉴욕에 있는 어린이 병원에서 일하기로 되어 있었다.

일행은 배를 타고 온타리오 호수를 가로질러 윌리엄 홀이 대학을 다녔던 도시, 토론토에 들렀다. 토론토에서 겨우 1시간 반을 머무는 사이, 상하이에서 의료 선교사로 일하는 윌리엄 홀의 절친한 친구 오마르 킬번Omar Kilborn의 형, 킬번 박사를 만났다. 오마르 킬번은 로제타가 만일의 경우를 대비해 유언장을 쓰면서 오빠 프랭크와 함께 셔우드와 이디스의 후견인으로 지정했던 이였다.

다시 미국행 배를 타고 온타리오 호수를 가로질러 미국 영토인 루이스톤에 내렸다. 그곳에서 입국 심사를 받던 중 에스더 부부가 중국인으로 오해받는 바람에 한동안 억류를 당했다. 그 당시 중국인들은 미국 입국이 허용되지 않았다. 겨우 조선인임을 설명하고 풀려난 이들은 다시 기차를 타고 나이아가라 폭포를 구경하러 갔다.

그곳에서 기차로 뉴욕에 사는 이복 오빠 찰리의 집을 방문했다. 로제타는 유언장에서 만일 자신이 죽고 두 아이가 재산을 균분하게 될 경우, 프랭크와 함께 찰리를 공동 집행인으로 지정했다. 로제타는 이렇게 친오빠인 월터보다 이복 오빠인 프랭크, 찰리를 더 신뢰하고 의지했다.

그날 하루를 마감하며 로제타는 새벽 6시부터 저녁 6시까지 하루 종일 배를 세 번, 기차를 세 번이나 갈아탔다는 사실을 깨달았다. 이렇게 정확한 여행 스케줄은 그녀의 성격을 반영한다. 만날 수 있는 모든 사람을 만나고 허비하는 시간을 최대한 줄이기 위해 경로를 치밀하게 계획했다. 그녀는 효율의 가치를 중시하는 근대인의 전형이었다.

일주일 동안 찰리 오빠 집에서 지낸 후 펜실베이니아 주에 사는 사촌들을 방문했다. 마침 건강이 악화되어 요양차 고향에 돌아와 있던 노블 목사 부인 메티와 그녀의 딸 루스도 만났다. 두 달에 걸친 참으로 알찬 여행이었다.

예정대로 10월부터 에스더는 뉴욕에, 다른 가족들은 리버티에 남았다. 10월 16일부터 18일까지 로제타는 여성해외선교회 뉴욕지부 회의 참석차 브루클린에 갔다가 에스더의 일터를 방문했다. 에스더는 10월 1일부터 뉴욕의 어린이 병원에서 실습을 하는 중이었다.

> 그녀는 내년에 펜실베이니아 여자의과대학에 입학할 수 있기를 바라고 있다. 졸업하면 그녀는 의료 선교사가 되어 조선으로 돌아갈 것이고, 자기 민족을 위해 훌륭한 일을 해낼 거라 믿는다. 만약 엄마가 다시 조선으로 돌아가지 못할 경우에는 에스더 이모와 유산이 이모부를 돕는 것으로 대신할 수도 있다.
>
> — 로제타, 1895년 10월 18일 이디스의 육아일기

로제타는 조선에서 떠날 때만 해도 분명 다시 평양으로 돌아와 남편의 유지를 잇겠다고 생각했다. 하지만 막상 고향으로 돌아와 보니 편안하고 쾌적한 환경에서 아이들을 키우는 게 좋겠다는 생각을 했던 것으로 보인다. 심경의 변화는 1896년 4월 초에 작성한 유언장의 내용에서도 드러난다.

> 엄마가 죽게 되면 모든 돈은 아이들에게 갈 것이다. 그때까지 아이들이 만약 미성년일 경우에는 엄마를 대신해 엄마와 똑같은 결정을 내릴 것이라고 믿는 두 사람, 프랭크 삼촌과 오마르 킬번 박사

를 후견인으로 지정했다. 만약 엄마가 생전에 아빠의 기념병원(기홀병원)에 적절한 기여를 하지 못할 경우를 대비해 400달러를 그곳에 기부하기로 했다. 나머지는 두 아이들에게 균등 배분하기로 했는데 집행인으로 찰리 삼촌과 프랭크 삼촌을 지정했다.

— 로제타, 1895년 4월 10일 셔우드의 육아일기

로제타는 유언장에서 평양으로 돌아가지 못할 경우를 감안했다. 남편이 그렇게 허망하게 떠나는 모습을 보았으니 아이들의 안전을 생각하지 않을 수 없었을 것이다. 하지만 이때에도 그녀는 여전히 평양으로 돌아가 남편의 유지를 이어야 한다는 당위성 사이에서 고민하고 있었다. 아빠 잃은 아이를 둘이나 둔 엄마로서 너무나도 당연한 고민이었다.

1896년 1월 18일, 이디스가 첫돌을 맞았다. 로제타는 남편이 떠나고 난 뒤의 외로움과 슬픔을 달래주기 위해 이디스를 보내주신 하나님께 진심으로 감사했다.

한 해 동안 하나님께서 엄마의 아기를 지켜주셨다. 아마도 오래오래 은혜롭게 지켜주시리라. 이 아이는 엄마의 상처받은 마음에 참으로 큰 위안이 되었고 앞으로도 그럴 것이다. 엄마는 이렇게 사랑스러운 두 아이를 주신 하나님께 감사한 마음을 어떻게 표현해야할지 모르겠다. 사랑의 주님은 미리 예비하시어 엄마에게 아기를 보내주셨다. 아마도 이 아이는 자라서 아빠의 하나님을 사랑하고 그분을 위해 일하지 않을까. 그리하여 계속 엄마의 위안이 되지 않을까 싶다.

— 로제타, 1896년 1월 18일 이디스의 육아일기

로제타에게 이디스는 아빠의 빈자리를 메우기 위해 하나님께서 보내주신 고마운 선물이었다. 아빠를 닮아 천성이 낙천적이었던 이디스는 15개월이 되면서부터 아침에 일어나면 엄마와 자기가 가장 좋아하는 인형에게 가장 먼저 "해피 데이"라고 인사를 하곤 했다. 로제타는 "이디스는 언제나 행복해 보인다. 제 아빠처럼 매일매일이 인생 최고의 날로 보일" 정도였다.

이디스는 셔우드의 흔들의자에 올라 등받이를 붙잡고 30분 동안 계속 흔들어댈 정도로 활동적이었다. 몸도 매우 튼튼했다. 그런데 이런 이디스가 사고를 치는 바람에 온 가족이 혼비백산하는 일이 발생했다. 로제타가 2주 동안 뉴욕에 일을 보러 갔던 사이에 발생한 일이었다.

어른들이 모두 외출하고 외할머니가 낮잠을 자는 사이에 이디스는 혼자서 우유 보관실에 들어갔다가 그곳에 있던 커다란 물통에 빠지고 말았다. 마침 외출했던 애니가 돌아왔는데 이디스가 보이지 않았다. 이리저리 이디스를 찾아다니던 애니는 아이가 물통에 빠져서 허우적거리는 것을 발견하고 기겁했다. 머리부터 빠졌더라면 목숨을 잃었을 상황이었다. 어떻게 머리를 밖으로 내놓은 상태로 가라앉지 않고 허우적거렸는지 참으로 기적 같은 일이었다.

1897년 2월 1일, 평양에서 윌리엄 홀 기념병원(기홀병원)이 개원했다. 윌리엄 홀의 후임으로 더글러스 폴웰Douglas Follwell 박사가 파견되었다. "병원 빌딩은 선교회에 경제적 부담을 지우지 않고, 세상을 떠난 홀 박사, 역시 의사인 그의 아내, 그리고 조선과 고국에 있는 그들의 친절한 친구들의 도움으로 세워졌다." [82]

하나님께서 윌리엄 홀의 죽음을 통해 로제타에게 주신 뜻은 다른 생명을 허망한 죽음에서 구하는 일이었다. 그것이 밀알 하나가 땅에 떨어져 수많은 열매를 맺는 길이었다. "조선식 기와집으로 지어진 이 병원은 12미터×18미터 크기로 대기실, 진료실, 약제실, 의사 사무실로 이루어져 있었다. 이 병원에서는 개원일인 2월 1일부터 4월 27일까지 1,334명이 외과적 치료를 받았고 1,011명이 일반적인 치료를 받았다." [83]

1896년 7월 10일, 로제타는 여름 동안 뉴욕의 빈민 가정 어린이들에게 무료 여름휴가를 제공하는 프로그램(Christian Herald Fresh Air Children)의 담당 의사를 맡았다. 여름 캠프에서 2,000명 어린이의 건강을 돌보는 일이었다. 두 아이와 떨어져 지내야 하는 힘든 선택이었지만, 아이들은 어머니, 동생, 또 이디스가 '다Dah'라고 부르는 박유산, 조와 함께 안전하게 지낼 것이었다.

1896년 9월, 로제타는 두 아이와 박유산을 데리고 뉴욕으로 이사했다. 국제의료선교회에서 일하게 되었기 때문이었다. 새 일터는 남편 윌리엄 홀이 의사가 되도록 혜택을 준 프로그램을 운영하는 기관이었다. 박유산은 아이들을 돌보고 집안일을 담당했다.

1897년 5월 1일, 서른 살 노처녀였던 동생 애니의 결혼식이 있었다. 결혼식 참석차 리버티에 왔던 로제타는 어머니에게 이디스를 맡겨놓고 뉴욕으로 돌아왔다. 막내딸을 결혼시키고 홀로 지낼 어머니의 외로움을 달래드리기 위해서였다. 이디스는 할머니가 세상에서 제일 애지중지하는 혈육이어서 어머니에게 커다란 위로가 될 것이었다.

그러나 뉴욕으로 돌아온 로제타는 며칠 지나지 않아 뉴욕의 일을 접고 다시 조선으로 돌아가기로 결심했다.

엄마는 여성해외선교회가 파견해준다면 조선으로 돌아가 일하겠다는 처음의 생각대로 다시 조선에 가기로 결정했다. 선교회에서는 기꺼이 나를 파견할 생각이고, 조선에서는 내가 돌아오길 애타게 기다리고 있어서 아마도 하나님께서 원하시는 바가 바로 이게 아닐까 생각했다. 만약 그것이 하나님의 뜻이 아니라면 가는 길이 막히고 이곳에서 새로운 길이 열리길 기도했다. 하지만 가는 길을 활짝 열기 위해 이곳의 일이 안 풀리는 것으로 보인다.

— 로제타, 1897년 5월 10일 셔우드의 육아일기

로제타를 고용한 사람은 국제의료선교회의 조지 다우콘트 박사였는데, 그는 윌리엄 홀이 뉴욕에서 의과대학을 다닐 수 있게 기회를 제공한 은인이었다. 그러나 막상 함께 일하다 보니 두 사람은 서로 의견이 맞지 않았다. 로제타는 이 상황을 조선으로 돌아가라는 하나님의 뜻으로 받아들였다.

1897년 5월 말, 로제타는 셔우드를 데리고 필라델피아와 볼티모어를 여행했다. 필라델피아에서 대학 동창회에 참석한 뒤, 볼티모어 여자의과대학에 재학 중이던 에스더를 만나러 갔다. 로제타는 앞서 편지로 에스더에게 학업을 중단하고 함께 조선에 돌아갈 의향이 있는지를 물었다. 하지만 에스더는 학업을 마치겠다는 강한 의지를 보였다. 로제타는 조선으로 떠나기 전 에스더에게 작별인사를 하러 간 것이다.

1897년 6월 첫 주에 리버티로 돌아온 로제타는 준비할 일이 너무 많았다. 그중에서도 가장 시급한 일은 윌리엄 홀의 추모 문집을 완성하는 것이었다. 그녀는 6주 동안 꼬박 원고와 씨름하면서 교정 교열을 보았다. 그리고 7월 15일부터는 뉴욕으로 가서 한 달 동안 출판 과정을 지켜보았다.

1897년 8월, 드디어 『윌리엄 제임스 홀의 생애(The Life of Rev. William James Hall, M.D.: Medical Missionary to the Slums of New York, Pioneer Missionary to Pyong Yang, Korea)』가 출판되었다. 이 책의 수익금은 모두 평양에 있는 윌리엄 홀 기념병원의 운영 기금으로 사용될 예

한복을 입은 셔우드와 이디스
1897년 조선으로 돌아오는 길에 한복을 입고 찍은 사진이다.

정이었다. 캐나다에서도 책을 판매하기로 했다. 책의 판매는 윌리엄 홀의 동생, 클리포드 홀과 생전에 윌리엄 홀을 매우 사랑하고 지원했던 길로이가 맡았다.

로제타는 마침내 조선으로 떠나는 날을 정했다. 로제타가 떠나기 며칠 전 리버티 감리교회에서는 따뜻한 송별식을 해주었다. 이날 로제타는 셔우드와 이디스에게 한복을 입혀 데리고 갔다.

1897년 9월 6일, 로제타와 셔우드, 이디스는 리버티 역에서 사랑하는 조와 다(박유산), 가족들과 작별 인사를 나누었다. 로제타의 어머니는 며칠 동안이나마 로제타 일행과 이별 여행을 하기로 했다. 그렇게라도 해서 서운함을 조금이나마 줄이려는 생각이었다. 로제타 역시 어머니의 건강만 허락한다면 어머니를 조선으로 모시고 가고 싶은 마음이 간절했다.

로제타는 조선으로 가는 길에 캐나다의 시댁을 방문하기로 했다. 도중에 뉴욕 유티카에 들러 존스 목사의 부모님을 만났고, 옥덴스버그에서는 인도에서 선교 사역을 하다 이제 막 돌아온 의과대학 동창 브라이언 박사를 만났다.

그리고 이제 어머니와 헤어져야 할 시간이었다. 딸에 대한 무한한 사랑과 자랑스러움을 간직하고 있던 어머니 피비. 두 사람은 맞잡은 손을 쉽게 놓지 못했다. 그때는 상상도 하지 못했지만 그날이 어머니와 로제타가 함께한 마지막 날이었다.

로제타와 아이들은 윌리엄 홀 부모님의 농장에서 18일 동안 머물렀다. 2년 만에 만난 손자 손녀와 아쉽게 헤어지는 할아버지 할머니의 마음은 또 얼마나 짠했을까. 9월 19일, 길로이 씨 부부는 서른두 번째로 맞은 로제타의 생일에 파티를 열어주었다. 함께해야 할 한 사람의 빈자리가 유난히 크게 느껴지는 날이었다.

1897년 9월 27일, 로제타 일행은 미네소타의 세인트폴로 가는 기차에 올랐다. 그곳에서 조선까지 동행할 선교사들을 만나기로 되어 있었다. 이틀 뒤 로제타와 아이들은 세인트폴에서 기차를 갈아타고 사우스다코타 주 애버딘에 살고 있는 로제타의 조카 제이슨을 만나러 갔다. 제이슨은 로제타의 언니, 아델라인의 아들이었다. 엄마를 잃은 제이슨은 한동안 외가인 리버티 농장에서 로제타 가족과 함께 살았다. 성인이 된 제이슨은 이제 아버지 포웰 목사와 계모, 이복동생 비라와 함께 살고 있었다.

포웰의 가족들 중 특히 비라가 이디스를 너무 좋아했다. 그들은 이디스를 키워주겠다며 그곳에 남겨두라고 자꾸 졸랐다. 조선은 어린아이가 살기엔 너무 위험하다는 게 그들의 얘기였다. 하지만 여기서 떼어놓으면 적어도 5년 동안은 이디스를 만나지 못할 것이다. 이디스 없는 5년 세월은 로제타에게 상상조차 할 수 없는 일이었다. 그런데 만약 그들의 말대로 이디스를 그곳에 두고 떠났더라면 어땠을까? 그토록 허망하게 하늘로 보내지는 않을 수도 있지 않았을까?

1897년 10월 6일, 로제타는 세인트폴로 돌아와서 여행의 동반자들을 만났다. 존스 부인과 딸 그레첸, 그리고 미국 북감리교 여성해외선교회에서 파견하는 새로운 의료 선교사 릴리언 해리스와 교육 선교사 피어스였다. 그들은 함께 기차를 타고 밴쿠버로 이동한 뒤, 그곳에서 증기선 인도의 여왕The Empress of India호를 타고 나카사키까지 이동하기로 되어 있었다.

존스 부인은 1890년 로제타의 첫 조선행에 동행했던 마거릿 벵겔이었다. 그녀는 안식년 휴가를 마치고 돌아가는 길이었다. 로제타는 7년 전의 기억을 떠올려보았다. 그들이 처음 조선으로 가는 배를 탔을 때에는 이십 대의 처녀였다. 그들은 같은 해에 한양에서 결혼식을 올렸고, 7년 만에 자식들을 대동하고 다시 여행길을 나섰다. 참으로 기묘한 인연이었다.

1897년 10월 11일에 캐나다 밴쿠버를 출발한 로제타 일행은 10월 28일, 나가사키에 도착했다. 그곳에서 증기선을 타고 11월 10일 아침, 제물포에 닿았다. 어린 셔우드는 바다 여행 내내 매일 밤 "하나님, 배가 바닷속으로 가라앉지 않게 해주세요" 하고 기도를 올렸다. 홀 가족은 심한 뱃멀미로 고생을 하였지만, 긴 여행을 무사히 마치고 다시 조선 땅에 가벼운 발걸음을 내디뎠다.

2

이디스를 가슴에 묻다

　　로제타가 다시 조선으로 돌아왔을 때, 이제 조선은 공식적으로 더 이상 조선이 아니었다. 청으로부터 독립을 선포하고 대한 제국이라는 이름뿐인 황제의 나라가 되어 있었다. 로제타 일행이 제물포에 상륙한 날은 마침 셔우드의 네 번째 생일이었다. 로제타는 상륙하자마자 셔우드의 볼에 네 번 감격적인 뽀뽀를 했다. 그리고 그날 밤에도 매달 10일마다 쓰는 셔우드의 육아일기를 거르지 않았다.

　　오늘은 셔우드의 네 번째 생일이어서, 그는 네 살이 되었다. 자기가 태어난 날에 태어난 땅에 도착한 것이 운명적으로 느껴진다. 오전 9시에 '헤이고마루'가 제물포에 도착했고, 삼판선으로 갈아타고 육지에 상륙한 것은 10시경이었다. 셔우드가 4년 전 세상에 나온 때와 같은 시각이었다. 하지만 아이를 맞아줄 사랑하는 아빠는 없다. 존스 목사는 세인트폴에서부터 우리와 동행한 그의 아내와 어린 딸을 맞이하러 나와 있었다. 포웰 부인도 평양에서 자신의 여동생 릴리언 해리스 박사를 맞이하러 와 있었다. 페인 양과 프라이 양도 넬리 피어스 선생을 마중 나왔다.

— 로제타, 1897년 11월 10일 셔우드의 육아일기

삼판선은 큰 배가 닿을 수 없는 해안까지 운항하는 작은 돛단배다. 포웰 부인은 윌리엄 홀의 후임으로 평양 기홀병원에서 일하는 포웰 박사의 부인이자, 새 의료 선교사인 릴리언 해리스의 친언니였다.

어린아이들을 데리고 홀몸으로 이국땅을 찾으면서 왜 두려운 마음이 없었을까. 동행한 존스 부인과 그레첸이 오랜만에 가족을 만나 기쁨을 만끽하는 장면을 보면서 로제타는 어떤 기분이 들었을까. 셔우드와 이디스의 아빠는 여행에서 돌아오는 아이들을 기쁘게 맞아준 적도, 앞으로 맞을 일도 영원히 없을 것이다. 로제타가 일기를 쓰는 동안 셔우드도 곁에서 뭔가 쓰는 흉내를 냈다.

"뭘 쓰고 있니?"

"예수님(Jesus), 병사(soldier), 종교(religion) 그런 것을 써요. 읽어 볼까요? 예수님은 세상 어디에나 계세요(Jesus all around the world)."

로제타는 깜짝 놀랐다. 한 번도 아이에게 그런 단어를 직접 가르쳐본 적이 없었기 때문이었다. 그리고 셔우드가 "믿지 않는 어린이들 사이에서 빛을 품은 작은 선교사"가 될 수도 있지 않을까 생각했다. 사랑스런 아이가 "이미 선교사로서 첫 설교문을 작성하고 있구나" 하는 뿌듯한 마음도 들었다.

홀 가족은 곧장 한양으로 갈 수 없었다. 다음 날부터 아이들이 심하게 기침을 하기 시작했다. 여행을 강행하기보다는 편하게 쉬는 게 낫다고 생각되었다. 다행히 셔우드는 곧 나아졌으나 이디스는 악화되어 폐렴으로 발전했다.

열흘이 지나서야 한양으로 가는 배에 오를 수 있었다. 하지만 그때까지도 이디스의 기침은 완전히 멎지 않은 상태였다. 배는 아침 10시에 출발해 오후 4시 30분쯤 한강 나루터에 도착했다. 아이를 안고 가마에 앉아 궁궐 앞을 지나는데 비단으로 싼 등이 줄지어 매달려 있었다. 그다음 날이 명성 황후의 장례식이었다.

명성 황후는 2년 전인 1895년 10월 8일, 일본의 미우라 공사가 사주한 일본의 낭인들에 의해 살해되었는데 뒤늦게 장례식이 치러지고 있었다. 호시탐탐 조선을 삼키려던 일본인들은 왜 그렇게 처참하게 명성 황후를 살해했을까?

안타깝게도 로제타는 일기에 이 당시 조선의 정치 상황이나 명성 황후에 대한 의견을 피력하지 않았다. 대신 당시 한양에서 함께 활동했던 언더우드 박사의 부인이자 의료 선교사였던 릴리아스 언더우드의 기록을 통해 여성 선교사들의 명성 황후에 대한 생각을 엿보도록 하자.

"중전 마마는 총명한 외교관이었으나, 늘 그의 적들에게 시달리고 있었다. 일본인들은 전쟁이 끝난 뒤 조선이 독립국임을 선언했지만, 실제로는 조선을 일종의 보호국으로 생각하여 왕비가 나라 안팎에 펼치는 정책을 감독하려고 들었다. …(중략)… 왕비의 애국심과 총명함을 본 일본인들은 조선을 일본화하려는 자기들의 계획에 절대로 복종하지 않는 사람 하나와 마주쳐야 한다는 사실을 깨닫고는 나랏일에 그가 참여하는 것을 반대했다." [84]

로제타는 조선의 정치에 대해 평할 만큼 한가한 상황이 아니었다. 아이들의 건강이 계속 문제시되었고, 주거 공간도 편안하지 못했다. 그녀는 아이들을 데리고 독신 여성 선교사들을 위한 숙소에 거주하면서 보구여관에서 일했다. 보통 가족이 있는 선교사들은 따로 독립된 공간에서 살았기 때문에 이 경우는 특별한 배려로 여겨졌다.

하지만 아이를 낳아본 적도 키워본 적도 없는 독신 여선교사들 틈에서 아이들을 키우자니 눈치가 보이고 불편하기 짝이 없었다. 식사 시간이 되면 아직 어린 두 아이가 여덟 명이나 되는 어른들이 모두 와서 자리를 잡을 때까지 얌전히 참고 기다려야 했다. 어른들이라면 아무 문제도 없었겠지만 어린아이들에게는 쉽지 않은 일이었다. 그러다 보니 다른 선교사들은 로제타가 아이들의 버릇을 잘못 들이고 있다 생각했다. 상황이 이렇다 보니 로제타는 하루빨리 그들만의 보금자리를 갖고 싶어 했다.[85]

크리스마스가 다가오고 있었다. 셔우드와 이디스는 산타 할아버지가 가져다줄 선물에 온통 마음을 뺏겨 크리스마스를 손꼽아 기다렸다. 문지기 박 서방의 도움으로 크리스마스 트리로 쓸만한 좋은 나무도 구할 수 있었다. 아이들은 크리스마스 트리에 커다란 양말을 걸어두고 산타 할아버지가 오길 기도했다. 셔우드는 썰매를 원했고, 이디스는 '어부바 인형'을 원했다. 이디스는 한국 여자아이들이 동생을 업고 다니는 것을 무척 부러워해서 아기 크기와 비슷한 인형을 원했던 것이다.

그런데 크리스마스 전날 끔찍한 사고가 나고 말았다. 셔우드와 이디스가 집 안을 뛰어다니며 놀다가 이디스가 벼루를 걷어찬 것이다. 하필이면 벼루가 카펫 위에 있었던 탓에 카펫은 까맣게 때가 타고 말았다.

이를 본 선교사 하나가 아이들 버릇을 제대로 고치기 위해선 벌을 주어야 한다고 우겼다. 그 벌은 바로 산타할아버지가 선물을 주지 못하게 하는 것이었다. 어린아이들한테 그건 너무 가혹한 벌이라고 로제타가 애원했지만 소용없었다.

"엄마, 나 내일도 키스마스가 안 오면 울어버릴 거야."

크리스마스라는 발음조차 제대로 할 수 없던 어린 셔우드가 눈이 빠져라 크리스마스를 기다리며 했던 말이다. 그토록 간절히 기다리던 크리스마스였는데……. 결국 그날 아침 셔우드와 이디스는 텅 빈 양말을 발견했다. 따뜻하게 안아줄 아빠도 없는 아이들에겐 정말 가혹한 벌이었다.

"얘들아, 우리 병원에 있는 아픈 한국 친구들에게 선물을 주러 가자."

로제타는 애써 밝은 목소리로 아이들에게 말했다. 그녀는 아이들의 손을 잡고 병원으로 향했다. 그리고 아이들 손으로 직접 입원한 아이들과 진료를 기다리던 아이들에게 선물을 나눠주게 했다. 이날 로제타의 가슴만 무너져 내린 것은 아니었다. 셔우드는 70년이 지난 후에도 그 끔찍한 일이 "기억 속에 어쩌나 선명하게 남아 있는지 마치 어제 일처럼 느껴진다"고 썼다.[86]

병원과 집이 붙어 있던 까닭에 이디스는 매일 오후 낮잠을 잔 뒤 심심해지면 엄마를 찾아 진료소로 내려오곤 했다. 이디스는 그곳에서 만난 아픈 이들, 특히 어린이들에 대한 관심과 애정이 특별했다. 아픈 어린이를 만난 날은 저녁에 잠들기 전 기도 시간에 자발적으로 어린 환자들을 위한 기도문을 추가하곤 했다. 만세 살짜리 아이치고는 지나칠 정도로 사려가 깊었다.

"하나님, 한국의 모든 어린이를 축복해주세요. 머리에 뭐가 난 아기들, 안질에 걸린 아기들에게 복을 주세요."

이디스의 기도를 들을 때마다 로제타는 뿌듯했다. 셔우드와 이디스는 이렇게 종종 엄마의 일터를 찾곤 했는데, 셔우드는 엄마가 이를 뽑거나 종기를 째고 있으면 겁이 나서 도망가기 일쑤였다. 하지만 이디스는 그 자리에 꼼짝 않고 서서 유심히 지켜보곤 했다.

"어느 날 오후, 엄마는 외과수술 중이어서 이디스가 들어오는 것도 모르고 있었다. 수술 도중 황메리(여메례)가 솜으로 피를 닦아내었는데, 보고 있던 이디스가 그것을 그대로 배운 모양이었다. 어느새 의자를 하나 끌어다가 놓고는 딛고 올라서서 엄마의 얼굴에 묻은 피를 메리의 손길을 흉내 내며 꾹꾹 눌러 닦아주는 것이 아닌가! 언젠가 이 아이는 의사가 될 거라 생각한다." [87]

로제타가 한양에 온 지 4개월째에 접어들었다. 그녀는 적어도 2개월 안에 평양으로 파견되기를 기대했다. 아이들은 이미 한양 생활에 잘 적응하여 편안하게 지내고 있었다.

2월 초 어느 날, 아이들의 '암마(보모)'가 머리하러 가는 길[88]에 아이들을 데리고 갔다. 그곳에서 암마가 머리를 다듬는 동안 아이들은 다른 한국 아이들과 함께 놀았는데, 그중 홍역에 걸린 아이가 있었던 듯 아이들이 홍역에 감염되고 말았다. 셔우드는 한 살 때 제물포에서 홍역을 앓은 적이 있었으므로 다시 걸리리라고 생각하지 않았는데 공교롭게도 두 아이가 동시에 앓기 시작했다.

이디스는 며칠 후 호전되었으나 셔우드는 몇 주 동안 심하게 앓아서 엄마의 가슴을 조마조마하게 했다. 2월 19일에는 40도가 훨씬 넘는 고열에 시달리기도 했다. 메리 커틀러, 해리스 박사, 로제타까지도 셔우드의 병이 폐렴이나 복막염 또는 다른 치명적인 병이 아닐까 의심했다. 발병의 원인을 알 수 없으니 극단적인 상상을 하지 않을 수 없었다.

로제타는 셔우드가 자신 곁에 머물게 해달라고 간절히 기도했다. 많은 이들도 똑같은 마음으로 기도했다. 스크랜턴 여사도 셔우드의 건강 상태에 대해 마음을 졸이며 격려의 메시지를 적은 메모를 보내왔다. 모두의 기도 덕분이었는지 다행히도 셔우드는 병을 떨치고 일어나 엄마의 마음을 기쁨으로 충만하게 했다.

아빠가 그러했듯이 엄마의 아들이 엄마뿐만 아니라 모든 이에게 크나큰 위안이자 도움이 되길 바라고 기도한다. 하나님은 그 아이를 두 번째 죽음의 문턱에서 나에게 다시 돌려보내주셨다. 하나님은 자비로우시고 좋으시다. 너무나도 좋으시다.

— 로제타, 1898년 3월 10일 셔우드의 육아일기

이 기쁨이 오래오래 지속되었으면 얼마나 좋았으랴. 하지만 우리네 삶은 근본적으로 부조리 속에 있고, 그것을 헤쳐 나가며 하늘의 뜻을 찾아가는 것이 우리에게 주어진 불가피한 삶의 과정이지 않을까.

독신 여성 선교사 기숙사에서 로제타는 임시로 얹혀사는 느낌이었다. 대부분의 선교사는 아이들을 신경 쓰지 않았으나 로드 와일러는 타고난 성격상 아이들을 너그럽게 보아 넘기지 못했다. 로제타는 그녀가 어린 아이들에게 너무 엄격한 태도를 보인다며 서운한 감정을 느꼈다. 그녀의 고지식하고 융통성 없는 성격에 대해서는 이미 이화 학당의 소녀들도 지적했던 바였고, 로제타와는 처음부터 서로 성격도 맞지 않았다. 이런 상황에서 벗어나기 위해서라도 로제타는 빨리 평양으로 파견되길 간절히 원했다.

1898년 4월 29일, 드디어 고대하던 평양행이 현실화되었다. 만 4년 만에 다시 가는 평양이었다. 한강에서 배를 타고 제물포에서 내려 예전과 달리 새로 마련된 '해룡'이라는 증기선으로 갈아탔다.

5월 1일, 드디어 로제타는 평양에 발을 디뎠다. 집이 마련되기 전까지는 임시로 노블 목사의 집에서 머물기로 했다. 로제타는 신혼 때 노블 목사 가족과 함께 살았으므로 불편함을 거의 느끼지 못했다. 고향에서부터의 긴 여행을 이제야 마치고 목적지에 안착했다는 생각에 세 사람은 무척 행복했다.

다음 날, 세 사람은 앞으로 살게 될 새집을 보러 갔다. 이디스는 마당에서 흰 민들레꽃을 따며 토끼처럼 돌아다녔다. 하지만 그들에게 주어진 행복의 시간은 너무도 짧았다. 세 사람 모두 이질에 걸리고 말았다. 비위생적인 환경에서 주로 물을 통해 감염되는 이질은 당시만 해도 매우 위험한 세균성 전염병이었다.

이전에 평양에서 이질을 앓았던 경험 때문인지 로제타와 셔우드는 곧 건강을 회복했다. 하지만 이디스는 끝내 사랑하는 이들의 곁을 떠나고 말았다. 이디스의 육아일기 속에 붙어 있는 빛바랜 민들레꽃은 그날의 충만했던 행복을 아직도 기억할까.

로제타는 5월 5일부터 이디스가 세상을 떠난 23일까지 육아일기에 하루하루의 체온을 그래프로 기록하는 등 아주 세세하게

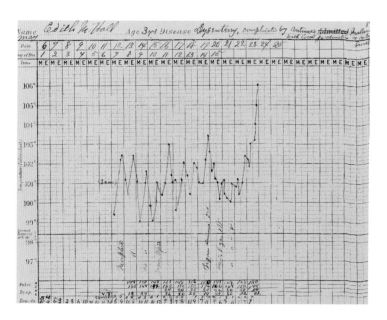

이디스의 체온 기록표
로제타는 1898년 5월 12일부터 이디스가 세상을 떠난 23일까지
이질을 앓는 이디스의 체온을 꼼꼼하게 기록했다.

아이의 상태를 적었다. 그 3주 동안 어린 영혼은 얼마나 고통스러웠을 것이며, 그 모습을 곁에서 지켜보는 엄마의 마음은 또 얼마나 까맣게 타들어갔을까. 아마 똑같은 경험을 해보지 못한 사람은 상상하기 힘들 것이다.

5월 5일 — 이디스는 일찍 자고 싶어 했으나 새벽 두시까지 잠을 이루지 못했다. 목에서 올라오는 기침, 몇 번의 구토가 있었다.

이디스는 며칠 동안 복통을 호소하며 식사를 못하다 5월 8일에는 증세가 더욱 뚜렷해졌다. 그리고 그다음 날에는 대변에 온통 피가 섞여 나오면서 복통이 더욱 심해졌다. 새벽 4시까지 잠을 이루지 못하다 겨우 2시간 반을 잤다. 그러고는 매일매일 계속되는 복통, 식음 전폐, 복통…….

남편을 잃은 뒤 그 아픈 세월을 메워주었던 아이가 떠나가려 하고 있었다. 조선으로 돌아오면서 가장 겁냈던 일이 벌어지고 있었다. 아, 그 하루하루 피 말리는 시간들을 어떻게 견뎌냈을까.

5월 13일 — 하루 종일 통증……. 죽은 아이처럼 입술은 이에 붙어 쪼글쪼글 말랐고 눈은 꺼지고 눈꺼풀이 까맣게 되었다.

5월 14일 — 14번의 구토, 혈변이 몹시 심해졌다.

5월 15일 ─ 혈변 속의 혈액이 더욱 선명해졌다. 24시간 동안 30번의 혈변, 7번의 구토가 있었다.

5월 17일 ─ 가장 편안한 밤을 보냈다. 아빠를 데려가신 뒤 친절하신 그분께서 엄마에게 보내주신 '위로'가 회생할 수도 있다는 희망으로 바뀐 날이었다.

5월 19일 ─ 다시 악화되었다.

5월 22일 ─ 음식을 먹으려 하면 "내일 먹게 놔둬요" 하고 말했다. 정오쯤 조금 더 쾌적한 환경에서 지내게 하기 위해 노블 목사 집에서 리 목사네 손님방으로 아이를 옮겼다. 아이가 좋아했다.

5월 23일 ─ 새벽 3시 30분에 또다시 심하게 고통스러워했다. 아프기 시작한 뒤 처음으로 안고 흔들어달라고 했다. 눈썹은 찌푸려졌고 사랑스러운 작은 얼굴은 너무 심한 고통으로 일그러졌다. 아이가 엄마에게 안아달라고 했다. 엄마는 그렇게 하는 것도 겁이 났다. 심장 박동도 너무 약했고, 조금이라도 몸의 위치를 바꾸었다가는 또다시 토하거나 숨쉬기조차 힘들어질 것만 같았다.
　아침 10시경, 엄마는 이디스가 그렇게 좋아했던 흰민들레꽃을 한 줌 손에 쥐어주었다. 이디스는 꽃을 오랫동안 쥐고 있었다. 엄마는 웹 할머니(리 목사의 어머니)에게 간호를 부탁하고 잠시 쉬러 갔다. 웰즈와 포웰 박사가 교대로 아이를 지켰다.

오후 3시. 아이의 얼굴과 몸이 뜨겁다. 체온은 39.5도인데 손과 발은 차다.

오후 6시 45분. 숨이 가빠지고 토하려 했다.

오후 7시 15분. 열이 40.5도까지 올랐다.

오후 7시 30분. 피부밑 주사를 놓았다.

오후 8시. 오빠의 작은 숟가락으로 아이스크림을 조금 입에 넣어주니 핥아 먹었다.

오후 8시 25분. 체온은 41도. 숨이 가쁘고 힘들어했다. 엄마는 아이를 매일 오후 낮잠을 재울 때처럼 품에 안고 흔들어주었다. 만족한 듯 숨이 조금 편안해졌다. 얼굴도 평화로워졌다. 그리고 호흡의 간격이 점점 멀어져 갔다. 눈을 크게 뜨고 엄마를 바라본 채, 작은 영혼이 서서히 떠나갔다. 그렇게 그 아이는 자신을 세상에 보내주신 이에게로 다시 돌아갔다. 8시 40분이었다.

평양에 도착해서 짐도 풀기 전에 허망하게 이디스가 떠나갔다.

"아빠가 너무나도 이디스를 원했나 봐요."

이디스가 하늘나라로 갔다는 얘기를 듣고 셔우드가 꺼낸 첫 마디였다. 로제타는 이디스를 하얀 드레스로 갈아입힌 뒤 셔우드를 이디스에게 데리고 갔다. 셔우드는 토끼풀꽃을 한 줌 꺾어다 이디스의 손에 쥐어주었다. 셔우드는 이디스의 영혼이 이미 떠나버리고 몸만 남아 있는 것을 아는 듯 이디스의 몸에 손이 닿는 걸 무서워했다. 셔우드가 이디스의 이마에 키스했다.

5월 26일, 로제타는 이디스의 관을 떠나보냈다. 로제타는 이디스가 살아 있는 동안 한 번도 보지 못했던 아빠의 곁에 묻히길 원했다. 리 목사가 주석으로 만들어진 이디스의 관을 공기가 통하지 않도록 납땜했다. 한양까지 관을 옮기는 일은 부모의 충직한 친구 김창식이 맡았다. 이디스의 관은 생전에 아빠가 자주 걸었던 길을 따라갔다. 로제타는 그 작은 관이 떠나가는 모습을 어떻게 바라보았을까. 도저히 볼 수 없어서 방에서 울며 기도하고 있지는 않았을까.

김창식은 6월 1일에 한양에 도착했고, 아펜젤러 목사의 인도로 이디스의 매장 의식이 진행되었다. 미국에서부터 이디스와 함께 왔던 이화 학당의 교사 피어스가 하얀 모란꽃 한 다발을 관 위에 올렸다. 아펜젤러 부인이 하얀 장미로 만든 화환을, 아펜젤러 목사의 큰딸 엘리스가 하얀 장미로 만든 십자가를 이디스의 관에 바쳤다.

아펜젤러 목사가 성경을 읽었다.

"나는 부활이요, 생명이니……."

그리고 이들은 한국어로 찬송가를 불렀다.

로제타의 첫 번째 평양행은 목숨까지도 내놓을 각오로 나선 여행이었다. 그렇게 평양 선교를 위해 남편을 바쳤다. 그리고 그 엄청난 상실을 메워주었던, 정말 소중하고 더할 수 없이 사랑스러웠던 딸, 삶의 희망이자 보람이었던 이디스를 다시 평양에서 잃었다.

평양! 평양은 이제 로제타에게 하나님께서 주신 사명으로 시작한 여행의 종착점이자 세상의 끝이었다.

이디스의 관과 민들레꽃

사진에 보이는 하얀 관 속에 이디스가 잠들어 있다.
민들레꽃은 생전에 이디스가 꺾어서 보관했던 것으로
훗날 로제타가 딸을 생각하며 일기에 붙였으리라 생각된다.

3

무너진 가슴을
추스르고

로제타가 참척의 슬픔을 견디는 유일한 길은 일에 몰두하는 것뿐이었다. 1898년 11월 10일, 셔우드는 다섯 번째 생일을 맞았다. 그날 로제타는 일기에 이렇게 썼다.

이 일기를 쓴 지도 9개월이나 지났다. 정신없이 바빴던 9개월이었는데 바쁠 때가 그나마 가장 견디기 쉬운 때였다. 또 다른 엄청난 슬픔이 우리에게 닥쳤다. 우리의 첫 번째 끔찍한 상실 뒤에 하나님께서 '작은 위로자'로 보내주셨던, 우리에게 정말 소중했던 이디스가 평양에서 새로운 삶을 시작하기도 전에 우리의 사랑스러운 품에서 떠나갔다.

— 로제타, 1898년 11월 10일 셔우드의 육아일기

로제타뿐만 아니라, 셔우드에게도 이디스의 죽음은 지울 수 없는 상처를 남겼다.

"얼마나 오래 기다려야 예수님이 다시 오시고, 이디스가 다시 살아나요?"

셔우드가 이디스를 그리워하면서 가끔씩 묻는 질문이었다.

"이디스가 여기 있다면 나는 너무너무 사랑해주고, 뽀뽀해주고, 절대로 싸우지 않을 거야."

셔우드는 이렇게 말하곤 했다. 하지만 셔우드는 이디스가 다시 돌아올 수 없다는 걸 알고 있었다. 셔우드는 70년이 지난 후, 자신의 자서전에서 그때의 경험에 대해 이렇게 적었다.

"그때의 기억은 오랫동안 내 기억에 남았고, 엄마가 생각했던 것보다도 더 큰 충격이었던 것 같다. 오래오래 악몽에 시달렸고, 울면서 잠에서 깨어나곤 했다." [89]

셔우드는 오랫동안 아주 차가운 것을 대하면 "이건 이디스의 이마처럼 차다"라고 말하곤 했다. 마지막으로 이디스의 이마에 뽀뽀를 했을 때, 당시에는 아무 말도 하지 않았지만 그 차가웠던 느낌은 오래도록 셔우드의 머릿속에서 지워지지 않았다.

이디스가 죽은 뒤 처음 맞이한 이디스의 네 번째 생일이었다. 로제타는 이디스의 육아일기를 이어갔다.

이디스가 심하게 아파서 더 이상 살지 못할 거라고 다른 이들이 생

362

각할 때조차도, 하나님께서 이디스를 엄마에게 꼭 필요한 '작은 위로자'로 보내주셨기에 데려가실 거라고는 전혀 생각하지 않았다. 한 살 이후에는 너무 건강해서 아무도 이디스의 건강을 염려하지 않았다. 서우드는 입이 짧았지만, 이디스는 뭐든 잘 먹고 제물포에서 폐렴에 걸릴 때까지는 아프다는 말을 할 만큼 앓은 적도 없었다. 다행히 폐렴도 잘 이겨내고 홍역에 걸릴 때까지만 해도 완전히 건강한 상태였다. 홍역을 앓은 이후로는 귀를 앓았고, 결막염에 걸리기도 했다.

엄마는 아이가 좀 약해져 있다고 생각했지만, 곧 좋아질 거라고 믿었다. 하지만 건강해지는 날은 다시 오지 않았다. 또 몇 가지 후회되는 일이 더 있지만 무슨 소용이 있으랴. 엄마에게는 엄마의 작은 위로자가 점점 더 필요한 것처럼 보이고, 오빠에게는 더더욱 그런 것 같다. 우리에게 이디스가 필요하다는 사실에는 의문의 여지가 없지만, 우리가 이해하지 못하는 다른 현명한 이유로 하나님께서는 그 아이를 데려가는 것이 최선이라고 생각하셨을 것이다.

— 로제타, 1899년 1월 18일 이디스의 육아일기

로제타가 평양 여성 진료소의 문을 연 때는 이디스가 떠나고 한 달도 되기 전인 1898년 6월 18일이었다. 병원은 홀 가족의 생활 공간과 한 지붕 아래에 있었다.

개원하기 며칠 전, 평양 감사가 자신의 아내가 병이 났다며 로제타에게 왕진을 요청했다. 며칠 동안의 규칙적인 왕진으로 감사의 아내는 병에서 벗어났다. 감사는 답례로 달걀 백 개와 닭 세 마리를 보내왔다. 로제타는 감사에게 여성 진료소의 이름을 지어 달라고 부탁했다. 그는 '광혜여원(廣惠女院)'이라는 이름을 지어주었다. 1894년의 상황과 비교하면 매우 우호적인 분위기에서 일을 시작하게 된 것이다.

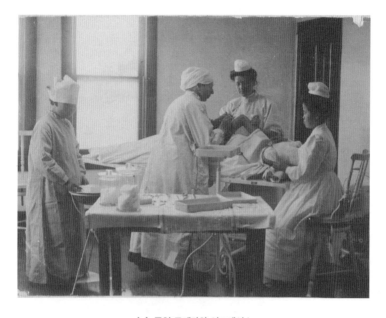

수술 중인 로제타와 이그레이스
광혜여원에서 수술을 집도 중인 로제타의 모습(왼쪽에서 두 번째).
환자의 머리맡에 앉아 마취를 돕는 이그레이스의 모습도 보인다.

로제타는 찾아오는 환자들을 진료하고 왕진 요청에 기꺼이 응했다. 선교를 겸하여 스스로 찾아가는 진료도 시도했다. 의료 혜택을 전혀 받을 수 없는 시골 여성들을 찾아 나선 것이다.

병원 운영과 선교여행 말고도 로제타의 머릿속에는 새로운 계획이 하나 있었다. 로제타에게 이디스의 죽음은 "이해할 수 없는 다른 현명한 이유"가 따로 있는 게 아니었다. 이디스의 죽음이 전하는 의미는 명확했다. 그녀는 곧바로 이디스를 기념하는 어린이 병동을 설립하고 어린이 환자를 전문적으로 입원 치료할 수 있는 공간을 마련하기로 했다. 마침 여성해외선교회에서는 여성 전용 병원을 짓기 위해 기금을 모으고 있었다. 로제타는 이 여성 전용 병원 옆에 이디스 마거릿 어린이 병동을 덧붙여 짓는 계획을 세웠다.

이디스는 조에게 받은 작은 상자를 하나 가지고 있었다. 로제타가 보니 그 상자 속에는 2달러 12센트가 들어 있었다. 로제타는 여기에 25달러를 보탠 뒤 고국에 있는 친척들과 친구들에게 이디스 마거릿 병동 계획에 대해 설명하고 기부를 부탁하는 편지를 썼다.

이디스의 외할머니는 아이들의 생일과 크리스마스에 매년 선물로 1달러씩을 주었다. 마지막으로 헤어질 때에는 크리스마스와 생일 선물로 미리 5달러를 주었다. 로제타는 두 아이가 받은 크리스마스 선물은 병동 건축 기금으로 넣고, 생일 선물로는 이디스와 나이가 같은 한국 소녀들을 초대해 생일 파티를 해주기로 했다.

1899년 1월 17일, 이디스의 네 번째 생일 전날 밤이었다. 로제타는 그다음 날 파티에 온 아이들에게 무슨 말을 해줄까 고민했다. 아이들에게 이디스 마거릿 병동 계획에 대해 설명하고 기도를 부탁할까 생각했다. 하지만 그 꿈이 언제 실현될지도 모르는데 아이들에게 말하는 것은 너무 이르다는 결론에 이르렀다.

그런데 잠시 후, 로제타는 사촌에게서 온 편지를 전달받았다. 편지에는 온 가족이 그해 크리스마스 선물을 주고받지 않는 대신에 그 비용을 모두 이디스 병동 건축 헌금으로 기부하겠다는 소식이 들어 있었다. 150달러라는 거금이었다. 로제타는 그것이 "이디스의 네 번째 생일 축하 선물로 생각되었다." 그녀는 자신의 약한 믿음을 질책했다. 하나님께서는 생각지도 않았던 방법으로 빨리 병동 건축을 시작할 수 있게 하셨기 때문이다.

다음 날, 난생 처음으로 파티에 참석한 한국 어린이들은 매우 즐거워보였다. 그 아이들을 보는 것은 로제타에게는 기쁨과 동시에 슬픔이었다.

여름부터 병동을 짓는 건설 공사가 시작되었다. 그때까지 선교사들의 주거지나 진료소를 포함한 평양의 모든 건물은 한옥이었다. 로제타는 평양에 첫 서양식 건물을 짓기로 계획했다. 양철 지붕에다 좁은 나무판자를 이어 붙인 벽, 그리고 벽돌 굴뚝을 가

1899년 로제타와 셔우드
평양에서 한양으로 돌아와 처음으로
이디스의 무덤을 찾은 뒤 찍은 사진이다.

진 이층 양옥 건물이었다. 그 당시 평양에는 제제소가 없었다. 모든 건축 자재는 수작업으로 마련해야 했고, 목수들은 서양식 건물을 본 적도 없었다.

이 건물은 평양에서 처음으로 시멘트로 만든 물탱크를 갖게 되었다. 오염된 물은 이디스의 목숨을 앗아간 이질의 가장 큰 원인이었다. 로제타는 병동에 입원한 아이들을 위해 대동강에서 길어오는 물이 아닌 깨끗한 물을 사용할 생각이었다.

관청에 물탱크를 건설을 허가해달라는 신청서를 제출했다. 그런데 관청에서 공사를 불허하고 나섰다. 당시 평양 사람들은 평양이 배와 같다고 믿었다. 그래서 땅에 큰 구덩이를 파면 가라앉을지도 모른다는 미신을 믿고 있었다.

"탱크는 시멘트와 벽돌로 빈틈없이 메울 것이므로 가라앉지 않을 겁니다."

로제타는 거듭 설득한 끝에 간신히 허가를 받을 수 있었다. 양철 지붕에 모인 빗물이 파이프를 타고 물탱크로 내려가는 설비가 마련되었다. 물탱크가 어찌나 큰지 뚜껑을 닫기 전에 셔우드가 뗏목을 만들어 타보았을 정도였다. 비가 올 때마다 양철 지붕에서 파이프를 타고 내려오는 첫물은 밖으로 흘려보내고, 깨끗해진 물부터 물탱크로 들어가게 장치를 조절해야 했다. 이 장치를 조절하는 일은 어린 셔우드에게는 맡겨졌다.

1899년 5월 1일, 로제타와 셔우드는 감리교 선교부의 연례회의에 참석하기 위해 한양을 방문했다. 평양에서 진남포, 진남포에서 다시 배를 타고 제물포에 도착한 뒤, 그곳에 있는 존스 목사 집에서 며칠 쉬고 한양으로 발걸음을 옮겼다. 셔우드는 오랜만에 만난 친구들, 아펜젤러 목사의 딸 메리와 존스 목사의 딸 그레첸과 신나게 놀았다.

하지만 무엇보다도 셔우드를 흥분시킨 것은 막 개통된 한양의 전차였다. 셔우드는 전차를 타는 즐거움에 푹 빠졌다. 그러나 그 즐거움은 오래가지는 못했다. 개통 열흘 뒤에 어린이가 치어 죽는 사고가 발생하면서 사람들이 소요를 일으켜 운행이 중단되고 말았기 때문이다.

1899년 5월 23일, 이디스가 떠난 지 꼭 일 년의 시간이 흘렀다. 로제타는 셔우드를 데리고 윌리엄 홀과 이디스가 묻힌 무덤을 찾았다.

이 두 무덤은 이승에 남은 우리의 삶에 얼마나 큰 타격을 주는가?
— 로제타, 1899년 5월 23일 셔우드의 육아일기

이 짧은 한 문장만으로도 우리는 로제타의 삶에 드리워진 두 사람의 공백을 절절히 느낄 수 있다. 로제타는 두 사람의 죽음이 가져온 고통과 슬픔을 고백하며 간절하게 하나님의 자비를 구했다. 사랑하는 남편, 딸과의 사별은 그토록 단단한 믿음을 가진 로제타에게도 받아들이기 어려운, 너무도 가혹한 시련이었다.

4

그분의 뜻을 헤아리며

1900년 1월 18일, 이미 하늘나라로 떠난 이디스의 다섯 번째 생일이었다. 이디스 어린이 병동에 부엌과 방 두 개가 완성되었다. 로제타는 이디스의 생일을 기념해 새 건물에서 한국 소녀들에게 파티를 열어주기로 했다. 일곱 명의 소녀가 초대되었다. 그들 중에는 맹인 소녀가 하나 끼어 있었다. 맹인 소녀는 다른 어떤 아이들보다 파티를 즐겼다. 로제타는 부모들에게 파티를 열게 된 사연과 파티를 열고 있는 아름다운 장소가 자신의 간절한 기도에 대한 하나님의 응답이었음을 이야기했다.

그러나 이렇게 아무리 애를 써도 로제타의 외로움, 이디스에 대한 그리움은 전혀 사그라지지 않았다. 약해지기는커녕 점점 더 심해지고 있었다.

밤이 찾아오면 쓸쓸함도 함께 온다.

간절한 그리움이다.

재잘대는 어린아이의 입맞춤이,

어루만져주는 작은 손이 없기에.

밤이면 셔우드도 그 아이를 더 많이 그리워하고

더 많이 이야기한다.

그 아이가 없는 삶은 너무도 힘겹다.

단지 아기였을 뿐이라고 말하지만

아, 그 작은 발은 남들이 갈 수 없는 길을 걷고

현에 닿은 그 부드러운 작은 손가락은

그 어떤 말보다 달콤하게 귀에 머무는 음악을 자아내고,

아기의 손길은 불협화음을 내는 심금에서도

조화로운 화음을 불러내는 마법을 지니고 있었음을 모른단 말인가.

— 로제타, 1900년 1월 18일 이디스의 육아일기

이디스가 떠난 뒤 두 번째 5월이 다가오고 있었다. 로제타는 더 이상 일을 계속할 수 없을 만큼 지쳐버렸다. 그동안 슬픔을 잊으려고 너무 일에 열중한 탓에 과로가 누적된 것 같았다. 아니면 참고 참았던 외로움과 슬픔이 더 이상 참을 수 없는 지경에 이르렀던 것인지도 몰랐다.

1900년 5월 1일, 로제타는 이디스의 사망 2주기를 한국에서

견디지 못하고 셔우드를 데리고 상하이로 휴가를 떠났다. 로제타
는 여전히 가슴 아픈 이디스의 육아일기를 이어갔다.

우리의 사랑스러운 이디스가 떠난 지 어언 2년이 흘렀다. 우리는
루스, 그레첸, 메리를 볼 때마다 이디스가 살아 있다면 어땠을까
생각하게 된다. 이디스는 셔우드가 세 살이었을 때보다 2인치나
컸으므로 아마도 지금쯤은 셔우드보다 더 컸을 것이다. …(중략)…
엄마의 상태가 안 좋은 탓인지, 어찌 된 일인지 어린 딸을 잃은 엄
마의 슬픔은 점점 더 견디기 어려워만 간다.

— 로제타, 1900년 5월 23일 이디스의 육아일기

이디스의 2주기를 로제타는 상하이에서 피치 부인과 함께 지
냈다. 피치 부인은 자신과는 비교할 수 없을 만큼 신앙심이 강한
사람으로 보였다. 하나님과 하나님의 계획에 완벽하게 조화를 이
루고 있는 듯 보이는 그녀를 닮고 싶다는 간절한 열망을 느꼈다.
하지만 마음대로 되지 않는 자신이 너무도 나약하게만 느껴졌다.

엄마는 수없이 여러 번 하나님께 가까이 가려 노력했고, 아빠의 도
움까지 청하면서 애써 보았지만 성공하지 못해서, 이제는 그런 경
험을 하려는 것이 무리라고 느껴진다. 적어도 아직은 아닌 듯하다.
그런 경험은 보다 영적인 사람들이나 가능해 보이는데, 엄마는 너

무 물질적인 듯하다. …(중략)… 기꺼이 이삭을 제단에 바치고, 하나님께서 엄마에게 최선의 선택을 해주신 거라 믿으려 애를 써왔다. 하지만 보다 행복해지기만을 바라게 된다. 마치 하나님께서 엄마에게서 가장 소중한 것을 빼앗아 간 것처럼 느껴진다.

— 로제타, 1900년 5월 23일 이디스의 육아일기

로제타는 용기를 내어 피치 부인에게 자신의 사그라지지 않는 아픔과 나약한 신앙에 대해 고백했다. 굳건한 믿음을 갖고 있는 것으로 보이는 피치 부인에게 도움을 청하기 위해서였다.

"그동안 저는 반항하지 않고 그분께서 나에게 주신 교훈을 터득하려고 애를 썼어요. 그런데 어찌된 일인지 처음에는 그나마 조금 이해할 수 있을 듯 했던 것마저도 시간이 지날수록 점점 더 희미해져서 지금은 그분의 뜻이 무엇인지 도대체 알 수가 없어요. 가끔 반항심마저 일어나고 이 상실이 더욱 크게 다가오니 뭔가 잘못된 게 틀림없어요."

피치 부인이 말했다.

"그렇게 큰 상실을 당신이 어떻게 무겁게 느끼지 않을 수 있겠어요? 그리고 남편과 아이를 데려간 것이 당신이나 셔우드에게 좋은 일이었다고 생각하기를 어떻게 바랄 수 있겠어요? 그저 모든 감정을 무조건 하나님께 맡기고 기다리는 수밖에 없지 않겠어요?"

"저도 그렇게 하려 애썼어요. 그런데 어쩔 수 없었기 때문이지 상실을 하나님의 뜻으로 기꺼이 감수하겠다는 것은 아니었어요. 솔직히 이렇게 나에게 소중한 이들을 데려가지 않으셨다면 그분을 더 잘 믿었을 거라는 생각이 들어요."

로제타는 자신의 감정에 대해 끝없는 죄책감을 느꼈고 일기에 다음과 같이 적었다.

"이런 감정은 기독교인이자 선교사답지 않은 생각이다. 그동안 엄마의 감정을 진단하려 노력해왔다. 스스로의 마음을 진단하기란 쉽지 않지만, 한 가지 문제는 이 상실이 엄마에게 최선이라고 믿지 못하는 데 있는 것 같다. 사실 엄마는 이 상처를 아물게 하려 하지 않았다. 그렇게 되면 사랑하는 이들을 잊어버리는 것처럼 느껴졌기 때문이다. 어리석게 보일지 모르고, 나중에 스스로 분명 단견이었다고 생각하게 되겠지만 엄마는 상처를 끌어안고 치유를 거부해왔다. 여태껏 이런 사실조차 깨닫지 못하고 있었구나."

로제타는 갈피를 잡을 수 없는 자신의 마음을 어리석다고 질책했다. 그리고 스스로를 다잡기 위해 안간힘을 쓰면서 하나님께 자비를 구했다.

하나님께서는 자비를 베푸실 것이다. 성령께서 인도하여 이렇게
저급한 영적 상태에서 엄마를 끌어올려 주시리라.
— 로제타, 1900년 5월 23일 이디스의 육아일기

평양으로 돌아오니 로제타를 강타할 또 하나의 슬픈 소식이

기다리고 있었다. 두 사람이 상하이에 머무는 사이 미국에서 친정어머니가 세상을 떠났던 것이다. '자신이 낳은 아이를 제외하고는 가장 사랑했던 아이'라고 했던 이디스의 죽음이 그녀에게서 삶의 의욕을 빼앗아 간 게 틀림없었다. 로제타의 어머니는 이디스가 태어나던 순간부터 특별한 애착을 보이며 "자기가 낳은 것처럼 느껴진다"고 반복해서 말하곤 했다. 로제타에게 그 뒤 5월은 평생 가장 잔인한 달이 되었다.

세상에서 가장 사랑하는 할머니, 우리는 이 세상에서 할머니를 더이상 볼 수 없다. 우리가 중국에 있던 5월 5일에 하나님께서 할머니를 데려가셨다. 셔우드가 할머니에게 편지를 쓰던 그 순간이었다. 엄청난 슬픔이다. 다시 만나서 함께 행복한 가정을 꾸미길 원했는데⋯⋯. 그 소식을 들은 날, 셔우드는 같은 말을 되뇌며 엄마를 위로하려 했다. '엄마, 울지 마. 울지 마. 엄마가 우니까 나도 눈물이 나.' 셔우드도 계속 울었다. 우리 둘에게 이 죽음이 어떤 의미인지를 알고 있는 듯했다.

— 로제타, 1900년 11월 10일 셔우드의 육아일기

어머니를 잃었다는 건 로제타가 세상에서 기댈 마지막 기둥이자 피난처가 사라졌음을 의미했다. 로제타는 누구보다도 어머니를 의지하고 사랑했던 딸이었으며, 피비는 누구보다도 딸을 열

1895년 외할머니 피비와 손녀 이디스

외할머니 피비는 손녀 이디스를 누구보다도 끔찍이 사랑했다.
그만큼 그녀에게 손녀의 사망 소식은 견디기 힘든 아픔으로 다가왔다.

렬하게 지지하고 지원해주던 어머니였다.

거듭되는 상실을 견디기 위해선 그나마 일에 매달리는 수밖에
는 없었다. 진료소와 병원을 운영하는 일 외에도 선교여행을 다니
며 환자들을 만나고 하나님의 말씀을 전파했다. 1898년부터는 노
블 부인과 함께 여자성경훈련반을 시작하여 강의도 병행했다.

셔우드가 자라면서 아이의 교육 문제가 화두로 떠올랐다. 로

제타는 같은 문제에 직면한 다른 선교사들과 이야기를 나눈 뒤 외국인 학교의 개교를 준비했다. 마침내 1900년 6월, 평양에 외국인 학교가 문을 열었다.

상하이에서 돌아온 뒤 가장 공을 들인 일은 맹인 소녀들을 위한 교육이었다. 막 완성된 이디스 마거릿 병동의 한 쪽에 맹인 소녀들을 위한 교실을 마련하고 본격적인 수업을 시작했다. 1900년 가을에는 에스더가 미국에서 의사가 되어 돌아와 전보다 일에 여유가 생겼다. 하지만 이때 로제타의 건강에 심각한 이상이 생겼다.

> 1901년은 희망적으로 시작되었다. 셔우드는 평양의 작은 학교에서 잘 적응하고 있고, 에스더는 의사가 되어 돌아와 엄마를 크게 돕고 있으며 어린이 병동은 완전히 공사가 끝나 잘 사용하고 있다. 여성 전용 병원의 기초 공사가 시작되었고, 병원, 여학교, 새집을 지을 목재도 미국에 주문했다. 상태가 좋지 않을 하등의 이유가 없으니 즐기기만 하면 될 듯한데 영 마음 같지 않다.
> ― 로제타, 1901년 11월 10일 셔우드의 육아일기

이제 마음을 놓을 수 있는 환경이 조성된 탓이었는지 로제타는 무너지고 말았다. 오랫동안 지속된 불면증과 과로의 결과가 나타나기 시작한 것이다. 그 결과는 바로 신경 쇠약이었다.

오랫동안 몸을 혹사해왔다. 진료소와 병원을 운영하고, 선교여행
에다 전도부인 양성, 맹학교 강의 등으로 너무 지쳐 있었다. 중국
에서 돌아올 때 회복된 것으로 알았는데 그게 아니었다.

— 로제타, 1901년 11월 10일 셔우드의 육아일기

1901년 3월, 증상이 심해진 로제타는 잠시 일을 쉬고 한양으
로 치료를 받으러 갔다. 병원과 진료소, 셔우드는 에스더와 수잔
에게 맡겼다. 수잔은 로제타가 처음 한양 보구여관에서 일할 때
부터 훈련시킨 제자였다. 한양의 의사들과 선교부는 고향으로 돌
아가 요양하고 오라는 권고를 내렸다. 에스더가 셔우드를 데리고
한양으로 올라왔다. 한양의 보구여관을 에스더가 맡고, 대신 릴
리언 해리스 박사가 평양에 가기로 했다.

1901년 6월 7일, 로제타와 셔우드는 안식년 휴가를 떠나는 루
이스 간호사와 함께 미국 여행길에 올랐다. 루이스는 조선에 파
견되기 전부터 로제타와 친하게 지내던 오랜 친구였다. 그녀가
조선으로 온 이유도 로제타가 그녀를 간절히 원했기 때문이었다.

1901년 7월 7일, 로제타와 셔우드, 루이스는 샌프란시스코에
도착했다. 외삼촌 로버트와 사촌들이 로제타 일행이 묵고 있는 호
텔로 찾아왔다. 그들은 2주 후에 로제타의 오빠, 프랭크 목사가
회의 참석차 샌프란시스코로 온다는 소식을 전했다. 로제타는 그
곳에서 오빠를 기다리기로 했다. 로제타와 셔우드, 루이스는 샌프

란시스코에서 관광을 하고 휴식도 취하면서 프랭크를 기다렸다.

"우선 캐스티일의 찰리 형님 댁에 가 있어라. 여기 일을 마치면 내가 형님 집으로 셔우드를 데리러 가마. 그때까지 함께 지내며 쉬고 있다가 내가 셔우드를 데려간 뒤에 찰리 집 근처에 있는 요양원에 들어가서 몸과 마음을 추스르는 게 좋을 것 같다."

프랭크와 찰리는 이미 로제타의 요양 계획을 세워놓은 것 같았다. 세인트폴로 가는 루이스와 작별하고 로제타와 셔우드는 버팔로행 기차에 올랐다. 두 번이나 기차를 갈아탄 로제타와 셔우드는 밤 10시가 다 되어 캐스티일 역에 도착했다. 찰리가 마차와 함께 두 사람을 기다리고 있었다.

셔우드는 찰리 삼촌집의 사촌들과 매우 잘 어울려서 프랭크 삼촌이 데리러 왔을 때는 너무 빨리 왔다는 생각이 들 정도였다. 찰리의 아들, 아서는 셔우드가 엄마와 헤어지며 울 거라 생각했다. 그는 셔우드가 우는 모습을 보기가 겁난다며 어딘가로 몸을 숨겼다. 하지만 셔우드는 엄마의 설명을 충분히 이해한 듯 눈물을 보이지 않았다. 그 사이에 아이는 부쩍 성숙해 버린 듯했다. 하지만 울지 않는 셔우드를 보는 것이 로제타에게는 더 힘든 일이지 않았을까.

그 후로 셔우드는 8개월 동안 뉴욕 알바니에 있는 프랭크 삼촌 집에서 살았다. 그동안 로제타는 요양원에서 무척 힘든 시간을 보냈다.

엄마는 괜찮아. 많이 좋아지지는 않았지만 더 나빠지지도 않았단
다. …(중략)… 매일 저녁을 먹은 뒤에는 찰리 삼촌댁에 가곤 해. 어
제는 거기서 저녁을 먹었단다. …(중략)… 애니 이모가 너를 돌봐주
겠다는 친절한 편지를 보내왔단다. 하지만 그곳에서는 학교 다니
기가 쉽지 않을 거야. 조 아저씨는 매일 애니네 집에 와서 우리가
왔는지 묻곤 한다고 해. 엄마도 그곳에 가고 싶어. 하지만 현재로
서는 그날이 올 수 있을 것 같지 않구나.

— 1901년 8월 19일, 로제타가 에스더에게 보낸 편지

로제타는 리버티의 고향집에 가는 일조차 겁을 내고 있었다.
그곳에 가면 어머니랑 이디스와 함께 나눈 행복했던 추억과 싸
워야 했기 때문이지 않았을까. 로제타는 10월에 잠시 여성해외선
교회 뉴욕지부 회의에 참석하면서 프랭크 집에 들렀다. 셔우드를
만나고 겨울옷도 가져가기 위해서였다. 그 뒤로 오랫동안 셔우드
는 엄마를 만나지 못했다. 엄마가 병과 싸우고 있는 동안 셔우드
는 프랭크 삼촌 집에서 잘 지내고 있었다. 프랭크는 셔우드의 근
황을 자주 로제타에게 적어 보냈다.

"셔우드는 학교에서 공부를 잘하고 있다고 생각한다. 집에서 공
부를 조금만 더 하면 학교에서 좋은 성적을 받을 수 있을 것이다. 매일
학교에서 새로운 단어들을 배워 온다. 학교에 들러 담임을 만나 셔우
드가 매일매일 공부할 새로운 단어 리스트를 만들어달라고 부탁하려

한다."　[90]

프랭크는 무척 엄격한 아버지 역할을 담당하고 있었다. 셔우드는 내내 조선에서 자란 탓에 영어 어휘력이 부족했다. 그 부분을 메우기 위해 담임에게 특별 부탁을 할 정도로 프랭크는 셔우드의 교육에 세심하게 신경 썼다.

마침내 가족들의 기도와 사랑으로 로제타는 다시 일어섰다. 특히 두 오빠, 찰리와 프랭크의 보살핌 덕분에 고향으로 돌아가 애니와 조를 다시 만날 수 있었다.

1902년 8월 14일, 홀 가족은 리버티에서 조와 애니 가족과 이별했다. 적어도 앞으로 5년 동안은 그들을 만날 수 없을 것이었다. 일주일 동안 뉴욕에 머물렀다가 8월 22일, 로제타와 셔우드는 알바니의 프랭크 집을 방문했다. 그곳에서 하루를 묵고 캐나다의 셔우드 본가로 향했다. 캐나다에서 일주일을 지낸 뒤 다시 같은 길을 따라서 미국으로 돌아왔다.

한국에 돌아가는 여정은 뉴욕에서 런던을 들렀다 일본으로 돌아가는 루트를 택했다. 셔우드는 고모에게 선물받은 토끼 한 쌍을 한국으로 데려가기로 했다.

뉴욕에서 안식년 휴가 중인 메리 커틀러와 새로 파견되는 마거릿 에드먼즈Margaret Edmunds 간호사를 만나 함께 한국으로 가기로 했다. 에드먼즈는 정식 간호사 자격증을 가진 조선의 첫 감리교 여성 선교사였으며, 1903년에 보구여관 간호학교를 설립했다.

이들은 1902년 9월 3일 뉴욕에서 출항해 9월 18일에 런던에 도착했다. 영국은 국가적 대행사인 에드워드 7세 국왕의 대관식 때문에 온통 축제 분위기에 휩싸여 있었다. 그런데 이 행사를 보기 위해 사람들이 배편을 모두 예약하는 바람에 표를 구하기가 어려웠다. 심지어 11월 7일까지는 배편이 전혀 없다는 얘기를 들었다. 그 말이 사실이라면 로제타 일행은 꼼짝없이 6주 동안 런던에 머물러야 했다.

마거릿 에드먼즈의 사진
1903년 조선에 온 에드먼즈는 보구여관 안에 우리나라 최초의 간호원 양성학교를 설립했다.

로제타는 온갖 증기선 회사를 다 뒤진 끝에 10월 16일에 출발하는 고베행 화물선 표를 구했다. '글렌 로건'이라는 이름을 가진 이 화물용 선박은 웨일즈에서 주석을 싣고 흑해까지 간 다음, 그곳에서 다시 석유와 바꿔 싣고 상하이를 거쳐 고베에 가기로 되어 있었다.

로제타는 여객선을 기다리는 것보다 그 배를 타는 편이 훨씬 더 빠르게 조선에 갈 수 있을 거라 생각했다. 셔우드는 신이 났다. 언제든 원하면 배 안을 돌아다닐 수 있고, 스스로 토끼도 보살필 수 있었기 때문이다. 셔우드는 동물 사육 계획을 확대하여 웨일스 항구에서 칠면조 세 마리를 샀다. 암컷 두 마리와 수컷 한

마리였는데, 아마도 이 칠면조들이 한반도에 들어온 최초의 칠면 조일 것이다.

"혹시 여정이 길어져 먹을 것이 떨어지게 되면 네 칠면조를 잡아먹게 될 지도 모르니 알아서 해라."

선장이 셔우드에게 험상궂은 농담을 던졌다. 하지만 이제 셔 우드는 더 이상 그런 농담에 겁먹을 나이가 아니었다. 이 배 위에 서 셔우드는 아홉 번째 생일을 맞았다. 선원들을 제외하면 메리 커틀러와 에드먼즈 간호사, 엄마밖에 없었지만 셔우드는 그리 심 심하지 않았다. 동물들과 노는 데 정신이 팔려 있었기 때문이다.

여객선보다 빨리 한국으로 데려가 줄 거라 믿었던 화물선, 글 렌 로건은 선교사들의 기대를 여지없이 배신했다. 지중해를 지나 콘스탄티노플(오늘날의 이스탄불)을 경유해 흑해 연안의 러시아 항 구 도시 바툼Batum에 정박한 배는 77일 동안 그곳에서 머물렀다. 장마, 노동 쟁의, 인종 폭동, 크리스마스 휴가 등이 그 이유였다. 결국 선교사들은 그곳에서 추수 감사절과 성탄절, 새해를 맞이하 고도 인내심을 더 길러야 했다. 그들은 그동안 함께 한국어를 공 부하고 새로 설립할 간호학교의 청사진을 그렸다.

마침내 로제타 일행이 한양에 도착했을 때는 뉴욕에서 출발 하고 반년이 지난 1903년 3월 18일이었다. 로제타가 다시 평양으 로 돌아오기까지 보낸 기나긴 고통의 시간을 대변하듯 지난한 여 행이었다. 이스라엘 백성이 광야에서 40년을 헤매며 점점 더 하나님과 가까워졌듯이 여행이 지체될 때마다 로제타 또한 하나님과 가까워졌을 것이다. 이 여행 또한 로제타가 평양으로 돌아오기까지 하나님께서 예비하신 꼭 필요했던 치유의 과정이 아니었을까.

VI

닥터 로제타 홀, 치유하고 가르치고 전도하라!

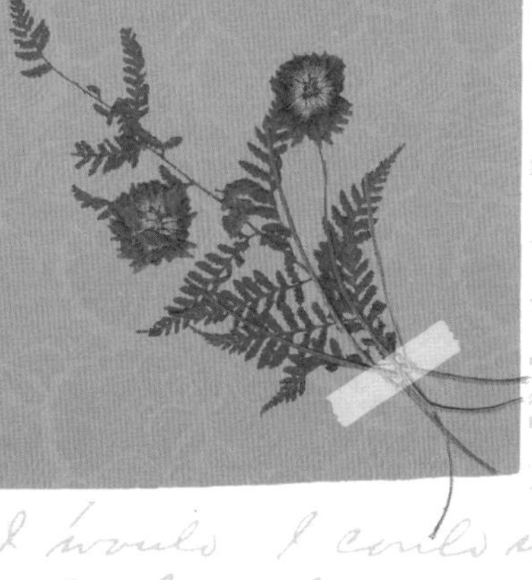

1

세상 누구보다 강한 어머니,
로제타

1897년 가을, 로제타는 고향을 떠나 아이들과 함께 젊은 날의 꿈을 심고 남편을 묻었던 조선으로 돌아오고 있었다. 세인트폴에서 다른 선교사들과 합류하기로 했는데, 사우스다코타에 있는 조카, 제이슨을 방문할 수 있는 절호의 기회였다. 로제타가 열한 살 때 언니, 아델라인이 세상을 떠나며 남기고 간 아들이었다. 엄마를 잃은 제이슨은 한동안 외가에서 자랐는데 이때 로제타와 무척 가까워졌다. 두 사람은 오랫동안 만나지 못했기에 서로 어떻게 변했는지 궁금했다. 10월 1일, 로제타와 아이들은 제이슨의 집에 도착했다.

"이모, 이거 기억나세요?"

제이슨이 내민 것은 로제타가 제이슨이 셔우드만 했을 때 만들어준 그림책이었다. 제이슨은 로제타가 정성껏 만들어주었던 그 책을 처음 본 순간부터 마음에 들어 했다. 그는 그 책을 어른이 될 때까지, 20년이 넘도록 고이 간직했던 것이다. 아마도 엄마를 잃고 외로웠던 시기에 그 책이 크나큰 위안으로 다가왔기 때문이었으리라. 로제타는 셔우드와 이디스도 소중한 물건을 이렇게 잘 간수하는 사람이 되길 바랐다.

열두 살 때 가엾은 조카를 위해 그림책을 만들어 주었던 소녀는 자라서 교사가 되었다. 다시 의사가 되었고 선교사가 되었다. 의료 선교사가 된 후에도 평생 동안 로제타는 교육자로서의 소임을 잊지 않았다.

1899년, 로제타가 병원 일과 선교 활동, 그리고 특수 교육으로 눈코 뜰 새 없이 바쁜 와중에 어느덧 셔우드는 만 여섯 살이 되었다. 미국에 있었다면 초등학교에 갈 나이였다. 선교사들의 자녀를 위해 영어로 수업하는 가장 가까운 외국인학교는 중국 치푸에 있었는데, 평양에서는 500킬로미터나 떨어져 있었다. 로제타는 하나밖에 없는 아이를 그렇게 먼 곳에 떼어놓을 자신이 없었다. 이는 평양에서 활동하던 장로교 목사 스왈렌Swallen 부부에게도 똑같은 골칫거리였다.

스왈렌 부인은 자녀들을 직접 가르치고 있었다. 셔우드도 스왈렌 부인의 학생이 되었다. 하지만 곧 로제타와 스왈렌 부인은 자격을 가진 정식 교사가 필요하다는 결론에 이르렀고, 평양에 선교사 자녀들을 위한 외국인학교를 설립하기로 결정했다. 학교를 열려면 교사가 있어야 하는데 머나먼 한국, 그것도 평양까지 기꺼이 와줄 교사를 찾을 수 있을지가 의문이었다.

평양에 있던 또 다른 장로교 선교사, 존 베어드John Baird 목사 가족에게도 곧 학령기를 맞는 아이가 셋이나 있었는데, 마침 베어드 목사가 안식년을 맞아 미국으로 휴가를 가기로 되어 있었다. 이들은 떠나기 전에 평양 외국인학교에서 근무할 적절한 교사를 구해 오는 사명을 맡았다.

평양 외국인학교의 첫 번째 교사 오길비와 선교사 자녀들
훗날 이 학교는 외국인 선교사들이 자녀들의 진학을 희망하는 명문으로 성장했다.

1900년 6월, 처음으로 문을 연 평양 외국인학교는 올리베트와 거투르드 스왈렌, 셔우드 홀, 존 베어드 등 네 명의 학생과 첫 교사, 루이스 오길비Louise Ogilvy가 그 구성원이었다. 학교는 성 밖의 장로교 선교본부에 마련되었다. 셔우드를 제외한 다른 학생은 모두 그곳에 살고 있었다. 셔우드의 통학이 가장 큰 문제였다. 셔우드는 송아지를 훈련시켜 타고 다니겠다며 창의적인 시도를 했다. 그런데 송아지는 길가의 풀에 정신이 팔려 움직이지 않는 바람에 조랑말로 바꿔야 했다. 나중에는 삼촌이 셔우드에게 자전거를 보내주었다. 이 자전거는 평양에 등장한 최초의 자전거여서 많은 사람의 지나친 관심을 끌었다.

뉴욕 주 초등학교와 고등학교 교사 자격증을 소지하고 있던 로제타는 학생들의 교육 과정을 뉴욕 주 교육부의 규정에 따라 마련했다. 뉴욕 주는 교육과 문화, 정치 등 모든 면에서 미국 동부의 선진적인 역할을 담당했으므로 타당한 선택이었다. 이 결과 평양 외국인학교의 졸업생들은 미국에 있는 고등학교에 별다른 어려움 없이 입학할 수 있었다. 그 뒤 평양 외국인학교는 우리나라뿐만 아니라 일본과 중국, 다른 아시아 국가에서 사역하는 선교사들이 자녀들의 진학을 희망하는 명문 학교가 되었다.

셔우드에게 로제타는 아주 엄격한 엄마였다. 그녀는 어릴 때부터 셔우드에게 책임감을 심어주기 위해 특별한 노력을 기울였

1906년 로제타와 셔우드
열세 살의 셔우드는 이미 훤칠하게 자라서 제법 어른 티가 난다.
로제타는 셔우드의 머리카락을 잘라서 일기에 붙여두었다.

다. 일곱 살 아이에게 이디스 마거릿 병동의 물탱크 수로의 잠금
장치를 관리하게 했을 정도였다.

　로제타는 아들이 자랄수록 점점 더 담대한 경험을 시켰다.
1906년 셔우드가 열세 살 때, 화재로 광혜여원과 이디스 마거릿
병동이 전소되었다. 로제타는 목재 건물이었던 병원이 허망하게
사라져버리자, 내화성이 있는 벽돌과 화강암으로 새 병원을 짓기
로 했다. 그녀는 평양에서 처음으로 상하수도, 온수난방 시설까

지 갖춘 현대식 병원을 계획했다. 그리고 파격적으로 셔우드에게 공사 감독을 맡겼다.

셔우드는 자서전에 자신이 공사 감독이었고 어머니가 한국인 고 서방을 자신의 오른팔처럼 쓰도록 했다고 적었다. 아마 셔우드에게는 책임 의식을 가르치기 위해 그렇게 말한 것은 아니었을까. 열네 살짜리 감독, 셔우드가 가장 먼저 해야 할 일은 공사를 맡을 대목(큰 건물을 잘 짓는 목수)과 함께 한양으로 가서 벽돌 건물을 견학시키는 일이었다. 그때까지 평양에 있는 유일한 서양식 건물은 목재로 지어진 이디스 마거릿 병동이었으므로 대목은 벽돌 건물을 본 적이 없었다.

이 공사 과정은 "장님이 장님을 인도하는 격"이었다. 어쨌든 1908년에는 벽돌과 화강암으로 지어진 번듯한 병원이 완성되었다. 난방 시설과 상하수도 시설은 자금 부족으로 미루어졌다가 나중에 추가로 가설되었다.[91]

평양 외국인학교는 중학교 과정인 8학년까지밖에 없었다. 1908년 여름, 셔우드는 중학교를 졸업하고 그해 가을 치푸에 있는 영국의 선교부가 운영하던 고등학교에 입학했다. 영국식 기숙학교는 학생들에게 엄격하고 고루한 규율을 강요했다. 자유롭게 성장한 셔우드에게 맞지 않는 학교였다. 로제타도 그런 형식적인 규율에 의해 운영되는 학교가 바람직하지 않다고 여겼다. 결국 셔우드는 한 학기를 끝으로 그 학교를 그만두었다.

다가올 1910년은 로제타의 안식년이었다. 로제타는 그때까지 셔우드에게 개인 교습을 받으며 스스로 공부하게 한 다음, 미국에 있는 고등학교에 진학시키기로 했다. 이미 오래전에 윌리엄 홀과 의논했던 셔우드를 위한 학교가 있었다. '학생 자원 운동'의 발생지였던 마운트 허몬Mount Hermon 학교였다.

셔우드가 열다섯 살이 되자, 로제타는 아들에게 경제적 자립심을 길러주기로 계획했다. 로제타는 대학을 졸업할 때까지 셔우드가 자신의 학비를 스스로 마련하길 바랐다. 한 해 전 셔우드는 러시아 박물학자에게 나비와 곤충을 채집해 보내는 아르바이트를 한 적이 있었다. 그런데 이익을 한 푼도 못 내고 말았다. 채집본이 러시아까지 가는 데 지체되는 시간을 미리 계산하지 못했던 탓이었다. 게다가 박제된 곤충들은 장마철의 영향을 받아 목적지에 도착했을 때에는 대부분 곰팡이가 피어 있었다.

로제타는 셔우드가 돈을 좀 더 현명하고 주의 깊게 투자하길 원했다. 로제타는 윌리엄 홀이 아들에게 남겨주고 간 생명 보험금의 일부를 떼어주었다.

1892년 9월 19일, 윌리엄 홀은 로제타의 스물일곱 번째 생일날에 4,000달러짜리 자신의 생명 보험 증서를 선물로 주었다. 윌리엄 홀은 대학에 다니면서 아르바이트로 생명 보험을 판 적이 있었다. 그 당시 4,000불은 엄청난 액수였다. 1896년, 로제타는 윌리엄 홀의 유산으로 뉴욕의 부동산에 투자했다. 그래서 사실 셔우드의 학비 걱정은 없었을 것으로 보인다. 하지만 물고기를 잡아서 주기보다는 잡는 법을 가르치는 게 로제타의 교육 방식이었다.

셔우드는 그 돈을 자본으로 건축업을 시작했다. 병원 공사 감독 경험을 살려보자는 생각이었다. 그는 곧 선교사 두 가족이 평양으로 파견될 거라는 소식을 듣고 한 건물 안에 두 가족이 살 수 있는 쌍둥이 주택을 짓기로 했다. 선교 활동을 돕고, 돈도 벌 수 있는 일석이조의 사업이었다.

셔우드는 필요한 건축자재를 계산한 다음 미국 워싱턴 주에 주문했다. 그런데 기초 공사로 지하실을 파면서 암석층이 나타났다. 고민 끝에 셔우드는 다이너마이트를 이용해 암석층을 폭파시키기로 했다. 폭약을 너무 많이 쓰는 바람에 폭발음이 커서 사람들이 혼비백산하는 일이 발생했지만, 마침내 3층짜리 양옥이 완성되었다. 이 집은 단연 평양에서 가장 높은 고층 빌딩으로 자리 잡았다. 셔우드는 꽤 많은 이익을 남겨 자신의 학비에 보탤 수 있었다.

1910년, 로제타는 스코틀랜드 에든버러에서 열린 세계선교사 대회에 한국 대표로 임명되었다. 대회에 참석했다가 바로 미국으로 건너가 안식년을 지낼 계획이었다. 셔우드에게 세상을 구경시킬 수 있는 좋은 기회였다.

로제타는 교통 수단으로 배편 대신 만주와 시베리아를 횡단

하는 열차를 선택했다. 두 사람은 부푼 기대를 가지고 기차에 올랐다. 그런데 여행 이틀 째 되는 날 만주 목단(牧丹)에서 로제타는 시베리아 횡단 기차표를 평양에 두고 온 것을 발견했다.

"셔우드, 너는 롤러코스터를 타는 듯했던 이 열차 여행을 무척 즐기는 것 같던데, 한 번 더 타보면 어떻겠니?"

두 사람이 지나온 만주 지역의 선로는 매우 가파른 산간 지역을 지나는 경우가 많아 유난히 좁고 구불구불했다. 의아한 시선으로 바라보는 셔우드에게 로제타가 말했다.

"시베리아 횡단 기차표를 집에 두고 왔지 뭐냐. 에밀리 하인즈 양에게 전보를 쳐서 기차표를 가지고 국경으로 나오라고 할 테니 네가 가서 받아 오너라."

셔우드는 이제 고작 열여섯 살이었다. 어지간히 간 큰 엄마가 아니고서는 상상하기 힘든 발상이었다. 셔우드는 간이 조마조마해질 만한 몇 차례의 고비를 넘긴 뒤 무사히 기차표를 가지고 돌아왔다. 평소 감정을 밖으로 표출하지 않던 로제타였지만 무사히 돌아온 아들을 보자 이례적으로 아들을 덥석 껴안고 키스를 퍼부었다.

시베리아 횡단 여행 도중 셔우드는 말라리아에 걸려 생명이 위험해지기도 했다. 다행히 실력 있는 러시아인 의사를 만나 목숨을 구할 수 있었다. 상트페테르부르크Saint Petersburg 겨울궁전 미술관에서 셔우드가 길을 잃고 헤매다가 까다로운 경비병에게 붙

1932년 발행된 우리나라 최초의 크리스마스실

서우드는 우리나라에 첫 결핵요양원인 해주 구세병원을 건립하고 크리스마스실을 발행해 결핵 퇴치 기금을 모았다. 남대문을 소재로 한 이 실은 1전에 판매되었다.

잡혀 곤욕을 치르기도 했다. 이 모든 우여곡절 속에서 서우드는 엄마로부터 독립해나가는 힘을 길렀다.

로제타는 서우드가 의과대학을 졸업할 때까지 학비를 스스로 마련하게 했다. 대학 생활 내내 서우드는 장학금을 찾아내고, 한국 선교 사업을 홍보하면서 중국산과 한국산 비단, 포크, 나이프 등을 팔았다.

1910년 4월 13일, 에스더가 결핵으로 허망하게 세상을 떠났다. 태어나던 날부터 가장 가까운 가족이었던 에스더의 죽음은 서우드에게 너무도 안타깝고 슬픈 일이었다. 당시 한국인들에게 결핵은 떼려야 뗄 수 없이 가까운 곳에 있는 치명적인 질병이었다. 에스더의 죽음을 계기로 셔우드는 결핵 전문 의사가 되어 결핵 퇴치에 헌신하기로 결심했다.[92]

훗날 셔우드는 우리나라에 첫 결핵요양원인 해주 구세병원을 건립하고 크리스마스실Christmas seal을 발행해 결핵 퇴치를 위한 기금을 조성했다. 오늘날 우리나라가 결핵 청정 국가로 다가가는 데 가장 큰 공헌을 한 이가 바로 로제타의 아들 셔우드다. 현명한 어머니 아래에서 셔우드는 어머니 못지않게 창의적이고 기업가적인 면모를 겸비한 훌륭한 의료 선교사로 자라났다.

2

한국 특수 교육의 어머니,
로제타

로제타가 우리나라에서 최초로 특수 교육을 시도한 때는 1894년 평양에 첫발을 디딘 직후였다.[93] 평양에서 윌리엄 홀의 첫 개종자였던 오석형에게는 '봉래'라는 시각 장애아 딸이 있었다. 오석형은 로제타가 평양에 처음 갔을 때 관청에 끌려가 박해를 받았던 평양의 초기 신자 중 한 명으로, 나중에 감리교 목사가 되었다. 원래 딸의 한자 이름은 '복녀(福女)'이고 세례명은 '프루던스Prudence'인데, 로제타는 'Pongnai'라고 표기했다.

로제타는 환자들 중에서도 장애를 가진 이들을 특히 안타까운 시선으로 바라보았다. 조선 사회에서 장애를 가진 이들은 천치로 취급받았고, 시각 장애인은 점쟁이나 무당이 되는 것이 그나마 가장 바람직하다고 여겨졌다. 대부분의 장애아는 가족이나 사회로부터 무시당하고 격리된 채 살아갔으며, 그러다 보니 보행 능력마저 잃는 경우도 있었다.

로제타는 이들을 근본적으로 돕기 위해서는 교육이 필요하다고 생각했으며, 언젠가 스스로 특수 교육을 펼치고 싶다는 열망을 간직해왔다. 그러나 자신의 한국어 실력이 너무 짧았던 탓에 그 의도를 조선 사람들에게 명확하게 설명할 수 없었다. 특수 교육에 대한 개념을 이해시킬 자신도 없었다. 만약 잘못했다가는 오해를 살 수도 있었기에 선뜻 엄두를 내기가 어려웠다. 게다가 서양 선교사들에 대한 황망한 소문도 많아서 1888년에는 서양 선교사들이 조선 어린이들의 눈을 뽑아 약을 만든다는 괴담이 돌기도 했다.

로제타는 봉래를 처음 만났을 때 내심 무척 기뻤다. 신자의 딸이었으니 불필요한 오해를 사지 않고도 특수 교육에 도전할 수 있기 때문이었다. 그녀는 어린 시절에 호기심으로 점자를 배운 적이 있었다. 그 기억을 되살려 기름을 바른 한지에다 바늘로 점을 찍어서 아주 초보적인 한글 점자를 만들어보았다. 하지만 이 과정에서 로세타는 심화된 선문 지식의 필요성을 다시 한 번 절감했다.

1894년 남편을 잃고 미국으로 돌아갔을 때 로제타는 점자 시스템을 제대로 배우겠다고 결심했다. 그 당시 점자 시스템에는 두 가지 종류가 있었다. 1829년 프랑스의 맹인 교사 루이 브라이

Louis Braille가 개발한 것과, 1860년대 뉴욕 맹인교육원의 원장인 윌리엄 웨이트William Wait가 개발한 뉴욕 포인트 시스템이었다. 로제타는 두 개의 점자 시스템을 분석한 뒤 뉴욕 포인트 시스템이 한글에 더 알맞다는 결론에 이르렀다. 아마도 자신에게 더 익숙한

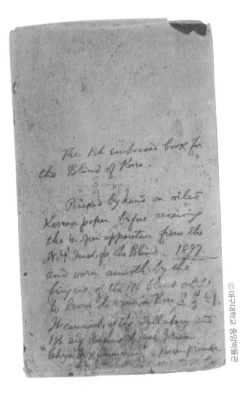

로제타가 만든 우리나라 최초의 점자책
"치푸의 맹학교에서 자료를 받기 전에 초급 한글을 가르치기 위해
기름 먹인 한지에 바늘로 찍어 최초의 점자책을 만들었다.
그 점자책은 봉래의 손가락에 의해 매끄럽게 되었다"는 로제타의 설명이 적혀 있다.

것이어서 그렇게 생각했던 듯싶다.

로제타의 뉴욕 포인트 점자는 우리나라의 맹인들에게 처음으로 '문자의 세계'라는 새로운 세상을 열어 보였다. 봉사가 눈을 뜨는 것과 같은 획기적인 사건이었다. 현재 공식적으로 사용되는 우리나라 점자 시스템은 1926년 박두성에 의해 개발된 브라이 방식의 훈맹정음이다. 하지만 그 바탕에는 로제타의 한글 점자가 있었기에 보다 효율적인 개선이 가능했다.

1897년 미국에서 돌아와 보구여관에서 일하는 동안 로제타는 점자책을 만들었다. 그녀는 한국어 입문서와 십계명을 기름 먹인 한지에 바늘로 구멍을 뚫어 기록했다.

평양으로 돌아온 로제타는 이 교재로 봉래를 다시 가르치기 시작했다. 봉래가 점자로 읽고 쓰기를 배우는 과정은 더디고 힘들었다. 하지만 점자의 구조를 터득한 뒤부터는 순풍에 돛단 듯 순조롭게 읽기를 배웠고, 곧 받아쓰기까지 가능하게 되었다. 로제타는 나중에 봉래에게 뜨개질도 가르쳤다.

"나중에 맹아들의 교사로 고용하려는 봉래를 계속 훈련시키고 있습니다. 그녀는 읽고 쓸 수 있고, 바느질과 뜨개질도 배우고 있습니다. 그녀는 자신이 할 수 있는 일이 있다는 사실을 알고는 무척 행복해합니다." [94]

로제타는 이렇게 누군가를 가르칠 때마다 그 아이를 미래의 지도자로 만들려는 꿈을 꾸었다. 어떤 영역이든 새로운 일꾼이 필요했고, 그 일꾼들을 몇 배로 늘리는 것이 로제타가 생각하는 효율적인 교육이었다.

봉래가 읽고, 쓰고, 뜨개질까지 하면서 행복하게 사는 모습을 본 사람들은 감탄을 감추지 못했다. 이를 본 사람들이 로제타에게 아는 맹인 소녀들을 소개했다. 그리하여 1900년 1월, 맹인 소녀 4명과 함께 이디스 마거릿 병동의 방 한 칸에서 집단적인 특수 교육이 시작되었다. 1903년에는 감리교에서 운영하는 정진여교에 맹인반이 개설되었고, 로제타는 감리교 선교부로부터 평양 맹학교 교장으로 임명받았다.

1906년, 화재로 광혜여원과 이디스 마거릿 병동이 완전히 소실되면서 맹인 특수교실과 기숙사는 정진여교로 이사하게 되었다. 이때 뉴욕에 사는 클락 부인의 도움으로 이들의 기숙사와 교실을 새로 마련할 수 있었는데, 이 인연으로 특수교실의 명칭이 '맹인 소녀들을 위한 클락 교실(The Clock Class for Blind Girls)'로 명명되었다.

로제타는 맹아들을 고립된 특수교실에서 따로 공부시키지 않고 일반 학생들과 함께 공부하게 했다. 맹인 소녀들과 일반 소녀들은 통합 수업을 들었을 뿐만 아니라 게임도 함께했다. 일반 아동들과 특수아들의 통합 수업이 일반화된 건 최근의 일이다. 그만큼 로제타의 특수 교육관은 백 년을 앞서 갈만큼 매우 선진적이었다.

로제타의 계획대로 머지않아 봉래는 보조 교사로서 학생들을 가르쳤다. 나중에는 일본에 건너가 더 심화된 교육을 받고 왔다. 그녀는 1918년에 열병으로 사망할 때까지 우리나라 최초의 특수 교사로서 다른 맹아들을 가르치는 기쁨과 보람을 누릴 수 있었다.

1908년, 미국 북감리교 선교부에서는 특수 교육을 맡을 전문 교사를 파견했다. 내단 록웰Nathan Rockwell 선교사였다. 그는 한국으로 파견되자마자 전국을 돌며 맹인 실태 파악에 나섰고, 맹아 교육의 필요성을 역설했다. 평양 주변을 돌아다니며 맹인 여아를 찾아 그들의 부모들을 설득해서 학교로 데려와 교육시켰다.[95]

1909년 평양 맹학교는 10주년을 맞이했다. 로제타는 그동안의 교육 성과를 소개하며 특수 교육 홍보를 위해 바자회와 공연을 준비했다. 이 공연은 대성황이었다. 맹인 소녀들이 한글과 영어를 읽고, 쓰고, 뜨개질을 하고, 오르간을 연주하며 찬송가 부르는 모습을 본 사람들은 놀라서 입을 다물지 못했다. 이들 중 나이가 가장 많은 여학생은 장로교 선교회가 전도부인으로 양성하기 위해 후원하는 사람이었다.[96]

로세타는 '폴린Pauline'이라는 세례명을 가진 맹인 소녀를 데리고 한양과 남쪽 지방까지 순회공연을 하기도 했다. 폴린은 열일곱 살 때 로제타에게 맡겨졌다. 전도부인이 무당에게 팔려가던 아이를 구해 데려왔다. 무당은 아이의 부모에게 귀신의 장난으로 아이가 눈이 멀어 보지 못하니 아이가 귀신을 섬기며 살아야 한

평양 맹학교 졸업생과 어머니들
맹학교를 졸업한 소녀들과 어머니들이 로제타를 모시고 찍은 사진이다.

다고 말했다. 전도부인은 폴린의 부모에게 맹학교에 대해 설명하고 설득해서 아이를 로제타에게 데려왔다.[97]

폴린의 공연은 맹학교라는 말을 들어보지 못했던 지역에서 큰 관심과 놀라움을 불러일으켰다. 맹인 소녀는 사람들이 상상도 하지 못한 모습을 보여주었다. 오르간을 연주하며 찬송가를 부르고, 자유롭게 글을 읽고 쓰며, 산수와 지리 등에 대한 해박한 지식을 보여주었다. 처음 보는 이들에게는 너무도 놀라운 구경거리였다.[98]

맹아 교육이 자리를 잡아가자 로제타와 록웰 목사는 농아들을 위한 교육을 시작하기로 했다. 그들은 농아 교육을 시작하기 전에 이익민과 그의 아내를 중국 치푸에 있는 농아학교에 파견했다. 농아들을 교육하기 위한 전문적인 지식을 습득하게 하기 위해서였다.[99] 밀Mill 부인이 경영하던 치푸의 특수학교는 로제타가 신혼여행을 떠났을 때 견학한 곳이었다.

1911년 5월 30일자 대한그리스도 신보에 평양의 농아학교를 소개하는 기사가 실렸다.

"남녀 게암학교는 금춘에 세상을 떠난 록웰 목사와 홀 의사의 부인이 열심히 주선한 결과로 1910년에 처음 설립한 학교인데, 지금은 해외에 가서 벙어리 가르치는 법을 졸업하고 돌아온 이익민 씨와 그부인이 이 학교에서 가르치매, 학도는 남자 벙어리 4인과 여자 벙어리 3인이다. 그 가르치는 방법은 성대를 집어 발음케 함이요, 국문의 자모음과 합음법을 가르쳐 손가락으로 모든 말을 통하여 온갖 글을 읽게 하니 이것은 조선에 처음 있는 일이라 보는 자마다 하나님께 감사함을 마지아니 하다더라." [100]

맹학교는 여학교였으나 농아학교는 남녀 공학교였다.

"닥터 홀과 미스 베네딕트가 주관하는 맹학교는 재정이 허용하는 만큼 발전하고 있다. 현재는 여학교에 19명이 재학하고 있고, 맹인 교사를 제외한 4명은 아카데미에 재학 중이다. 9명의 농아 소년 소녀가 재학 중인데 더 많은 지원자가 있으나 자금 부족으로 수용을 다하지 못하는 상태다.

일반 학생들과 함께 여학교에서 공부하는 맹인 소녀들 중에는 등수 안에 들 정도로 가장 영리한 학생들로 손꼽히는 아이들이 있다. 3명은 여학교를 졸업했다. 3명의 농아들의 경우, 특수 교사의 도움을 약간 받아 일반 학생들과 수업이 가능할 정도가 되었다. 전국 각지에서 오는 아이들을 수용하기 위한 기숙사가 절실히 필요하다." 101

정진여교에서 통합 수업을 받는 학생이 19명이었고, 맹인 교사와 함께 분리 수업을 받고 있는 학생이 4명이었다. 맹학교의 소녀들은 처음에는 분리 수업을 받다가 수학 능력이 일정 수준에 이르면 통합 수업으로 넘어간 듯하다.

1914년 8월, 로제타는 또 하나의 신기록을 세웠다. 동아시아에서 최초로 특수 교육 전문가들의 국제회의를 조직한 것이었다. 한국, 일본, 만주, 중국 본토에서 온 특수 교육전문가들이 평양의 모란봉에 모여서 "선한 의지를 드높이고 우호적인 연대를 도모하기 위해" 머리를 맞대고 의논했다.

"맹아들과 농아들을 가르치는 과업을 수행하기 위해서는 각 나라의 풍습과 조건들의 차이점을 연구하고 조사해야 한다는 사실을 명심해야 한다. 이런 여러 문제에 대한 대표자들의 토론은 직접적인 교육뿐만 아니라, 관련된 사회적 · 경제적 활동까지 포괄하는 것으로 인류의 공익을 위해 큰 가치가 있다." 102

이 글이 실린 소책자는 로제타의 아들, 셔우드가 의과대학에 다니면서 어머니의 일을 홍보하고 기금을 모금하기 위해 만든 것이다. 이 회의의 의장은 중국의 푸저우에서 온 사이츠Sites였고, 부의장은 일본의 맹인 교사 나카무라였다. 나카무라는 영국의 저명한 캠벨Campbell 사범 학교를 막 졸업하고 돌아오는 길이었다. 때는 제1차 세계 대전의 전운이 감돌 무렵이어서 그는 간을 졸이며 시베리아 횡단 기차를 타고 분쟁 지역을 통과해 왔다. 이들 외에도 치푸에서 온 교사들, 일본에서 온 교사들과 한국 교사들이 있었다. 1913년 4월부터는 조선총독부에서도 '제생원'이라는 기관에 맹아부를 두고 특수 교육을 행하였으므로 아마 이 학교의 교사도 참석했을 것이다.

《서울프레스(The Seoul Press)》라는 영자 신문의 야마가타 기자가 이 회의를 취재하여 보도했다.

"제대로 현명하고 개화한 시민이라면 유럽에서 싸우고 있는 장군들이나 제독들보다는 이렇게 훌륭한 교육 지도자들을 보고 감탄할 것이라고 단언한다." [103]

이 기자의 말대로 국익이라는 명분하에 대량 살육전에 나서는 이들과 가장 낮은 이들을 섬기는 천사들을 어찌 비교할 수 있으랴. 이들은 진정한 예수의 제자들이었고, 그들의 맨 앞에는 로제타가 서 있었다.

3

에스더,
의사가 되어 돌아오다

1890년, 로제타는 조선에 온 지 열흘 뒤부터 점동과 오와가에게 초보적인 의학 교육을 시키기 시작했다. 우선은 혼자서는 진료소의 모든 일을 처리하기가 힘이 들어서 도움을 줄 사람이 필요했다. 나아가 그녀는 "나에게만 도움이 되게 하려는 것이 아니라 그 아이들이 좀 더 폭넓은 삶을 살고 세상에 유익한 사람이 되게 하려"는 큰 비전을 가지고 있었다. [104]

점동과 오와가를 데리고 시작했던 생리학 수업은 몇 개월이 지나면서 대상이 확대되고 체계화되었다. 겨울 방학이 지나고 1891년 초부터는 이화 학당의 학생 중 영어 수준이 가장 높은 점동, 봉순, 수잔, 오와가, 애니를 데리고 일주일에 한 번씩 생리학 수업을 펼쳤고, 가을부터는 약리학 수업을 추가했다.

로제타가 소녀들을 교육시키기 시작한 뒤, 얼마 지나지 않아 이들 중 두 명을 떠나보내야 했다. 만 열다섯 살도 채 안 된 아이들을 조혼 풍습 때문에 잃어야만 했다. 그래서 로제타는 새로 교육시킬 대상으로 어린 과부를 기다렸다. [105]

마침내 기다리던 어리고 영리한 과부가 나타났다.

"언제부터인가 훈련시켜서 진료소 일을 돕고 루이스 간호사 밑에서 어린이 병동을 맡아 줄 젊은 과부를 찾고 있었는데, 드디어 알맞은 이를 찾아서 안심이 되었다. 그녀가 처음에 왔을 때는 한글을 읽을 줄도 쓸 줄도 몰랐는데 불과 몇 달 동안 소녀학교(이화 학당)에 다니더니 둘 다를 익혔다. 이제는 교인이 되었고, 수잔Susan이라는 이름으로 세례를 받았다." [106]

여메례도 1891년 결혼한 지 반년도 못되어 과부가 되었다. 로제타는 이들을 집중적으로 훈련시켰다. 의사로서 조선의 여성들을 치료하는 것뿐만 아니라 새로운 일꾼들을 양성하는 데에서도 커다란 보람을 느꼈다.

"우리를 찾아오는 신체적인 질병으로부터, 혹은 영적인 고통으로부터 이들의 아픔을 경감시키는 것뿐만 아니라, 동세대 또는 차세대에서 각자가 영향력을 넓혀가며 더 나은 방법을 가르칠 에스더나 메리, 수잔과 같은 어린 여성들을 교육시키는 일이 얼마나 영광스러운 일인가?" [107]

에스더, 메례, 수잔. 이들 세 사람은 로제타에게 제자이자 동료였다. 에스더는 미국에 가서 의사가 되어 돌아와 동료가 되었으며, 메례는 보구여관에서, 수잔은 보구여관과 평양의 광혜여원에서 오랫동안 로제타를 보조했다.

그중에서도 로제타에게 가장 큰 도움이 되는 조수는 에스더였다. 로제타는 에스더를 자매 이상으로 사랑했으며 믿고 의지하는 동료로 삼았다. 에스더는 타고난 명석함으로 가장 먼저 로제타의 수업을 이해하고 병원 일을 돕기 시작했다. 로제타는 에스더를 곁에 두기 위해 크리스천과 결혼시키기도 했다.

1894년 로제타가 남편을 잃고 귀국길에 올랐을 때, 곁에는 에스더와 그녀의 남편 박유산이 있었다. 로제타는 고향집에 도착한 후 나흘 만인 1895년 1월 18일에 둘째 이디스 마거릿을 출산했다. 그 후 한 달 가까이 집에서 산후 조리를 하다가 2월 15일에 첫 외출을 했다.

> 에스더 이모의 학교 문제에 대해 의논하기 위해 아브람스 교수를 만나느라 엄마는 오늘 처음으로 이디스를 떼어놓고 외출을 했단다. …(중략)… 엄마가 없는 동안에도 이디스는 잘 지냈다고 한다. 교수님은 에스더를 만나보고 싶어한다.
>
> — 로제타, 1895년 2월 18일 이디스의 육아일기

에스더는 2월 25일부터 리버티 공립 학교에 다니기 시작했다.

주중에는 리버티 시내에서 하숙하며 학교에 다니고 주말에는 집으로 돌아왔다. 그동안 에스더의 남편 박유산은 로제타의 아이들을 돌보고 농장의 허드렛일을 거들며 월급을 받아 아내의 공부를 뒷바라지했다.

에스더는 한 학기 동안 리버티의 고등학교를 다닌 결과, 미국의 보통 고등학교 졸업생에 비해 크게 학력이 뒤지지 않는다는 결론을 얻었다. 그녀는 10월 1일부터 리버티를 떠나 뉴욕의 어린이 병원에서 일하며 의대 입학 준비를 위해 라틴 어, 수학, 물리학 등을 개인 교습으로 공부했다.

1895년 10월 16일부터 사흘 동안 뉴욕 브루클린에서 로제타를 조선으로 파견했던 미국 북감리교 여성해외선교회 뉴욕지부 회의가 열렸다. 로제타는 회의 참석차 뉴욕을 방문하는 길에 에스더를 찾아갔다.

에스더는 47명의 아기들이 입원해 있는 소아 병동에서 수간호사를 보조하고 있었는데 일을 아주 잘해내고 있었다. 또한 라틴 어, 수학, 물리학 개인 교습을 받고 있었는데, 라틴 어가 영어보다 쉽다고 말했다. 그녀는 내년에 펜실베이니아 여자의과대학에 입학할 수 있기를 바라고 있다. 졸업하면 의료 선교사가 되어 조선으로 돌아갈 것이고, 자기 민족을 위해 훌륭한 일을 해낼 거라 믿는다.

— 로제타, 1895년 10월 18일 이디스의 육아일기

에스더에 대한 로제타의 기대와 믿음은 언제나 변함없었다. 에스더는 로제타의 의대 후배가 되기를 간절히 원했다. 하지만 에스더의 소망은 원하는 대로 순조롭게 풀리지 않았다. 병원에서 근무하며 의대 입시를 준비하던 중, 과로 때문이었는지 아니면 원래 자궁에 문제가 있었는지 두 번째로 조산을 했다. 그리고 또 다시 아이를 잃었다. 펜실베이니아 여자의과대학 입학에도 실패했다. 로제타는 에스더에게 의대를 포기하고 귀국할 생각이 있는지 물었다. 이에 에스더는 입장을 명확하게 적어 답장을 보냈다.

제가 여기 있는 동안 당신도 미국에 남아 있게 하고 싶습니다. 하지만 저는 저만을 위하거나 이기적이고 싶지 않으며, 당신이 떠나는 데에 방해가 되고 싶지도 않습니다. 저는 제가 준비가 될 때까지 당신이 먼저 불쌍한 우리들의 자매들 곁으로 돌아가서 그들을 돕기를 바랍니다. 저는 하나님께서 저를 도와줄 신실한 친구를 보내주리라는 것을 압니다. 하나님의 뜻이 있다면 대학에 입학할 수 있을 것이라 믿기에 의사가 되기 위한 배움을 포기할 생각이 없습니다. 지금 포기한다면 다른 기회는 없을 것이므로 포기하지 않을 겁니다. 남편 역시 무엇보다도 제가 의사가 되길 원합니다. 저는 최선을 다할 것이고 그래도 포기해야 한다면 어쩔 수 없지만, 그 이전에는 아닙니다.

— 1911년 4월 20일, 로제타가 뉴욕 여성해외선교부 로드와일러에게 보낸 편지

미국 최초의 여자의과대학이었던 펜실베이니아 여자의과대학은 최고의 명문으로서 입학이 매우 어려웠다. 대신 1896년 가을, 에스더는 볼티모어 여자의과대학에 입학했다. 볼티모어 여자의과대학은 신설 대학이어서 상대적으로 입학이 쉬웠다. 하지만 현재는 존스 홉킨스 대학으로 편입되어 드렉실 의대가 된 펜실베이니아 여자의과대학보다 더 큰 명성을 얻고 있다.

1897년 로제타는 조선으로 돌아가기로 결정한 뒤, 5월 20일에 셔우드를 데리고 필라델피아에서 열린 펜실베이니아 여자의과대학 동창회에 참석했다. 그리고 볼티모어로 가서 의과대학 재학 중이던 에스더를 만나 작별 인사를 했다.

로제타는 리버티의 집으로 돌아와 조선으로 돌아갈 채비를 하며 에스더의 남편 박유산에게 함께 가자고 설득했다. 그러나 유산은 아내가 있는 미국에 남길 원했다. 그는 누구보다도 아내가 의사가 되길 간절히 바랐으며 곁에서 뒷바라지하고자 했다.

아내 곁에 있겠다는 유산의 결정이 당연하게 보임에도 불구하고 로제타는 그의 결정을 쾌씸하게 받아들였다. 에스더를 대하는 태도에 비하면 유산에 대한 로제타의 태도는 가혹하게 느껴질 정도다. 그래도 만약 유산이 그때 로제타를 따라 귀국했더라면 이국에서 병사하는 비극을 막을 수도 있지 않았을까. 하지만 운명에 만약이란 말은 없다.

박유산은 로제타가 조선으로 돌아오기 전 뉴욕에서 리버티로 이사한 다음부터 그동안 말없이 하던 빨래와 다림질, 요리를 거부했다. 도시 생활을 경험하면서 남자가 가사일을 하는 것에 수치심을 느낀 것일까. 로제타와의 동행을 거부한 박유산은 리버티에 있는 목사 집으로 일터를 옮겼고, 로제타 일행이 리버티를 떠날 때 역에서 그들을 환송했다.

하인 노릇에 이미 환멸을 느꼈던 것으로 보이는 유산은 로제타 일행이 떠난 후 아내가 있는 볼티모어로 갔다. 하지만 불행하게도 식당일을 하며 아내 뒷바라지를 하던 그는 폐결핵을 앓다가 1900년 4월 28일에 병사하고 말았다. 에스더의 간절한 기도와 간호도 소용이 없었다. 그렇게 그는 고대하던 아내의 졸업을 목전에 두고 하늘나라로 떠나버렸다.

에스더는 조선의 풍습대로 결혼식 첫날밤에 신랑의 얼굴을 처음 보았고, 신랑에 대해 크게 실망했다. 이화 학당에서 몇몇 미국인 남자 선교사를 제외하고는 남자를 대한 적이 없던 에스더였다. 미국인 선교사를 남편의 이상형으로 여겼던 에스더의 실망은 이해가 된다. 하지만 유산은 대부분의 조선 남자와는 사뭇 달랐다. 이국에서 하인으로 일하며 아내의 공부 뒷바라지를 기쁘게 받아들일 만큼 겸손하고 어진 사람이었다. 결혼 후 일 년이 지나자 에스더도 남편을 사랑한다고 로제타에게 말했다.[108] 아마 별난 조선 남자 선발 대회가 있었다면 그가 단연 1등이었으리라.

1900년 10월, 에스더는 의과대학을 졸업하고 미국 북감리교 여성해외선교회의 의료 선교사로 임명되어 귀국했다. 그녀는 우리나라 최초의 양의였다. 서재필이 로제타보다 7년 먼저 미국에서 의사 면허를 취득하였으나, 미국인으로 귀화한 후 영원히 한국인으로 돌아오지 않았고 한국에서 의료 활동을 한 적도 없다.

1930년 11월, 《동아일보》는 로제타 조선 방문 40주년 기념으로 그의 선교 일생을 5부로 나누어 기획 연재했다. 네 번째 편에서는 에스더 이야기를 주로 다루었다.

"조선에는 일반으로 가정 의학 상식이 부족하였을 뿐만 아니라 믿을만한 의사가 없는 곳이 많아 중간 병신이 많이 나는 것을 제일 애석히 생각한 허을 부인은 여의사 양성에 힘을 뽐내기로 했다. 씨의 주선과 도움으로 미국서 주비로 대학부 의학과를 마치고 조선에 돌아와 녀의사의 자격을 얻은 고 박에스더 씨는 조선에 처음 생긴 여의사였다. 박 씨는 경성의학전문학교 졸업생보다 두 해 먼저, 그리고 세브란스의학전문 졸업생보다 일곱 해 먼저, 즉 남자보다 훨씬 먼저 의사의 자격을 받은 이였다." [109]

에스더가 미국에 가서 공부하여 의사가 된 다음 선교사로 부임하는 것은 로제타가 오래 전부터 계획한 꿈이었다. 로제타는 에스더가 의사가 되어 돌아오니 더할 수 없이 기쁘고 자랑스러웠다. 게다가 그녀는 자신의 일을 대신해주고, 나눠주고, 더해줄 수 있는 귀중한 동료였다.

사람들은 에스더가 복부 수술을 하면서 배를 쨌다가 다시 꿰매는 것을 보고 "귀신이 재주를 부린다"며 깜짝 놀랐다. 외국인 의사가 수술하는 장면을 익히 보아왔지만, 같은 동포 여의사가 외과 수술하는 모습을 보니 또 새삼스럽게 느껴졌던 게 아닐까.

서우드는 이모의 귀환을 커다란 선물로 여겼다.

"나는 에스더를 매우 좋아했다. 우리는 가족과 다름없이 한집에서 살았다. 에스더는 매일 밤, 감미롭고 아름다운 목소리로 노래하듯 나에게 시나 소설을 낭독해주곤 했다." [110]

에스더는 돌아오자마자 열정적으로 일하기 시작해 9개월 동안 3,000명이 넘는 환자를 진료했다. 전도부인을 양성하는 여자 성경훈련반에서 강의도 했다. 이 교육 과정은 1898년 11월 14일, 25명의 여성에게 첫 교육을 시작했다. [111] 노블 부인, 로제타, 에스더, 수잔, 폴웰 부인이 강사진으로 참여했다. 노블 부인의 기록에 의하면 이들 중에서 자신과 에스더의 수업량이 가장 많았다.

"홀 부인은 격일로 한 시간씩 건강에 대해 강의를 했다. 폴웰 부인은 하루걸러 두 시간씩 가르쳤고, 노수잔은 홀 부인의 강의가 없는 날에 지리를 가르쳤고, 박에스더 박사와 나는 매일 두 시간 혹은 그 이상 수업을 했다." [112]

여자성경훈련반은 나중에 장로교와 함께 연합해 운영되었으며, 수많은 전도부인을 양성해 어둠에 갇혀 있던 조선 여성들에게 희망의 빛을 제시했다.

에스더는 전도부인 양성반뿐만 아니라 맹학교 운영과 교육에

장로교 · 감리교 연합 여자성경훈련반 1회 졸업식
이날 사진을 찍은 졸업생들은 훗날 우리나라에 수많은 여성 기독교인을 양성했다.

도 참여했다. 병원에서 간호사로 일하는 김배세와 함께 음악을 지도하기도 했는데, 이때 어린 시절 로제타의 도움으로 배운 풍금이 유용하게 쓰였다. 김배세는 에스더의 막내 여동생으로 정신여교를 졸업하고 1905년부터 1907년까지 평양에서 일했다. 1907년에는 세브란스 간호원 양성학교에 입학해 1910년에 졸업하였고, 세브란스 병원의 첫 한국인 정식 간호사가 되었다.

1903년, 에스더는 황해도와 평안남북도 일대로 무료 진료와 전도 여행을 나섰다. 가마가 없는 외진 곳에서는 말이나 소를 타고 다니기도 했다. 1903년 한 해 동안 광혜여원에서 여성과 어린이 환자를 진료한 횟수는 이전 해의 두 배인 8,638번이었다. 하루 평균 82명 정도의 환자가 방문했고, 병원 수입은 전년도의 3배인 190달러에 달했다. 이는 로제타 곁에 에스더가 있기에 가능한 일이었다. 그다음 해 보고서를 보면 에스더가 병이 나면서 치료 환자수가 급격하게 줄었다고 기록되어 있다. 아마 그녀는 이때부터 결핵을 앓기 시작했던 것으로 보인다.

1909년 4월 28일은 에스더와 가족에게 더할 수 없이 자랑스럽고 기쁜 날이었다. 경희궁에서 박에스더, 하란사, 윤정원 등 세 사람을 위한 관민 합동 '여자 외국 유학생 환국 환영회'라는 전대미문의 행사가 열린 것이다. 다음은 우리나라 최초의 여기자 최은희가 묘사한 그날의 행사 모습이다.

"당시 개화한 귀족들이 간혹 쓰고 다니던 것과 비슷한 금테두리 중고모에 흰 깃털을 꽂아 쓰고 검정 제복으로 단장한 마부가 올라앉은 호사스런 쌍두마차를 보내 세 분의 일가친척들까지 골고루 초대했다. 윤치호, 김필순 등이 고종 태황제와 신황제 순종에게 각각 품달하여 분부를 받은 것이었다. 그날 주무격인 윤치호 학무국장 내외를 비롯하여 관계의 다수 인사와 사회 유지가 모두 동부인으로 내참했다. 여성계에서는 여메례황, 이아가다 등과 각 여성단체 및 교육계와 종교 단체의 여성 등 여성 회중이 1천 명에 가까운 대성황을 이루었다. 아펜젤러 목사와 언더우드 등 내외빈객이 7천 8백 명이라는 기록도 남아 있다." [113]

윤정원은 일본과 프랑스에서 음악을 공부하고 1년 전에 개교한 관립 한성고등여교 교사로 발령받은 이였다. 하란사는 기혼 부인으로 프라이 당장을 설득하여 기혼녀 입학 불허 원칙을 깨고 이화 학당에 입학한 당찬 여성이었다. 그녀는 이화 학당을 졸업한 뒤 1년 동안 일본에서 유학하고 남편의 지원을 받아 도미했다. 오하이오 웨슬리안 대학에서 학사 학위를 받은 그녀는 이화 학당의 교사 겸 기숙사 사감으로 일하고 있었다.

"기념품으로 세 분에게 각각 은메달이 증정되고 여학생들의 축하 노래가 궁궐 안을 메아리쳤다. 정빈 세 사람의 답사와 주악이 있은 후 다과잔치로 끝을 맺었다. 한양 장안 사람들의 흠망을 받았고 교육의 효과를 깨닫더라." [114]

이날 행사에 참석한 에스더 가족들의 기쁨은 얼마나 컸을까. 모두가 치하하는 딸과 동생, 언니를 둔 이들은 자연스럽게 옛날을 생각했을 것이다. 공짜로 먹여주고 입혀준다는 이유로 스크랜턴 여사에게 맡겨진 점동이가 지금은 모두 우러러보는 여의사가 되어 있었다. 언니 신마리아도 1896년부터 정신여교 초대 교사가 되어 수학과 성경을 가르치고 있었다. 동생 김배세도 광혜여원에서 함께 일하다 세브란스 간호학교에 다니고 있었다. 그러나 결핵에 걸린 에스더의 병세가 점점 위중해지고 있었기에 마냥 기쁠 수만은 없었다.

이날 행사는 조선 여성에 대한 가치 인식의 코페르니쿠스적

전환을 의미했다. 조선은 삼강오륜(三綱五倫)을 기본으로 하는 유
교적 이데올로기에 의해 성립되고 유지되던 사회였다. 여성은 열
녀와 효녀, 혹은 현모가 아니면 사회적으로 인정받지 못했다. 이
러한 기존의 가치로만 바라보면 윤정원과 하란사, 그리고 에스더
는 모두 반사회적·반국가적인 인물이었다.

실제로 세 사람은 여필종부(女必從夫), 삼종지도(三從之道) 등의
성리학적 가치를 정면으로 거부한 이들이었다. 그런데 결혼을 거
부하고 자신이 추구하는 가치를 실천한 여성들, 남편을 조력자로
대동하거나 집에 두고 공부하러 나간 여성들이 나라로부터 표창
을 받았다. 조선은 이제 더 이상 삼강오륜에 목매는 나라가 아님
을 천명한 것이었다. 이날의 주인공들은 19세기 미국의 저항적인
신여성(New Women)을 따라 배운 조선의 신여성들이었다.

1910년 4월 13일, 결국 에스더는 결핵으로 세상을 떠났다. 너
무도 아까운 나이, 겨우 서른넷이었다. 언어 장애 없이 말이 통하
는 의사여서 '우리 의사'라고 부르던 유일한 조선인 여의사는 많
은 이의 안타까움 속에서 눈을 감았다.

로제타와 셔우드의 충격과 슬픔은 어떠했을까. 셔우드는 자서
전에서 에스더의 죽음이 자신의 일생에 가장 큰 영향을 준 사건
중 하나였음을 밝혔다.

"에스더의 죽음은 나에게 충격이었다. 한창때인 에스더를 앗아
가고 수많은 조선인의 목숨을 빼앗아가는 결핵을 막아내는 데 내 온

박에스더의 어머니와 딸들
박에스더가 죽고 난 뒤에 찍은 사진으로 보인다.

힘을 다 바치리라고 결심했다. 나는 결핵을 공부하고 조선에 돌아와서 결핵요양원을 세우겠다고 맹세했다." [115]

　에스더의 죽음은 로제타와 셔우드에게 엄청난 상실로 다가왔다. 하지만 한편으로는 셔우드에게 새로운 깨달음과 에너지를 가져다주었다. 셔우드는 에스더가 죽기 전까지만 해도 사업가가 되려고 생각했던 것이다. 에스더의 죽음은 많은 조선인을 죽음으로부터 구한 해주 결핵요양원으로 가는 길을 닦았다.

4

몸을 치유하고
영혼을 구하다

로제타와 같은 여성 선교사들의 뒤에는 그들을 지원하는 고국의 수많은 후원자가 있었다. 1915년 미국 내 기독교 각 교파에 소속된 여성 해외선교회의 회원은 무려 300만 명을 넘었다. 당시 미국 여성들은 자신들을 억누르는 사회적 억압을 자각하고 정치적 평등권을 강력하게 요구하는 상황이었다. 이런 사회적 분위기 속에서 그들은 극단적인 억압에 시달리고 있는 지구 반대편의 자매들에게 큰 동정심을 느꼈다.

로제타는 고국의 여성들에게 조선의 여성들의 상황을 알리고 이를 개선시키기 위한 기금을 모았다. 《강 간호원의 이야기(The Story of Nurse Kang)》라는 애교 있는(?) 소책자에서 로제타는 강 간호원의 입을 빌려 자신이 벌이고 있는 선교 사업의 원칙을 명료하게 정리했다.

"우리나라를 구원하기 위한 복된 과업을 교육, 의료, 전도의 세 영역으로 구분하는 것은 불가능하다. 세 영역은 변이 서로 맞물려서 강력한 삼각형을 형성한다. 우리는 더 많은 교사, 의사, 전도부인과 간호원을 양성하기 위해 더 많은 장학금이 필요하기에 미국의 자매들에게 간절히 도움을 호소한다." [116]

이 책자의 주인공, 강 간호원은 할머니가 전도부인이고, 삼촌은 목사가 된 기독교 집안에서 태어났다. 만약 기독교 집안에서 태어나지 않았더라면 벌써 결혼해서 주부로 살았을 그녀는, 기독교 덕분에 교육을 받을 수 있었음을 자랑스럽게 생각했다. 여학교를 졸업하고 평양 광혜여원에서 간호원 훈련을 받은 그녀는, 보구여관 간호학교를 졸업하고 동대문 부인병원에서 수간호원으로 일하고 있었다.

소책자의 표지 사진에서 강 간호원은 양팔에 딸 쌍둥이 신생아들을 안고 있다. 로제타의 제왕 절개 수술로 태어난 이 아기들은 자연 분만을 시도했다면 분명 산모와 함께 목숨을 잃었을 것이다. 조선의 관습상 딸 쌍둥이 출산은 축하받을 일이 아니었으나, 기독교 덕분에 사고가 바뀐 아버지는 아내와 아기를 퇴원시키기 위해 기쁜 마음으로 가마를 대동하고 병원으로 왔다.

이처럼 기독교가 일으키는 변화를 확인한 미국의 자매들은 큰 감동을 느꼈고 기꺼이 기부금을 보냈다. 이 기부금이 선교사

강 간호원의 품에 안긴 딸 쌍둥이(왼쪽)와 가마를 대동하고 온 아버지(오른쪽 위)
동대문 부인병원에서 제왕 절개로 태어난 쌍둥이 딸과 아내를 퇴원시키기 위해 아버지가 가마를 대동하고 왔다. 선교사들 덕분에 조선 남성들의 의식도 차차 바뀌어 감을 느낄 수 있다.

들의 급여, 의약품 구입, 교육비, 병원과 교회 건축비 등으로 쓰이면서 많은 조선 여성의 삶을 변화시켰다.

로제타의 선교 활동은 의료와 교육, 전도가 하나된 것이었다. 환자 진료가 주된 활동이었으며 교육과 전도가 동시에 행해졌다. 그녀는 다급한 환자가 있으면 직접 찾아가서 치료하고 전도했으며, 이마저도 어려운 오지의 여성들을 위해 의료 선교여행에 나섰다.

로제타는 1898년 겨울, 일주일 동안 첫 의료 선교여행을 떠났다. 봄에 이디스를 잃고 쉴 새 없이 일에 몰두하던 시절이었다. 셔우드는 노블 목사의 집에 맡겨두었다. 로제타와 동행했던 노수잔은 이때의 경험을 '평양 여교우 노씨 쑤슨 편지'라는 제목으로 아펜젤러 목사가 발행하던 1899년 2월 1일자《대한그리스도인회보(The Korean Advocate)》에 기고했다.

"예수씨 탄일 지낸 후에 홀 의원의 부인과 함께 와새머루라 하는 촌에 평양서 팔십 리 되는대 가서 전도하엿소. 그곳에 사는 부인 김 참봉 어머니가 우리를 청하엿소이다. 그 부인이 예수 교회에 드러오기는 이전에 홀 의원께서 가라쳐서 처음 회개하고 교우된 오 서방이 인도하여 예수의 빗츨 밧으신 부인이요"

여기서 김 참봉의 어머니는 전삼덕이다. 전삼덕은 강서에 살던 양반가의 부인으로 봉건 사회의 유교적 가치 속에서 불행한 나날을 보내던 중, 이웃으로부터 평양에 들어온 예수교에 대한 소문을 들었다. 로제타가 남긴 자료 중에는 전삼덕의 세례 30주년 기념사진이 있는데, 그 뒷면에 로제타의 메모가 남아 있다.

"전삼덕의 손녀, 김폴린이 할머니의 세례 30주년 기념식에 나를 초청하여 평양에서부터 와새머루로 데려왔다. 윌리엄 제임스 홀 박사의 첫 개종자가 되었던 오 목사(맹인인 봉래의 아버지)가 어린 시절 이웃이었던 전삼덕에게 복음을 전했다. 그 후 윌리엄 제임스 홀 박사를 만난 전삼덕은 북한 지역의 첫 여성 세례자가 되었다. 전삼덕과 나는 폴린을 의사로 만들기 위해 애를 썼으나 그녀는 의학 공부를 해내지 못

했다. 이화에서 공부하고 미국의 노스 웨슬리안 대학에서 유학한 후,
릴리언 해리스 기념병원 [117] 에서 행정 일을 하고 있다."

전삼덕은 오석형으로부터 기독교에 대해 전해 듣고 큰 관심
을 가지게 되었다. 전삼덕은 가마를 타고 80리나 떨어져 있던 평
양까지 윌리엄 홀을 만나러 갔다. 하지만 전삼덕이 세례를 받기
도 전에 윌리엄 홀은 질병을 얻어 세상을 떠나고 말았고, 대신
1895년 한양에 있던 윌리엄 스크랜턴 박사가 목자 잃은 평양의

전삼덕 세례 30주년 기념사진
1895년 북쪽 지방에서 여성으로 처음 세례를 받았던 전삼덕의 세례 30주년 기념사진.
주인공 옆에 한복을 곱게 차려 입은 로제타가 있고,
앞줄 맨오른쪽에 전삼덕의 손녀 김폴린이 앉아 있다.

교우들을 방문했을 때 전삼덕에게 세례를 주었다. 조선의 내외법으로 인해 휘장을 치고 전삼덕의 머리만 바깥쪽으로 내놓게 하는 특별한 세례였다.

1898년 다시 돌아온 로제타와 전삼덕 가족의 인연은 길게 이어졌다. 전삼덕은 로제타를 자신의 마을로 초청해서 다른 여성들에게 복음을 전하는 기회를 마련했으며, 전도부인이 되어 시골 마을에 교회를 세 개나 설립했다. 그녀의 손녀 김폴린은 이화 학당에서 교육받고 미국 유학을 다녀온 뒤, 평생 동안 감리교 대학의 교수로 일하면서 YWCA 운동에 헌신했다.[118]

로제타가 첫 선교여행에서 돌아오자 셔우드는 다음 여행에는 자기도 꼭 데려가 달라고 간곡하게 부탁했다. 이듬해, 3월에 떠난 두 번째 선교여행에는 셔우드가 동행했다. 처음에는 평양에서 배를 타고 출발해 김창식이 살고 있던 삼화 근처에서 내려 육로로 이동했다.

로제타 일행은 450리에 걸쳐 여섯 개의 마을을 방문했다. 여행 중 셔우드는 큰 인기를 끌었다. 아니, 인기뿐만 아니라 선교여행에서 큰 역할을 담당했다. 독신 여성 선교사들의 삶을 도저히 이해하지 못하던 조선인들이 번듯한 아들을 둔, 게다가 의사인 로제타를 존경의 눈초리로 바라보았기 때문이다. 유교 사회에서는 미혼 여성이나 자식, 특히 아들이 없는 기혼 여성은 존경받지 못했다. 그런 면에서 아들을 대동한 로제타의 선교는 제법 효과

조랑말을 탄 셔우드
1899년 셔우드는 처음으로
로제타의 선교여행에 동반했다.
조랑말 목에 매달린 방울 소리가 울리면
사람들은 병을 치료하고
말씀을 듣기 위해 거리로 나왔다.

적이었다.

　로제타와 수잔이 셔우드를 데리고 세 번째 선교여행을 떠난 것은 셔우드의 여섯 번째 생일 직후였다. 이번에는 서른여섯 개 교회의 초청에 의한 여행이었다. 이 교회들은 윌리엄 홀이 평양에서 선교를 시작한 이후 관서 지방에 생긴 것들이었다. 로제타 일행이 지나갈 때마다 의약품과 전도 책자를 등에 실은 조랑말의 목에서 이들의 방문을 알리는 방울 소리가 울렸다. 방울 소리를 들은 사람들은 너도나도 몰려나와 치료를 받고 말씀을 전해 들었다.

　선교여행이 늘 즐거운 것은 아니었다. 밤을 보내는 주막의 방마다 여지없이 이와 빈대가 들끓어 살충제 가루를 뿌리지 않으면 잠들 수 없었다. 이들은 청천강을 지나 미국인들이 금광을 운영하는 운산까지 여행했다.

1900년에 에스더가 돌아오고 셔우드의 일곱 번째 생일이 지난 뒤, 로제타는 다시 선교여행에 나섰다. 에스더가 있으니 이제 마음 놓고 병원과 집을 비울 수 있었다.

"에스더가 돌아온 직후에, 시골 여성을 상대로 한 일이 얼마나 절실하게 필요한지 이야기하면서 그들을 위해 더 많은 일을 하고 싶다고 했더니 자신은 올해는 빠지고 싶다고 했다. 그래서 나는 진료소와 어린이 병동, 셔우드까지 에스더에게 맡기고 집 자물쇠를 채우고 수잔과 요리사를 데리고 떠나왔다." [119]

셔우드는 매일 새벽부터 어두워질 때까지는 학교에 있었고, 한국 음식을 좋아하니 요리사가 필요하지도 않았다. 에스더와 한집에 사는 수잔의 방이 비었으니 셔우드가 그 방을 쓰면 되었다. 사실 셔우드는 엄마를 따라가고 싶어 했지만 곧 마음을 바꿨다. 그동안 학교에 결석하는 게 마음에 걸렸던 것이다. 또 에스더와 함께 살면 계속 한국 음식을 먹게 될 거라는 말에 기꺼이 평양에 머물기로 했다. 셔우드는 수잔의 방에서 봉래와 함께 잤다.

그런데 로제타가 출발하려던 전날, 날벼락 같은 소식이 날아들었다. 노블 목사가 해주에서 가져온 전보는 한양에서 언더우드 박사가 모펫 목사에게 보낸 것으로, "관청에서 모든 기독교인을 15일 이내에 다 죽이라"는 비밀 지령을 내렸다는 소문이 있다는 것이었다.

노블 부인은 로제타의 선교 여행을 강력하게 반대했다. 하지만 로제타는 여행을 감행하기로 했다. 만약 정말 위험한 상황이었다면 영사로부터 공식적인 서신이 왔을 것이다. 로제타는 헛소문 때문에 자신을 기다리는 기독교 신자들을 실망시킬 수는 없다고 생각했다. 아마도 청나라에서 의화단 운동으로 기독교인들이 박해당하고 있었기 때문에 흉흉한 소문이 나돈 모양이었다. 의화단 운동은 청나라 말기에 일어난 외세 배척 운동으로 1900년 6월, 베이징에서 교회를 습격하고 외국인을 박해한 의화단을 청나라 정부가 지지한 사건이었다. 물론 로제타는 아무 탈 없이 선교여행을 무사히 마치고 돌아왔다.

로제타의 합리적인 성격을 보여주는 또 다른 일화가 있다. 1891년 12월, 로제타는 로드와일러 당장과 언쟁을 벌였다. 로제타가 미국에서 가져온 인골과 남산 근처로 바람을 쐬러 갔다가 주워온 인골을 생리학 수업 교재로 사용하려다가 벌어진 일이었다.

"혹시 폭동이라도 일어나면 우리 모두의 생명을 위험에 빠뜨릴 수 있어요."

로드와일러가 로제타의 인골 수업 계획을 강하게 반대하는 논리였다.

"뼈들은 제 방에 있어요. 이미 폭동이 나서 사람들이 내 방으로 뭔가를 찾으러 들어왔다면 그 상황에서 뼈의 발견이 무슨 대

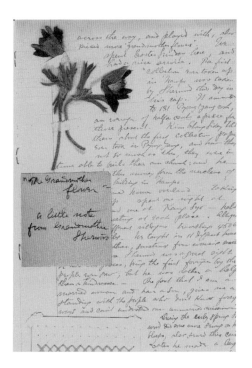

셔우드의 할미꽃

첫 번째 선교여행길에 셔우드는 할미꽃을 따서 보관했다.
아직도 그 할미꽃은 셔우드의 육아일기 속에서 지난 세월을 들려주고 있다.

수겠어요. 게다가 이곳은 외국의 공관들이 겹겹이 있는 곳인데 그런 일이 일어날 가능성이 얼마나 되겠어요?"

그러나 로제타의 합리적인 설명은 로드와일러에게 전혀 통하지 않았다.

"당신이 온 지 겨우 1년 밖에 안 되어 몰라서 하는 말이에요.

나처럼 겁나는 경험을 해봤다면 그런 말을 하지는 않을 거예요.”

로드와일러가 말한 그 겁나는 경험은 '영아 소동'이었다. 1888년, 성난 군중이 이화 학당, 배재 학당, 시병원 등에 몰려와 돌을 던지며 건물을 부수려 했다. 이들은 선교사들이 아이들을 유괴해 실험용으로 쓰거나 미국에 노예로 팔아넘긴다고 주장했다. 어처구니없는 주장이었다.

결국 로제타는 인골을 수업 교재로 사용하려던 계획을 포기해야 했다. 그로부터 12년이 지난 1900년, 로제타는 목숨이 위태로울지도 모르는 유언비어가 퍼졌음에도 불구하고 눈 한 번 깜빡하지 않고 여행을 떠났다. 그리고 무사히 여러 마을을 돌며 사람들의 목숨을 구하고 하나님의 말씀을 전했다. 그 여행 중에 로제타는 너무도 가슴 아픈 환자를 한 명 만났다.

“가엾은 영혼, 3년 전에 과부가 된 서른네 살의 영리하고 예쁘게 생긴 이 여인은 두 아이의 엄마였는데 평양에 다녀온 후로 4개월 동안 미친 상태에 있다고 했다. 3개월 반 동안 그녀는 창도 없이 문만 하나 있고 도배도 장판도 발라지지 않은 흙방에 갇혀 있었다. 돼지 새끼나 먹일 듯한 음식이 남아 있는 바가지 하나 달랑 놓여 있는 방에서는 어떤 돼지 움막보다도 더 지독한 냄새가 났다.” [120]

마을 사람들은 그 여인에게 붙은 귀신을 몰아낸답시고 20일 동안 굿을 하고, 매일 밤 구타하며 인두로 몸의 군데군데를 지졌다고 했다. 모든 처방에도 증상이 나아지지 않자 그녀를 방에 가

뒤둔 것이었다. 그녀의 몸은 온 데가 멍들고 상처는 곪아 있었다.

그녀는 주의를 집중할 때는 로제타의 질문에 멀쩡하게 대답했다. 하지만 곧 정신이 오락가락하며 노래를 하거나 중얼거렸다. 그녀는 정신적인 문제를 가지고 있었지만, 적절한 치료와 함께 영양을 제대로 공급한다면 나아질 거라는 생각이 들었다.

로제타는 멀쩡한 사람이라도 이런 대접을 받게 되면 미치고 말거라 생각했다. 환자는 돼지 움막보다도 못한 공간에 갇혀 있었다. 게다가 구타를 당하고 온몸에 화상을 입었다. 아마 그녀가 정말 돼지였다면 아무런 이유도 없이 두들겨 맞거나 화상을 입지는 않았을 것이다. 사람들은 6일에 걸쳐 매일 밤 그녀의 머리와 등, 음부를 지졌다. 아마 시골 과부가 대도시에 다녀온 뒤 마음을 잡지 못하고 남성 중심 사회에 거슬리는 행동을 한 것은 아니었을까. 그게 아니라면 음부를 불로 지질 이유가 있었을까.

로제타는 여인에 대한 안쓰러움으로 온몸이 떨렸다. 데려가서 적절한 치료를 행하면 싶었다. 하지만 그녀를 수용할 만한 적절한 입원실이 없었다.

여행을 떠나기 얼마 전에도 로제타는 정신병을 앓는 여성을 치료한 적이 있었다. 아쉬운 대로 어린이 병동에 입원시키고 치료 중이었는데, 환자가 물탱크에 뛰어들어 자살을 시도하는 바람에 기겁을 했었다. 곧바로 물에서 그녀를 건져냈으나 폐에 물이 차서 폐렴으로 발전했다.

그러나 환자는 그 뒤 말을 참 잘 들었다. 약도 잘 먹고 식사도 잘하더니 상태가 빠르게 호전되었다. 퀼팅을 가르쳤더니 아주 수월하게 해냈고, 교리 문답 학습도 잘 받았다. 자식들에게도 다시 사랑을 표현하기 시작했다. 퇴원할 무렵에 그녀는 완전히 건강을 회복했다.

그녀가 물에 뛰어드는 것을 막지 못했던 이유는 정신병 환자를 수용할 만한 적절한 병실이 없었기 때문이었다. 수잔이 환자를 감시했는데 그녀가 잠든 사이에 몰래 병실에서 빠져나가 물에 뛰어들었던 것이다. 그래서 로제타는 시설을 갖추기 전에는 정신병 환자를 절대 받지 않기로 했다.

이제 에스더가 미국에서 돌아왔고, 간호를 도울 만한 에스더의 동생 배세까지 있었으니 환자를 치료할 만한 인적 자원은 풍부했다.

"돈이 있다면 병동을 두 개 더 지어서 하나는 전염병 환자 병동을, 또 하나는 정신 병동을 만들면 좋으련만⋯⋯." 121

로제타는 간절한 마음으로 새 병동 짓기를 소원했다.

11월 28일, 로제타는 추수 감사절에 맞춰 집으로 돌아왔다. 에스더는 여성 전용 병원과 어린이 병동, 진료소를 완벽하게 관리하고 왕진까지도 소화해내고 있었다. 로제타는 에스더를 보며 너무도 뿌듯했다.

그러나 일에서 느끼는 성취감이 아무리 크다 해도 이디스를 잃은 상실감을 전부 가릴 수는 없었다. 게다가 친정어머니마저 세상을 떠났다는 소식을 접하자 로제타는 더 이상 일에 집중할 수 없었다. 마침내 신경 쇠약 판정을 받은 로제타는 1901년 6월 미국으로 요양을 떠났다.

1903년 3월, 미국에서 평양으로 돌아오는 로제타의 주머니에 는 광혜여원을 확장할 만한 충분한 자금이 들어 있었다. 로제타 는 이디스 마거릿 병동 옆에 이층 양옥 건물을 지어 올렸다. 평양 에서뿐만 아니라 먼 곳에서도 많은 이가 건물을 구경하러 왔다.

하지만 1906년, 로제타가 온갖 정성과 노력을 기울여 만든 병 원은 잿더미가 되고 말았다. 로제타는 그때 다리가 부러지는 부 상을 당해 자신의 병원에 입원해 있었다. 당시 평양의 감리교 선 교회 사업은 유래가 없을 만큼 성공적으로 진행되고 있었다. 뉴 욕의 감리교 선교부에서는 정기적으로 대표를 파견해 사업 상황 을 시찰했는데, 그해 파견된 이는 섬너 스톤 목사였다. 그는 윌리 엄 홀이 뉴욕에서 일할 때 함께 살았던 적이 있는 사람으로, 로제 타는 남편과 인연이 깊은 사람이 먼 데서 찾아오니 너무도 반가 웠다. 그가 평양을 떠나는 날 배웅하기 위해 기차 안까지 따라갔 던 그녀는 이야기에 열중하는 바람에 기차가 출발하는 것을 눈치 채지 못했다. 기차가 움직이기 시작하고서야 부랴부랴 뛰어내리 다가 그만 다리가 부러지고 말았던 것이다.

불은 광혜여원의 한옥 본관과 목재 양옥 이층 건물인 이디스

마거릿 병동까지 몽땅 태워버렸다. 로제타의 상실감은 컸다. 하지만 그녀는 다시 일어서서 새 병원을 지을 계획을 세웠다. 규모를 키우고 온수와 난방, 상하수도 시설을 갖춘 현대식 빌딩을 짓기로 했다. 화재에 취약하지 않도록 외관에는 벽돌과 화강암을 사용하기로 했다.

입지도 윌리엄 홀과 함께 처음 진료소를 시작했던 기홀병원을 마주보는 곳으로 이전했다. 로제타는 자금 마련을 위해 고국의 가족과 친구 등 모든 인맥을 동원했다. 다리를 다쳐 누워 있는 사이 더 많이 생각하고, 계획하고, 편지를 쓸 수 있었을 테니 이 또한 일을 이루기 위한 하나님의 뜻이 아니었을까.

1908년, 벽돌과 화강암을 이용해 지하 1층, 지상 2층 규모로 세워진 광혜여원은 평양에서 가장 높은 고층 건물이었다.

로제타는 한국에 있는 동안 광혜여원 외에도 여러 개의 병원을 설립하고 건축에도 관여했다. 첫 번째 병원은 보구여관에서 일하던 중에 세운 동대문 볼드윈 진료소였다. 로제타는 조선에 온 뒤 곧바로 정동이 아닌 다른 곳에 진료소를 세우길 희망했다. 보구여관은 정동 외국인 거주 지역에 위치하고 있어서 일반인들, 특히 성 밖의 가난한 여인들이 찾아오기 쉽지 않았다. 이런 점을 고려해봤을 때 동대문 성벽 바로 옆은 병원을 세우기에 가장 적합한 장소였다. 이 진료소의 이름은 "여성에게 이름도 없는 나라의"의 여성을 위해 거액의 성금을 보내준 '볼드윈' 부인의 이름을 따서 지었다.

1893년 3월 15일부터 로제타는 매주 화요일과 금요일에 볼드윈 진료소에서 환자들을 만났다. 처음에는 환자가 많지 않았지만. 이름이 알려진 뒤에는 보구여관과 비교할 수 없을 정도로 많은 여성 환자가 찾아와 목숨을 구하고 새 희망을 찾았다.

이 병원은 1897년부터 릴리언 해리스 박사가 맡았다. 해리스 박사는 1901년 로제타가 미국으로 요양을 떠나자 평양으로 가서 광혜여원을 맡았다. 그녀는 평양의 유일한 여성 의사로서 밤낮으로 씨름하던 중 1902년 5월 16일 발진티푸스에 걸려서 세상을 떠났다. 친언니였던 기홀병원의 폴웰 박사 부인이 그녀의 마지막 순간을 곁에서 지켰다는 게 그나마 위안이었다.

볼드윈 진료소는 1912년에 보구여관과 통합해 릴리언 해리스 기념병원으로 바뀌었다가 동대문 부인병원으로, 해방 후에는 이화여대 부속병원이 되었다.

로제타가 두 번째로 설립에 기여한 병원은 남편 윌리엄 홀을 기념하는 평양의 기홀병원이었다. 1897년 2월 1일, 개원한 기홀병원은 로제타의 발의와 성금으로 시작된 병원이었다. 로제타는 "진정한 기념물은 차갑고 값비싼 대리석이나 화강암으로 만든 조각이 아니라, 인류를 고양시키거나 고통을 경감시키기 위한 기초를 놓는 것이 되어야 한다. 그런 기념물은 살아 있고, 따뜻하고, 길이길이 재생산적인 것이다." [122]라고 생각했다. 그녀의 바람대로 이 병원

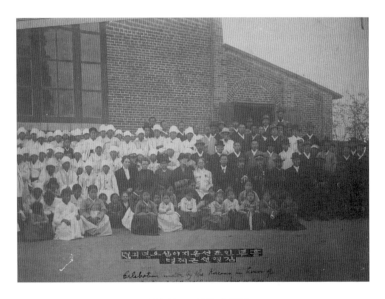

로제타 선교 25주년 기념사진
1915년에 평양에서 가진 기념식 사진이다.
외국인과 조선인이 모두 모여 로제타의 업적을 칭송했다.

은 병고에 시달리는 이들의 고통을 경감시키고, 따뜻한 인류애를
실천하며, 그 사랑을 더 큰 사랑으로 확대 재생산했다.

1898년 6월 18일, 로제타는 참척의 슬픔 속에서도 평양 광혜여
원을 열었다. 이 병원은 1922년 기홀병원과 통합되고 장로교와 연
합하여 현대식 종합 병원인 평양연합기독병원으로 재탄생했다.

1921년, 로제타는 한양의 동대문 부인병원에 근무하면서 제
물포에 새 진료소를 열었다. 그곳에 한국인 여의사 2명을 파견하

고 매달 한두 번 자신이 직접 방문 진료를 했다. [123]

로제타의 업적을 소개하는 소책자
12쪽으로 만들어진 이 소책자는 로제타를 "평양의 어머니"라고 표현했다.

로제타는 비록 한양에서 선교를 시작하고 끝을 맺었지만, 20년이 넘는 세월을 평양에서 활동했다. "그녀는 평양의 오마니로 불리웠다. 그리고 조선 여성을 해방시켰다 해서 노예를 해방시킨 링컨과 비유되었다." [124]

1915년, 평양에서는 '홀 부인 조선 온 지 25주년 기념' 행사가 열렸다. 평양의 지인들이 마련해준 이 잔치에서 로제타는 최고의 찬사를 받았다.

"신실하고 열정적인 봉사로 일관한 25년 동안, 수십만의 여성과 어린이들이 질병의 고통과 시달림으로부터 벗어났으며, 부인의 고결함과 이타적인 모습으로 인하여 그들 중 수천 명은 예수님께로 인도되었다. 수많은 조선인들 사이에서 크나큰 존경과 사랑으로 부인의 이름이 오르내리는 것은 너무도 당연한 일이다." [125]

1890년 8월, 조선으로 오는 첫 여정을 시작하며 로제타는 예수님의 마음을 자신의 마음으로 가지겠다고 다짐했다. 그녀는 그 마음을 실천으로 옮기기 위해 "아무리 더러운 질병이라도 환자가 부끄러움을 느끼지 않게 친절했으며 환자의 피부 이식을 위해 자신의 피부를 떼어내기조차 했다. 난산에서 많은 여성들의 목숨을 구했고 여성 의료인들을 양성했다. …(중략)… 평양 여성들에게 가장 슬픈 소식은 아마도 닥터 홀과 헤어진다거나 병원 문을 닫는다는 소식일 것이다. …(중략)… 평양은 그녀에게 고향과 같은 곳이다. 남편이 남기고 간 일을 이어 가고 있고, 딸이 세상을 떠난 곳이다." [126]

로제타는 빈부와 종교를 가리지 않고 아픈 사람을 치료했다. 진정 예수님의 마음으로 여성들의 몸과 영혼을 치유하고자 했다. 그녀의 친절한 손길을 경험한 이들은 자연스럽게 예수님에게로 인도되었다.

5

최초의 여성 의료인들을
양성하다

미국 북감리교 여성해외선교회에서 조선에 파견한 여의사는 1887년 메타 하워드를 시작으로 1928년까지 모두 10명에 달했다. 이들 중 메타 하워드는 2년간의 봉사 후에 건강 악화로 귀국했다. 1897년 말 조선에 왔던 릴리언 해리스는 고국으로 병가를 떠났던 로제타의 후임으로 광혜여원에서 일하다 1902년에 발진티푸스에 걸려 평양에서 사망했다. 유일한 한국인 여의사, 박에스더는 1900년 가을에 파견되어 정열적인 활동을 펼치다 역시 10년 후, 결핵으로 사망했다. 다른 두 선교사는 불과 몇 년 근무 후 귀국했다. 이런 형편에서 의사의 손길을 애타게 기다리는 수많은 조선 여성을 어찌 감당할 수 있었겠는가?

로제타는 1890년 조선에 오자마자 바로 여성 의료인을 양성하기 시작했다. 로제타가 여자의학전문학교를 세우기로 결심한 뒤 정리해놓은 것으로 보이는 메모 '한국 여자의학교의 역사(History of the Korean Women's Medical Institute)'를 보면 자신이 일본이나 중국보다도 먼저 여성들에게 의학 교육을 시작하였음을 얼마나 자랑스럽게 생각했는지 알 수 있다.

"한국 여성을 위한 실제적인 의학 교육은 1890년 로제타 셔우드 홀에 의해 보구여관에서 이화 학당의 네 명의 조선인 소녀들과 한 명의 일본인 소녀에게 임상 실습을 한 것으로부터 시작되었다. 그 당시에는 일본이나 중국에도 여성을 위한 의학교가 생기기 이전이었다."

로제타는 이들 중 박에스더를 제외한 다른 세 명을, 꼭 필요했음에도 불구하고 비용 때문에 의사로 양성하지 못한 일이 두고두고 유감이었다. 로제타는 곁에서 자신의 일을 도와줄 협력자가 필요해서, 또는 "조선의 여성들을 위한 의료 활동은 조선 여성이 해야 할 일"이라고 생각해서 끊임없이 간호사, 약사, 의사를 양성하기 위해 노력했다.

로제타는 조선에 오자마자 혼자서는 감당하기 힘든 환자 수 때문에 미국의 여성해외선교본부에 여의사를 더 파견해달라고 지속적으로 요구했다. 하지만 의사 수급은 원하는 대로 되지 않았고, 에스더 이후로는 한국인 여의사도 양성되지 않았다. 궁여지책으로 그녀는 인도에서 교육받은 의사를 수입할 궁리도 하고, 1905년에는 메리 커틀러와 함께 장로교와 연합해서 여자 의학교를 설립하려고 시도하기도 했다.

그 당시 미국 북감리교 여성해외선교회에서는 동대문에 있던 볼드윈 진료소를 릴리언 해리스 기념병원으로 확장 개원하는 공사를 계획 중이었다. 로제타는 이 병원을 원래 자리하던 동대문이 아니라, 장로교의 세브란스 병원이 있던 남대문 근처로 옮기기를 주장했다. 남대문으로 이전해 세브란스와 서로 협력한다면 여자 의학교 설립도 현실화 될 수 있다고 보았던 것이다.[127] 그렇게만 된다면 1903년에 마거릿 에드먼즈에 의해 보구여관에서 시작된 간호원 양성학교의 학생들 또한 폭넓은 학습과 실습이 가능할 것이었다. 하지만 이런 로제타와 메리 커틀러의 의지는 관철되지 않았다.

1912년, 릴리언 해리스 기념병원이 문을 열었다. 병원은 획기적인 현대식 건물로 규모 또한 매우 커서 사람들을 놀라게 했다. 이때 보구여관과 통합되면서 메리 커틀러가 평양으로 갈 수 있었다. 에스더가 세상을 떠난 뒤, 평양의 광혜여원은 로제타 혼자서 감당하기에 버거웠다. 로제타와 메리 커틀러는 광혜여원에서 함께 일하며 1913년 9월부터 의학강습반을 운영하기 시작했다.

로제타는 줄기차게 여성의 본성과 의사라는 직업이 부합됨을 역설했다.

"여인은 본질이 의원과 같아 생명을 보호하며 구함에 부드럽게 잘하나 남자는 성질이 완하여 오늘날에 있는 바와 같이 전쟁에 서로 죽이기를 기탄없이 합니다. …(중략)… 딸이 있거든 의사가 너무 많을 염려 마시고 의학을 공부시켜 주의 일을 행하게 하십시오." [128]

로제타는 의료 선교가 조선 여성들에게 가장 필요한 시대적 과업임에 한 치의 의심도 없었다. 그래서 여의사의 수를 늘리는 것이 여성해외선교회의 가장 시급한 과제라고 믿었다.

로제타가 이끌던 광혜여원의 의학강습반은 기홀병원의 최 박사와 군대 병원의 몇몇 의사의 도움으로 운영되었다. 남자 의사들이 수업을 진행할 때에는 꼭 전도부인이 동석하여 여학생들을 보호했다. 로제타는 여기서 교육시킨 학생들을 세브란스 의학교에 입학시킬 생각이었으나, 세브란스 의학교에서는 여성들의 입학을 불허했다. 로제타의 실망은 이만저만이 아니었다.

로제타는 여학생들을 세브란스 대신 조선총독부의원 부속의학강습소에 입학시키기로 했다. 그녀는 이 학교의 교장인 후지다를 찾아가 학교를 남녀 공학으로 바꾸어 자신의 학생들을 받아달라고 간곡하게 설득했다. 하지만 후지다는 남녀 공학은 불가능하니 대신 청강생으로 받아주겠다고 말했다.

1914년, 드디어 로제타가 가르친 학생 중 세 명이 이 학교의 청강생으로 들어갔다. 무엇보다도 조선총독부의원 부속의학강습소는 학비가 무료였다는 점에서 큰 장점이 있었다. 한양으로 온 여학생들은 홍유례의 보호 아래 기숙사에서 생활하며 의학강습반에 나가서 수업을 들었다.

로제타는 평양의 여학교 학생들 뿐 아니라, 평양에서 가까이 지내던 교우 가정의 영민한 딸들에게는 누구나 의학 공부를 강력히 권유했다. 이들은 윌리엄 홀의 조력자였던 김창식의 딸 김로다, 윌리엄 홀의 첫 번째 여성 개종자였던 전삼덕의 손녀인 김폴린 자매, 그리고 전도부인 홍유례(황유니스)의 딸 황애덕(에스더)과 전도부인 장신도의 딸 윤심덕 등이었다. 이들 외에도 의대 입학을 준비하고 있던 예비생은 1917년 총 33명에 이를 정도였다.

이 중 황애덕은 이화 학당을 졸업하고 로제타의 권유대로 동경여자의학전문학교에 입학했다. 황애덕의 어머니, 홍유례는 1898년 여섯 번째 딸, 황신덕을 출산한 후 사흘 동안 태반 잔류로 고생하던 와중에 '허을부인'이라는 양의의 소문을 들었다. 그녀의 남편은 급히 성안으로 들어가 로제타를 가마에 태워 모셔왔고, 로제타는 익숙한 솜씨로 신속하게 태반을 끄집어냈다. 이를 계기로 온 가족이 기독교 신자가 되었고, 홍유례는 광혜여원의 전도부인이 되었다. 태어나자마자 어머니를 잃을 뻔 했던 황신덕은 훗날 여성 운동가이자 교육자로서 중앙여고를 창립했다.

1919년, 경성의학전문학교에서 1년 동안 청강생으로 공부하다 유학을 떠나 동경여자의학전문학교 2학년에 재학 중이던 황애덕은 적성에 맞지 않는다며 의학 공부를 포기하려 했다. 그러자 로제타는 그녀에게 의학 공부를 계속해줄 것을 간곡하게 부탁하는 편지를 썼다.

"에스더, 깊이 생각해보시오. 지금 이날의 모든 실정에서 제일 급한 것은 의학의 발달과 의료 기관의 증설입니다. …(중략)… 선생은 에스더 아닌 다른 사람이 능히 할 수 있으나 훌륭한 의사는 에스더가 아니면 매우 어렵습니다. 이 나라는 에스더가 의사가 되길 기다리고 바랄 것입니다. 의학 공부를 계속해주길 바라오." [129]

로제타의 안타까운 심정이 생생하게 드러난다. 의대에 입학하기까지 얼마나 힘든 과정을 거쳤는데, 거기서 그만둔다니 얼마나 안타까웠을까.

1918년 드디어 처음으로 조선 땅에서 공부한 여의사들이 탄

조선에서 처음으로 의사 면허를 받은 세 여의사
처음으로 조선 땅에서 교육받고 의사 면허를 얻은 세 여의사의 모습(앞줄).
경성의학전문학교의 교수들 왼쪽에는 로제타가, 오른쪽에는 메리 커틀러가 서 있다.

생했다. 김영흥, 안수경, 김해지가 조선총독부의원 부속의학강습소의 교육 과정을 수료하고 의사 면허를 얻었다. 로제타에게는 참으로 자랑스럽고 뿌듯한 날이었다. 안수경은 졸업 후 동대문부인병원에서 약 20년 동안 근무했으며, 김해지는 평양에서, 김영흥은 제물포의 진료소에서 일했다.

조선총독부의원 부속의학강습소는 처음 입학한 세 여학생이 청강생으로 재학 중이던 1916년 경성의학전문학교가 되었다. 동시에 학생들은 별도의 자격시험을 치루지 않고 졸업과 동시에 의사 면허를 받게 되었다. 그런데 세 명의 여학생은 정식 학생이 아니었다는 이유로 면허증 교부 때 논란이 일었다. 여자라는 이유만으로 입학을 불허한 데다 자격이 충분한 학생들에게 시험까지

경성여자의학전문학교
여의사를 양성하기 위해 1928년 로제타와 조선인 의사들이 설립한
조선 최초의 여의사 양성 교육 기관이다.

수원 여성진료소
1921년에 미국 북감리교 여성해외선교회가 운영하던
수원 여성진료소를 방문한 로제타와 의료인들.

치르게 하는 불공평한 처사였다. 결국 로제타의 노력으로 이들도 무시험으로 의사 면허를 받게 되었다.

머지않아 이 학교의 학장이 바뀌면서 로제타가 간절히 바랐던 남녀 공학은커녕 여성들의 청강조차 다시 문제가 되었다. 그 후 면허시험을 따로 치르는 조건으로 5~6명 정도를 청강시키기로 결정했으나, 1926년부터는 이마저도 완전히 불가능해졌다.

1914년, 로제타는 조선총독부의 의생면허 제도를 통해 실질적인 의사를 한 명 탄생시켰다. 5년 동안 광혜여원의 수간호사였던 이그레이스에게 임상 훈련을 시켜 정부로부터 의생 면허를 받게 한 것이다.[130] 로제타가 이 메모를 작성하던 당시 이그레이스는 여성해외선교회가 운영하는 수원 여성 진료소의 책임을 맡고 있었다.

이그레이스는 1882년 9월 9일 한양에서 여종으로 태어났다. 복업이라는 이름의 여종이었던 그녀는 어릴 때 다리가 괴사해 제대로 걷지 못하게 되자 주인으로부터 버림받았다. 바닥을 기어 다니던 그녀는 보구여관에 들어왔는데, 메리 커틀러와 미국에서 돌아온 로제타가 그녀의 다리에서 괴사한 뼈를 제거하는 수술을 여러 차례 시행했다. 로제타와 메리 커틀러의 지극한 보살핌을 받은 그녀는 마침내 다시 걸을 수 있게 되었다.[131] 1897년, 그녀는 정동교회에서 아펜젤러 목사에게 세례를 받으며 '그레이스Grace'라는 이름을 갖게 되었다. 그레이스는 오전에는 이화 학당에서 수업을 받고, 오후에는 보구여관에서 간호 보조원으로 일했다.

1897년 말 조선에 다시 온 로제타는 평양으로 파견되기 전까지 보구여관에서 일했다. 그동안 로제타는 여메례, 김마르다, 이그레이스에게 간호학 강의도 했다.

김마르다는 의처증이 심한 남편의 학대로 오른손 엄지손가락과 코의 일부를 절단당하고 버림받은 가련한 여성이었다. 그녀는 1894~1895년경에 보구여관에 들어와 메리 커틀러의 외과 치료를 받은 뒤 병원에서 간호 보조사와 전도부인으로 활동했다. 정동교회의 아펜젤러 목사는 그녀에게 '마르다Martha'라는 이름으로 세례를 주었다.

이그레이스와 김마르다는 마거릿
에드먼즈가 1903년 12월에 설립한 보
구여관 부설 간호원 양성학교의 첫 입
학생이 되었다. 에드먼즈는 1903년 미
국 북감리교 여성해외선교회가 조선에
파견한 첫 정식 간호사다. 로제타와 에
드먼즈는 미국에서부터 조선으로 오는

이그레이스와 김마르다
1908년 보구여관 부설 간호원
양성학교를 졸업한 이그레이
스(왼쪽)와 김마르다(오른쪽)는
우리나라 최초의 정식 간호사
가 되었다.

반년이 넘는 긴 여행 기간 동안 간호학교 설립을 구체적으로 계
획하였기 때문에 빠른 시간에 학교를 설립할 수 있었을 것으로
보인다. 마르다와 그레이스는 2년 뒤, 정동교회에서 우리나라 최
초로 치러진 간호원 예모식(가관식)의 주인공이 되었으며, 4년 후
에는 학교를 졸업해서 최초의 정식 간호사가 되었다.

1906년 간호학교를 다니던 그레이스는 전도사로 일하던 이하
영으로부터 청혼을 받았다. 병원 의사와 간호사들이 모두 지켜보
는 공개 청혼이었다. 그레이스는 결혼 이후에도 공부와 일을 계
속하겠다는 조건을 걸고 청혼을 수락했다. 그로부터 몇 달 뒤인
1907년 1월, 정동교회에서 두 사람은 결혼식을 올렸다.

1908년 간호학교 졸업 후 정식 간호사가 된 이그레이스는
1910년 남편 이하영이 평양의 이문골 교회에서 목회를 하게 되
자 평양으로 이주해 광혜여원에서 5년 동안 수간호사로 일했다.

이때 그녀는 오랫동안 로제타의 조수였던 노수잔과 함께 산파 과목을 이수하여 의생 면허를 취득할 수 있었다.

로제타와 메리 커틀러, 마거릿 에드먼즈에 의해 양성된 최초의 여성 의료인들은 우리나라에서 당시 가장 낮은 곳에 있던 이들이었다. 입 하나 덜어볼 생각으로 학교에 맡겼던 박에스더와 여메례, 버림받은 여종 출신의 이그레이스, 청상과부 노수잔, 소박데기 김마르다와 같은 이들은 깜깜한 어둠 속을 가르는 한 줄기 빛을 따랐고, 그 빛은 마침내 그녀들을 광명의 세계로 인도했다.

6

평생의 숙원,
여자의과대학 설립을
꿈꾸다

1928년, 로제타는 여자의학전문학교 설립을 계획하며 보다 일찍 여성 의료인을 양성하기 위한 적극적인 노력을 기울이지 않았음을 후회했다. 1897년 겨울, 로제타가 조선으로 돌아왔을 때 한양에서 활동하던 여성 의료 선교사는 장로교 4명, 감리교 4명 등 모두 8명이었다. 그 당시 감리교와 장로교는 아주 우호적인 관계를 유지하고 있었으므로, 이들이 합심해 적극적으로 여성 의료인을 양성하기 위한 노력을 기울였더라면 훨씬 일찍 국내에서 여의사를 양성할 수 있었을 거라고 로제타는 회고했다.

"1897~1898년 겨울, 나는 한양에 8명의 여의사가 있음을 알았다. 돌이켜 보면 우리가 실수를 저질렀음을 고백하지 않을 수 없다. 우리는 몇몇 외국인 의사로는 여성들과 어린이들의 요구를 충족시킬 수 없음을 알았다. 벽이 서로를 갈라놓기 전에 한국 여성들에게 의료 교육을 실시할 기회를 붙잡았어야 했다." [132]

1906년 로제타는 보구여관과 릴리언 해리스 기념병원(구 동대문 볼드윈 진료소)으로 통합 이전하고, 장로교와 힘을 합쳐 조선여자의학교를 설립해서 조선인 여의사와 간호사를 양성하려는 시도를 했다. 하지만 그 시도는 좌절되었고 1913년 9월에야 평양의 광혜여원 안에서 의학강습반을 시작할 수 있었다. 의학강습반조차 오랜 기간 준비하고 노력해온 결과였다.

로제타는 의학, 특히 여성들에게 여의사가 가장 필요한 산과학(産科學, 임신과 분만을 다루는 의학)은 역사 속에서 줄곧 여성들의 일이었음을 주장했다.

"모세 시대와 그 이전부터 이집트와 전 세계에서 산과는 여성들의 일이었다. 이후 여성들이 무식하게 남아 있는 동안 남성들은 숙련된 산파가 되었고 마침내 남성들은 본래 여성의 일을 장악했다. 그러나 감사하게도 지난 세기 고귀한 마음을 가진 몇 명의 남성들이 대학을 세우고, 여성을 대학에 보내면서 여성들은 신이 여성에게 주신 일을 되찾았다. 그러나 몇 남자들은 이러한 역사를 무시하고 여성들이 남성들의 일을 빼앗는다고 생각한다." [133]

로제타는 기독교가 남성들이 빼앗아 갔던 여성들의 일을 되찾게 해주었다고 믿었다. 그녀는 이화 학당 당장을 그만두고 귀국하여 미국 북감리교 여성해외선교회 뉴욕 본부에서 일하고 있는 로드와일러에게 조선에 여의사를 더 파견해달라고 요청하면서 이렇게 썼다.

기독교가 여성에게 고등 교육의 기회를 주었고, 의학에서의 여성들의 천부적 권리와 특전을 회복시켰다고 믿는 게 옳지 않나요?
— 1911년 4월 20일, 로제타가 뉴욕 여성해외선교부 로드와일러에게 보낸 편지

로제타가 하고 있는 의료 선교 또한 기독교를 통해 여성들의 천부적 권리와 특전을 회복시키는 매우 신성한 일이었다. 그리고 그 일을 원활하게 이끌어나가기 위해서는 더 많은 여의사가 필요했다.

당신은 아마도 닥터 릴리언 해리스가 세상을 뜬 후부터 내가 계속 똑같은 노래, '우리에게 여성 의료인을 더 보내주십시오. 현세대를 치료하기 위해서 뿐만 아니라, 미래를 위해 한국 여성들을 가르치고 훈련시키기 위해서입니다.'를 읊어댄다고 생각할 것입니다.
— 1911년 4월 20일, 로제타가 뉴욕 여성해외선교부 로드와일러에게 보낸 편지

이 편지를 쓰던 1911년 당시 조선의 감리교 여의사는 단 3명에 불과했다. 로제타의 지속적인 요청 덕분에 의사 한 명이 더 파견되었고, 보구여관은 릴리언 해리스 기념병원과 통합되었다. 그

리하여 메리 커틀러가 1912년 3월에 광혜여원으로 자리를 옮겨서 로제타와 함께 여성의학강습반을 시작할 수 있었다.

로제타와 메리 커틀러는 학생들에게 이론을 가르치면서 병원 실습도 병행시켰다. 자질이 입증된 학생에게는 장학금도 지원했다. 장학금은 주로 뉴욕여의사회나 로제타의 친구들이 보내주는 기부금을 사용했다. 로제타는 기부금을 늘리기 위해 모금 활동에 심혈을 기울였다. 편지를 쓰고, 경성의학전문학교 청강생 출신 세

미국의 친지들에게 장학금 기부를 호소하는 엽서
로제타는 1921년 경성의학전문학교에 청강생으로 재학 중이던
김영실, 고수선, 윤보명의 사진과 함께 미국으로 기부 호소 엽서를 보냈다.

의사의 사진이 실린 엽서를 발행하고, 소책자도 만들었다. 160달러를 지원하면 조선에서 여의사 한 명을 배출할 수 있음을 호소했다. 그녀는 이렇게 모은 기금으로 경성의학전문학교에 청강생들을 입학시키고 해외 유학도 보냈다.

1926년, 경성의학전문학교에서 더 이상 여성들의 청강을 허용하지 않자 국내에서 여성이 의학을 공부할 수 있는 길이 완전히 막혔다. 미국 경제도 대공황을 향해 치달으면서 해가 갈수록 장학금 수급이 어려워졌다. 일본의 동경여자의과대학의 경쟁률도 치솟아, 120명 정원에 600여 명이 응시할 정도였다. 당연히 조선인 여학생을 뽑는 데 인색해질 수밖에 없었다. 로제타의 지속적인 요청에도 세브란스의학전문학교는 여학생들을 받아주지 않았다. 로제타는 커다란 분노를 느꼈다. 결국 그녀는 남성들의 집단이기주의가 문제라는 결론을 내렸다.

로제타는 직접 여자의학전문학교를 세우는 일에 착수했다. 1921년부터 로제타는 동대문 부인병원 원장을 맡고 있었는데, 그녀가 일터를 평양에서 한양으로 옮긴 까닭은 여의사 양성에 주력하기 위해서였다.

처음에는 이화여전 안에 의예과를 신설하자고 제안했다. 그러나 이화여전은 1929년 가사과만 신설하였다. 훗날 로제타는 이화여전이 가사과는 설립하면서 의예과 설립은 거부한 것에 대해 세상을 떠나기 1년 전까지도 서운함을 표시했다.[134]

로제타는 어쩔 수 없이 이화여전 밖에 여자의전을 설립하기로 계획했고, 자신의 의견에 동조하는 사람들을 찾기 위해 많은 노력을 기울였다. 국내에서 활동하는 의사들뿐만 아니라 자비로 의학을 공부하고 있는 학생들을 찾아가 대의를 위해 함께 일할 것을 설득했다. 여자의학전문학교 설립 프로젝트의 동반자였던 길정희도 이렇게 로제타를 만났다.

"어느 날, 홀 박사라는 여의사가 세브란스의학전문학교 교수인 최동 박사의 안내로 나를 찾아왔다. 홀 박사는 나에게 한국에도 장래에 여의사가 절대적으로 필요함을 역설하면서 졸업하여 귀국한 다음 자기와 함께 한국의 여자 의학 교육에 관하여 구상, 실천할 것을 간곡히 권하는 것이었다." [135]

1923년 길정희는 동경여자의학전문학교를 졸업했다. 그녀는 귀국하자마자 동대문 부인병원으로 로제타를 찾아갔다. 로제타는 뛸 듯이 기뻐하며 당장 자신과 함께 일할 것을 제안했다. 그러나 길정희는 좀 더 경험을 쌓기 위해 조선총독부병원(현 서울대학교 병원) 소아과에서 산부인과와 소아과 인턴으로 일했다.

1년 후 길정희는 동대문 부인병원에 들어왔고 6년 동안 로제타와 함께 일했다. 이 기간 동안 로제타는 길정희를 "만날 때마다 여의사 양성에 대해 논의하고 구체적인 방법을 여러모로 연구" [136]했다. 길정희는 이후로도 여의사 교육 기관 설립에 뜻을 같이할 조선인들에게 로제타의 의향을 전하며 조선인들을 모으는 데

총력을 기울였다. 그리고 가장 크게 이 뜻에 공감하고 성원해준 사람이 자신의 남편, 김탁원이었다. 김탁원은 동경의학전문학교 출신으로 내과와 정신과 전문의였다.

1926년, 로제타의 회갑연이 열렸다. 원래 회갑은 1925년이었으나 의학 공부를 마치고 돌아오는 셔우드 부부의 귀국에 맞추어 1년을 연기한 것이었다. 셔우드는 그 사이 토론토 의과대학을 졸

로제타와 셔우드 부부
1926년 의료 선교사 자격을 갖추고 조선을 찾은 셔우드와 메리언이 로제타의 옆에 섰다.

업하고 결핵 전문의가 되었다. 대학 시절 만나 셔우드의 권유로 의학으로 전공을 바꾸었던 그의 아내 메리언 홀Marian Hall도 의사가 되어 함께 입국했다. 메리언은 로제타의 모교인 펜실베이니아 여자의과대학을 졸업하고 유능한 외과의로 인정받고 있었다. 셔우드 부부는 로제타의 부유한 친구인 울버턴Woolverton 자매의 후원금으로 조선에 선교사로 파견되었다.

환갑 잔칫날, 로제타는 하얀 비단 한복을 입었다. 그 옷은 평양 맹학교 출신 학생이 학교에서 배운 기술로 돈을 벌어 마련한 감사의 선물이었다. 사람들은 로제타의 의료 활동과 맹학교 건립, 점자 개발, 의료인 양성에 대해 끝없는 찬사를 보냈다. 축하객은 로제타가 태어날 때 자신과 어머니의 목숨을 건져주었다는 젊은이부터 시작해 셔우드 부부까지 100여 명에 이르렀다.

이날 잔치를 열어준 이들 앞에서 로제타는 자신의 간절한 소망을 이야기했다.

"내가 여기서 한 가지 제의할 건이 있음은 조선의 여자계를 위하여 이 일 한 가지를 더 하려는데 여러분이 협력할 수 있을는지요. …(중략)… 여자 학교와 공장에 다니는 여자를 위하여 공중위생 기관과 여병원을 더 설치하는 것이 오늘날 가장 간절한 급무입니다. 그럴 것이면 현재 조선에 있어서 여의가 얼마나 필요한 것입니까? 그런즉 오늘날 우리 조선 안에 여자의학전문학교가 당연히 있어야 할 것이 아닙니까? 이 제의에 대하여 여러분은 어떻게 생각하나이까?" [137]

로제타의 머릿속에는 온통 여자의학전문학교 설립에 대한 생각만이 가득했다. 1927년은 로제타의 안식년이었다. 고향을 방문하고 돌아오는 길에 로제타는 의과대학에 대한 구상을 구체화하기 위해 인도에 들러 여자의학전문학교 4곳, 중국에 들러서 여자의학전문학교 2곳, 일본의 여자의학전문학교 2곳을 견학했다. 이 학교들 중에는 여성해외선교회가 운영하는 의학 교육 기관들도 있었다.

그리고 1927년 조선에는 학교를 설립하는 데 도움이 될 만한 20명의 조선인 여의사와 5명의 약사, 2명의 치과 의사가 있었다. 일본에 유학하는 의대생이 7명, 중국에서 공부하는 의대생이 2명, 미국에서 졸업 후 과정을 이수하는 여성도 3명이 있었다.

마침내 1928년 5월 14일, 로제타를 중심으로 60여 명의 유지들이 모여 조선여자의학전문학교 창립을 발기했다. 5일 후에는 창립총회를 열었다. 이들은 먼저 여자의학강습소를 세우기로 하고 소장에 로제타를, 부소장에 길정희를 임명했다.

5월은 정신없이 바쁜 달이었다. 28일에는 셔우드가 주관해 만든 우리나라 최초의 결핵요양원인 해주 구세병원의 머릿돌을 놓는 행사가 열렸다. 영광스럽게도 그 머릿돌을 놓는 역할을 로제타가 맡았다. 이날의 주인공이었던 로제타와 셔우드의 머릿속에는 분명 결핵으로 세상을 떠난 에스더가 살아 돌아와 있지 않았을까.

로제타의 회갑연
가운데 서 있는 사람이 로제타,
그 옆에 안경을 쓰고 앉아 있는 사람이 아들 셔우드다.

1928년 9월 4일, 드디어 경성여자의학강습소가 개소했다. 예과생 17명이 입학했다. 강습소의 경비 일체는 로제타가 전적으로 책임졌고, 뜻을 같이하는 12명의 의사들이 일주일에 두 시간씩 무보수로 학생들에게 강의를 제공했다.[138] 교사는 창신동 131번지, 로제타의 친구였던 루이스 선교사가 살던 이층집을 사용하기로 했다. 이 집은 1년 전인 1927년 9월 14일, 루이스가 세상을 떠난 후부터 비어 있었다.

의학강습소 교육 과정은 예과 1학기에 본과 4학기로 정했다.

A group of medical graduates in Korea

로제타의 회갑연에 참석한 조선인 여의사들
로제타와 감리교 여성 의사들의 모습.
사진에서 선교 초기와는 다른 편안함이 느껴진다.

학교에는 사무실, 강사실, 예과교실, 화학 실험실을 설치했다.[139]
로제타가 경영을 전적으로 책임지기로 했으니 유지 비용을 충당
하는 것이 가장 큰일이었다. 뉴욕여의사회와 여성해외선교회가
꾸준히 지원금을 보내주었으나 경기 침체로 회원 수가 감소해 자
금 수급이 원활하지 않았다. 상황을 개선하기 위해 로제타는 학
생들에게 장학금을 먼저 지급하고 의사가 된 뒤 그 자금을 상환
해 다른 학생들이 사용할 수 있게 하는 제도적 장치를 마련했다.

1930년, 로제타는 최대한 빨리 원래의 목표대로 강습소를 의학전문학교로 만들려는 계획을 세우고 자금 확보에 고심했다.

"허을 부인은 이 강습소를 3년 안에 (의사 시험 제도가 없어지기 전에) 학교 지정이 되도록 각 방면으로 활약하고 있다. 아직까지는 의학계의 고명한 강사들의 원조로 과히 꿀림 없이 경영하여 가는 데 있었으나 장차 여자의학교로 승급될 때까지는 수만 원의 부족을 느끼게 되어 씨는 또다시 새 강구책에 온 심신을 피로케 하고 있다는 것이다. 씨는 많지 않은 여생일뿐더러 조선 사람을 어디까지 사랑하는 점에서 순전히 조선 사람의 힘으로 여자의학교가 나타나게 되기만을 오즉 바라고 있는 동시에 씨는 최근에 더욱 그의 동지와 협력하여 분투하고 있다는 것이다." [140]

로제타는 순전히 조선 사람의 힘으로 여자의학교가 나타나기를 바랐다. 그만큼 그녀는 조선인들에게도 그만한 능력이 있다고 확신했던 듯하다.

1931년 봄, 경성여자의학강습소의 첫 번째 졸업식이 열렸다. 입학한 열일곱 명 중에서 여섯 명이 졸업 자격을 갖추었고, 이들은 모두 2차 의사 시험에 합격했다. 그리고 이 가운데 두 명이 3차 최종 시험에 합격하여 의사 면허증을 받았다. 이날 로제타는 마음속으로 덩실덩실 춤이라도 추지 않았을까.

하지만 1932년까지도 여자의학전문학교로 전환할 만한 자금이 모아지지 않았고, 오히려 처음보다 재정적 어려움은 커졌다.

로제타는 간절한 마음으로 새로운 후원자가 나타나길 기도했다.

"일찍부터 일생을 조선에 바친 허을 부인은 강습소 경영 때문에 무진 심노를 하고 있다. 즉 경영 곤란에 빠져 갖은 고투를 겪고 있는 것이다. 과거 사십여 년 간의 변천 많던 조선의 이역에서 거친 바람과 신산한 분위기 속을 헤쳐 가며 뜻한 대로 진행시켜 보던 씨의 오랜 경험으로도 오늘날의 난경에선 오직 새 후원자의 힘을 찾게 되었다. 아니 새 경영자가 나서기만을 구하고 바라고 있는 형편에 이르렀다."[141]

1932년 2월 25일자 《동아일보》에는 기사에 이어서 로제타의 인터뷰가 실렸다. 일주일에 두 시간에서 여섯 시간까지 무보수 강의를 해주는 십여 명 의사들의 봉사는 1년이면 6천~7천 원의 경비 절감 효과를 가져왔다. 이들은 자신이 운영하는 병원을 실습 장소로 제공해주었고, 후원금보다는 이들의 노력과 장소 제공이 강습소를 운영하는 데 가장 큰 힘이 되었다.

"지금 다만 조선 사람의 힘으로 자본금을 세워 나의 초지대로 학교로 만들어 경영해줄 만한 재력가가 나타나기만을 기도를 올리고 있습니다. 누구보다도 어떤 돈 가진 조선 부인이 여기에 귀를 기울여준다면 죽은 후에도 한이 없겠습니다. 나는 인제는 아주 늙은 몸입니다. 오는 1934년을 나의 선교사업 만기로 날을 받고 있습니다. 그러나 나는 힘 미치는 데까지는 장차 이 여의사 양성소의 경영자를 도와 잘되어나가는 것을 보고 죽고 싶습니다."

로제타는 이렇게 간절히 바라고 기도하며 온갖 궁리를 다했다. 로제타가 남긴 기록물 중에는 1933년 4월 11일에 쓰인 메모가 있는데, 이는 영친왕 이은에게 보내는 것이었다. 시노다 박사라는 영친왕의 부속실장에게 보내는 이 편지를 읽다 보면 누구나 숙연해질 수밖에 없다. 시노다는 평양에 근무한 바 있어서 로제타와는 구면이었다. 로제타는 시노다에게 자신의 뜻을 영친왕에게 전해달라고 간절하게 부탁했다.

"본인은 저의 사랑하는 친구였으며, 자신도 의학을 공부하기 원했었고, 조선 여성들의 의학 교육에 지대한 관심을 가졌던 엘라 루이스를 기념하여 여자의학강습소를 운영하고 있습니다. 왕자님이 어렸을 때 루이스에게 크리스마스트리를 만들어달라고 부탁했었지요. 그 보답으로 왕자님은 궁녀들이 수를 놓은 회색 비단을 선물해주기도 했습니다. 루이스는 그 비단으로 드레스를 만들어서 아주 특별한 날에만 입었고, 그 옷을 입고 무덤에 묻혔습니다. 왕자님은 루이스를 기억하고 있을 것입니다. 혹시 왕자님께서 루이스를 기념하시어 이 학교에 기부를 해주실 의향이 있는지 궁금합니다. 어머님께서 설립하신 숙명, 진명의 졸업생들도 이 학교에서 공부하고 있습니다."

메모는 여기서 끝이 난다. 아마도 이어지는 말은 숙명여교와 진명여교를 설립한 엄비의 뜻을 기려서라도 이곳에 기부를 좀 해달라는 이야기였을 것이다. 밤잠을 설치며 이런 궁리 저런 궁리를 하다가 영친왕한테 편지를 보내는 데까지 생각이 이른 것은 아닐까.

1930년 10월 15일 오후 4시, 동대문 교회에서 로제타의 조선 선교 40주년 기념 예배가 열렸다. 로제타는 "예전과 같이 청초한 조선복을 입고 딸과 같이 기른 앞 못 보는 김성실 양과 한 가지로 열석했다." 로제타와 나란히 앉았던 김성실은 점자로 성서를 읽고 로제타의 연설을 통역했다.

평양 맹학교와 정의여고를 졸업한 김성실은 1930년 봄에 이화여전 문과를 졸업하고 로제타의 비서와 통역으로 일했다. 그녀는 타이핑을 포함하여 한국어와 일본어, 영어를 유창하게 말할 수 있었다.

"여의사 양성은 장래 후생들의 기쁨이 될 줄 압니다. 나의 간청은 지금 시작한 여자의학강습소를 지도 노력하여 주기 바랍니다." [142]

로제타는 강습소의 앞날을 낙관하며 이 강습소가 영원히 살 것이고 그렇게 되기 위한 조선 사회의 적극적인 후원을 믿는다며 연설을 마쳤다. 그날 그녀는 여러 단체와 개인으로부터 받은 축하금 2,000여 원을 모두 강습소에 기부했다.

로제타는 1934년에 은퇴할 계획이었다. 그런데 1933년, 미국에 있는 오빠 프랭크가 건강이 나빠졌다는 소식을 들었다. 1년 전 올케가 먼저 세상을 떠나는 바람에 오빠는 홀아비가 되어 있었다. 실명하여 눈도 안 보인다 했다. 로제타는 오빠에게 자신의 도움이 필요한지 묻는 편지를 보냈다. 오빠는 로제타에게 고국으로 돌아와 함께 살자는 답변을 보내왔다.

1933년 9월, 로제타는 부소장 길정희에게 의학강습소 경영을 일임하고 고향으로 돌아가기로 결정했다. 강습소는 한국의 뜻있는 동지들의 힘만으로도 충분히 이어질 수 있다고 판단했다. 무료 강습을 해주는 의사만도 30명 정도가 되었으니, 이제 이들에게 사업을 맡기는 게 좋겠다는 생각이 들었다. 로제타는 열심히 노력하는 한국인 친구들이 여자의과대학을 조만간 만들어 줄 것이라 확신했다.

길정희는 남편, 김탁원에게 강습소 운영의 책임을 맡아줄 것을 요청했다. 김탁원은 동경의학전문학교 시절 3.1운동에 가담해서 1년 반 동안 옥고를 치른 민족주의자였다. 그는 당시 한성의사회 회장직도 맡고 있었다. 그동안 여의사 양성에 뜻을 같이하며 적극적으로 돕고 있던 그는 흔쾌히 소장직을 수락했다.[143]

로제타가 떠난 뒤, 여성해외선교회에서는 그동안 강습소의 교사로 쓰던 루이스의 옛집을 비워달라고 했다. 로제타가 떠나지 않았다면 그런 결정을 내리지 않았을 것이기에 길정희는 여성해외선교회의 태도가 섭섭하기 그지없었다. 길정희와 김탁원은 궁리 끝에 서대문에 있는 자신들의 병원을 좀 더 넓은 곳으로 옮긴 뒤 강습소도 그쪽으로 옮기기로 했다. 결국 1935년 4월, 경성여자의학강습소는 관철동에 새로 마련된 두 사람의 병원 2층으로 옮겨졌다.

경성여자의학강습소는 정식 학교가 아니었던 탓에 일 년에 한 번씩 총독부 학무국에 허가 신고를 내야 했다. 게다가 로제타가 떠나고 나니 기독교 쪽에서 들어오던 기부금도 끊겨 운영에 더 큰 어려움을 겪게 되었다. 아무리 애를 써도 두 사람의 힘으로는 유지가 불가능했다. 그들은 논의 끝에 재단 법인을 설립하고 전문학교 승격 운동을 벌이기로 했다.

김탁원은 당시 교육가로 존경받던 김성수를 찾아가 사정을 설명하고 도움을 요청했다. 김성수는 중앙과 보성, 두 학교를 경영하느라 여력이 없다며 민족 교육에 관심을 갖고 있던 우석 김종익을 소개해주었다. 김종익은 30만 원이라는 거금을 흔쾌히 기부했고, 마침내 경성여자의학강습소는 경성여자의학전문학교로 새롭게 태어날 수 있었다. 이후 이 학교는 서울여자의과대학(1948년), 수도의과대학(1957년), 또 김종익 선생의 호(號)를 딴 우석대학 의과대학(1966년)으로 바뀌었다가, 1971년에 김성수가 설립한 고려대학교로 병합되었다.

경성여자의학강습소가 여자의과대학으로 영원히 살아남길 바라며 그러기 위한 조선인들의 적극적인 후원을 믿는다던 로제타의 바람은 온전히 이루어졌다. 그리하여 민족 자본으로 의학 교육을 실시한 최초의 학교라는 명예로운 이름을 얻었다. 그녀가 오늘날의 고려대학교 의과대학, 의료원을 본다면 얼마나 뿌듯하고 자랑스러울까.

7

조선에서 보낸 43년,
그리고 집으로

1933년 10월 2일, 로제타는 고향으로 돌아가는 여정에 올랐다. 1890년 가을, 조선에 첫발을 디딘 뒤로 어언 43년의 세월이 흘렀다. 젊은 시절, 가슴을 뛰게 했던 메리 라이언의 말에 따라 후회 없이 살아온 시간이었다. 미국 최초로 여성을 위한 대학을 설립했던 메리 라이언은 대학 문을 나서는 졸업생들의 가슴속에 원대한 기상을 불어넣었다.

"인류를 위해 봉사하려거든 아무도 가려하지 않는 곳으로 가서 아무도 하려 하지 않는 일을 하라."

로제타는 이 말에 따라 때로는 하기 싫은 일을 하기도 했고, 하고 싶은 일을 접기도 했다고 고백했다. 대의를 생각해서 사사로운 것을 버리고 자신의 뜻보다는 하늘의 뜻을 먼저 물었던 세월이었다.

그녀가 조선을 떠나기 직전 1933년 9월 23일, 해주 결핵요양원에서는 특별한 행사가 열렸다. '로제타 예배당'이라고 이름 붙인 아름다운 건물의 봉헌식이었다. 셔우드는 결핵요양원을 완성시키기 위해선 그 안에 예배당을 지어야 한다고 생각했다. 이 꿈은 셔우드의 사촌, 메리 크레리Mary Crary가 1만 달러라는 거금을 쾌척하면서 이루어졌다. 메리 크레리는 오랫동안 로제타를 존경

로제타 예배당의 전경
해주 구세병원 안에 세워진 아름다운 로제타 예배당의 모습이다.

하고 그녀의 삶을 동경했다. 기부자는 새 예배당을 '로제타 예배당'이라고 부르기를 원했다. 로제타가 일생에 걸친 선교사로서 삶을 마무리하면서 받은 커다란 선물이었다.

로제타 예배당은 파도에 씻겨 아름답게 다듬어진 해주 해변가의 자갈로 벽을 만들고, 빨간 기와로 지붕을 단장했다. 이 예배당은 조선에서 가장 아름다운 예배당이라는 칭송을 받았다. 하지만 로제타가 보여준 봉사하고 헌신하는 삶은 더 많은 찬양을 받았다. 《서울프레스》의 야마가타 발행인은 "교회당이 아무리 아름답다 하여도 로제타가 행한 봉사의 백분의 일도 표현하지 못한다."고 썼다.

로제타는 선교사로서 일하기 시작하면서부터 자신의 사역을 특권이자 기쁨으로 여겼다.

이들은 대단히 정이 많고 감사할 줄 아는 사람들이다. 이들 속에서 일할 수 있음은 특권이자 기쁨이다. 이곳에서 당신의 사역에 쓰임 받을 수 있도록 하나님께서 우리에게 장수를 허락하시길 소망한다.
— 로제타, 1893년 3월 28일의 일기

이곳에서 오래 동안 일할 수 있도록 자신과 남편에게 장수를 허락해달라는 기도는 온전하게 이루어지지 않았다. 그래도 그녀는 자신에게만 주어졌던 긴 세월을 오롯이 하나님의 일에 바쳤다.

1933년 11월 25일, 로제타는 뉴욕 글로버스빌에 있는 프랭크의 집에 도착했다. 그날은 마침 프랭크의 여든두 번째 생일이었다. 하지만 이 반가움과 기쁨은 그리 오래가지 못했다.

　　로제타는 병중에 있는 프랭크와 주고받은 몇 통의 편지에서 자신이 오빠에게 꼭 필요하다고 짐작했다. 그 때문에 부랴부랴 귀국했는데 막상 도착하고 보니 프랭크의 상황은 로제타가 짐작했던 것처럼 나쁘지 않았다. 프랭크는 아내가 치매를 앓으면서 가정을 관리하기 어렵게 되자 가정부를 고용했다. 아내가 세상을 떠난 후에도 프랭크는 가정부와 손녀의 익숙한 보살핌 덕분에 별다른 불편 없이 살아가고 있었던 것이다. 사실 프랭크는 은퇴할 나이에 이른 로제타가 자신을 제외하고는 고국에서 등을 기댈 만한 마땅한 혈육이 없다는 사실을 생각해 함께 살자고 한 것이었다.

　　프랭크의 손녀와 가정부는 갑자기 나타난 로제타의 간섭을 못마땅하게 생각했다. 로제타는 40년 이상의 세월을 조선에서 지내며 이미 조선식 생활 방식에 깊이 젖어 있었다. 그런 로제타가 보기에 노약한 오빠의 식단은 너무 기름지고 양도 많았다. 그녀는 평생 철저한 식이 관리가 몸에 배여 있던 의사였다. 그녀가 보기에 소화하기 버거운 음식으로 이루어진 식탁은 노인 환자에게 적절치 못했고 따라서 간섭하지 않을 수 없었다.

　　로제타가 프랭크의 손녀와 가정부로부터 불만을 산 또 하나의 문제가 있었다. 로제타는 자주 한복을 입으면서 그 옷들을 조선에서 세탁해 오기를 고집했다. 조선에 대한 이해가 없는 미국인들이 보기엔 정말 해괴한 일이 아닐 수 없었다. 이미 예순여덟 살에 이른 로제타가 직접 운전을 했을 리도 없으니, 아마 우체국에 가서 소포를 부치고 찾아오는 일도 그들에게 부탁했을 것이다.

그렇다면 프랭크는 어땠을까. 그는 이미 오랫동안 가정부가 주는 기름진 음식에 익숙해져 있었다. 가정부도 처음에는 로제타의 의견을 존중하려 애썼다. 그렇게 2년 넘게 견디던 어느 날, 그녀는 프랭크에게 로제타와 자신 중 하나를 선택하라고 말했다. 고심 끝에 프랭크는 로제타에게 집을 나가 따로 살 것을 제안했다. 오빠에게서 서운한 소리를 들은 로제타는 즉시 집을 알아보고 프랭크로부터 독립했다.

1936년 11월 2일, 로제타는 뉴욕 글로버스빌에서 월터 하인즈Walter Hines라는 의사와 함께 산부인과와 정신과 의원을 개업했다. 하지만 일흔한 살의 노인 의사를, 게다가 일생 동안 외국에서 진료 활동을 했던 의사를 찾아올 환자가 얼마나 되었을까. 로제타 역시 우두커니 앉아서 늙어갈 생각은 없었다. 로제타는 2년 동안 독립해서 혼자 살다가, 1938년 고향인 리버티로 돌아와 다시 개업했다.

프랭크에 대한 로제타의 섭섭함은 생각보다 컸다. 오빠가 세상을 떠났다는 소식을 듣고도 장례식에도 가지 않았을 정도로 그녀는 서운한 감정을 풀지 못했다. 만약 두 사람이 함께 살지 않았더라면 발생하지 않았을 감정싸움이었다. 항상 로제타의 안부를 염려하고, 로제타뿐만 아니라 셔우드의 선교 사업까지 지속적으로 재정적 도움을 주던 프랭크였다. 세상사는 이렇게 자주 원하는 방향과는 반대로 흘러간다.

로제타는 여전히 바쁜 일상 속에서 살았다. 개업의로서 환자를 받고, 은퇴한 선교사로서 강연회에 자주 초청받았다. 여기저기 신문과 잡지로부터 원고 청탁을 받았고 라디오 방송에도 출연했다. 이 시기의 기고문 중에 아주 흥미로운 것이 있다.

1935년 12월 17일 캐나다의 신문 《The Recorder and Times》에 실린 것으로 「은퇴한 선교사의 주장, 하얀 옷이 결핵을 예방」 이라는 제목의 글이다.

"한국인들은 전통적으로 목욕을 자주 하지는 않으나 머리부터 발끝까지 흰옷을 즐겨 입었다. 부모가 세상을 떠났을 때나 왕이 세상을 떠나면 3년 동안 상복을 입는 풍습의 영향 또한 큰 것으로 보인다. 흰옷은 검은 옷보다 광선을 흡수하는 성질이 강하여 살균 효과가 크다. 따라서 한국인들은 햇볕 목욕 효과로 인해 결핵에 의한 타격을 덜 받았다고 결론지을 수 있다. 하지만 서구적 교육을 받는 학생들로부터 시작하여 어두운 빛깔의 옷을 입는 사람들이 많아지면서 결핵이 증가하고 있다며 흥미 있는 분석을 했다."

이 주장은 로제타가 조선을 떠나기 직전 1933년 4월 11일자 《동아일보》에 기고한 내용과 같은 것이었다. 이 글에서 로제타는

"서양이 아직도 동양에서 더 배울 것이 있다"고 주장했다.

"병원 의사와 간호원들은 흰옷을 입고 소제하는 사람들도 보통 흰옷을 입습니다. 흰옷은 더러워지거나 전염이 되었을 때는 삶을 수 있으므로 다른 약품으로 그 옷감을 상하지 않게 하고도 극히 싸고 깨끗하게 소독할 수 있습니다."

로제타는 한국의 흰옷 문화와 삶는 세탁 방법을 지극히 위생적인 것으로 보았다. 특히 흰옷이 결핵 발생률을 낮춘다고 주장했다. 그녀의 주장에 실증적인 근거가 있는지는 알 수 없다. 하지만 로제타는 조선과 조선 문화를 존중하고 사랑했다. 보구여관에

로제타가 방송국에서 찍은 사진

1950년 9월 6일, 한복을 입고 미국 뉴저지 WJLK 라디오 방송에 출연한 로제디와 신학을 공부하러 왔다가 전쟁으로 발이 묶여 돌아가지 못하고 있는 이숙례가 한국에 대해 이야기하고 있다.

서도, 광혜여원에서도 온돌방 입원실이 위생적이고 효율적이며, 무엇보다도 입원 환자들이 조선인이므로 그 방식이 좋다고 생각했다. 그만큼 그녀는 문화 상대주의적 시각을 갖고 있었다.

개혁적인 열린 사고를 가졌던 로제타는 성서를 보는 입장도 놀랄 만큼 진보적이었다. 로제타가 읽었던 성서에는 깨알보다 작은 메모가 빼곡하다. 그중 「누가복음」 13장 11절부터 13절에는 18년 동안 병으로 허리가 굽어져 몸이 펴지지 않는 여자가 등장한다. 그 여자에게 예수님께서 손을 얹어주시자 그 여자가 즉시 허리를 펴고 일어나 하나님을 찬양했다는 이야기다. 이 구절 아래에 로제타는 "처음 성직자로 임명된 여성(first woman ordained)"이라고 써넣었다.

오늘날에도 성서를 이런 식으로 해석하는 데 반대하는 사람들은 많다. 로제타는 자신의 성서 마지막장 공란에 역사를 살펴보면 남성 번역자들에 의해 성서가 남성 중심적으로 해석되어왔다고 주장했다.

"고의가 아니었을지도 모르지만, 시대를 통하여 여성을 언급하거나 포함하고 있는 성서 구절에서 남성 번역자들은 여성들을 비하하고 남성들을 높이는 관행을 누적시켜 왔다. 단 하나의 진정한 성서는 원본이며 어떤 집단이나 종파, 성별에 성서 번역의 독점이 주어져서는 안 된다."

로제타는 이렇게 주장하는 근거로 성서의 『킹 제임스본(King

James Version)』과 『개정본』, 『70인역(Septuagint)』 등이 여성에 관한 동일한 구절을 어떻게 다르게 해석하는지 조목조목 따졌다.

예를 들어 「다니엘서」 5장 2절에서 70인역은 벨사살의 연회에 왕비들은 없고 후궁들만 참석한 것으로 번역했으며, 「사도행전」 18장 26절은 킹제임스 본과 개정본의 순서가 다르다고 지적했다. 킹 제임스본에서는 「창세기」 20장, 「레위기」 19장 20절을 여성들만이 벌을 받았다고 번역했으나, 개정본에서는 여성과 함께 남성을 포함하는 대명사로 바뀌었다고 주장했다. 「필립보서」 4장 3절의 중국어 번역본은 여성들의 노고 부분을 고의로 누락시켰다고 적기도 했다. 그리고 이에 대한 자신의 생각을 다음과 같이 적었다.

"하나님의 뜻을 실천하려는 사람이면 하나님으로부터 나온 가르침인지 내 생각에서 나온 가르침인지 알 것이다(「요한복음」 7장 17절). 그런데 여성에 대한 남성들의 생각 때문에 하나님의 뜻을 이해할 수 없었거나 고의로 그러하지 않았다 하여도 원래의 뜻을 제대로 파악할 만한 자세가 되어 있지 않았다."

로제타의 주장은 그녀의 롤모델, 프랜시스 윌러드Frances E. Willard의 주장과 맥을 같이한다. 프랜시스 윌러드는 다음과 같이 주장했다. "우리에게는 여성의 입장에서 성서를 해석해줄 여성 주석가가 필요하다. 우리는 진리에 대한 입체적 관점을 가질 필요가 있다. 그러나 이 관점은 여성과 남성이 함께 성서의 완전한 계시의 관점을 분

별해낼 때 비로소 얻을 수 있다." [144]

로제타는 말년까지도 끊임없이 세상의 변화와 흐름을 주시하고 참여했다. 1948년 6월 9일에 그녀는 '평화를 위해 집결하라(Mobilize for Peace)'라는 기독교 운동에 동참하겠다고 서약했다. 여든세 살의 할머니가 "기독교인으로서 평화를 위해 기도하고, UN 활동을 지원하며, 세계적으로 시민권의 향상과 경제 정의를 위해 일하겠다"고 다짐했다. 더할 수 없이 아름다운 노년의 모습이다.

로제타가 항상 이렇게 진지하고 거룩한 것만은 아니었다. 1942년 6월 27일, 결혼 50주년 기념일이었다. 그녀는 결혼식 날 입었던 웨딩드레스를 꺼내 입고 자신의 이름 로제타Rosetta를 상징하는 만발한 장미 Rose 옆에 고운 자태로 섰다.

1949년 3월 14일, 대학 졸업 60주년 기념일에는 졸업식 날 입었던 드레스를 꺼내어 입어보기도 했다. 기념일마다 의대 졸업 사진을 꺼내보며 짧은 문장 하나씩을 더해간 듯 졸업 사진 뒷면에는 메모가 가득하다. 졸업식에서 유일한 체크무늬 드레스를 입고 있는 개성이 강한 여성, 로제타. 이 옷은 아버지 로즈벨트가 졸업 선물로 맞춰준 옷이었다.

양로원에 모여 살던 은퇴한 선교사들과 디코니스들 앞에서 60년 전 졸업식 날 입었던 드레스를 입고 선 로제타를 상상해본다. 평생 그리스도의 가르침을 실천하려 애썼던 흰머리 소녀들은 로제타의 모습을 보며 얼마나 즐거웠을까. 그녀들의 깔깔거리는

1942년 6월 27일, 결혼 50주년을 기념해 찍은 사진
평생 사랑했던 윌리엄 홀을 그리며
웨딩드레스를 입고 장미 옆에 다소곳이 섰다.

웃음소리가 귓가에 들려오는 듯하다.

선교사를 은퇴한 뒤 일흔여덟 살 때까지 10년 동안 개업의로
일했던 로제타는 1943년, 인생의 마지막을 준비하기로 결정한다.
그녀는 고향 리버티를 떠나 뉴저지의 오션그로부Ocean Grove에 있
는 퇴직 감리교 여성 선교사들과 디코니스들의 집, 벤 크로프트

로제타의 의대 졸업 사진
로제타는 진취적이고 개혁적인 그녀의 성격을 반영하듯
유일하게 체크 드레스를 입었다.
왼쪽으로 한 사람 건너에 첫 번째 아메리칸 인디언 여의사인 피코트가 서 있다.

타일러 홈으로 거처를 옮겼다. 1948년에는 재판을 통하여 1892년 결혼으로 잃었던 미국 시민권을 되찾기도 하였다.[145]

하늘에서 받은 사랑으로 가득 차고 넘쳐서 그 사랑을 이웃에게 아낌없이 나눠주었던 그녀의 생활 태도는 양로원으로 옮겨간 뒤에도 달라지지 않았다. 양로원에 유행성 독감이 번져 함께 살던 친구들이 병에 걸리자 치료를 도와주려 애쓰던 중 자신도 감염되었다.

1951년 4월 5일, 그녀는 하늘의 부름을 받았다. 평생 동안 사랑했던 땅에서 전쟁이 벌어졌다는 소식을 듣고 가슴 아파하던 어느 날이었다. 1940년 11월, 일제에 의해 한국에서 추방된 셔우드는 인도로 가서 결핵 퇴치를 위해 악전고투하던 중 양로원으로부터 전보를 받았다. 전보에는 이렇게 쓰여 있었다.

"아무런 통증도, 고통도 없이 평화롭게 잠들었으며, 당신의 하늘 집에서 깨어났습니다." [146]

다행히 토론토에서 대학에 다니던 큰손자 윌리엄 홀이 가족들을 대표해 장례식에 참석했다. 그녀는 생전에 원했던 대로 한 줌의 재가 되어 고향 리버티를 방문한 뒤, 영혼이 먼저 와서 기다리던 한국으로 돌아와 사랑하는 남편과 딸 곁에 묻혔다. 그녀의 유해는 아직도 양화진 선교사 묘원에 잠들어 있다.

로제타는 일생 중 가장 행복했던 신혼 시절 1893년 봄, 잡지에 기고한 어느 글의 말미에 미국 성공회 사제였던 필립스 브룩스(Phillips Brooks, 1835~1893)의 말을 인용했다.

"미래 세대가 천국이라는 도시에 이르는 보도를 닦는 데에 작은 벽돌 하나 만이라도 놓을 수 있다면 나는 기꺼이 그렇게 하겠다."

스물여덟, 찬란한 시절의 약속은 평생 이어졌다. 필립스 브룩스는 굳건한 노예 해방론자였으며 가난한 이들의 진정한 친구였다. 헬렌 켈러를 하나님과 앤 설리반에게로 인도했으며 세상을

로제타와 손자
남편의 이름을 딴 손자 윌리엄 제임스 홀이
캐나다에서 대학에 다니던 중 양로원으로 할머니를 방문했다.

떠날 때까지도 그녀의 가장 가까운 친구로 남았다.

　로제타는 필립스 브룩스와 마찬가지로 완성을 향해 나아가는
역사의 진보를 믿었으며, 그 역사를 이끌어가는 하나님의 사역에
동참하는 것을 자신의 사명이라 생각했다. 역사 속에서 로제타는
조선 자매들의 절박한 울부짖음을 듣고 달려가는 소명을 받았고,
그 일에 소임을 다함으로써 인류가 천국으로 가는 길을 닦는 데
작지 않은 벽돌 몇 개를 놓았다.

Your cousin Rosetta "growing up"!

1875. THE CHESTNUT RIDGE SCHOOLGIRL. (10 Years)

1881. THE YOUNG SCHOOL MISTRESS (16 Years)

1890. THE MEDICAL MISSIONARY (24 Years)

1935. RETIRED (Her 70th Milestone)

'너의 사촌, 로제타의 성장'이라는 제목의 사진

로제타는 사촌에게 이 사진을 보내며 자신의 일생을 '성장'이라고 설명했다.
이제 우리가 로제타의 뜻을 받들어 더 크게 성장할 차례다.

오늘,
로제타 할머니를
만난다

나이 오십을 맞으며 세상과 불화를 겪던 어느 날, 어떻게든 내적 평화를 찾겠다고 결심했다. 그래서 찾아간 곳이 평화를 가르치는 퀘이커 영성학교 펜들 힐이었다. 그곳에 머무는 동안 나에게 로제타 할머니가 찾아오셨다. 그리고 차근차근 자신의 이야기를 들려주기 시작했다.

"어쩜 그렇게 많은 일을 그렇게 오랫동안 지치지 않고 하실 수 있었나요?"

나의 물음에 그분이 답했다.

"나 혼자 한 게 아니란다. 나에게는 수많은 자매들이 있었어. 미국에서 나를 응원하는 자매들이 있었고, 한국에서는 나를 믿고 따라와주었던 자매들이 있었단다. 그리고 무엇보다도 내 곁에는 하나님이 함께 계셨단다."

할머니의 인생 이야기를 듣는 일이 나에게 구원의 과정이었다. 나는 영적으로, 로제타 할머니가 찾아갔던 어둠에 갇혀 있던 1890년 조선 여성들 가운데 하나였다. 예수를 믿겠다고 결심한 지 25년이 지났지만, 예수의 가르침은 내면에 스머들지 않았다. 경쟁심과 이기심으로 충만한 나의 영적 가난은 급기야 우울증을 불러오고 말았다. 더 많이 갖고 싶은 물질적 욕구가 채워지지 않아서, 사회적으로 인정받지 못한다는 깨어진 자만심 때문에, 나는 울고 있었다. 그러면서도 동시에 영적으로 고양되기를 갈망하는 모순 속에 갇혀 있었다.

할머니의 어린 시절부터 생을 마감하던 순간까지의 여정을 따라가는 것이 나에게는 삶의 지혜를 배워가는 과정이자 영성을 찾아가는 과정이었다. 로제타 할머니가 살았던 삶의 중심에는 예수의 가르침이 있었고, 그녀는 그것을 바르게 해석하고 실천하려 끊임없이 고뇌하고 결단하고 실행했다.

그녀가 '예수의 가르침을 실천한다는 것'은 고국에서의 안락한 삶을 버리고 "낯선 땅 모르는 언어" 속으로 억압당하는 자매들을 찾아 나서는 것이었다. 그리고 그 과정에서 남편의 죽음, 아이를 잃는 참척의 고통을 마주해야 했다. 생명을 가진 존재는 누구나 부조리한 현실과 함께 살아가야 한다지만, 이 경우는 한 인간이 감당하기에 너무도 버거운 것이었다. 얼마나 억울하고 원통했을까.

무너져서 다시는 돌아갈 수 없을 것 같았던 순간을 이겨내고 그녀는 결국 일어섰다. 다시 그 현장으로 돌아왔다. 그곳에는 자신의 도움을 기다리는 숱한 생명들이 있었다. 그녀가 평화와 행복을 느끼는 순간은 자신과 함께 살아가는 다른 생명들과 연대할 때, 그들과 사랑을 주고받는 순간이었다. 예수님께서 이웃을 네 몸같이 사랑하라고 하신 것은 그럴 때야말로 우리가 진정한 평화와 기쁨을 느낄 수 있다는 말이 아니었을까.

이웃을 내 몸처럼 사랑한다는 것은 내가 이웃에 비해 더 우월하다거나 중요하지 않고 평등하다는 사실을 인정하는 것이며, 이기적이고 자기중심적인 태도에서 벗어나 '나'를 '우리'로 확장한다는 뜻이리라.

로제타 할머니의 눈으로 세상을 보려 하면서 나는 조금씩 평화를 찾을 수 있었다. 할머니의 눈으로 세상을 보는 것은 세상의 중심에 나를 놓지 않는 것이었다. 세상의 중심에 내가 서 있으면 모든 것이 나를 위해 돌아가야 한다는 착각에 빠지게 된다. 경쟁심과 비교가 자연스럽게 달려든다.

할머니는 세상의 중심에 존재하지 않았다. 세상의 뭇 생명을 주관하는 하나님의 길, 그분이 이끄는 역사의 한 순간을 살아가는 일꾼들 속에 할머니는 서 있었다. 그분에게 예수님이 가르친 사랑의 실천은 조선 여성들을 질병에서 구하는 일이었으며, 가부장제에 억눌려 있는 여성들에게 교육의 기회를 제공해서 주체성을 회복시키고 그들의 인권이 존중되도록 돕는 것이었다.

오늘을 살아가는 우리는 어떠한가? 과거에 비해 물질적으로는 엄청난 풍요를 누리고 있지만 영적으로는 더 가난해졌고, 그 결과 세월호가 침몰했다. 가난한 이웃은 아직도 여전하고 외국인 노동자와 결혼 이주민, 탈북자 등은 우리의 이웃이 되지 못하고 있다.

오늘 로제타 할머니가 이 땅에 오신다면 가장 먼저 어디로 달려가실까?

영혼의 갈급함을 느끼는 여성, 세상을 어떻게 살아가야 할지 모르는 막막한 젊은 여성에게 로제타 할머니를 만나보라고 권하고 싶다. 할머니를 인생의 멘토로 모시라고 말해주고 싶다. 영적으로는 삶과 죽음이 하나이고, 영원과 순간이 동시이며, 어떤 것을 가르는 경계도 존재하지 않는다. 할머니의 손을 잡고 씩씩하게 세상 속으로 걸어나가자.

이 책이 세상에 나오는 데 큰 도움을 주셨으나, 책을 보지 못하고 지난 3월 세상을 떠나신 로제타 할머니의 손녀사위 에드워드 킹 박사님의 영원한 안식과 치매가 심해져 요양원으로 거처를 옮기신 필리스 홀 킹 여사의 건강을 위해 기도한다.

주

1. Woman's Foreign Missionary Society of the Methodist Episcopal Church, 『Twenty-Fifth Annual Report』, 1893~1894, 70쪽

2. 『한국민족문화대백과사전8』, 한국정신문화연구원, 1991, 720쪽

3. 1885년 9월 28일, 청나라에 의해 한양에서 인천까지 최초의 전신이 가설되었고, 11월에는 평양과 의주까지 서로전신(西路電信)이 건설되면서 중국 평황(凤凰)까지 이어지는 국제 전신 업무가 시작되었다. 중국인이 운영했던 서로전신은 청일 전쟁 때 일본인이 점령하면서 그 기능을 상실했다.

4. Sherwood Hall, 『With Stethoscope in Asia: Korea』, MCL Associate, 2010, 138쪽

5. Frank and Frances Sherwood, 『A Changing America: Seen Through One Sherwood Family Line 1634~2006』, Lincolin; iUniverse, 2006, 134~135쪽

6. Frank and Frances Sherwood, 『A Changing America: Seen Through One Sherwood Family Line 1634~2006』, iUniverse, 2006, 189쪽

7. 1893년 3월 28일 일기

8. Rosetta S. Hall, 『My Call to the Field』, Korea Mission Field, 1927, 229쪽

9. Frank and Frances Sherwood, 『A Changing America: Seen Through One Sherwood Family Line 1634~2006』, iUniverse, 2006, 186쪽

10. Sherwood Hall, 『With Stethoscope in Asia: Korea』, MCL Associate, 2010, 148쪽

11. Rosetta S. Hall, 『My Call to the Field』, Korea Mission Field, 1927, 229쪽

12. Rosetta S. Hall, 『My Call to the Field』, Korea Mission Field, 1927, 229쪽

13. Steven J. Peitzman, 『A New And Untried Course』, Rutgers University Press, 2000, 58쪽

14. Rosetta S. Hall, 『My Call to the Field』, Korea Mission Field, 1927, 229쪽

15. Steven J. Peitzman, 『A New And Untried Course』, Rutgers University Press, 2000, 5쪽

16. Steven J. Peitzman, 『A New And Untried Course』, Rutgers University Press, 2000, 57쪽

17. Steven J. Peitzman, 『A New And Untried Course』, Rutgers University Press, 2000, 65쪽

18. Steven J. Peitzman, 『A New And Untried Course』, Rutgers University Press, 2000, 66쪽

19. Sara M. Evans, 『Born For Liberty, New York』, The Free Press, 1989, 72쪽

20. Steven J. Peitzman, 『A New And Untried Course』, Rutgers University Press, 2000, 65쪽

21. Steven J. Peitzman, 『A New And Untried Course』, Rutgers University Press, 2000, 66쪽

22. Woman's Medical College of Pennsylvania, 『The Thirty Seventh Annual Announcement』, 1886, 17쪽

23. Sherwood Hall, 『With Stethoscope in Asia: Korea』, MCL Associate, 2010, 532~533쪽

24. 이경숙 · 이덕주 · 엘렌 스완슨, 『메리 스크랜튼』, 이화여자대학교출판부, 2010, 61쪽

25. 이경숙 · 이덕주 · 엘렌 스완슨, 『메리 스크랜튼』, 이화여자대학교출판부, 2010, 23쪽

26. Mary F. Scranton, 『The Gospel in all Land for 1888』, 373쪽

27. Woman's Foreign Missionary Society of the Methodist Episcopal Church, 「Seventeenth Annual Report」, 1886, 48쪽

28. 이경숙 · 이덕주 · 엘렌 스완슨, 『메리 스크랜튼』, 이화여자대학교출판부, 2010, 30쪽

29. Woman's Foreign Missionary Society of the Methodist Episcopal Church, 「Seventeenth Annual Report」, 1886, 47쪽

30. 장병욱, 『한국감리교여성사』, 성광문화사, 1979, 151~152쪽

31. Woman's Foreign Missionary Society of the Methodist Episcopal Church, 「Twenty-Second Annual Report」, 1890~1891, 66쪽

32. Woman's Foreign Missionary Society of the Methodist Episcopal Church, 「Twenty-Second Annual Report」, 1890~1891, 67쪽

33. Rosetta S. Hall, 『Medical Work for Women in Korea』, Missionary review of the World, 1892, 58쪽

34. "복음은 먼저 유다인들에게, 그리고 이방인들에게까지 믿는 사람이면 누구에게나 구원을 가져다주는 하나님의 능력입니다."

35. "그 이야기, 그 말소리 비록 들리지 않아도(「시편」 19장 3절)", "하늘은 하나님의 영광을 속삭이고(「시편」 19장 1절)"

36. 「요한복음」 1장 9절

37. 「로마서」 2장 14절~15절

38. 「에제키엘서」 33장 7절~10절

39. Rosetta S. Hall, 『Woman's Work in the Methodist Episcopal Mission in Korea』, Gospel in All Lands, 1893

40. 「마태복음」 25장 40절

41. Dana L. Robert, 『American Women in Mission: A Social History of Their Thought and Practice』, Mercer University Press, 1997, 133쪽

42. 장병욱, 『한국감리교여성사』, 성광문화사, 1979, 120쪽

43. 이경숙 · 이덕주 · 엘렌 스완슨, 『메리 스크랜튼』, 이화여자대학교출판부, 2010, 67쪽

44. 이규태, 『한국여성의 의식구조 1권: 생구인가 사람인가』, 신원문화사, 1992, 68~70쪽

45. Mary F. Scranton, 『Women's Work in Korea』, 4~5쪽

46. 이경숙 · 이덕주 · 엘렌 스완슨, 『메리 스크랜튼』, 이화여자대학교출판부, 2010, 28쪽

47. 이이효재, 『조선조 사회와 가족-신분상승과 가부장제문화』, 한울, 2003, 24~25쪽

48. 이덕주, 『한국 교회 처음 여성들』, 홍성사, 2007, 19~24쪽

49. Dana L. Robert, 『American Women in Mission: A Social History of Their Thought and Practice』, Mercer University Press, 1997, 133쪽

50. 1891년 7월, 오와가가 일본으로 귀국하면서 이들의 숫자는 다시 다섯 명으로 줄었다.

51. 여메례의 본명이 순이라는 사실은 로제타의 일기를 통해 처음 밝혀졌다. Woman's Foreign Missionary Society of the Methodist Episcopal Church, 「Twentieth Annual Report」, 1889, 67쪽에 등장하는 병원 문지기의 딸, 순이가 바로 여메례다.

52. 김영덕 외 7명, 『한국여성사: 개화기~1945』, 이화여자대학교출판부, 1972, 81쪽

53. 윤정란, 「구한말 기독교 여성의 삶과 여성교육운동」, 여성과 역사 제11집, 2009, 175쪽

54. Woman's Foreign Missionary Society of the Methodist Episcopal Church, 「Twentieth Annual Report」, 1889, 67쪽

55. Woman's Foreign Missionary Society of the Methodist Episcopal Church, 「Twenty-Second Annual Report」, 1890~1891, 65쪽

56. 김영덕 외 7명, 『한국여성사: 개화기~1945』, 이화여자대학교출판부, 1972, 82쪽

57. Rosetta S. Hall, 『The Medical Missionary Record, Vol. 8』, Woman's Needs and Woman's Works, 1893, 111쪽

58. 이덕주, 『한국 교회 처음 여성들』, 홍성사, 2007, 46쪽

59. 윤정란, 「구한말 기독교 여성의 삶과 여성교육운동」, 여성과 역사 제11집, 2009, 193~194쪽

60. 로제타는 그의 이름을 한글로 '박유선'이라 표기했다. 그러나 나중에 영어로 쓸 때는 유산이(Yousani)라고 썼다.

61. 1892년 4월 12일과 1893년 5월 1일은 음력으로 3월 16일이다. 지금까지 에스더의 정확한 생일이 알려지지 않았는데, 로제타의 일기를 통해 그녀가 양력으로 1876년 4월 10일 태어났음을 알 수 있었다.

62. Rosetta S. Hall Ed., 『The Life of Rev. William James Hall, M.D.: Medical Missionary to the Slums of New York, Pioneer Missionary to Pyong Yang, Korea』, Eaton&Mains, 1897, 18쪽

63. Rosetta S. Hall Ed., 『The Life of Rev. William James Hall, M.D.: Medical Missionary to the Slums of New York, Pioneer Missionary to Pyong Yang,

Korea』, Eaton&Mains, 1897, 18쪽

64. Rosetta S. Hall Ed., 『The Life of Rev. William James Hall, M.D.: Medical Missionary to the Slums of New York, Pioneer Missionary to Pyong Yang, Korea』, Eaton&Mains, 1897, 49쪽

65. Jay P. Dolan, 『The Irish Americans: A History』, Bloomsbury Press, 2010, 67쪽

66. Rosetta S. Hall Ed., 『The Life of Rev. William James Hall, M.D.: Medical Missionary to the Slums of New York, Pioneer Missionary to Pyong Yang, Korea』, Eaton&Mains, 1897, 66쪽

67. Rosetta S. Hall Ed., 『The Life of Rev. William James Hall, M.D.: Medical Missionary to the Slums of New York, Pioneer Missionary to Pyong Yang, Korea』, Eaton&Mains, 1897, 66쪽

68. Sara M. Evans, 『Born for Liberty』, The Free Press, 1989, 72쪽

69. Rosetta S. Hall Ed., 『The Life of Rev. William James Hall, M.D.: Medical Missionary to the Slums of New York, Pioneer Missionary to Pyong Yang, Korea』, Eaton&Mains, 1897, 325쪽

70. 144쪽, 1891년 8월 6일의 일기 참고

71. 81쪽, 1892년 3월 22일의 일기 참고

72. 47쪽 12번째 줄 참고

73. 미국 북장로교 의료 선교사로 조선에 들어와 있던 중, 갑신정변으로 부상당한 명성 황후의 조카 민영익을 살려내면서 고종의 신임을 얻었다. 최초의 서양식 병원이자 왕립병원인 광혜원(제중원)을 설립했다.

74. Sherwood Hall, 『With Stethoscope in Asia: Korea』, MCL Associate, 2010, 96쪽

75. 장병욱, 『한국감리교여성사』, 성광문화사, 1979, 174쪽

76. Sherwood Hall, 『With Stethoscope in Asia:Korea』, MCL Associates, 2010, 105쪽

77. Rosetta S. Hall Ed., 『The Life of Rev. William James Hall, M.D.: Medical Missionary to the Slums of New York, Pioneer Missionary to Pyong Yang, Korea』, Eaton&Mains, 1897, 254~255쪽

78. Rosetta S. Hall, 「Medical Work for Women in Korea」, Missionary review of the World, 1892, 58쪽

79. Woman's Foreign Missionary Society of the Methodist Episcopal Church, 「Twenty-Fifth Annual Report」, 1893~1894, 70쪽

80. 메티 윌콕스 노블, 『노블일지』, 강선미,이양준 역, 이마고, 2010, 73쪽

81. Sherwood Hall, 『With Stethoscope in Asia: Korea』,MCL Associate, 2010, 161쪽

82. Sherwood Hall, 『With Stethoscope in Asia: Korea』,MCL Associate, 2010, 164쪽

83. Sherwood Hall, 『With Stethoscope in Asia: Korea』,MCL Associate, 2010, 165쪽

84. 릴리어스 호톤 언더우드, 『언더우드 부인의 조선 견문록』, 이숲, 2008, 184쪽

85. Sherwood Hall, 『With Stethoscope in Asia: Korea』,MCL Associate, 2010, 169쪽

86. Sherwood Hall, 『With Stethoscope in Asia: Korea』,MCL Associate, 2010, 169쪽

87. Sherwood Hall, 『With Stethoscope in Asia: Korea』,MCL Associate, 2010, 171쪽

88. 로제타의 일기에 의하면 조선 여인들이 '머리를 한다'는 건 앞머리를 뽑아 쪽을 졌을 때 드러나는 이마를 예쁘게 보이게 만드는 것으로 보인다. 이 시대에도 미장원 비슷한 시설이 있었던 듯하다.

89. Sherwood Hall, 『With Stethoscope in Asia: Korea』, MCL Associate, 2010, 176쪽

90. Frank and Frances Sherwood, 『A Changing America: Seen Through One Sherwood Family Line 1634~2006』, Lincolin; iUniverse, 2006, 233쪽

91. Sherwood Hall, 『With Stethoscope in Asia: Korea』,MCL Associate, 2010, 217~219쪽

92. Sherwood Hall, 『With Stethoscope in Asia: Korea』,MCL Associate, 2010, 223쪽

93. 김병하, 「로제타 셔우드 홀 여사에 의한 한국 특수 교육의 성립사고」,《특수교육학회지》, 1986, 5쪽

94. Woman's Foreign Missionary Society of the Methodist Episcopal Church, 「Thirty First Annual Report」, 1899~1900, 83쪽

95. 김정민, 『로제타 셔우드 홀의 선교사역에 대한 연구』, 2009, 17~18쪽

96. Woman's Foreign Missionary Society of the Methodist Episcopal Church, 「Fortieth Annual Report」, 1909, 175쪽

97. Minerva L. Guthapfel, 『The Happiest Girl in Korea: Under the Cross of Gold』, 1910, 4쪽

98. Woman's Foreign Missionary Society of the Methodist Episcopal Church, 「Fortieth Annual Report」, 1909, 175쪽

99. Woman's Foreign Missionary Society of the Methodist Episcopal Church, 「Fortieth Annual Report」, 1909, 175쪽

100. 김정민, 『로제타 셔우드 홀의 선교사역에 대한 연구』, 2009, 21쪽

101. Woman's Foreign Missionary Society of the Methodist Episcopal Church, 「Forty-Third Annual Report」, 1912, 170쪽

102. Sherwood Hall, 『Mother and Her work』, Mount Union College Alliance, 5쪽

103. Sherwood Hall, 『Mother and Her work』, Mount Union College Alliance, 3쪽

104. 207쪽, 1890년 10월 24일의 일기 참고

105. Rosetta S. Hall, 『Woman's Needs and Woman's works』, The Medical Missionary Record, 1893, 112쪽

106. Rosetta S. Hall, 『Woman's Needs and Woman's works』, The Medical Missionary Record, 1893, 112쪽

107. Rosetta S. Hall, 『Woman's Needs and Woman's works』, The Medical Missionary Record, 1893, 111쪽

108. Rosetta S. Hall, 『Mrs. Esther Kim Pak』, M.D, MFMS, 소책자

109. 1930년 11월 14일자 《동아일보》

110. Sherwood Hall, 『With Stethoscope in Asia:Korea』, MCL Associates, 2010, 196쪽

111. 메티 윌콕스 노블, 『노블일지』, 강선미,이양준 역, 이마고, 2010, 104쪽

112. 메티 윌콕스 노블, 『노블일지』, 강선미,이양준 역, 이마고, 2010, 113쪽

113. 최은희, 『한국개화여성열전: 추계 최은희 전집 4』, 추계 최은희 문화사업부,

1991, 102쪽

114. 최은희, 『한국개화여성열전: 추계 최은희 전집 4』, 추계 최은희 문화사업부, 1991, 102~103쪽

115. Sherwood Hall, 『With Stethoscope in Asia:Korea』, MCL Associates, 2010, 223쪽

116. Rosetta S. Hall, 《The Story of Nurse Kang,》, 소책자

117. 로제타가 1893년 개원한 볼드윈 진료소는 1912년 보구여관과 통합하여 릴리언 해리스 기념병원이 되었다. 이 병원은 1946년 이화대학 의과대학의 설립과 함께 이화여대 부속병원으로 바뀌었다.

118. 이화 100년사 편찬위원회, 『이화 100년사』, 이화여자고등학교, 1994, 189쪽

119. Sherwood Hall, 『With Stethoscope in Asia:Korea』, MCL Associates, 2010, 196~197쪽

120. Sherwood Hall, 『With Stethoscope in Asia:Korea』, MCL Associates, 2010, 199쪽

121. Sherwood Hall, 『With Stethoscope in Asia:Korea』, MCL Associates, 2010, 200쪽

122. Sherwood Hall, 『With Stethoscope in Asia:Korea』, MCL Associates, 2010, 163쪽

123. 1921년 7월 4일자 《동아일보》

124. Mary Wilton, 『The Mother of Pyong Yang』,1934, 8쪽

125. Mary Wilton, 『The Mother of Pyong Yang』,1934, 《서울프레스》 「홀 부인 조선 온 지 25주년 기념」 기사 인용

126. 《한양매일신문》, 「홀 부인 조선 온 지 25주년 기념」 기사 인용

127. 김성은, 「로제타의 조선 여의사 양성」, 한국기독교와역사 27호, 2007, 13쪽

128. 1915년 12월 15일자 《기독신보》

129. 박화성, 『새벽에 외치다: 송산 황애덕 선생의 사상과 생애』, 미문출판사, 1966, 68쪽

130. 로제타가 남긴 메모 「History of the Korean Woman's Medical Institute」, 의생 면허는 1914년 조선총독부에서 새로 제정한 의료 규칙에 의해 주어졌다.

131. 옥성득, 『한국간호역사자료집 I』, 대한간호협회, 2011, 600쪽

132. Rosetta S. Hall, 「Foreign Medical Women in Korea」, Journal of the American Medical Women's Association, 1950, 404쪽

133. Rosetta S. Hall, 『Women Physicians in the Orient』, KMF, 1925

134. Rhoda Kim Pak, 『Medical Women in Korea』, Journal of the American Women's Association, Vol. 5, No. 4, 1950, 116쪽~117쪽. 김로다는 김창식 목사의 딸이다. 이 글의 여백에 쓴 메모에서 로제타는 이화여전이 가사과와 함께 의예과를 신설할 수 있었음에도 하지 않았다고 기록했다.

135. 길정희, 『나의 자서전: 한국여자의학 교육 회고』, 삼호출판사, 1981, 21쪽

136. 길정희, 『나의 자서전: 한국여자의학 교육 회고』, 삼호출판사, 1981, 23쪽

137. 1926년 11월 3일자 《기독신보》

138. 길정희, 『나의 자서전: 한국여자의학 교육 회고』, 삼호출판사, 1981, 23쪽

139. 《경성여자의학강습소 연혁》, 교우회지 창간호, 1934, 2쪽

140. 1930년 11월 15일자 《동아일보》, 「일생을 조선에, 허을 부인(5)」

141. 1932년 2월 25일자 《동아일보》, 「조선 여의교 완성시킬 새 인물을 기대」

142. 1930년 11월 17일, 《동아일보》 기사, 「허을부인 기념식 각계 명사가 모여 작일에 성대히 거행」

143. 길정희, 『나의 자서전: 한국여자의학 교육 회고』, 삼호출판사, 1981, 21쪽

144. Frances E. Williard, 『Woman in the Pulpit』, Woman's Temperance Association, 1889, 21쪽

145. Barbara Sicherman and Carol Hurd Green, 『Notable American Women, The Modern Period』, Radcliff College, 1980, 301쪽

146. Sherwood Hall, 『With Stethoscope in Asia: India』, MCL Associates, 2007, 285쪽

로제타 서우드 홀의 생애

년도	일자	로제타의 생애
1865년	9월 19일	뉴욕 주 리버티에서 출생
1882년	4월	리버티 사범 학교와 몽고메리 사범 학교 졸업
	9월	뉴욕 주 오스위고 사범 학교 입학
1885년		오스위고 사범 학교 졸업 체스넛릿지 학교에 교사로 부임
1886년	9월	펜실베이니아 여자의과대학 입학
1889년	3월 14일	펜실베이니아 여자의과대학 졸업
	11월	뉴욕 감리교 선교부의 디코니스 홈에 입주 윌리엄 제임스 홀과 빈민촌의 진료소에서 만남
1890년	8월 21일	조선으로 가기 위해 고향집을 떠남
	9월 4일	샌프란시스코에서 조선으로 가는 배 오셔닉에 승선
	9월 11일	하와이 호놀룰루 도착
	9월 23일	일본 요코하마 도착
	10월 10일	부산항에 도착

	10월 13일	제물포항에 도착
	10월 14일	한양 정동 감리교 선교지부에 도착
1891년	1월 25일	김점동, 에스더라는 이름으로 세례 받음
	3월 16일	메리 스크랜턴, 안식년 휴가를 받아 미국으로 출발
	11월 12일	윌리엄 홀, 조선으로 가기 위해 고향집을 떠남
	12월 17일	로제타와 윌리엄 홀 한양에서 재회
1892년	3월 4일	윌리엄 홀, 존스 목사와 함께 첫 번째 북쪽지방 선교여행 출발
	6월 27일	로제타와 윌리엄 홀 결혼
	7월	홀 부부, 신혼여행을 마치고 조선으로 귀국
	9월 5일	윌리엄 홀, 평양 선교 책임자로 발령
	9월 30일	윌리엄 홀, 선교 책임자의 임무를 지고 평양에 입성
	10월 18일	노블 목사 부부 한양 입성, 아펜젤러의 집에서 로제타와 함께 생활
1893년	3월 15일	동대문 볼드윈 진료소 개원
	3월 30일	메리 커틀러, 한양 도착. 1901년 3월까지 보구여관에서 근무
	5월 24일	김점동(박에스더)와 박유산 결혼
	11월 10일	홀 부부의 장남 셔우드 홀 출생

1894년	5월 8일	홀 가족과 에스더 부부, 평양 입성
	5월 15일	로제타, 평양에서 진료 시작
	6월 6일	홀 가족과 에스더 부부, 평양에서 철수
	7월 23일	청일 전쟁 발발, 일본군 한양 점령
	10월 1일	윌리엄 홀, 모펫, 리 목사와 함께 평양을 향해 한양 출발
	11월 19일	윌리엄 홀 일행 한양으로 귀환
	11월 24일	윌리엄 홀 사망
	12월 7일	미국행을 위해 서울 출발
1895년	1월 6일	로제타, 셔우드를 데리고 샌프란시스코 도착
	1월 14일	뉴욕 주 리버티 고향집 도착
	1월 18일	리버티의 고향집에서 이디스 마거릿 홀 출생
	6월 27일	로제타의 아버지, 로즈벨트 사망
	8월 10일	윌리엄 홀의 고향 캐나다 방문
1896년	6월 22일	뉴욕 국제의료선교회에서 근무 시작
1897년	2월 1일	평양에 윌리엄 홀을 기리는 기홀병원 개원
	5월 20일	볼티모어에서 에스더와 작별
	9월 6일	캐나다 시댁 방문하고 조선으로 귀환하기 위해 고향집 출발
	11월 10일	제물포항 도착
1898년	5월 1일	홀 가족, 평양 입성
	5월 23일	이디스 사망
	6월 18일	광혜여원 개원

1899년	12월	첫 전도 여행
1900년	1월	평양 맹학교 개교
	3월	로제타, 셔우드를 데리고 선교여행 출발
	4월 28일	박유산, 미국에서 에스더의 뒷바라지를 하던 중 폐결핵으로 사망
	5월	로제타와 셔우드, 중국 상하이 여행
	6월	평양 외국인학교 개교
	10월	에스더, 미국에서 의학 공부를 마치고 귀국
1901년	6월 7일	로제타, 셔우드와 함께 안식년 휴가를 얻어 미국으로 출발
1902년	8월 14일	조선으로 귀환하기 위해 고향집 출발
	9월 10일	런던 도착
1903년	3월 18일	한양 도착
	12월	평양 광혜여원에서 근무 시작 에스더와 함께 선교여행 나섬 마거릿 에드먼즈 보구여관 부설 간호원 양성학교 개교
1906년	11월	평양 광혜여원 전소
1908년		평양 광혜여원 신축
	9월	셔우드, 치푸의 영국식 기숙 학교 입학
1909년	10월 8일	메리 스크랜턴 사망
		광혜여원, 새 건물로 이사
1910년	4월 13일	에스더, 결핵으로 사망

	6월	로제타, 애딘버러 세계선교사대회에 한국 대표로 참가 평양 농학교 설립
1912년		보구여관과 릴리언 해리스 기념병원 통합
	3월	평양 광혜여원으로 발령된 메리 커틀러와 함께 의학강습반 운영
1914년	8월	조선총독부의원 부속의학강습소에 여성 청강생 입학 평양에서 동아시아 특수교육 전문가 회의 개최
1918년		조선에서 교육받은 첫 여의사 안수경, 김영흥, 김해지 배출
1921년		동대문 부인병원 원장으로 발령 인천 부인병원 개원
1922년		기홀병원과 광혜여원이 장로교 병원과 통합되어 평양연합기독병원으로 개원
1926년		셔우드와 메리언 부부 조선 입국하여 로제타 회갑연 개최
1928년	5월 14일	여자의학전문학교 창립 발기
	5월 28일	해주 구세병원 착공
	9월 4일	조선여자의학강습소 개소
1933년	10월 2일	미국으로 영구 귀국하기 위해 출발

	11월	여자의학강습소 첫 졸업생 배출 6명 의사 시험 2차 합격 2명 의사 시험 3차 최종 합격
	11월 25일	뉴욕 주 그로스빌에서 오빠 프랭크를 만남
1936년		뉴욕 주 그로스빌에서 월터 하인즈와 함께 산부인과·정신과 개업
1938년		고향 리버티로 돌아와 개업
1943년		뉴저지 주의 은퇴한 감리교 여성 선교사들을 위한 벤 크로프트 타일러 홈에 입주
1948년		1892년 캐나다 국적의 윌리엄 홀과 결혼하면서 잃었던 미국 시민권 회복
1951년	4월 5일	여든다섯 살의 나이로 소천

조선에 하나님의 빛을 들고 나타난 여성

닥터 로제타 홀

초판 1쇄 인쇄 2015년 8월 5일
초판 3쇄 발행 2019년 2월 28일

지은이 박정희
펴낸이 김선식

경영총괄 김은영
책임편집 이호빈 **크로스교정** 임보윤 **책임마케터** 박태준
콘텐츠개발4팀장 윤성훈 **콘텐츠개발4팀** 황정민, 임경진, 김대한, 임소연
마케팅본부 이주화, 정명찬, 최혜령, 이고은, 이유진, 허윤선, 박태준, 김은지, 배시영, 기명리
저작권팀 최하나, 추숙영
경영관리본부 허대우, 임해랑, 윤이경, 김민아, 권송이, 김재경, 최완규, 손영은, 김지영
외부스태프 표지 · 본문디자인 김보형

펴낸곳 다산북스 **출판등록** 2005년 12월 23일 제313-2005-00277호
주소 경기도 파주시 회동길 357, 3층
전화 02-702-1724
팩스 02-703-2219 **이메일** dasanbooks@dasanbooks.com
홈페이지 www.dasanbooks.com **블로그** blog.naver.com/dasan_books
종이 한솔피엔에스 **출력 · 제본** 감우문화사 **후가공** 이지앤비 특허 제10-1081185호

ⓒ 2015, 박정희

ISBN 979-11-306-0589-0 (03230)

다산북스(DASANBOOKS)는 독자 여러분의 책에 관한 아이디어와 원고 투고를 기쁜 마음으로 기다리고 있습니다.
책 출간을 원하는 아이디어가 있으신 분은 이메일 dasanbooks@dasanbooks.com 또는 다산북스 홈페이지 '투고원고'란으로
간단한 개요와 취지, 연락처 등을 보내주세요. 머뭇거리지 말고 문을 두드리세요.